GUARANI E KAIOWÁ

MODOS DE EXISTIR E PRODUZIR TERRITÓRIOS

VOLUME V

Editora Appris Ltda.
1.ª Edição - Copyright© 2024 dos autores
Direitos de Edição Reservados à Editora Appris Ltda.

Catalogação na Fonte
Elaborado por: Josefina A. S. Guedes
Bibliotecária CRB 9/870

G914g 2024	Guarani e Kaiowá : Modos de existir e produzir territórios – volume 5 / Antonio Augusto Rossotto Ioris, Lauriene Seraguza e Elaine da Silva Ladeia (orgs.). – 1. ed. – Curitiba: Appris, 2024. 353 p. : il. ; 16 x 23 cm. (Ciências Sociais). Inclui referências Vários autores ISBN 978-65-250-6072-9 1. Gênero. 2. Etnia. 3. Indígenas. 4. Sabedoria ancestral. I. Ioris, Antonio Augusto. II. Seraguza, Lauriene. III. Ladeia, Elaine da Silva. IV. Título. V. Série. CDD – 342.087

Livro de acordo com a normalização técnica da ABNT

Appris
editora

Editora e Livraria Appris Ltda.
Av. Manoel Ribas, 2265 – Mercês
Curitiba/PR – CEP: 80810-002
Tel. (41) 3156 - 4731
www.editoraappris.com.br

Printed in Brazil
Impresso no Brasil

Antônio Augusto Rossotto Ioris
Lauriene Seraguza
Elaine da Silva Ladeia
(org.)

GUARANI E KAIOWÁ

MODOS DE EXISTIR E PRODUZIR TERRITÓRIOS

VOLUME V

FICHA TÉCNICA

EDITORIAL Augusto Coelho
Sara C. de Andrade Coelho

COMITÊ EDITORIAL Andréa Barbosa Gouveia - UFPR
Edmeire C. Pereira - UFPR
Iraneide da Silva - UFC
Jacques de Lima Ferreira - UP
Marli Caetano

SUPERVISOR DA PRODUÇÃO Renata Cristina Lopes Miccelli

ASSESSORIA EDITORIAL Bruna Holmen

REVISÃO Camila Dias Manoel

PRODUÇÃO EDITORIAL Bruna Holmen

DIAGRAMAÇÃO Bruno Ferreira Nascimento

CAPA Jhonny Reis

COMITÊ CIENTÍFICO DA COLEÇÃO CIÊNCIAS SOCIAIS

DIREÇÃO CIENTÍFICA Fabiano Santos (UERJ-IESP)

CONSULTORES
Alícia Ferreira Gonçalves (UFPB)
Artur Perrusi (UFPB)
Carlos Xavier de Azevedo Netto (UFPB)
Charles Pessanha (UFRJ)
Flávio Munhoz Sofiati (UFG)
Elisandro Pires Frigo (UFPR-Palotina)
Gabriel Augusto Miranda Setti (UnB)
Helcimara de Souza Telles (UFMG)
Iraneide Soares da Silva (UFC-UFPI)
João Feres Junior (Uerj)

Jordão Horta Nunes (UFG)
José Henrique Artigas de Godoy (UFPB)
Josilene Pinheiro Mariz (UFCG)
Leticia Andrade (UEMS)
Luiz Gonzaga Teixeira (USP)
Marcelo Almeida Peloggio (UFC)
Maurício Novaes Souza (IF Sudeste-MG)
Michelle Sato Frigo (UFPR-Palotina)
Revalino Freitas (UFG)
Simone Wolff (UEL)

Às novas gerações Guarani e Kaiowá, que mantêm viva a semente de um novo mundo de justiça e a esperança de retomar terras que são inalienáveis e imprescindíveis. Semente essa inoculada pelos cantos e rezas dos caciques e cacicas, que resistem e insistem em manter as relações com seres não humanos — teko jára, habitantes dos patamares superiores — como condição para produção de seus tekohá.

AGRADECIMENTOS

Agradecemos a todas as comunidades, aos indivíduos e às famílias Guarani e Kaiowá mencionadas neste livro e que contribuíram de forma generosa para que estas páginas contivessem uma mensagem universal de humanidade, sabedoria e encorajamento.

* * *

O livro foi possível com o apoio financeiro proporcionado pelo *UKRI GCRF and Newton Fund Consolidation Accounts* (GNCAs), administrado pela Universidade de Cardiff, Reino Unido.

SUMÁRIO

POR UMA UNIVERSIDADE GUARANI-KAIOWÁ DO BRASIL: PESQUISANDO, VIVENDO E TRANSFORMANDO UMA REALIDADE EM DISPUTA

Antônio Augusto Rossotto Ioris

Donde hay poca justicia es un peligro tener razón.
(Francisco Gómez de Quevedo y Santibáñez Villegas
n. Madri, 1580 – m. Villanueva de los Infantes, 1645)

O Precipício do Não Brasil

Não se pode ignorar que os últimos anos da política e economia no Brasil foram um período de grandes desafios e muitos sobressaltos. Ainda estamos tentando compreender o que realmente se passou e o legado dessa fase de tanto obscurantismo e patrocínio da estupidez. A já difícil situação dos povos indígenas, particularmente em Mato Grosso do Sul, sofreu uma profunda deterioração com a tomada do poder, entre 2016 e 2022, por uma coalizão de forças reacionárias, violentas e comprometidas com o que há de pior na sociedade nacional. Apesar do uso indiscriminado da bandeira verde-amarela e de referências sanhudas a um patriotismo estéril, foram anos de miseráveis ações antipovo, antinatureza, antivida e contra a unidade nacional e o futuro do Brasil. Viveu-se um não Brasil, quis-se a vergonha virulenta e o vírus varonil. Novas leis e políticas governamentais foram gestadas a fim de reafirmar uma agenda excludente e alienante, acelerar processos de concentração de renda, degradação socioecológica e entrega do patrimônio público. Ao povo nada, mas grande banquete servido a bancos, corporações, mineradores, milicianos e latifundiários. Nunca foi tão difícil sobreviver sem esforços ainda maiores de resistência e determinação. Os detalhes históricos ainda serão estudados e debatidos por muitos anos, ao mesmo tempo que a necessidade de organizar e resistir persistirá por muito tempo, mas é possível constatar que algo muito profundo aconteceu: a questão indígena hoje ocupa o centro do debate político, econômico e ambiental no país. Em vez de problemas secundários ou que parecem afetar populações distantes e dispersas na Amazônia, agora existe um ministério dedicado aos povos indígenas e, mais importante, gerido por e para as nações indígenas. Em outubro de 2023, pela primeira vez um intelectual e escritor indígena, Aílton Krenak, foi eleito para a centenária Academia Brasileira de Letras (ABL), e afirmou que centenas de línguas entram na ABL com sua eleição (finalmente a casa de Machado de Assis começa a ter contato com a riqueza linguística do país).

A rejeição da tese estapafúrdia do "marco temporal" (na verdade, um veneno genocida) pelo Supremo Tribunal Federal em setembro de 2023 representou o claro reconhecimento da imensa e impagável dívida com os primeiros habitantes desta terra. Porém, a reação das trevas e das catacumbas do agro foi imediata: projetos de lei que tentam negar a inegável obrigação constitucional de demarcar e proteger as áreas ancestrais. Apesar de avanços institucionais significativos (o novo ministério e uma ministra indígena com seus assessores indígenas), de uma Fundação Nacional dos Povos Indígenas (Funai) comandada por outra importante líder e parlamentar indígena, do afastamento momentâneo da maldição do "marco temporal" e da forte mobilização por todo o território nacional, os problemas fundiários e as parcas condições de vida das comunidades e aldeias demonstram que a qualidade e o futuro da democracia brasileira têm como o teste mais crucial de todos a resolução satisfatória das muitas e urgentes demandas dos povos indígenas. O atual parlamento federal, no sombrio mandato 2023-2026 (talvez o mais disfuncional e corrupto da história), tem uma maioria de "fajutas excelências" que não perdem nenhuma oportunidade para vociferar argumentos absurdos contra os indígenas, assim como contra outras minorias e maiorias exploradas e oprimidas. Mas não haverá Brasil unificado e democrático sem que os irmãos e irmãs indígenas sejam devidamente respeitados e efetivamente incluídos na sociedade nacional e da forma como queiram fazer parte desta sociedade.

Há muitas décadas que os membros do bolorento setor do agronegócio repetem, de modo jocoso e sarcástico, que "os índios têm muita terra". Na verdade, quem têm terra demais, obtida de forma ilegal e que nela não sabe trabalhar são justamente os latifundiários, os garimpeiros e as madeireiras que insistem em extrair tudo que podem da terra e dos ecossistemas, sem nenhum compromisso com o ambiente e as gentes que ali vivem. A lógica desses setores parece ser "vamos acabar com tudo antes que tudo acabe", ainda que sejam eles mesmos os responsáveis pela degradação socioecológica e pelas inúmeras injustiças ambientais. Porém, não haverá Brasil nenhum sem os indígenas vivendo de forma digna e plena. O Brasil, sua democracia e sociedade dependem de reconhecer os milhões de hectares de Terra Indígena (TI), o que está no texto constitucional desde 1988. É preciso parar com a tergiversação, tomar medidas efetivas contra a violência genocida e pela participação concreta dos indígenas em todas as decisões importantes em todo o país (não somente aquelas que lhes dizem respeito mais diretamente).

Nesse contexto difícil e complexo, a condição dos Guarani-Kaiowá continua sendo uma das mais abjetas e segue demandando respostas eficazes por parte dos governos, parlamentos, juízes e forças de segurança. É absurdo que, apesar de tudo que já se denunciou e de muitos protestos nacionais e internacionais, o nível de criminalidade e as tendências genocidas ("kaiowcidas") persistam. Apenas um pequeno, mas perturbador exemplo: na manhã do dia 24 de janeiro de 2023, quando íamos de táxi para um encontro com alunos Guarani-Kaiowá na Universidade Federal da Grande Dourados (UFGD), o locutor da Rádio Boa Nova FM 87,9 vociferava contra a população indígena de forma racista e discriminatória, perguntando com deboche: "*Quem trouxe os índios para a beira da estrada em Dourados? Eles têm as áreas originais, mas preferem ir para a beira da estrada. Ou isso é gente que foi expulsa da sua terra por mau comportamento*" (informação verbal). Mais uma vez, como em tantas outras, as vítimas eram assim tratadas como culpadas pela violência a que eram sujeitas. E a imprensa local insistia no erro e posicionava-se do lado equivocado da história. Pelo menos essa infeliz situação continua a ser bravamente resistida e denunciada, até mesmo com o apoio importante da Igreja verdadeiramente cristã e do próprio Papa Francisco:

> "Nota do Cimi em Solidariedade aos Guarani e Kaiowá: Quantos Corpos Ainda Serão Necessários para que o Estado Cumpra seu Dever?
>
> Cimi manifesta solidariedade aos Kaiowá e Guarani e exige do Estado medidas emergenciais de proteção e a efetivação de direitos historicamente sonegados
>
> Quero exprimir a minha proximidade nestes momentos de sofrimento, assegurando-lhes de meus sufrágios por todos os membros do Povo Kaiowá e Guarani já falecidos e de minhas preces ao Altíssimo para que se encontrem caminhos que possam garantir-lhes uma vida tranquila e pacífica na terra em que vivem" – escreveu o Papa Francisco, em carta aos Kaiowá e Guarani

Profundamente consternados com a morte brutal da Ñandesy Sebastiana Galton, 92 anos, e de seu companheiro Rufino Velasquez, o Conselho Indigenista Missionário (Cimi) faz-se próximo aos familiares das vítimas e de todo povo Kaiowá e Guarani, neste momento de dor e indignação. E exige não apenas rigor nas investigações dos fatos, mas principalmente, avanços concretos e soluções efetivas para a crise humanitária a que são submetidos estes povos.

Os corpos da liderança religiosa e seu companheiro foram encontrados carbonizados na casa onde viviam, nesta segunda-feira (18), na Terra Indígena Guasuti, localizada no município de Aral Moreira, no Mato Grosso do Sul.

Familiares relataram a nossa equipe - que foi até à Comunidade Guarani e Kaiowá ao tomar conhecimento do ocorrido -, que o casal vinha sofrendo ameaças nos dias que antecederam sua morte, e que esta situação, inclusive, exigiu medidas de prevenção em suas rotinas, como se recolher ainda durante o dia e manter as portas bem trancadas durante à noite. Disseram também que as divergências circunvizinhas, envolvendo pessoas próximas, intensificaram-se durante os últimos meses, por motivos relacionados à falta de terra, ao arrendamento e à intolerância às práticas religiosas tradicionais que permeiam todas estas realidades. Membros da comunidade acreditam que eles possam ter sido violentados e mortos antes do incêndio que destruiu sua casa e seus corpos.

Além disso, demonstraram grande preocupação com a queima do Xiru da Ñandesy Sebastiana, reconhecida por guardar incontáveis rezas tradicionais (mborahé, ñembo'e) Kaiowá. Os Xirus são uma espécie de oratório, que porta seres e poderes sobrenaturais e que quando queimados espalham doenças e males comunitários.

Os fatos narrados pelos familiares de Dona Sebastiana revelam, por um lado, uma complexa situação de intolerância religiosa que têm escarnecido, vilipendiado e matado – espiritual e fisicamente – Ñanderu's e Ñandesy's por toda a territorialidade Kaiowá e Guarani; e por outro, a situação trágica de desestruturação social de uma sociedade, cuja causa continua sendo resultado de deslocamentos forçados, do processo de confinamento e do não acesso efetivo desta população aos seus territórios tradicionais. Agora, tal realidade é agravada fortemente por arrendamentos ilegais de áreas por não indígenas, que foram incentivados pelo governo

Bolsonaro e que catalisam conflitos internos pelos poucos espaços existentes.

O fenômeno religioso em todas as sociedades humanas consiste em mobilizar as forças espirituais, sejam elas consideradas boas ou não (bênção e maldição), conforme as necessidades, os anseios e as esperanças de um povo, como estratégia de conquistas sobre desafios, perigos e crises. Na prática, elas ritualizam o otimismo humano em tempos de perseguição, estresses sociais, dificuldades existenciais, das relações com o meio ambiente, dos desejos, das vontades e da própria morte que permeiam todas as sociedades.

Assim, observa-se no caso das práticas religiosas tradicionais dos Kaiowá e Guarani um ato de resistência frente aos múltiplos processos de extermínios perpetrados contras suas comunidades. Também é possível observar a existência de uma fronteira tênue e nociva entre suas mobilizações espirituais tradicionais, dada desde tempos imemoriais entre parentelas, e a invasão violenta das práticas exterminadoras e fundamentalistas de igrejas neopentecostais.

CIMI, Brasília (DF), 19 de setembro de 2023.

Felizmente, a realidade vivida dos Guarani-Kaiowá não é apenas marcada pela brutalidade dos fazendeiros e pela estupidez dos órgãos de segurança pública, mas também por conquistas importantes. A Universidade Federal da Grande Dourados, agora sob a liderança de um reitor competente, legitimamente escolhido pela comunidade universitária e com compromisso efetivo com a descolonização da academia, é cada vez mais percebida como a verdadeira e legítima Universidade Guarani-Kaiowá do Brasil! Reconhece-se, cada vez mais, que o terreno da universidade foi e continua sendo Guarani-Kaiowá, que a melhor e mais criativa unidade universitária é sua Faculdade Intercultural Indígena (Faind) e que o que há de melhor e mais representativo é exatamente o trabalho de alunos e professores indígenas, com a colaboração criativa dos não indígenas. Como excelente notícia a relatar, em 2 de junho de 2023 foi inaugurada a esperada casa tradicional no campus da universidade. Denominada Espaço de Práticas Pedagógicas Interculturais Óga Pysy, essa era uma demanda dos estudantes indígenas e será local de atividades voltadas à transmissão de conhecimentos ancestrais às gerações mais jovens. Na presença de centenas de estudantes e seus familiares, professores, técnicos administrativos e convidados externos (incluindo representantes do Ministério da Educação e dos governos estadual e municipal), o Óga Pysy foi entregue à comunidade acadêmica como símbolo da resistência do povo Guarani-Kaiowá. Foi um feito inédito, uma vez que é a primeira casa de reza indígena erguida dentro de uma universidade no Brasil. A cerimônia foi conduzida pelo reitor professor Jones Dari Goettert, tendo sido devidamente iniciada com rituais ancestrais realizados em conjunto por rezadores de diversas comunidades da região. Com cânticos e danças, as lideranças abençoaram a entrada principal da casa, seu entorno e seu interior. O reitor, em nome da UFGD, afirmou: *"Este Óga Pysy é um espaço construído na relação ancestral de gerações e gerações, que cada ñandesy, que cada ñanderu, que cada aluna e aluno Guarani e Kaiowá fez para a gente. É um presente"* (informação verbal), agradeceu o professor, em nome de toda a gestão da universidade.

Em 130 metros quadrados de chão batido, estrutura de madeira e cobertura de sapé, o Óga Pysy da UFGD é uma construção tradicional que envolveu o trabalho de mestres indígenas de aldeias e de áreas de retomada, o que foi acompanhado por estudantes indígenas dos cursos da Faind, sob a coordenação de docentes da faculdade. Representando o Ministério dos Povos Indígenas, o professor da Faind Eliel Benites, temporariamente licenciado para ocupar a chefia do Departamento de Línguas e Memórias da pasta federal, afirmou que o Óga Pysy é onde se encontra a pessoa Guarani-Kaiowá com sua ancestralidade:

> *Essa relação com a ancestralidade conduz à cura da terra, que vai dando sentido ao lugar. Esse sentido é a reconstrução constante, permanente do território. E a Faind é um território. A palavra "território" não traduz na totalidade o que é tekohá, pois o tekohá é uma continuidade da existência, desde a ancestralidade até agora.* (informação verbal).

Com aproximadamente 570 estudantes indígenas em seus cursos de graduação e de pós-graduação, a UFGD configura-se como um espaço de saber e de representatividade desses povos. Somente na Faind, 400 alunos vão ao campus todos os anos, seguindo a pedagogia da alternância, em que suas formações são estruturadas, e a essas temporadas de estudos na universidade são integradas práticas rituais tradicionais com a presença de mestres e rezadores. A construção do Óga Pysy, portanto, tem o sentido de resistência para as novas gerações indígenas que frequentam a UFGD, pois, conforme o professor Eliel, busca-se, no passado e na ancestralidade, a vivacidade para o presente. Aprendendo com os mais antigos o modo de ser Guarani, eles podem *"curar a terra e as mentes dos destruidores e decompositores dos mundos"* (informação verbal).

Devemos celebrar e aprender com tudo isso. O reconhecimento da universidade pública, crítica e democrática como um espaço ancestral e prioritário para as populações originárias é certamente uma grande conquista da ciência nacional e da sociedade brasileira. Esse importante feito da UFGD leva-nos a pensar sobre como as práticas acadêmicas e o fazer científico necessitam ser cada vez mais descolonizados e enriquecidos com as práticas e os conhecimentos indígenas. O Brasil é certamente maior cada vez que uma terra indígena é demarcada e seus verdadeiros donos podem ali viver e lhe dar vida. Isso significa fazer ciência com e para os Guarani-Kaiowá, o que é examinado a seguir.

Pesquisa sobre, para e com os Guarani-Kaiowá

Tendo em conta as tendências, as contradições e os desafios mencionados anteriormente, este capítulo tem também por propósito tratar, ainda que brevemente, de importantes questões éticas, metodológicas e interpretativas que assumem grande importância ao se fazer pesquisa participativa e engajada envolvendo grupos sociais subalternos e marginalizados. Nesse sentido, a condição e a experiência dos povos indígenas ao redor do planeta têm consequências significativas para a preparação e implementação de projetos de pesquisa. A maioria das nações indígenas está envolvida em confrontos, violência e mobilização devido à sua inserção subordinada nos processos de modernização socioeconômica e, em particular, durante o avanço de fronteiras agrícolas ou extrativistas (IORIS, 2020). O discurso de soberania territorial, desenvolvimento e legitimidade, geralmente empregado por líderes políticos e setores hegemônicos, tem servido para justificar "o desejo do colonialismo de desenraizar e destruir as autonomias locais dos povos indígenas na aquisição incansável de cada vez mais terras e recursos" (LARSEN; JOHNSON, 2017, p. 4). Particularmente na América Latina, as realidades nacionais sempre seguiram um poder racializado e hierárquico, exercido tanto pelas potências europeias como, desde o século XIX, pelos governos regionais independentes (QUIJANO, 2008). Constitui-se em um verdadeiro fenômeno de apropriação do mundo indígena e uma tentativa generalizada de reduzir vidas e paisagens à linguagem da mercadoria e da acumulação de capital (IORIS, 2018). Para abordar esta complexa complexidade socioespacial, o nosso ponto de partida é reconhecer, de forma crítica, a longa tradição positivista e os fundamentos coloniais do conhecimento científico e acadêmico (MacDONALD, 2017). Esse reconhecimento é parte do esforço, cada vez mais necessário, para descolonizar as ciências sociais e respeitar a sabedoria indígena e sua ética baseada na reciprocidade (BLASER, 2010)[1]. Como apontado por Coombes, Johnson e Howitt (2014, p. 845, tradução nossa),

> [...] trabalhar com povos indígenas ampliou muito [...] o entendimento sobre os modos mais apropriados de envolvimento e representação [...] esse desafio serve para questionar o próprio propósito da nossa investigação.

Pode-se ver, então, a grande relevância teórica, analítica e política da noção de indigeneidade. Sendo um conceito interdisciplinar com implicações acadêmicas e mais que acadêmicas, indigeneidade refere-se às condições da existência indígena e às diversas formas de interação com outros grupos sociais. É uma construção de processos socioespaciais por meio dos quais os lugares e as pessoas podem ser determinados como distintos ontológica, epistemológica e culturalmente (RADCLIFFE, 2017). Mais do que isso, para os povos indígenas, indigeneidade é prova e demonstração conta a discriminação que se alimenta de imaginários sociopolíticos excludentes (IORIS, 2023a, 2023b). Indigeneidade é, portanto, uma categoria relacional e dinâmica com significados históricos e espaciais profundos. O próprio sentido de indigeneidade está em constante evolução em função da experiência mesmo de ser indígena (BURMAN, 2014). Indigeneidade, como um conceito amplo e rico, tenta dar conta da pluralidade que a "existência indígena" representa. Portanto, a reconceptualização de indigeneidade, por uma perspectiva criativa, deve informar investigações críticas sobre os legados coloniais e estruturas contemporâneas de poder (RADCLIFFE, 2017). Entre outras consequências, isso significa realizar pesquisa por meio de um envolvimento genuíno e de uma reflexividade partilhada, traduzida em tarefas com e em benefício das comunidades indígenas, as quais são ao mesmo tempo objeto e sujeito do estudo. Deve permitir a expressão do pensamento dos participantes indígenas e o seu envolvimento desde a formulação de perguntas até a interpretação dos resultados, ou seja, de forma totalmente diferente da investigação convencional e extrativista para benefício de acadêmicos não indígenas e/ou agências governamentais.

Semelhante ao estudo de movimentos feministas, étnicos e *queer*, a pesquisa indígena deve abrir a perspectiva de descolonizar e reimaginar

---

[1] Abordagens convencionais, geralmente usadas para a extração de conhecimento indígena, foram devidamente condenadas pela Declaração das Nações Unidas sobre os Direitos dos Povos Indígenas (Undrip), que adotou formalmente os Sistemas de Conhecimento Indígena (IKS) e propõe uma estrutura para como os interesses externos podem usar e apoiar IKS para facilitar, e não impedir, a autodeterminação indígena (UNITED NATIONS GENERAL ASSEMBLY, 2007).

horizontes e funções mais amplos para/da geografia e outras ciências sociais (PANELLI, 2008). A atenção deve se voltar para a coprodução de conhecimento e o reconhecimento de responsabilidades por problemas socioecológicos locais e globais, mas também as maneiras pelas quais as comunidades indígenas demonstraram adaptabilidade e resiliência para prosperar em meio a grandes incertezas no contexto contemporâneo (GREEN; RAYGORODETSKY, 2010). Até mesmo a apresentação de pedidos de bolsa de pesquisa e a redação de publicações científicas devem permitir aos participantes se autorrepresentarem e afirmarem suas ideias (WATSON; TILL, 2010). Para além de posições essencialistas, românticas e reducionistas, os investigadores, em uma pesquisa participativa e crítica, devem estar sempre preocupados com políticas da etnicidade, bem como com as questões de representação e a construção ideológica de vários "outros" grupos racializados, sempre em favor de conceptualizações que sejam específicas ao tempo e ao lugar (JACKSON; PENROSE, 1993). Nessa linha de ação engajada, os capítulos deste livro baseiam-se no compromisso político e humanista com a população Guarani-Kaiowá (e com comunidades do mesmo povo indígena que vivem no Paraguai, designadas Paĩ-Tavyterã). Os Guarani-Kaiowá são a segunda maior nação indígena brasileira e, especialmente nas últimas cinco décadas, foram brutalmente desalojados, explorados e oprimidos devido ao avanço de grandes propriedades privadas e da produção pelo agronegócio (IORIS, 2019). A grande maioria do território Guarani-Kaiowá — que designamos como "Kaiowlândia" em outros textos nossos (ver IORIS, 2021) — foi tomada pela imposição de um desenvolvimento excludente. Ao mesmo tempo, essas perdas estão sendo reivindicadas e disputadas pelas famílias e comunidades indígenas junto aos proprietários de terras e às autoridades responsáveis pela violência sistemática (IORIS; BENITES; GOETTERT, 2019).

Tendo em conta essa geografia de alta tensão e injustiças estruturais e estruturantes em Mato Grosso do Sul, a compreensão da persona e da sociedade indígena exige do pesquisador uma profunda valorização de características socioespaciais legadas do passado e que são ativamente renovadas na resistência e coexistência com o agronegócio. Como observado por Burgin (1996, p. 181), a busca pela essência (ou seja, ontologia) "tende para a autoctonia, uma busca pela origem – no traçado de uma história: pessoal, racial, étnica ou nacional". Especificamente para lidar com a longa trajetória e as estratégias de resistência e cooperação dos Guarani-Kaiowá, sugerimos que pode e deve ser empregada uma estratégia etnográfica contingente e combinada, descrita a seguir.

Pesquisando e Perguntando sobre o Mundo Guarani-Kaiowá

O envolvimento dos povos indígenas em pesquisas científicas, embora amplamente estudado em todo o mundo, ainda exige um maior escrutínio conceitual e uma profunda reflexão sobre as práticas e pressuposições. Deve ser também objeto de um rico debate sobre os requisitos éticos, metodológicos e interpretativos, bem como sobre as responsabilidades de pesquisadores indígenas e não indígenas. A abordagem mais comum ainda na academia é aceitar, mesmo que subliminarmente, a ordem socioespacial hegemônica, sem ter em conta a agência e a consciência daqueles afetados pelo colonialismo e marginalização, como no caso dos indígenas. Odora Hoppers (2021) alerta que sistemas dominantes de conhecimento geralmente levam a sérios mal-entendidos pela falta de uma crítica de posicionalidade dos pesquisadores. Grande parte dos analistas frequentemente ignora a inventividade, as reações ativas e a complexa ontologia dos povos indígenas. Foi apenas a partir da década de 1970 que sua subjetividade política começou a atrair um reconhecimento mais efetivo e além de formulações simplistas. As nações indígenas são certamente os principais alvos do colonialismo e da expropriação, mas sua história e sua agência não terminam com a perda das suas terras ou a eliminação trágica de membros da sua sociedade (PARSON; RAY, 2018). Pelo contrário, continuam a reivindicar identidade e autonomia, mesmo nas atividades quotidianas mais corriqueiras. Lidar com a indigeneidade exige, portanto, sensibilidades pós-coloniais e a compreensão cuidadosa do significado político da cultura no espaço.

Tudo isso tem consequências importantes, especialmente para a realização de pesquisas *com e para as comunidades Guarani-Kaiowá*, que desde a década de 1950 perderam quase todas as suas terras ancestrais (mais de 95% do seu território original devido à colonização fomentada pelo Estado, à aceleração do desmatamento e à grilagem de terras). Como já mencionado anteriormente, a situação dos Guarani-Kaiowá reverbera e amplifica as contradições da modernização conservadora brasileira e da associada manutenção de privilégios político-econômicos (IORIS, 2017). Por outro lado, apesar das assimetrias de poder e elevados níveis de racismo, os Guarani-Kaiowá têm escrito uma das histórias mais bem-sucedidas de mobilização popular e continuam a desafiar as tendências político-econômicas e ideológicas. Resistem bravamente a uma racionalidade antagônica e que forçou a fragmentação e privatização do espaço, promovida e coordenada pelo Estado nacional (BARBOSA; MURA, 2011). O simples fato de os Guarani-Kaiowá se manterem como uma nação unificada e altiva (com mais de 55 mil indivíduos), com continuado apego a lugares e tradições ancestrais, revela sua capacidade de proteger seu patrimônio imaterial e de mobilizar grandes redes familiares de apoio. As pequenas concessões estatais nas últimas décadas (por exemplo, oportunidades de frequentar escolas secundárias, educação universitária e programas de pós-graduação) são, na verdade, manifestações de sua agência e criatividade, ou seja, uma clara capacidade de não apenas participar, mas influenciar e provocar mudanças socioespaciais significativas (IORIS *et al.*, 2022). Em vez de capitularem e aceitarem uma derrota anunciada por muitos como inevitável, os Guarani-Kaiowá estão lutando e mantendo sua determinação de recuperar seu mundo ancestral.

Nesse contexto, uma abordagem metodológica mais adequada, produtiva e ética para conduzir pesquisas com os povos indígenas deve ser capaz de acumular informações, fomentar um aprendizado conjunto e dar sentido a processos profundamente politizados que produzem espaços vividos e contestados. Deve configurar-se em uma estratégia de investigação quali-quantitativa que visa conhecer o mundo de um ponto de vista dos próprios indígenas e das suas conjunturas socioespaciais. Baseia-se, assim, em um processo de descolonização e na procura de restauração e justiça efetivas. Deve criar um espaço intelectual para reunir as percepções emocionais de narrativas pessoais e exemplos de exclusão e privação que sustentam o genocídio em curso (*i.e.*, "Kaiowcídio", *cf.* IORIS, 2021). Sendo um procedimento iterativo e não linear, a realidade passa a ser registrada à medida que são observados relações, materialidades e eventos durante o envolvimento com as comunidades, levando a uma aprendizagem cumulativa e a revisitar e repensar o que está a ser documentado e interpretado. Concordando com Spivak (1994), podemos afirmar que autores como Foucault, Deleuze e outros erraram de forma grotesca ao "apenas" valorizarem a experiência dos oprimidos, mas serem acríticos sobre o papel histórico do investigador.

No caso da nossa investigação, foram realizadas entrevistas (em guarani ou português e posteriormente traduzidas para o inglês), visitas a comunidades, reuniões e participação em cerimônias religiosas e eventos públicos durante viagens de campo entre 2017 e 2023[2]. Essas ações serviram para reunir percepções, emoções, narrativas pessoais e exemplos de tensões socioespaciais. Mais do que fatos e acontecimentos isolados, buscou-se

---

[2] No nosso caso, os trabalhos, ainda em andamento, foram apoiados e financiados pelos seguintes fundos de pesquisa: UK-Arts and Humanities Research Council (AHRC), The British Academy, GCRF Newton Fund e UK Department for Business, Energy and Industrial Strategy (Beis).

tratar a interpretação como um processo de tradução das experiências mais imediatas e associação com a totalidade do espaço, do tempo e da política. Assim, procurou-se chegar a compreensões mais profundas das causas e consequências dos problemas que evoluem em diferentes escalas de interação. Nesse sentido, a pesquisa requereu sempre uma sensibilidade e uma reflexão constante, que tornassem explícitas as relações de poder e a agência individual e coletiva. Em vez de uma tentativa ingênua de "dar voz aos indígenas", que normalmente produz um simulacro de suas opiniões e perspectivas, o propósito foi de interagir com indivíduos "reais" e tentar capturar a complexidade de seu espaço vivido, em vez de repetir trechos de entrevistas como um gramofone. Deveu-se ainda considerar fenômenos subjacentes, implícitos ou silenciosos, mas que refletem conjuntamente a evolução da ordem social.

Deve-se ter o claro intento de fortalecer o envolvimento de todos os membros da comunidade na investigação em andamento como aliados que criam em conjunto conhecimento que é ao mesmo tempo relevante e útil (conforme indicado por BALL; JANYST, 2008). Isso implica um diálogo amplo e equitativo, o que exige, antes de tudo, um compromisso ético e político para evitar estereótipos condescendentes e simplificações utilitárias (SMITH, 2022). Como expressão da autoconsciência, a investigação exige a própria descolonização do termo genérico "indígena" ou "nativo" em favor da distinção local e da pluralidade de experiências, ideias e demandas. A pesquisa também deve ser uma oportunidade para questionar e problematizar muitas formas de solidariedade e compreender como os povos indígenas percebem e reagem a outros grupos sociais (LAND, 2022). A trajetória político-econômica dos Guarani-Kaiowá, em particular, revela imensa riqueza socioecológica e sociopolítica que não pode ser compreendida sem grande engajamento e reflexão conjunta. Devido ao conhecimento acumulado e à capacidade de se engajar criativamente nos processos de mudança (apesar do balanço de poder assimétrico), eles conseguiram manter elementos importantes de suas práticas ancestrais que são hoje mobilizadas na retomada das terras e na luta pelos direitos humanos mais básicos.

Nossa pesquisa — *sobre, para e com os Guarani-Kaiowá* — incluiu ainda a participação em atividades específicas para melhor observar suas práticas e registrar narrativas. Foi possível organizar encontros com representantes de diferentes comunidades Guarani do Brasil, do Paraguai e da Bolívia, que puderam conversar sobre a situação das suas respectivas famílias e comunidades, rezar juntos e discutindo suas estratégias socioespaciais (Figura 1).

Figura 1 – Encontro entre membros de comunidades Guarani de Bolívia, Brasil e Paraguai no Tekohá Laranjeira Nhanderu, Mato Grosso do Sul (janeiro 2023)

Fonte: foto de Antônio A. R. Ioris

Caminhar e conversar pelas residências, pelos campos de cultivo e pomares, estradas e cemitérios foi também oportunidade preciosa para conhecer memórias, sentimentos, expectativas e vínculos familiares (incluindo um cemitério com vítimas da luta pela retomada das terras ancestrais, Figura 2). Longas conversas com os informantes muitas vezes eram complementadas com desenhos no chão usados para explicar as mudanças na área e os conflitos com o agronegócio (Figura 3).

Figura 2 – Cemitério com mártires da luta pela terra ancestral, assassinados em confronto com pistoleiros e fazendeiros, Caarapó (janeiro 2019)

Fonte: foto de Antônio A. R. Ioris

Figura 3 – Descrição e desenho da situação socioespacial e dos conflitos, Terra Indígena Caarapó (agosto 2019)

Fonte: foto de Antônio A. R. Ioris

Outra fonte de informações e opiniões foi a aplicação de "*storywork*", seguindo Archibald *et al.* (2022), que é uma metodologia descolonizadora baseada no registro de histórias e conhecimentos, captando traumas, situações e injustiças. Inclui elementos da cosmologia indígena e das práticas coletivas, coletados por meio do envolvimento com famílias e comunidades, reuniões, celebrações e conversas. Nosso estudo, em especial, mobilizou outras evidências empíricas, artigos de jornais, relatórios de governos e Organizações Não Governamentais (ONGs), estatísticas, dados históricos e elementos do dia a dia para construir um argumento sobre as diferenças comunitárias dos Guarani-Kaiowá, sem seguir a rota do neopopulismo ou de localismos esquemáticos (desafiando assim tanto os pressupostos positivistas como o contextualismo de abordagens relativistas). São todas ferramentas de investigação valiosas que, na prática, se complementam. A descolonização da etnografia e a sua reconfiguração como uma interrogação *contingente e combinada* requer, fundamentalmente, um esforço de colaboração e escuta, em vez de mera apropriação de dados. A intenção é refletir conjuntamente e se chegar a uma abordagem de investigação transformadora que combine o compromisso implícito na investigação-ação participativa e, além disso, a necessidade de dar sentido a situações fluidas repletas de injustiças e disputas territoriais (SMITHERS GRAEME; MANDAWE, 2017). A pesquisa etnográfica precisa considerar como as interações sociais cotidianas criam espaços públicos e privados em múltiplas escalas, do corpo e da família até acampamentos, cidades, reservas indígenas e outros locais relevantes para as famílias e comunidades indígenas.

Enfim, uma pesquisa crítica e engajada deve relacionar situações cotidianas, percepções pessoais e atividades coletivas com a totalidade do poder e das relações complexas que acompanham tais práticas (incluindo necessariamente relações entre humanos e não humanos). Além disso, a investigação deve evitar deturpações que ocorrem comumente em pesquisas sobre povos indígenas, ambas criticadas por Mura (2019): primeiro, o foco apenas nas características tradicionais e cosmológicas; e, segundo, a suposição derrotista e apriorística de que o fim está próximo para os grupos indígenas e eles estão prestes a desaparecer. Uma investigação responsável precisa também rejeitar pressupostos ocidentais ou euro-americanos profundamente arraigados que sustentam a ideologia do "mundo único", tais como a afirmação de que o conhecimento pode ser separado daqueles que o produzem e pode ser circulado ou trocado sem referência para eles; ou também que os efeitos do conhecimento não dependem dos seus produtores, mas da correção epistémica da sua correlação com fenômenos que ocorrem aparentemente de forma independente. Como observado por Haraway (1988, p. 592),

> [...] conhecimentos situados exigem que o objeto de estudo seja retratado como ator e agente, não como uma tela, um fundamento ou um recurso, nunca finalmente como um escravo do mestre que encerra e fecha a dialética.

Desse modo, o pesquisador não indígena precisa ter humildade e aceitar que muitos elementos da vida e do conhecimento indígena talvez nunca sejam totalmente compreendidos (mesmo que aquele seja fluente na língua indígena), mas esse reconhecimento dos limites da pesquisa não chega a prejudicar sua legitimidade e a relevância dos resultados[3].

Questões Éticas, Analíticas e Interpretativas

Tenso em conta a discussão nas páginas anteriores deste capítulo, podemos ver que pesquisa com e para os povos indígenas é sempre uma tentativa desafiadora, mas imensamente gratificante, de remover preconceitos e aprender juntos. MacDonald (2017) observa com propriedade que o processo de pesquisa pode ser ainda mais importante do que os resultados imediatos. Por meio de um envolvimento aberto e honesto com parceiros de investigação, torna-se parte de um esforço mais amplo para descolonizar a ciência, as universidades e a carreira de estudantes e cientistas. A descolonização da ciência, portanto, exige compreender a identidade e o conhecimento indígenas como a estrutura complexa composta por contextos pluriculturais. O processo de descolonização requer a explicação crítica das estruturas de poder, as quais foram incorporadas no tecido das sociedades indígenas, mas que se busca agora desmantelar, olhando para as formas como os povos e práticas indígenas foram colonizados e subjugados (TUCK; YANG, 2021). No centro da cosmovisão indígena, está a compreensão de que sua ontologia é relacional, o que significa que o mundo é visto mediante uma "rede de conexões e relacionamentos" (WILSON, 2008, p. 73). Ideias e opiniões, portanto, desenvolvem-se em relação umas com as outras e perdem o seu significado e integridade quando retiradas do contexto sociopolítico e socioespacial. Trata-se de uma visão interconectada do mundo, e central para este conceito é a ênfase na espiritualidade e na vida comunitária e familiar. As nações indígenas também valorizam de modo especial a ética do cuidado, que trabalha no sentido de unir (em vez de separar) o humano e o não humano. Os estudiosos havaianos Kealiikanakaoleohaililani e Giardina (2016, p. 59) concluem apropriadamente que "a aceitação dos recursos naturais dentro de uma rede de relações sagradas que distingue as abordagens indígenas das ocidentais à sustentabilidade".

Lidar com tal complexidade pode ser facilitado por observações de longo prazo e pelo profundo conhecimento da conjuntura local que afeta as

---

[3] Prof. Jenny Pickerill, Universidade de Sheffield, comunicação pessoal, junho de 2023.

relações socionaturais existentes nas comunidades indígenas (JOHNSON *et al.*, 2016). Portanto, as cosmovisões relacionais, como manifestadas pelas nações indígenas, têm um dinamismo peculiar, incorporado no reconhecimento de que a terra física é transitória e existe num estado de fluxo e mudança, o que significa que as cosmovisões devem mudar de forma semelhante com essa cosmovisão. Uma etnografia genuinamente reflexiva e engajada precisa reconhecer as limitações do trabalho acadêmico (ainda mais no atual contexto neoliberal, em que as universidades são cada vez mais geridas como empresas) e deslocar o centro da produção científica: o conhecimento deve ser produzido criativamente por meio de um envolvimento aberto e horizontal entre diferentes vozes, em que o investigador acadêmico é apenas um facilitador, um tradutor do que foi aprendido em conjunto. Os copesquisadores indígenas devem ser capazes de ter controle sobre a coleta de informações sobre si mesmos, acessar e analisar as informações de acordo com suas próprias necessidades e seus objetivos, determinando o que e como devem ser comunicadas. Da mesma forma, há a necessidade de teorizar o mundo pela perspectiva dos povos indígenas, repensando conceitos universais e procurando caminhos socioeconômicos e políticos alternativos. É uma forma de se posicionarem no espaço vivido, denunciando visivelmente a expropriação totalmente injusta das suas terras.

Preocupações éticas são particularmente relevantes e devem envolver-se criativamente com a trajetória passada, a situação atual e as aspirações das sociedades no meio de combates terrestres com perspectivas incertas. Um(a) pesquisador(a) que lida com conflitos e tensões acumulados tende a envolver-se como parte da mobilização por direitos e por compensação pelos desmandos do passado. Como resultado, investigadores encontram-se frequentemente "entre mundos" e são transformados pela experiência do fazer científico (LARSEN; JOHNSON, 2012). Torna-se um movimento além da simples representação do "outro" e de compromisso com a resolução dos problemas mais pueris. O pesquisador deve lidar responsavelmente com a forma pela qual sua posicionalidade pessoal e institucional afeta a construção do conhecimento (SMITHERS GRAEME; MANDAWE, 2017). Nesse sentido Riddell *et al.* (2017) listam uma série de requisitos cruciais para a realização de investigação com compromisso ético, tais como o envolvimento autônomo dos participantes indígenas, respeitar os seus bens culturais intangíveis (línguas e tradições), reciprocidade e responsabilidade inter-relacional. Tudo isso requer uma pesquisa que considere os sistemas locais de conhecimento e as práticas socioespaciais. Os atores envolvidos devem estar suficientemente informados para conceber, conduzir e avaliar a investigação em que estão envolvidos. Os indígenas são mais que informantes ou colaboradores; devem ser tratados como copesquisadores, coetnólogos, cocriadores. Deve-se estabelecer conexões de confiança com pessoas reais, sem romantizar acontecimentos ou lideranças políticas, ou seja, evitar lidar com o 'índio hiper-real' de muitas ONGs, fantasia que reforça o simulacro de indígenas supostamente puros, ecológicos, estoicos ou "não adulterados" (RAMOS, 1994). A trajetória dos Guarani-Kaiowá, por exemplo, encerra disputas e reações que são comuns a outros grupos indígenas e até mesmo a comunidades camponesas em toda a América do Sul, mas também experimentam desafios únicos relacionados a sua localização, configurações geográficas específicas e envolvimento no processo mais amplo de modernização e desenvolvimento regional.

Finalmente, uma etnografia contingente e combinada justifica-se ainda pelo fato de envolver as populações indígenas na problematização de decisões sobre as suas respectivas vidas, que não são (e não devem ser) apenas uma questão de partilha e coprodução de conhecimento, mas uma questão de integração social e justiça ambiental (uma vez que as nações indígenas são desproporcionalmente afetadas, por exemplo, pelas alterações climáticas e pelos planos de desenvolvimento econômico). O objetivo das ciências sociais convencionais é tipicamente extrair conhecimento, desprezando o valor do conhecimento indígena para sua vida e identidade (LATULIPPE; KLENK, 2020), mas, em vez disso, as comunidades indígenas devem ser respeitadas como nações autônomas e autodeterminadas, com direitos e responsabilidades sobre os seus sistemas de conhecimento e terras, e que são motivados por visões de mundo diferentes daquelas observadas nos países ocidentais. Essa abordagem metodológica segue, entre outros documentos, a Declaração de Barbados de 1971, assinada durante o histórico Simpósio sobre Fricção Interétnica na América do Sul, quando foi acordado que os estudiosos têm a obrigação de usar todas as oportunidades disponíveis para agir em favor das comunidades indígenas, devem denunciar firmemente os casos do genocídio e tomar as realidades locais como ponto de partida para desenvolver teorias a fim de superar a condição subalterna.

A principal recomendação de Barbados é garantir a possibilidade de questionar legados, responsabilidades, e a procura de alternativas significativas a vários séculos de brutalidade implacável exige um diálogo horizontal com os povos indígenas que lutam por reconhecimento, compensação e justiça socioespacial. Há certamente muitas lições a serem aprendidas por uma perspectiva investigativa crítica e comprometida, em particular o talento e a determinação dos Guarani-Kaiowá para reagir e mobilizar-se contra a brutalidade crescente e dissimulada do agronegócio e do latifúndio e, ao mesmo tempo, expressar as suas exigências políticas, formar alianças estratégicas sólidas e coordenar iniciativas de recuperação de terras. Foi com engajamento, curiosidade e respeito que este livro foi preparado e editado, e seu conteúdo está descrito nas próximas páginas.

Estrutura do Livro: volume 5

Após essa breve introdução — em que se argumenta que a Universidade Federal da Grande Dourados, pelo trabalho que vem sendo feito e pelas conquistas dos próprios indígenas, tornou-se efetivamente a Universidade Guarani-Kaiowá do Brasil —, o próximo texto é um pequeno tesouro recolhido em janeiro de 2023: um depoimento ou uma aula de Papito Vilhalba, um sábio Guarani-Kaiowá conhecido como um "livro vivo" dos conhecimentos e da história de seu povo. Nhanderu Papito Vilhalba começa com uma referência mitológica para provar que as terras ancestrais lhes pertencem, uma vez que foram deixadas pelo Sol antes de viajar para onde ele observa o que se passa agora na Terra. Segue então uma reação profunda às agressões sofridas e as muitas privações, mas também um chamamento à união, à oração e à intervenção na história e na geografia de indígenas e não indígenas. Há, ao fim, uma exortação a manter as práticas e a sabedoria Guarani-Kaiowá, assim como uma mensagem de otimismo e esperança.

O primeiro capítulo, propriamente dito, de autoria de Franco e colegas, discute a organização do programa de treinamento de professores indígenas, em especial do emblemático Ára Verá, que já formou professores Guarani e Kaiowá para as escolas de Mato Grosso do Sul. A discussão é baseada em apresentação feita na terceira edição das Jornadas Povos Indígenas e Universidades: uma Terra, Muitos Mundos (Jopói 2023). A referida atividade contou com a participação de quatro integrantes, dos quais três eram indígenas (dois professores representantes das Secretarias de Educação Municipal de Amambai e Estadual de Mato Grosso do Sul e uma aluna da licenciatura em Educação do Campo da Faind/UFGD) e uma não indígena (professora do curso Ára Verá).

O Capítulo 2 segue na questão da Educação Escolar Indígena (EEI) na perspectiva da descolonização e multiculturalidade, trazido por Martins e colaboradores. São abordados, além de definições sobre educação intercultural e interculturalidade, o contexto histórico das conquistas indígenas no Brasil, seus marcos legais, as perspectivas baseadas em uma reflexão crítica, decolonial e epistemológica. Tem como base as construções do conhecimento dos povos originários e do processo de sobreculturalidade. Parte do objetivo de desenvolver uma reflexão sobre a filosofia do bem-viver, assim como sobre a educação para o manejo do mundo e a "pedagogia do encontro". Finalmente, estabelece uma relação entre a Lei 11.654/2008 e o histórico de luta indígena que garantiu a constituição de uma educação específica, intercultural, bilíngue e diferenciada.

O terceiro capítulo, de Benites e Candado, examina a experiência pedagógica da Escola Municipal Indígena Ñandejara Polo. O texto demonstra que pode ser trabalhado o ensino nas duas línguas nas turmas escolares. Insiste no uso de estratégias diferentes e na busca constante de novas práticas. Fica demonstrado que um professor indígena tem muito trabalho, pois precisa inserir e lidar com a língua portuguesa a partir do terceiro ano, e isso não é uma tarefa fácil, depende de muita dedicação. O docente ensina e aprende o tempo todo, acaba aprendendo junto, pois as crianças são muito criativas. Elas trazem conhecimentos e conteúdo também da sua família. O/a professor/a não pode ficar só dentro da sala de aula e ficar sentada/o em sua cadeira esperando seus alunos terminarem uma atividade, mas precisa animar seus alunos por meio de dinâmica, brincadeiras, interagindo e levando novidades.

O Capítulo 4, escrito por Freitas e Martins, estuda a violência linguística associada à migração de alunos indígenas para escolas urbanas. Começa por afirmar que o direito de todos à educação está estabelecido na Constituição brasileira, no entanto esse direito não se materializa igualmente para todos, pois a realidade social contribui de maneira relevante para influenciar os conhecimentos e as práticas metodológicas de ensino empregadas nos diferentes contextos educacionais. Nesse capítulo, com base em um estudo bibliográfico e um trabalho de campo realizado, considera-se a realidade social relacionada à violência linguística associada ao processo de migração dos alunos indígenas para as escolas urbanas na cidade de Amambai, por meio de um estudo que visa conscientizar os docentes sobre a diversidade linguística dos alunos bilíngues, característica social tão relevante para a preservação das culturas, mas que acaba sendo marginalizada nas escolas urbanas, que trabalham em quase todas as suas estratégias e metodologias de ensino com ensinamentos que priorizam a língua majoritária do país.

O quinto capítulo, de Ribeiro e colegas, volta-se para a formação de professores de matemática Guarani e Kaiowá, em especial da Etnomatemática. Os autores afiançam que a educação para os povos indígenas sempre foi uma questão complexa, pois esteve ligada aos processos de colonização, dominação cultural e desrespeito à diversidade étnica presente no território brasileiro. A partir do processo de independência, no bojo da construção do Estado brasileiro, houve uma tentativa de integrar os indígenas à sociedade majoritária, buscando assimilar suas culturas e línguas ao modelo ocidental. Mas foi somente com a Constituição de 1988 que se começou a reconhecer o direito dos povos originários na legislação conforme a uma educação diferenciada e condizente com suas culturas e tradições. A partir dessa conquista, o papel dos professores indígenas ganhou relevância na construção de um modelo educacional mais inclusivo e respeitoso com a diversidade da sua realidade sociocultural. Os educadores indígenas, além de lapidar os conteúdos curriculares, também têm a importante missão de preservar e valorizar os saberes e fazeres tradicionais, línguas maternas e práticas culturais dos seus povos.

No Capítulo 6, de Benites, investigam-se as transformações no comportamento de jovens e crianças na Aldeia Potrero Guasu, em Paranhos, com base na vida do autor e na avaliação de anciãos que moram na Terra Indígena. A pesquisa buscou entender as transformações nos comportamentos em relação com o passado e com as expectativas para o futuro. Também entender como os diversos segmentos da comunidade, tais quais líderes políticos, pastores, jovens, professores, pais etc., percebem tais transformações.

O Capítulo 7, de Casagranda e colegas, examina a assistência médica proporcionada pelo Hospital Universitário da UFGD. O hospital, bem como os demais serviços da rede Sistema Único de Saúde (SUS), indiscutivelmente apresenta desafios para qualificar a assistência em respeito aos povos indígenas da região. O texto discute a implantação do Comitê de Saúde Indígena, que surgiu para debater e enfrentar as dificuldades e as violências vivenciadas pelos/as usuários/as indígenas nesse serviço de saúde. Conclui-se que é fundamental que os objetivos desse comitê sejam cumpridos para a garantia da utilização efetiva de recursos escassos, bem como assegurar a dignidade das pessoas indígenas, particularmente em relação a seus saberes, práticas e valores. Recomenda, ainda, que se realize um amplo diálogo com a comunidade indígena, visando à avaliação desse processo e à decisão coletiva sobre o caminho futuro.

O Capítulo 8, de Ramires e Martins, apresenta reflexões e questionamentos desenvolvidos durante estudos de Iniciação Científica, com o plano de trabalho intitulado "Kuñangue Aty Guasu: mulheres Kaiowá e Guarani em movimento". O estudo teve a duração de oito meses, de janeiro ao mês de setembro de 2023, e o objetivo foi qualificar a compreensão sobre a história e as cosmologias dos povos Kaiowá, Guarani e Terena, com foco específico na Reserva Indígena de Dourados (RID), localizada no sul de Mato Grosso do Sul, com ênfase nas mulheres e suas lutas. As memórias da primeira autora e de seus familiares ganharam destaque e estão articuladas com a literatura na busca por conhecer a história da RID e do povo Guarani.

O nono capítulo, escrito por Luz e colegas, considera as práticas e os saberes em cinco retomadas Guarani e Kaiowá, avaliando a Insegurança Alimentar e Nutricional (Insan) e os modos de lutar pela recuperação da vida e do território. O texto foi construído conforme o que os autores aprenderam durante a pesquisa "Soberania e segurança alimentar e nutricional nos territórios Guarani e Kaiowá do Mato Grosso do Sul". A pesquisa, vinculada à Fian Brasil (Organização pelo Direito Humano à Alimentação e Nutrição Adequadas), em parceria com o Conselho Indigenista Missionário (Cimi) e com a Aty Guasu, grande assembleia do povo Guarani e Kaiowá, buscou atualizar o relatório de estudos realizados pela instituição em 2013 intitulado "O direito humano à alimentação adequada e à nutrição do povo Guarani e Kaiowá". Esses direitos englobam o consentimento prévio, informado e livre, a autodeterminação, o acesso às terras e aos recursos naturais, a saúde e ao bem-estar, a preservação da cultura, o desenvolvimento sustentável, a garantia de um ambiente saudável, a disponibilidade de água potável, a alimentação adequada e a segurança pessoal.

Já o décimo capítulo, de Pedro e Candado, é um estudo sobre o plantio de rama de mandioca em Laranjeira Nhanderu. O trabalho contextualiza sobre a rama de mandioca (mandi'o), cultivada na aldeia Laranjeira Nhanderu. São trazidos conhecimentos tradicionais acerca do cultivo de produtos alimentares fundamentais. Também as combinações com carne e peixe e a importância do plantio da rama nas épocas certas.

No capítulo 11, do pesquisador indígena Anastácio Peralta, doutorando em Geografia, é discutida a tecnologia espiritual do despertar das sementes. Esse trabalho objetiva refletir sobre os conhecimentos e técnicas sobre a produção da vida e do viver. Para realizá-lo, foi organizada pesquisa de campo, com anciões conhecedores da maneira de fazer despertar a semente, e pesquisa bibliográfica. Os resultados demonstram que a conservação e o despertar da semente falam de como viver no mundo e levam-nos a ponderar sobre a complexidade da vida por meio do pensamento Guarani-Kaiowá, bem como a ponderar sobre alternativas para realização e enriquecimento da vida humana e "mais-que-humana".

O 12.º capítulo traz o trabalho de Ximenes e seus colaboradores, que caracterizam a Terra Indígena Jaguari, pertencente ao povo Guarani-Kaiowá, e destacam o modo de produção e consumo de alimentos dentro da aldeia, com foco na relação com a natureza por meio do trabalho familiar indígena, apontando um olhar sobre a soberania alimentar indígena.

No Capítulo 13, escrito por um Kaiowá da Terra Indígena Takuapiry (Martins) e por sua orientadora (Colman), objetivou-se compreender melhor o contexto social da comunidade e a concepção e cosmologia Guarani-Kaiowá. O texto discute quais transformações ocorrem na vida do povo indígena enquanto seres humanos em contato com outras sociedades. Inclui relatos dos avós Gervasio Martins e Fernando Martins, que marcaram muito a vida do primeiro autor. Os idosos relatam que não queriam que acabasse a festividade da cerimônia da colheita, ou batismo do milho — Avati Kyry —, pois ela significa "ñande vy'aha ñande rekoha", ou "alegria do nosso modo de ser". Esse entendimento ficou como uma referência para todas as aldeias. A pesquisa utiliza uma metodologia etnográfica, com leituras e análise das fontes bibliográficas, além de visitas aos mais velhos e transcrição dos relatos das memórias que surgiram na conversa com as pessoas da comunidade.

No Capítulo 14, de autoria de Silva e Morettti, o turismo indígena é avaliado de acordo com seus desafios e possibilidades. Enquanto prática social e com a crescente valorização econômica, turismo é considerado em diferentes escalas e perspectivas. Prioriza-se as questões de conflito e cooperação, que possibilitam compreender sua importância como produtora e consumidora de geografias. O turismo é entendido como uma atividade indutora de diferentes e diversas construções objetivas e subjetivas que conformam o mundo, participando da reprodução de um modo de vida baseado no consumo e na produção de paisagens e relações.

O 15.º capítulo, realizado por Ferreira e Silva, investiga as sinergias entre terras indígenas e Unidades de Conservação (UCs) ambiental na faixa de fronteira entre Mato Grosso do Sul e Paraguai. O trabalho identificou e avaliou áreas legalmente protegidas que oferecem maior proteção à vegetação, as quais são cruciais para se desenvolver políticas públicas que integrem de forma justa as populações tradicionais. A implementação de corredores ecológicos apresenta-se como uma estratégia eficaz para conectar áreas protegidas e permitir o fluxo de espécies e a recuperação de ecossistemas.

No último texto, assinado por Domingo e Pereira, é apresentada uma discussão de importantes aspectos da cultura Terena por meio de marcadores temporais e territoriais, buscando evidenciar o modo como tais marcadores são acionados por peões Terena na lida com o gado. Em especial, são considerados os elementos do ambiente característico do Pantanal, onde fica o território de ocupação tradicional Terena, e da Serra de Maracaju, por onde passaram a circular com mais intensidade uma vez envolvidos na lida dos rebanhos de gado.

Como pode ser visto nos diversos assuntos tratados *supra*, o trabalho empregado neste quinto volume da série *Guarani e Kaiowá: modos de existir e produzir territórios* certamente amplia e enriquece ainda mais as análises e os debates trazidos anteriormente. Os organizadores e autores tiveram, mais do que nada, o firme propósito de valorizar os conhecimentos, as relações socioecológicas e políticas, os atores e as famílias Guarani e Kaiowá, sua história e geografia. As controvérsias e as lições seguramente não se encerram com um ponto final no texto, mas a sabedoria, a mobilização e a agência indígenas continuam mais vivas e fortes do que nunca.

Referências

ARCHIBALD, J.-A. *et al.* (org.). *Decolonizing research*: indigenous storywork as methodology. London: Bloomsbury, 2022.

BALL, J.; JANYST, P. Enacting research ethics in partnerships with indigenous communities in Canada: "do it in a good way". *Journal of Empirical Research on Human Research Ethics*, [*S. l.*], v. 3, n. 2, p. 33-51, 2008.

BARBOSA, P. A.; MURA, F. Construindo e reconstruindo territórios Guarani: dinâmica territorial na fronteira entre Brasil e Paraguai (séc. XIX-XX). *Journal de la Société des Américanistes*, [*S. l.*], v. 97, n. 2, p. 287-318, 2011.

BLASER, M. *Storytelling globalization from the Chaco and beyond*. Durham; London: Duke University Press, 2010.

BURGIN, V. *In/different spaces*: place and memory in visual culture. Berkley: University of California Press, 1996.

BURMAN, A. 'Now we are indígenas': hegemony and indigeneity in the Bolivian Andes. *Latin American and Caribbean Ethnic Studies*, [*S. l.*], v. 9, n. 3, p. 247-271, 2014.

COOMBES, B.; JOHNSON, J. T.; HOWITT, R. Indigenous geographies III: methodological innovation and the unsettling of participatory research. *Progress in Human Geography*, [*S. l.*], v. 38, n. 6, p. 845-854, 2014.

GREEN, D.; RAYGORODETSKY, G. Indigenous knowledge of a changing climate. *Climatic Change*, [*S. l.*], v. 100, n. 2, p. 239-242, 2010.

HARAWAY, D. Situated knowledges: the science question in feminism and the privilege of partial perspective. *Feminist Studies*, [*S. l.*], v. 14, n. 3, p. 575-599, 1988.

IORIS, A. A. R. *Agribusiness and the neoliberal food system in Brazil*: frontiers and fissures of agro-neoliberalism. London: Routledge, 2017.

IORIS, A. A. R. Amazon's dead ends: frontier-making the centre. *Political Geography*, [*S. l.*], v. 65, p. 98-106, 2018.

IORIS, A. A. R. *et al.* Indigenous school education as contested spaces: the Brazilian experience in São Paulo and Mato Grosso do Sul. *The Australian Journal of Indigenous Education*, [*S. l.*], v. 51, n. 2, 2022. DOI 10.55146/ajie.v51i2.5.

IORIS, A. A. R. *Frontier making in the Amazon*: economic, political and socioecological conversion. Cham, Switzerland: Springer, 2020.

IORIS, A. A. R. Genocide today: the Guarani-Kaiowa struggle for land and life. *Fourth World Journal*, [*S. l.*], v. 23, n. 1, p. 50-62, 2023b.

IORIS, A. A. R. Guarani-Kaiowa's political ontology: singular because common. *Cultural Studies*, [*S. l.*], v. 36, n. 4, p. 668-692, 2022.

IORIS, A. A. R. Indigeneity and indigenous politics: ground-breaking resources. *Revista de Estudios Sociales*, [*S. l.*], v. 85, p. 3-21, 2023a.

IORIS, A. A. R. *Kaiowcide*: living through the Guarani-Kaiowa genocide. Lanham, Maryland: Lexington Books, 2021.

IORIS, A. A. R. Political agency of indigenous peoples: the Guarani-Kaiowa's fight for survival and recognition. *Vibrant, Virtual Brazilian Anthropology*, [*S. l.*], v. 16, e16207, 2019. DOI 10.1590/1809-43412019v16a207.

IORIS, A. A. R.; BENITES, T.; GOETTERT, J. D. Challenges and contribution of indigenous geography: learning with and for the Kaiowa-Guarani of South America. *Geoforum*, [S. l.], v. 102, p. 137-141, 2019.

JACKSON, P.; PENROSE, J. (org.). *Constructions of race, place and nation*. Minneapolis: Minnesota University Press, 1993.

JOHNSON, J. T. *et al.* Weaving indigenous and sustainability sciences to diversify our methods. *Sustainability Science*, [S. l.], v. 11, n. 1, p. 1-11, 2016.

KEALIIKANAKAOLEOHAILILANI, K.; GIARDINA, C. P. Embracing the sacred: an indigenous framework for tomorrow's sustainability science. *Sustainability Science*, [S. l.], v. 11, n. 1, p. 57-67, 2016.

LAND, C. *Decolonizing solidarity*: dilemmas and directions for supporters of indigenous struggles. London: Broomsbury, 2022.

LARSEN, S. C.; JOHNSON, J. T. *Being together in place*. Minneapolis: University of Minnesota Press, 2017.

LARSEN, S. C.; JOHNSON, J. T. In between worlds: place, experience, and research in indigenous geography. *Journal of Cultural Geography*, [S. l.], v. 29, n. 1, p. 1-13, 2012.

LATULIPPE, N.; KLENK, N. Making room and moving over: knowledge co-production, indigenous knowledge sovereignty and the politics of global environmental change decision-making. *Current Opinion in Environmental Sustainability*, [S. l.], v. 42, p. 7-14, 2020.

MacDONALD, K. My experiences with indigenist methodologies. *Geographical Research*, [S. l.], v. 55, n. 4, p. 369-378, 2017.

MURA, F. *À procura do "bom viver"*: território, tradição de conhecimento e ecologia doméstica entre os Kaiowa. Rio de Janeiro: Associação Brasileira de Antropologia, 2019.

ODORA HOPPERS, C. Research on indigenous knowledge systems: the search for cognitive justice. *International Journal of Lifelong Education*, [S. l.], v. 40, n. 4, p. 310-327, 2021.

PANELLI, R. Social geographies: encounters with indigenous and more-than-white/Anglo geographies. *Progress in Human Geography*, [S. l.], v. 32, n. 6, p. 801-811, 2008.

PARSON, S.; RAY, E. Sustainable colonization: tar sands as resource colonialism. *Capitalism Nature Socialism*, [*S. l.*], v. 29, n. 3, p. 68-86, 2018.

QUIJANO, A. El movimiento indígena y las cuestiones pendientes en América Latina. *Cotidiano*: Revista de la Realidad Mexicana, [*S. l.*], v. 151, p. 107-120, 2008.

RADCLIFFE, S. A. Geography and indigeneity I: indigeneity, coloniality and knowledge. *Progress in Human Geography*, [*S. l.*], v. 41, n. 2, p. 220-229, 2017.

RAMOS, A. R. The hyperreal indian. *Critique of Anthropology*, [*S. l.*], v. 14, n. 2, p. 153-171, 1994.

RIDDELL, J. K. *et al.* Laying the groundwork: a practical guide for ethical research with indigenous communities. *The International Indigenous Policy Journal*, [*S. l.*], v. 8, n. 2, 2017. DOI 10.18584/iipj.2017.8.2.6.

SMITH, L. T. *Decolonizing methodologies*: research and indigenous peoples. 3rd ed. London: Bloomsbury, 2022.

SMITHERS GRAEME, C.; MANDAWE, E. Indigenous geographies: research as reconciliation. *The International Indigenous Policy Journal*, [*S. l.*], v. 8, n. 2, 2017. DOI 10.18584/iipj.2017.8.2.2.

SPIVAK, G. C. Can the subaltern speak? *In*: WILLIAMS, P.; CHRISMAN, L. (org.). *Colonial discourse and post-colonial theory*: a reader. New York: Columbia University Press, 1994. p. 66-111.

TUCK, E.; YANG, K. W. Decolonization is not a metaphor. *Tabula Rasa*, [*S. l.*], v. 38, p. 61-111, 2021.

UNITED NATIONS GENERAL ASSEMBLY. *2007 United Nations Declaration on the Rights of Indigenous Peoples*. Disponível em: https://social.desa.un.org/issues/indigenous-peoples/united-nations-declaration-on-the-rights-of-indigenous-peoples. Acesso em: 10 jan. 2022.

WATSON, A.; TILL, K. *Ethnography and participant observation*. Oakland: Sage Publications, 2010.

WILSON, S. *Research is ceremony*: indigenous research methods. Disponível em: https://fernwoodpublishing.ca/book/research-is-ceremony-shawn-wilson. Acesso em: 19 mar. 2023.

Publicações Relacionadas

GOETTERT, J. D. *et al.* (org.). *Geografiando afetos*: escritos, imagens, intensidades. Porto Alegre: Total Books; UFGD; Cardiff University, 2022.

IORIS, A. A. R.; COLMAN, R. S.; GOETTERT, J. D. (org.). *Pequenas geografias Guarani e Kaiowá*: relatos. Curitiba: Appris, 2021.

IORIS, A. A. R.; PEREIRA, L. M.; GOETTERT, J. D. (org.). *Guarani e Kaiowá*: modos de existir e produzir territórios. Curitiba: Appris, 2021-2022. v. 1-3.

IORIS, A. A. R.; SERAGUZA, L.; LADEIA, E. S. (org.). *Mulheres Guarani e Kaiowá*: modos de existir e produzir territórios. Curitiba: Appris, 2023. v. 4.

RETOMANDO O MUNDO ROUBADO DOS GUARANI-KAIOWÁ

Papito Vilhalba

Aldeia Guyraroká (Caarapó)

Narrativa coletada e adaptada por Antônio A. R. Ioris em janeiro de 2023, com tradução de Urbano Escalante, estudante da Licenciatura Intercultural Indígena, presidente do Centro Acadêmico Teko Arandu e membro da aldeia Pirakua, no município de Bela Vista.

O Sol e a Lua são deuses para a nossa cultura. Eles viviam antes de nós aqui na Terra, antes de ir para onde o Sol e a Lua estão agora. Quando o Sol e a Lua estavam na Terra, eles viviam como uma pessoa normal, então começaram a andar pelos campos e encontraram os inimigos, que eram os chefes da onça. Os inimigos queriam matar o Sol e a Lua, mas não conseguiram. Daí se iniciou o trabalho para criar toda a nossa tradição.

O Sol é o principal deus para os Guarani-Kaiowá, e a Lua é mais ligada aos karaí. Então o Sol começou a rezar para partir dessas terras e ir para o seu lugar agora. Depois de muita reza, o Sol foi lá para onde ele está hoje. O Sol daí batizou nossa terra e a deixou para o nosso povo. Exatamente por causa disso essa terra é legitimamente do povo Guarani-Kaiowá. Foi desse ponto de partida que as pessoas iniciaram nossa cultura de ser Guarani-Kaiowá. [A partir da Terra que nos foi dada pelo Sol.]

Antigamente, o nosso povo não tinha roupa, não estudava [na escola], não sabia ler ou escrever. Mas os antepassados tinham uma proposta de conversar uns com os outros para dialogar sobre a terra. Com o diálogo, reuniam todo o nosso povo para rezar. Os rezadores sempre rezavam para fortalecer nossa ação.

Muito depois, nos anos 1920, começaram os batismos do território tradicional por parte dos indígenas. Essa terra precisava ser batizada pelos nossos rezadores. Mas, sem o diálogo, a terra não poderia ser batizada, não seria sagrada.

[Alguns anos mais tarde], no tempo do Getúlio Vargas, começaram a criar leis para separar nosso povo da sua terra tradicional, e foi assim que muitos de nós perdemos nossos tekohá. Deslocaram nossas comunidades para um lugar chamado reserva. A partir desse momento, nos separam na nossa terra [sagrada]. Os karaí mataram o nosso povo [especialmente] por causa da tomada do nosso território. A nossa terra foi sendo dividida em pequenos pedaços e em reservas. Ficou muito ruim. Então o nosso povo perdeu sua terra e nós precisamos pensar como vamos fazer para continuar nossa luta. O tempo passou, passaram-se anos, a nossa terra ficou parada.

Antigamente não havia pessoa [de fora] para cuidar da saúde, nós tínhamos todos os medicamentos tradicionais dentro da mata. Por isso havia menos doenças nessa época. Aos poucos foram entrando outras religiões diferentes da nossa cultura. Ficou mesmo muito complicado para nós. As pessoas hoje aprendem a ler e a escrever por causa do branco. Temos que aproveitar e aprender a história do branco.

Hoje os fazendeiros estão organizados e dizem que a terra é deles, mas sempre foi nossa, porque nós conhecemos e sabemos onde vivia e vive o nosso povo. Eu conheço muito bem o meu tekohá, apesar de tudo eu vivo aqui no tekohá. Porém os brancos dizem que esse chão não é indígena e mandam seus peões invadirem e forçarem nossa saída. Aqui tem um grileiro que atacou nosso povo, mandou bala para cima da nossa gente.

Para ter de volta nossa terra, precisamos recuperar nossa cultura, dançar muito e viver em união. Se não nos unirmos, não será fácil conquistar nossa terra de volta. Para retomar nosso tekohá, precisamos saber quantas pessoas moravam ali, quantos cemitérios havia, precisamos estudar para ter de volta nosso tekohá tradicional.

Temos que sempre lembrar que nossa luta pela terra se iniciou com nossos rezadores. Começaram a rezar para ter proteção para nossa terra. Sem a reza, não temos proteção para nos defender. Mas temos a luta para reconquistar nossos tekohá, com a força dos nossos líderes.

Precisamos ensinar os brancos a diferenciar nossa cultura. Meu avô morava aqui, ele morreu com 139 anos. Hoje é mais difícil [ter uma vida tão longa], não conseguimos viver como antigamente. As coisas dos brancos mudaram muito a vida do nosso povo.

Nossos parentes [mais próximos] moravam aqui [no Guyraroká], mas perderam nossa terra, foram levados para outro lugar. Ficamos um tempo por lá, mas voltamos em uma retomada com 700 pessoas, para ocupar de novo [o que é nosso]. Decidimos com coragem retornar para o nosso tekohá. O Guyraroká faz parte de todo o território nosso, grande, que tem um nome para cada localidade.

Ainda falta demarcar nossa terra, mas o governo da República tem esse poder e deve demarcar a terra. Tem que voltar ao tempo antigo, quando não tinha karaí, somente tinha indígena aqui. Não aceitamos nenhum marco temporal que querem nos impor, porque temos nossos direitos. Não foi em 1988 que a nossa história se inicia, nós já existíamos há muito mais tempo.

Essa é a história que eu tinha que contar para vocês. Tudo foi assim. Hoje eu já estou velho, mas lutei muito. Os mais novos devem levar essa luta para frente. Se estivermos juntos, sempre vamos ter força. Foi desse jeito que conseguimos até agora alguns tekohá de volta.

Precisamos muito fortalecer o canto contra os brancos, isso ajuda muito a nossa luta. Felizmente existe nossa reza para nos proteger dos homens brancos que sempre querem nos atacar.

Cacique Papito Vilhalba é um sábio muito respeitado, conhecido como "livro vivo" pelos Guarani-Kaiowá.

Papito Vilhalba durante o encontra em janeiro de 2023 (fotografia de A. A. R. Ioris)

Desde 2014, o povo Guarani-Kaiowá mobiliza-se para garantir a demarcação do tekohá — lugar onde se é — Guyraroká. As mais de 20 famílias da aldeia vivem hoje em uma área de apenas 55 hectares, uma pequena parcela dos 11 mil hectares já identificados e delimitados pela Funai, em 2004, e declarados como de ocupação tradicional indígena pelo Ministério da Justiça (MJ), em 2009.

A menos de 50 metros da divisa com a propriedade, crianças, funcionários da escola e a própria comunidade ficam cada vez mais espremidos em meio às plantações de soja e milho — regadas a agrotóxicos. A ação foi flagrada e registrada, por meio de vídeos, pelos indígenas. Essa situação já foi objeto de incontáveis denúncias feitas nos âmbitos nacional e internacional. De acordo com as lideranças indígenas locais, o uso constante e excessivo do veneno está fragilizando a saúde da comunidade.

Estamos adoecendo facilmente. Agora mesmo, com esse frio que está fazendo, piora. Estamos com tosse, principalmente as crianças, porque respiramos esse ar contaminado por agrotóxicos. E isso vai matando, aos poucos, a proteção de nossos corpos, os animais, as plantas [lamentou].

Ao Conselho Indigenista Missionário (Cimi), a liderança Guarani-Kaiowá falou também sobre as constantes ameaças sofridas pelos indígenas.

O conflito existe desde sempre. Estamos em uma terra que eles acham que é deles [fazendeiros e aliados], então isso gera conflito. Desmatam tudo e nos proíbem de pescar e buscar lenha. Já tentei resolver com funcionários da fazenda, mas dizem que só é possível resolver com o proprietário. Não podemos agir contra eles, são muitos e estão crescendo bastante. Eles andam armados, então não podemos avançar. Se avançarmos, perdemos o nosso direito, ou então a própria vida. Agimos conforme a Justiça.

Essa não é a primeira vez que o fazendeiro avança sobre Guyrar- ká, território protegido pela Comissão Interamericana de Direitos Humanos (CIDH). Em 2019, a comunidade foi envenenada por uma nuvem de pesticida e cal, despejada na fazenda Remanso II. Naquele mesmo momento, havia crianças fazendo refeição na escola — sendo as primeiras atingidas pelo pó venenoso.

Referência

CIMI. *Fazendeiro avança sobre Guyraroká, território protegido pela Comissão Interamericana de Direitos Humanos.* Disponível em: https://cimi.org.br/2023/07/fazendeiro-a-vanca-sobre-guyraroka-protegido-cidh. Acesso em: 24 out. 2023.

CAPÍTULO 1

ENSINAR E APRENDER COM O MOVIMENTO DE PROFESSORES INDÍGENAS GUARANI-KAIOWÁ E O CURSO ÁRA VERÁ

Flaviano Franco

Maria Adriana Torqueti Rodrigues

Racquel Valério Martins

Introdução

Para introduzir nosso capítulo, gostaríamos de comentar sobre a Jopói, que é um evento que conta com a participação de instituições de ensino e entidades que apoiam a causa indígena em todo o mundo. A palavra "jopói", que dá nome ao evento, na língua tupi-guarani, significa "abrir as mãos mutuamente", compartilhar, conviver, construir juntos, e assim tem sido esse evento, desde o início construído junto. Na edição de 2023, contamos com a participação de docentes e discentes do Programa de Pós-Graduação em Educação e Territorialidade (PPGET) da Faculdade Intercultural Indígena da Universidade Federal da Grande Dourados, e, entre outras atividades, a mesa (sessão) que resultou nos relatos aqui apresentados foi uma construção da Faind (Licenciatura do Campo e PPGET), com o Ára Verá e a Associação de Alunos Brasileiros da Universidade de Salamanca (ABS/Usal), Espanha.

Antes de iniciar nossa discussão, é interessante destacar a diferença entre educação indígena e educação escolar indígena, sendo a primeira passada pelos familiares dos próprios indígenas, e educação escolar indígena refere-se à formação por meio de instituições propriamente ditas. Essa distinção será explorada especificamente em relação aos relatos de dois autores, Flaviano Franco e Adriana Torqueti, em que analisam aspectos significativos de suas práticas docentes, indicando os aspectos positivos e as dificuldades identificadas enquanto atuam em suas atividades dentro e fora da sala de aula.

Relatos dos Avanços para a Educação Escolar Indígena Apresentados na Mesa: "Formação de professores Guarani-Kaiowá e a alfabetização no MS", em 08/08/2023

Como professora visitante da Faind, integrante da coordenação da Jopói e mediadora do evento, Racquel Valério Martins apresentou todos os participantes e ressaltou a importância da formação de redes com a participação daqueles que lutam pelas causas indígenas. Na continuidade, convidou os participantes da mesa a integrarem esse coletivo; juntos, eles constroem atividades que atendem às demandas dos povos indígenas. Foi então iniciada a atividade, transmitida pela plataforma digital YouTube, com a colaboração do professor da Universidade Federal do Ceará Babi Fonteles e de Ana Cláudia, representante da Associação Buscando Novos Caminhos na Alemanha (aproveitamos para render aos dois nossos agradecimentos em nome da Faind/UFGD). Ressaltamos ainda a importância da difusão da temática tratada nos relatos da mesa que dão nome a esse tópico do nosso trabalho, o qual ilustramos a seguir com o *card* da atividade, desenvolvido pela professora Eliahne Brasileiro (Figura 1.1).

Figura 1.1 – Convite para o evento Formação de Professores Guarani-Kaiowá

Fonte: Universidade Federal da Grande Dourados

Começaremos com Flaviano Franco, que se apresenta como indígena Guarani, pai da Tainá e do Taylor e avô da Emanuely, coordenador-geral da Educação Escolar Indígena no município de Amambai, e mestrando do Programa de Pós-Graduação em Educação e Territorialidade da Faculdade Intercultural Indígena da Universidade Federal da Grande Dourados. A coordenação feita por Flaviano localiza-se na cidade de Amambai, onde há três "escolas-polo indígenas". Seu trabalho à frente da coordenadoria-geral iniciou-se em 2019, atendendo a convite das lideranças, com aceitação da equipe da Secretaria Municipal de Educação (Semed) de Amambai, abrangendo as aldeias Limão Verde (com duas salas extensivas), Jagauari (com uma) e duas outras escolas dentro da aldeia de Amambai. Flaviano destaca que 50% dos alunos são indígenas.

Franco iniciou seu trabalho com a preocupação de estudar a legislação atual e avaliar a situação dos currículos nas escolas indígenas, que está garantida dentro das metas do poder municipal. Assim, foi pensando como fazer a escola diferenciada. Foi devidamente identificado que as escolas não tinham um currículo diferenciado, e os estudos sobre as competências com a nova base da Base Nacional Comum Curricular (BNCC) ajudaram a construir um currículo específico.

Em 2018 houve uma audiência pública em que foi feita a defesa pela alfabetização na língua materna indígena. O desafio foi lançado porque, de acordo com Flaviano, para o Guarani-Kaiowá (GK), geralmente é assim: defende-se alguma coisa, vem alguém e diz "Então prova". Era também muitas vezes questionado em que estava embasada a educação dos indígenas. Essa pergunta não teve uma resposta pronta dentro da Semed, o que na sua visão foi um incentivo a mais para se dar o pontapé inicial da construção de um currículo diferenciado, que hoje tem sido apropriado pelas escolas, que seguem construindo esse currículo.

Passou-se então a pensar na formação de professores, porque defendia que, se estes não fossem preparados, não teriam como colocar em prática esse currículo. Foi então iniciado o projeto Alfaletrando, coordenado por ele, e que era voltado para os professores Guarani-Kaiowá alfabetizadores. Em seguida, foi pensada a pedagogia intercultural com a Universidade Federal de Mato Grosso do Sul (UFMS).

Flaviano afirma: "*A alfabetização atualmente ocorre na língua materna, a partir das narrativas tradicionais, dos nossos mais velhos*" (informação verbal). É com isso que as escolas montam os materiais didáticos. Precisamos de pessoas que façam essas coletas das narrativas. Com relação à língua guarani, vale ressaltar que é um esforço muito recente de ortografia. E é um engano quando se pensa que basta saber falar guarani para conseguir ensiná-la, porque muitos desconhecem a estrutura ou a história da língua. Existem, por exemplo, questionamentos sobre o padrão da língua guarani e quais são os critérios de se escrever com V ou W, com Ñ ou NH, já que usamos as formas de todas essas letras. São questionamentos do nosso dia a dia. Linguisticamente, nenhuma forma está errada, mas consideramos especialmente as mais antigas.

Precisamos de apoiadores para que a língua guarani ganhe força, e trabalhar com a conscientização sobre a necessidade de uma formação específica. Enfrentamos muitos obstáculos, como a falta de materiais didáticos, e para isso necessitamos de ajuda do governo federal, principalmente porque os materiais ainda não chegam às casas dos Guarani-Kaiowá.

Até os anos 1990, a educação era desconsiderada para os indígenas, mas com a integração destes surge o movimento dos professores Guarani-Kaiowá do MS. Houve uma apropriação da educação escolar, e hoje a escola é um instrumento de fortalecimento do povo Guarani-Kaiowá; podemos dizer que essa foi uma estratégia vitoriosa dos GK. É certo que a matriz curricular valorizava a língua portuguesa, e ainda vivemos isso na atualidade. Temos 49 escolas indígenas de alfabetização, 17 extensões e sete escolas indígenas de ensino médio, com 17 extensões também. A pergunta hodierna mais fundamental tem sido: que escola nós queremos? Nossas discussões, que têm ganhado espaço com a mudança de governo federal em 2023, têm sido no intuito de decidirmos coletivamente como responder a essa pergunta. Franco, finalmente, chamou atenção para a importância da formação acadêmica para os indígenas, de maneira que possam levar seus conhecimentos para os karaí (não indígenas), dando mais visibilidade àqueles, e fez um apelo pelo fortalecimento da alfabetização escolar indígena na língua materna, que devolve a autoestima aos indígenas.

*****

Instigados com a pergunta e os comentários lançados por Flaviano Franco, adentramos o relato de Maria Adriana Torqueti Rodrigues, ela que é mãe da Lorena e do Luiz, doutoranda da Universidade de Salamanca e professora do Ára Verá, o curso de Formação de Professores Indígenas Guarani e Kaiowá no etnoterritório do Conesul do estado de Mato Grosso do Sul. Adriana, após introduzir sua fala agradecendo aos professores Guarani-Kaiowá, com quem sempre aprende muito, nos traz um pouco da história do Ára Verá, curso que é fruto de uma luta constantes dos povos originários Guarani e Kaiowá, em que hoje está atuando como professora, desenvolvendo práticas pedagógicas interculturais, interdisciplinares e bilíngues, como é enfocado no Referencial Curricular Nacional da Educação Indígena (RCNEI).

O Ára Verá teve início, ou foi idealizado, em 1995, e podemos dizer que são mais de duas décadas formando professores alfabetizadores Guarani-Kaiowá, somando-se ao movimento dos professores Guarani-Kaiowá (formados no Ára Verá), que já ultrapassou os 30 anos de existência. A primeira turma no Ára Verá formou-se no ano de 2003, dando-se continuidade com a segunda turma no ano de 2007, a terceira em 2011, a quarta no ano de 2015, a quinta em 2019, e estando na sexta turma no ano de 2023, com 27 estudantes.

O Ára Verá já formou 260 professores desde 1999. Vale ressaltar que é um curso mantido pelo Governo do Estado de Mato Grosso do Sul e funciona conforme a pedagogia da alternância, ou seja, dividido em etapas presenciais nas comunidades. O tempo-comunidade tem uma etapa presencial longa (10 a 15 dias) e uma etapa presencial curta (3 a 5 dias).

Importante destacar ainda que se trata do único curso que forma professores alfabetizadores específicos, com a pedagogia intercultural para os Guarani e Kaiowá. É um curso que corresponde ao antigo magistério dos povos não indígenas, e enaltece-nos ter hoje o professor Eliel Benites (ex-diretor da Faind/UFGD), que se formou na primeira turma do Ára Verá e agora é diretor no Ministério dos Povos Indígenas, em Brasília.

De acordo com Adriana Torqueti, a grande demanda é para o reconhecimento do curso Ára Verá, o único com essas características no estado de Mato Grosso do Sul, apresentando-se como muito importante para os Guarani-Kaiowá. Assim sendo, é extremamente necessário o apoio dos governos municipal, estadual e federal para fortalecimento deste.

Para informar um pouco sobre os conteúdos e metodologias do curso Ára Verá, Adriana esclarece que estes são articulados em eixos integradores, quais sejam:

O teko	=	Vida;
O tekohá	=	Território;
Ne e	=	Língua (é a alma espiritual que se manifesta por meio do falar dos povos originários).

Esses três eixos dão origem a subeixos que permeiam os conteúdos trabalhados no curso de forma transversal. E Adriana conclui sua fala reforçando o apelo de Flaviano Franco, bem como dos demais participantes da mesa, de que busquemos o fortalecimento do Ára Verá e do Movimento dos Professores Guarani-Kaiowá.

Considerações Finais

Como considerações, queremos, os três, reiterar o convite a todas as entidades envolvidas na organização da mesa para difundir esse trabalho, trazendo suas gentes para compor a Jopói , estender essa mensagem a todos os leitores deste capítulo e, ainda, para demonstrar nossa gratidão, especialmente aos Guarani-Kaiowá, trazer a explicação de agradecimento no seu mais profundo significado, como consta no Tratado da Gratidão de São Tomás de Aquino. O significado de "obrigado", que corresponde ao terceiro nível da gratidão, o nível do vínculo, do comprometimento, que, como tão bem explanou António Nóvoa, é em português mesmo que agradecemos no seu sentido mais profundo, pois quer dizer "me obrigo perante vós" e "fico-vos comprometido a um diálogo".

Assim, queremos concluir este relato com um OBRIGADO, assim, em maiúsculas, a todos os que dão força para as causas indígenas no nosso país e especialmente no estado de Mato Grosso do Sul.

CAPÍTULO 2

EDUCAÇÃO ESCOLAR INDÍGENA À LUZ DAS EPISTEMOLOGIAS DECOLONIAIS E DA SOBRECULTURALIDADE

Daniel Valério Martins

Ruan Rocha Mesquita

Simone Aparecida Fonseca Alves

Racquel Valério Martins

A História da Interculturalidade, da Educação Intercultural e as Epistemes Indígenas

A ideia Intercultural começa a ser discutida a partir de um documento da Organização das Nações Unidas para a Educação, a Ciência e a Cultura (Unesco), a *Declaração sobre raça e sobre preconceitos raciais* de 1978 (UNESCO, 1978), quando na Europa se iniciam discussões sobre a interação ou integração de imigrantes em seus contextos sociais. No contexto latino-americano, as ideias interculturais foram abraçadas pelas lutas e pelos movimentos sociais voltados para as minorias étnicas que viviam nesse momento a tentativa de manter vivas suas culturas, as quais sofriam a pressão da invisibilidade pregada pelo Estado em pleno período militar. Também em situações advindas dos movimentos de cultura e educação popular da década de 1960 iniciados e influenciados pelos pensamentos de Paulo Freire, caindo em perseguição e posteriormente sufocados com o golpe militar de 1964, colocando-se em uma situação de incubação.

Nos estudos sobre *Aculturação indígena* de Egon Schaden (1969), no Sul do Brasil também se encontram vestígios das primeiras menções sobre um pensamento intercultural e intracultural desenvolvido em pleno período de ditadura militar. Esses estudos e a sua exploração conceitual serviram de base para o desenvolvimento do conceito de Sobreculturalidade (MAR-

TINS, 2021). Após o período de sombras (período de governo militar), esses movimentos populares ressurgem com força pela luta das minorias étnicas na década de 1980. Em um primeiro momento, eles se voltaram para o pensamento multicultural, essencial para o reconhecimento da multiculturalidade presente no espaço geográfico brasileiro, mas não suficiente para estabelecer relações de interação recíprocas e dialógicas entre essas culturas em contato.

De acordo com Fleuri (2001), a educação intercultural pode ser entendida como a pedagogia do encontro, em que essa perspectiva, com base no encontro/confronto entre culturas e elementos culturais distintos, gera mudanças de paradigmas e concepções individuais sobre a maneira de ver e conceber novas formas de pensar e de construir conhecimentos. Essa perspectiva, na visão de Santos e Meneses (2009), seriam as consideradas Epistemologias do Sul, nas quais a interação seria capaz de trazer à tona as histórias e situações contadas por outras perspectivas, desde as cosmovisões dos sujeitos antes invisibilizados, os povos indígenas e originários. Com a luta (*i.e.*, movimento social) indígena, começam a surgir questionamentos sobre como seriam as escolas, a educação e a universidade, pensadas pela ótica da interculturalidade. Nanni (1998) afirma que, para que a educação intercultural venha a ser efetivada e cumpra seu papel na sociedade, precisa primeiro atingir os preceitos da igualdade de oportunidades, a formação e capacitação docente e a produção de livros e/ou materiais didáticos capazes de gerar a passagem da teoria do interculturalismo para a prática intercultural por meio da educação. Santos, Piovezana e Narsizo (2018), na construção de uma proposta intercultural para os povos Kaingang, associam esse tipo de educação às ideias preconizadas por Freire (1979) explícitas na obra *Educação como prática da liberdade,* quando nos movimentos para a educação popular elencam três preceitos: a educação como uma ação política; a dialogicidade e a observação do contexto do aluno. Ou seja, a educação tem que partir dos questionamentos de quem aprenderá e de quem ensinará. O que será ensinado? Para quê? Associados a outros questionamentos? Qual é a cultura dos sujeitos envolvidos no processo e em quais línguas serão ministradas as aulas?

Os autores supracitados vão além e afirmam que, para que o processo venha a surtir os efeitos objetivados, será preciso a ruptura de três fronteiras: a física, a cultural e a econômica. A fronteira física corresponde aos espaços que serão percorridos para o acesso aos estudos; a fronteira cultural seria relacionada aos modos de vida dos estudantes (trabalho, casamento, filhos etc.); as fronteiras econômicas seriam as posições de desvantagens em que se encontram as comunidades indígenas em relação aos alunos não indígenas. Santos, Piovezana e Narsizo (2018) explicam que, para se entender toda essa complexidade, seria necessário o reconhecimento do professor enquanto um ignorante da cultura indígena em vias de aquisição do conhecimento in loco, para assim conhecer os modos de vida, elementos culturais, tradições, crenças dos sujeitos envolvidos no processo de ensino-aprendizagem, tornando o processo um sistema de trocas recíprocas, valorizando o conhecimento, a bagagem cultural, a intraculturalidade dos educandos. Herbetta e Nazareno (2019), no estudo "Sofrimento acadêmico e violência epistêmica", abordam uma espécie de triangulação entre Violência epistêmica – Violência psíquica – Permanência, na qual mostram, por meio de relatos de alunos indígenas e quilombolas da graduação e pós-graduação da Universidade Federal de Goiás, que essas três fronteiras são encontradas já no acesso desses povos aos sistemas de ensino, e que eles se depararam com situações de exclusão, luta por permanência e saída após a conclusão dos estudos. Muitos já são barrados ao tentarem acesso, seja por não conseguirem transporte para irem à faculdade, seja por não falarem uma língua indo-europeia, por não terem produção científica com *qualis* ou por não conseguirem dinheiro para as taxas de inscrição.

Gersem Baniwa (2011), por sua vez, descreve em seus estudos que esse processo de educação intercultural deveria ser uma possibilidade de manejo do mundo, em que a educação não seria vista somente pela ótica ocidental que nega outros conhecimentos e outras formas de produção desses conhecimentos. Ele ainda explica que os povos indígenas estão dispostos a compreender a visão de mundo dos brancos entendendo que são processos distintos, mas bem-vindos quando chegam para ser somados, e não com a pretensão de substituir os conhecimentos tradicionais indígenas. Nessa mesma linha, chegamos ao pensamento de Ailton Krenak (2020) quando, em sua obra *Caminhos para a cultura do bem viver*, mostra como deve haver uma relação recíproca entre os homens e a natureza, princípios pregados pelos grandes protetores da natureza, os povos indígenas; e esses princípios, uma vez trabalhados pela educação intercultural, trariam esse manejo do mundo idealizado por Gersem Baniwa (2011).

A Escolarização Indígena e suas Fases na História da Educação

De acordo com a historiografia contada pela perspectiva não indígena, a história da educação escolar indígena pode ser encontrada com uma divisão em quatro fases: o período colonial; o surgimento do Serviço de Proteção ao Índio (SPI), da Fundação Nacional de Assistência ao Índio e do Summer Institute of Linguistics (SIL, ver https://www.silbrazil.org); o período da ditadura militar e o período após Constituição federal de 1988 (FERREIRA, 1992). Piovezana (2007) acrescenta às fases uma divisão entre o período que estava a cargo do SPI e o que estava a cargo da Funai, sendo abordadas cinco fases desde sua linha histórica. Antes de explicar as fases, também se pode observar essa divisão de uma maneira mais simplória, dividida em dois momentos ou tendências: a do período colonial, que se estende até o século XX, e a escola atual, iniciada com os movimentos indígenas na década de 1970, fortalecida com a Constituição de 1988 até os dias atuais.

Por uma perspectiva antropológica, Bartomeu Meliá (1979) apresenta uma divisão mais clara e objetiva e mostra as fases como: educação para o índio e educação indígena. Tal divisão se aproxima das epistemologias apresentadas por pesquisadores indígenas na atualidade, entre eles Gersem Baniwa (2011), que traz a divisão entre uma educação com ou sem protagonismo indígena e mostra o período colonial marcado por um assimilacionismo, aculturação e inculturação dos povos indígenas em comparação ao protagonismo indígena conquistado com árduas lutas nas décadas de 1970 e 1980.

No período colonial, a escolarização indígena estava a cargo das ordens religiosas que tinham a missão de expandir a fé cristã, dominar os "índios selvagens", manter os aldeamentos com a mão de obra escravizada ou pacífica de indígenas. Para tanto, seria necessária, antes mesmo de uma escolarização, a garantia de uma doutrinação. Durante todo o período colonial, a visão desse tipo de escolarização era o de manutenção das estruturas de poder do Estado e da Igreja em detrimento de valores sociais, morais e éticos. Mesmo com decretos, bulas e leis que proibiam a escravização de indígenas e a exploração desses povos, tal situação perdura até os dias atuais. As reformas pombalinas no século XVIII trouxeram em seu ideário um pensamento de sufocar as culturas indígenas acelerando o processo assimilacionista com a proibição de suas manifestações culturais, uso de línguas maternas, obrigando o uso exclusivo do idioma português, além dos incentivos da união entre indígenas e não indígenas com o propósito de uma integração forçada e rápida.

No século XX, com o advento da república, mesmo com a criação do Serviço de Proteção ao Índio, o princípio assimilacionista perpetua-se, e o órgão estatal, que supostamente estaria para proteger os povos indígenas, foi considerado um dos agentes que mais cometeram atrocidades contra esses povos. Situações essas detalhadas no *Relatório Figueiredo* (BRASIL, 2023), documento redigido pelo então procurador Jader de Figueiredo Correia, com mais de 7 mil páginas, que havia sumido após denúncias e encontrado somente no ano de 2013 no Museu do Índio do Rio de Janeiro. Uma vez dissolvido o SPI, após várias denúncias, a Fundação Nacional de Assistência ao Índio é criada e composta pelos mesmos agentes que atuavam no SPI. A assistência pregada pela Funai seria uma tutela do Estado, equiparando as pessoas indígenas a pessoas com deficiências, sendo consideradas incapazes e, portanto, controladas pelo órgão. Vale ressaltar que a Funai foi constituída em pleno período militar, e os indígenas seriam vistos como um empecilho para o projeto de expansão nacional. A educação passou a ter além do viés assimilacionista, uma característica militarizada, em que parte desses povos foi treinada para "combater a sua própria vadiagem". Existem, atualmente, vários documentários que relatam a ação militar contra os povos indígenas; dentre eles, um que se destaca é o *Ditadura: campos secretos de confinamento indígena* (CAMPOS, 2013), que trata do caso Krenak de Minas Gerais e todas as atrocidades acometidas contra esse povo.

As lutas indígenas, com base nos movimentos populares de educação popular e cultural, começam a ganhar força na década de 1970 quando buscaram por uma educação indígena que viesse atender às suas demandas, que pudessem ter parâmetros curriculares pensados, planejados, construídos, executados e mantidos pelos povos indígenas. Esse movimento põe os povos originários em evidência no cenário político, entrando como pauta na constituinte nacional, pois, pela primeira vez na história, havia a presença de um deputado indígena, o Mário Juruna, no mandato nos anos de 1983 a 1987. A Constituição de 1988 passa a ser a cisão entre o período assimilacionista da educação para o índio e a educação indígena e escolar indígena, desde o protagonismo dos povos, pois garante respeito a suas manifestações culturais, crenças e tradições, pondo fim à ideia integracionista do Estado e reconhecendo a importância do uso de suas línguas maternas, mais de 274 (FUNAI, 2022), além da garantia do uso de seus próprios processos de aprendizagem, abrindo caminhos para a construção da escola indígena específica e diferenciada, intercultural e bilíngue. Daniel Munduruku (2012) expõe que talvez a maior contribuição oferecida pelo movimento indígena à sociedade brasileira tenha sido de revelar e denunciar a existência da diversidade cultural e linguística, permitindo que as novas gerações sobrevivessem para atuar incisivamente na sociedade.

Os Marcos Legais e Base Histórica para a Lei 11.645/2008

A Lei 11.645/2008 — que modifica a Lei 9.394/1996, a qual havia sido alterada pela Lei 10.639/2003 e que dispõe sobre as Diretrizes e Bases da Educação Nacional —, em seu Art. 1.º, expõe que será obrigatório o estudo da História e Cultura Afro-Brasileira e Indígena nos estabelecimentos de ensino fundamental e médio públicos e privados. Estabelece que a história e cultura negra e indígena devem ser inseridas como parte da história da formação da sociedade brasileira e que esses conteúdos devem ser abordados e ministrados no âmbito de todo o currículo escolar (BRASIL, 2008).

Para que haja uma compreensão dessa conquista para as minorias étnicas do Brasil, será necessário entender o percurso histórico da legislação e os movimentos de lutas árduas e sangrentas da história indígena de toda América Latina, que culminaram na elaboração da supracitada lei, que, apesar de ser um divisor de águas na história da educação escolar indígena brasileira, é também um marco para toda a história da educação nacional, quando, remetendo às premissas de Freire (1979), parte-se do questionamento: quem terá mais que aprender e com quem? Nesse ponto, destaca-se um pensador espanhol chamado Diego de Azqueta (1996), que afirma em seus estudos que, enquanto a indústria dos fármacos manipula cerca de 300 plantas, os povos indígenas e tribais manipulam mais de 5 mil plantas catalogadas. Respondendo, sem muitas delongas, ao questionamento feito anteriormente.

Partindo de um recorte histórico que vai do fim do século XV ao início do século XVI, com a chegada dos europeus nas Américas e as grandes navegações para exploração de matéria-prima, mão de obra barata e expansão de uma fé cristã, começa a escravização de pessoas indígenas, algumas sendo levadas à Europa para o trabalho forçado nas minas de carvão. Situações expressadas na obra de Eduardo Galeano (2012), *As veias abertas da América Latina,* e em suas palestras, quando explica a ideia de "Descobrimento": afirma que, em 1492, os nativos descobriram que eram índios, que viviam na América, descobriram que andavam nus e que deviam obediência a reis e rainhas de outro mundo e que seriam queimados vivos se adorassem o Sol, a Lua e a Terra.

Representantes eclesiásticos e pesquisadores da Escola de Salamanca, entre eles Francisco de Vitória, Bartolomé de las Casas, Domingos Soto e Francisco Suaréz, iniciam uma grande discussão sobre os indígenas possuírem alma ou não, bem como sobre os seus direitos culturais e territoriais. Criam nesse momento o que vem a ser chamado de *Direito de Gentis,* sendo o surgimento e base do Direito Internacional e dos princípios antropológicos dos Direitos Humanos. Desde esse movimento salmantino, surgem bases legais para a América Latina que englobam os direitos indígenas, como o Alvará Régio de 1 de abril de 1611, que resguardava os direitos indígenas sobre suas terras, a Bula papal de 1741, que ditava que ninguém poderia escravizar as pessoas indígenas — e é neste exato momento que se intensifica a escravidão de pessoas oriundas da África.

No período imperial brasileiro, ao ser observada ainda a perseguição, o extermínio e o genocídio indígena, a Lei 37.627/1831 vem reforçar a proibição a tudo isso. Em 1850, a Lei de Terras trata as terras ocupadas pelos indígenas como devolutas, como terras sem proprietários legais, não documentadas e, portanto, de responsabilidade do Estado, sendo este responsável por cedê-las àqueles que tivessem o interesse de cultivá-las, uma vez que o Brasil precisaria entrar na era da industrialização, como já estavam fazendo as potências internacionais. Destarte, instala-se uma guerra entre grandes fazendeiros visando ao capital, e indígenas com seus modos de vida tradicionais. Lutas essas travadas até a promulgação da Constituição de 1988; e, mesmo nesse ínterim, quando surgiam os principais órgãos governamentais e estatutos que deveriam estar para a proteção dos povos indígenas, alguns acabaram se tornando coniventes com o desaparecimento de culturas indígenas inteiras. Dentre estes, podemos destacar o Serviço de Proteção ao Índio (1910), a Fundação Nacional do Índio (1969), o Estatuto do Índio (1973), o Conselho Indígena Missionário (1972) e a União das Nações Indígenas (1982), os três primeiros partindo de uma visão integracionista, assimilacionista e aculturadora dos povos indígenas e os dois últimos atuando junto aos povos indígenas como parceiros políticos nas lutas por demarcação de suas terras e contra as políticas integracionistas.

A Constituição federal de 1988 torna-se um divisor de águas na história da luta indígena, pois os povos indígenas deixam de ser tutelados pelo Estado, passam a ter direitos legais sobre as terras que tradicionalmente ocupam, além de direitos processuais, bem como direitos a uma educação específica, intercultural, bilíngue e diferenciada, fazendo uso de processos próprios de aprendizagem. Podendo ser particularmente observados os

Arts. 210, 215, 216, 231 e 232 (BRASIL, 1988), que têm consequência para a educação escolar indígena.

A Educação Escolar Indígena e o RCNE/Indígena

Mesmo com todas as garantias constitucionais apresentadas, a luta por implementação do que já está estabelecido na Constituição de 1988 perdura até os dias atuais. A questão seria sanada com a criação das escolas indígenas nas suas comunidades, a criação de cursos voltados para a formação de professores indígenas por perspectivas interculturais, mas deixaria uma lacuna e um questionamento: como estariam as escolas convencionais em relação a essas temáticas? Então vem a conquista da Lei 11.645/2008, que, mesmo existindo há 15 anos, caminha a passos lentos na incorporação de um currículo intercultural capaz de valorizar as culturas afro-brasileira e indígena nas escolas do ensino básico público e privado do Brasil. Algumas escolas ainda se limitam aos dias 19 de abril e 20 de novembro como "o Dia do Índio" e "o Dia da Consciência Negra", respectivamente, por meio de uma visão transversal nessas datas mencionadas, e não no trabalho com suas culturas e seus elementos culturais de maneira intercultural e ministrada em todo o currículo escolar.

Essa situação verte-se em outra luta que os povos indígenas vêm enfrentando, o de se posicionarem enquanto pesquisadores e protagonistas de suas próprias histórias e culturas, de utilizarem a educação intercultural como arma de luta nesse posicionamento, como ferramenta para o manejo do mundo, como uma pedagogia do encontro, como possibilidade não somente de aprender a cultura do "branco", mas ensinar e mostrar que existem várias possibilidades de construção de conhecimentos e que os povos indígenas não se centram em suas culturas como únicas e verdadeiras, estão dispostos a compreender novas formas de pensamentos transformadores e transgressores de paradigmas, ao mesmo tempo que mantêm suas culturas em um processo de sobrevivência cultural ou sobreculturalidade (MARTINS, 2021, 2023).

O conceito de sobreculturalidade versa que o contato ocorre de maneira inevitável, e os indivíduos e culturas em contato passam por quatro fases: intra, multi, inter e transculturalidade. Fases do conhecer-se e aceitar-se, conhecer e respeitar o outro/outros, interagir com estes, chegando a uma transformação, pois a cultura é viva e passa por modificações, adaptações, mesmo em sociedades que tiveram que ocultar, esconder e não mencionar seus elementos culturais por proteção e utilizando elementos de culturas que não lhes pertenciam.

A ideia apresentada anteriormente conjuga-se com os pensamentos de Gersem Baniwa (2006) ao afirmar que a identidade indígena que foi negada e escondida historicamente como estratégia de sobrevivência pode ser recriada e reafirmada por esses povos. Tal processo pode ter como ferramenta de execução a educação intercultural e como campo de atuação a escola indígena, que, segundo Tukano (2007), tem que ser: comunitária, intercultural, multilíngue, específica e diferenciada.

Foi então pensado em um Referencial Curricular Nacional da Educação Indígena – RCNEI (BRASIL, 1998), voltado para essas questões elencadas anteriormente e com ideias bem demarcadas de uma visão da sociedade que transcende as relações entre homens e admite diversos seres; valores e procedimentos próprios das sociedades originárias e de base oral; noções próprias sobre culturas diversas e formação como processo integrado. Gersem Baniwa reforça que "todo projeto escolar só será indígena se for pensado, planejado, construído e mantido pela vontade livre e consciente da comunidade" (BRASIL, 1998, p. 25). O mesmo autor complementa afirmando que as comunidades possuem sabedoria para ensinar suas crianças e seus jovens. E, assim, vemos que o conhecimento não é transmitido unicamente entre as paredes de uma escola (edifício). A escola pode estar presente na areia da praia, como o caso de Tremembé e da Escola Alegria do Mar, nas areias do mar de Almofala, no Ceará (MARTINS, 2019), pode estar no Okara Guarani-Kaiowá apresentado no texto de Eliel Benites Kaiowá (2021), quando mostra que o conhecimento também é transmitido por socialização das crianças indígenas ao brincar no espaço (terreiro, capoeira) na frente de suas casas.

O grande propósito do RCNEI é levar esses conhecimentos para dentro das escolas indígenas em suas bases curriculares. Retoma-se, portanto, o que nos diz Nanni (1998), ou seja, é preciso atingir os preceitos da igualdade de oportunidades, formar e capacitar docentes e produzir livros e materiais didáticos capazes de gerar a prática intercultural na educação. O RCNEI converte-se então em uma garantia dos princípios legais do direito à cidadania e diferença em formato de proposta pedagógica de ensino-aprendizagem que atenda às demandas das comunidades indígenas e promova visibilidade, empoderamento em face da diversidade e multiculturalidade brasileira. Nesse aspecto, o currículo não pode ser engessado, pronto e acabado, pois, assim como as culturas, precisa apresentar suas características vitais. Nesse viés, estamos de acordo com Faria (2020) quando, no momento da criação das faculdades interculturais indígenas no Brasil, entre elas a Faculdade Intercultural Indígena da Universidade Federal do Amazonas (Ufam), defendeu a ideia de um currículo pós-feito e ensino via pesquisa, no qual cada grupo de estudantes ia listando as demandas de suas comunidades, também pesquisando como sanar essas demandas, ao mesmo tempo que estariam desenvolvendo suas pesquisas para seus Trabalhos de Conclusão de Curso (TCCs). Ou seja, um trabalho que estivesse evidenciando as demandas indígenas, com pesquisas sobre suas comunidades realizadas pelos próprios sujeitos indígenas.

Os Tremembé, no Ceará por exemplo, viram que suas demandas associadas ao RCNEI, estavam além da formação profissional dos professores, a construção de material didático e paradidático para suas escolas indígenas, e, assim, seus TCCs converteram-se na maior coleção de obras indígenas da América Latina, em que 19 livros e um DVD mostram a história, a cultura, entre outros elementos escritos pelos indígenas para perpetuação por meio das transcrições de suas oralidades, empoderando as crianças e engajando-as, desde cedo, nas lutas pelas pautas de sua comunidade. A coleção rompeu barreiras e ultrapassou fronteiras, sendo utilizada em consultas on-line e em bibliotecas de vários países, sendo também fonte de pesquisas desenvolvidas na Universidade de Burgos, na Espanha (MARTINS, 2019).

Os exemplos citados nos dois parágrafos anteriores podem ser definidos como o que Gersem Baniwa (2019a) denomina como *desafios no caminho da descolonização indígena*. O autor instiga o leitor a refletir sobre novas metodologias e epistemologias nas ciências sociais capazes de implementar processos de diálogos interculturais no âmbito da produção e transmissão dos conhecimentos.

O Pensamento e Ensinamento Baniwa

Dois relatos foram bastante marcantes em leituras de estudos de Gersem Baniwa (2019b). Um dos relatos observa-se como choque cultural, quando menciona o contato dos conselheiros de Educação em reunião na Terra Indígena. Em determinado momento, um dos conselheiros menciona que quer ir ao banheiro e pergunta aonde ir; nesse momento, o Baniwa, que conduz a reunião, explica-lhe e mostra-lhe duas opções: o rio ou o mato. Na mesma reunião, na hora de servir a refeição, outro conselheiro questiona sobre os talheres, então é aconselhado a seguir a repetição de padrões de acordo com os indígenas locais, que pegavam um pedaço de beiju acomodando-o na mão em formato de concha, sendo levado à grande panela, ao centro de todos, onde se servia a carne de maneira coletiva.

O segundo relato explica uma conversa entre Gersem Baniwa e seu pai sobre a chegada do homem à Lua. Nesse momento, gera dúvidas em seu pai e compara-a com a subida ao céu no pensamento cristão, e resume a tudo como "conversas de brancos". O pai, doente, é convencido a fazer uma cirurgia cardíaca em um hospital, para tanto precisaria viajar, mesmo não acreditando que seria doença física; a família convenceu-o a passar por esse procedimento cirúrgico, o que lhe garantiu três anos a mais em sua passagem terrena. Gersem Baniwa afirma que seu pai faleceu acreditando mais nos médicos que nos pajés, mas sem acreditar na chegada do homem à Lua. Como moral da história, extrai-se que cada cultura tem sua forma própria de organizar, produzir, transmitir e aplicar conhecimentos, com base em suas cosmovisões, sendo no caso indígena a cosmologia ancestral que garante e sustenta a possibilidade de vida. (BANIWA, 2019b).

Dessa forma, as escolas indígenas precisam ser pensadas por indígenas para indígenas. Mas as escolas interculturais estarão preparadas para trabalhar as cosmovisões distintas? Para a espiritualidade? Para a dualidade de conhecimentos e produções desses (indígena e não indígena)? Para a distinção entre os valores culturais, sociais, políticos e econômicos? Para um diálogo intercultural crítico? Para responder a esses questionamentos, é preciso se valer dos pensamentos de Walsh (2012), que prega a passagem de uma interculturalidade funcional para uma visão intercultural crítica, da mera interação entre culturas distintas para uma interação que visa a uma equidade de oportunidades, na qual as culturas passam a ser vistas de maneira horizontal, e não verticalizadas; e também dos pensamentos de Fidel Tubino (2020), que aborda a *interculturalidade crítica como política de reorganização social*. E assim poder aprender com os povos indígenas, como aborda Fleuri (2017), em seus estudos com os povos indígenas da América Latina, conforme as perspectivas do *Buen vivir*, Tekóporã, Sumak Kawsai, Suma Qa mañaem, ou filosofia do bem viver, em sua tradução ao português, na relação recíproca estabelecida entre homem e natureza, suas conectividades e inter-relações, em que cultura e natureza se fundem em humanidade.

Conclusões

Os povos indígenas, além dos seus ensinamentos culturais e da "filosofia do bem viver", têm muito a ensinar sobre resistência, resiliência, adaptação, transformação, pois são mais de 500 anos de contatos assimétricos em que comunidades inteiras foram massacradas e sumiram, mas, mesmo assim, outras seguem resistindo aos jogos de poder, exploração desenfreada e injusta. A educação converte-se em uma arma da luta indígena por seus direitos, a escola indígena no campo de atuação e preparação para a luta. Infelizmente os povos indígenas encontram-se ainda vulneráveis e em desvantagem na guerra capitalista, que para eles não faz sentido.

A educação escolar intercultural indígena torna-se uma possibilidade de reorganização das estruturas de formação dos conhecimentos, uma ideia de reagrupamento, reintegração, uma volta à interconexão do conhecimento, que foi fragmentado ao longo da história com base em uma visão cartesiana, eurocêntrica e antropocêntrica. Seria, assim, uma volta às origens holística, ecológica e sintrópica. Hodiernamente, podemos observar várias conquistas no campo político, em que representantes indígenas chegaram a postos jamais ocupados por eles em toda história política brasileira. Além de cargos como deputados federais e estaduais, a presidência da Funai está, no momento, a cargo de uma mulher indígena, Joênia Wapichana; e, à frente do Ministério dos Povos Indígenas, outra mulher indígena, Sônia Guajajara.

Espera-se que, nos próximos anos, surjam mais políticas públicas voltadas aos povos indígenas, que somam aproximadamente 1 milhão e 700 mil pessoas, o correspondente a 0,8% da população nacional, de acordo com o último censo do IBGE (2023), e que se tenha tempo e urgência para aprender com os povos indígenas a manejar o mundo por meio da educação intercultural usada como pedagogia do encontro a fim de garantir o processo de sobreculturalidade das comunidades indígenas.

Referências

AZQUETA, D. *El conocimiento indígena*. Madrid: Watu, 1996.

BANIWA, G. J. S. L. Desafios no caminho da descolonização indígena. *Revista Novos Olhares Sociais*, Porto Seguro, v. 2, n. 1, p. 41-50, 2019a. Disponível em: https://www3.ufrb.edu.br/ojs/index.php/novosolharessociais/article/view/463. Acesso em: 13 set. 2023.

BANIWA, G. J. S. L. Educação para manejo do mundo. *Revista Articulando e Construindo Saberes*, [*S. l.*], v. 4, 2019b. Disponível em: https://revistas.ufg.br/racs/article/view/59074. Acesso em: 13 set. 2023.

BANIWA, G. J. S. L. *Educação para manejo e domesticação do mundo entre a escola ideal e a escola real*: os dilemas da educação escolar indígena no Alto Rio Negro. 2011. Tese (Doutorado em Antropologia) – Universidade de Brasília, Brasília, 2011. Disponível em: https://repositorio.unb.br/handle/10482/9931. Acesso em: 13 set. 2023.

BANIWA, G. J. S. L. *O índio brasileiro*: o que você precisa saber sobre os povos indígenas no Brasil de hoje. Brasília: MEC/Secad, 2006.

BRASIL. *Constituição da República Federativa do Brasil*. Brasília: Presidência da República, 1988. Disponível em: http://www.planalto.gov.br/ccivil_03/constituicao/constituicao.htm. Acesso em: 13 set. 2023.

BRASIL. *Lei nº 11.645, de 10 março de 2008*. Altera a Lei n. 9.394, de 20 de dezembro de 1996, modificada pela Lei no 10.639, de 9 de janeiro de 2003, que estabelece as diretrizes e bases da educação nacional, para incluir no currículo oficial da rede de ensino a obrigatoriedade da temática "História e Cultura Afro-Brasileira e Indígena. Brasília, 10 de março de 2008. Brasília: Presidência da República, 1996. Disponível em: https://www.planalto.gov.br/ccivil_03/_ato2007-2010/2008/lei/l11645.htm. Acesso em: 13 set. 2023.

BRASIL. Ministério da Educação e do Desporto. Secretaria de Educação Fundamental. *Referencial curricular nacional para as escolas indígenas*. Brasília: MEC/SEF, 1998. Disponível em: https://www.ufmg.br/copeve/Arquivos/2018/fiei_programa_ufmg2019.pdf. Acesso em: 13 set. 2023.

BRASIL. Ministério Público Federal. 6. Câmara. Populações Indígenas e Comunidades Tradicionais. *Relatório Figueiredo*. Brasília: MPF, 2023. Disponível em: https://www.mpf.mp.br/atuacao-tematica/ccr6/dados-da-atuacao/grupos-de-trabalho/violacao-dos-direitos-dos-povos-indigenas-e-registro-militar/relatorio-figueiredo. Acesso em: 13 set. 2023.

CAMPOS, A. Ditadura: campos secretos de confinamento indígena. *Outras Mídias*, São Paulo, 26 jun. 2013. Disponível em: https://outraspalavras.net/outrasmidias/ditadura-os-campos-secretos-de-confinamento-indigena/. Acesso em: 13 set. 2023.

FARIA, I. F. Aprendizagem pela pesquisa e currículo pós-feito: uma proposta intercultural para descolonização do saber e autonomia dos povos indígenas. *In*: FARIA,

I. F. *et al.* (org.). *Descolonizando a academia*: cruzando os rios da interculturalidade, percorrendo as trilhas do saber para autonomia. Curitiba: CRV, 2020. p. 207-232.

FERREIRA, M. K. L. *Da origem dos homens à conquista da escrita*: um estudo sobre povos indígenas e educação escolar no Brasil. 1992. Dissertação (Mestrado em Educação) –Universidade de São Paulo, São Paulo, 1992.

FLEURI, R. M. Aprender com os povos indígenas. *Revista de Educação Pública*, [*S. l.*], v. 26, n. 62/1, p. 277-294, 2017. Disponível em: https://periodicoscientificos.ufmt. br/ojs/index.php/educacaopublica/article/view/4995. Acesso em: 13 set. 2023.

FLEURI, R. M. Desafios à educação intercultural no Brasil. *PerCursos*, Florianópolis, v. 2, 2001. Disponível em: https://revistas.udesc.br/index.php/percursos/ article/view/1490. Acesso em: 13 set. 2023.

FREIRE, P. *Educação como prática da liberdade*. 17. ed. Rio de Janeiro: Paz e Terra, 1979.

FUNDAÇÃO NACIONAL DOS POVOS INDÍGENAS (FUNAI). Brasil registra 274 línguas indígenas diferentes faladas por 305 etnias. *Assessoria de Comunicação/ Funai com informações do IBGE*, [*S. l.*], 27 out. 2022. Disponível em: https://www. gov.br/funai/pt-br/assuntos/noticias/2022-02/brasil-registra-274-linguas-indigenas-diferentes-faladas-por-305-etnias#:~:text=Segundo%20dados%20do%20 %C3%BAltimo%20Censo,ind%C3%ADgenas%20de%20305%20diferentes%20 etnias. Acesso em: 13 set. 2023.

GALEANO, E. H. *As veias abertas da América Latina*. Porto Alegre: L&PM, 2012.

HERBETTA, A. F.; NAZARENO, E. Sofrimento acadêmico e violência epistêmica: considerações iniciais sobre dores vividas em trajetórias acadêmicas indígenas. *Tellus*, [*S. l.*], v. 20, n. 41, 2019. Disponível em: https://www.tellus.ucdb.br/tellus/ article/view/640. Acesso em: 13 set. 2023.

INSTITUTO BRASILEIRO DE GEOGRAFIA E ESTATÍSTICA (IBGE). *Estudos especiais*. O Brasil indígena: povos/etnias. Rio de Janeiro: IBGE, 2023. Disponível em: https://indigenas.ibge.gov.br/estudos-especiais-3/o-brasil-indigena/ povos-etnias.html. Acesso em: 13 set. 2023.

KAIOWÁ, E. B. *A busca do Teko Araguyje (jeito sagrado de ser) nas retomadas territoriais Guarani e Kaiowá*. Tese (Doutorado em Geografia) – Universidade Federal da Grande Dourados, Dourados, 2021.

KRENAK, A. *Caminhos para a cultura do bem viver*. Rio de Janeiro: [*s. n.*], 2020.

MARTINS, D. V. *A contribuição científica dos Tremembé, através da educação intercultural e diferenciada com base nos saberes tradicionais*. Tese (Doutorado em Educação) – Universidade de Burgos, Burgos, 2019. Disponível em: https://riubu.ubu.es/handle/10259/5452. Acesso em: 13 set. 2023.

MARTINS, D. V. *La sobreculturalidad*: a la luz de lo observado en culturas indígenas. Salamanca: Instituto de Investigaciones Antropológicas de Castilla y León – IIACYL, 2021.

MARTINS, D. V. *Sobreculturalidade e educação no México*: o caso da Universidade Intercultural Indígena de Michoacan. Cajazeiras: Edições AINPGP, 2023. Disponível em: https://ainpgp.org/publicacoes/sobreculturalidade-e-educacao-no-mexico-o-caso-da-universidade-intercultural-indigena-de-michoacan. Acesso em: 13 set. 2023.

MELIÁ, B. *Educação indígena e alfabetização*. São Paulo: Edições Loyola, 1979.

MUNDURUKU, D. *O caráter educativo do movimento indígena brasileiro (1970 - 1990)*. São Paulo: Paulinas, 2012.

NANNI, A. *L'educazione interculturale oggi in Italia*. Brescia: EMI, 1998.

ORGANIZAÇÃO DAS NAÇÕES UNIDAS PARA A EDUCAÇÃO, A CIÊNCIA E A CULTURA (UNESCO). *Declaração sobre a raça e os preconceitos raciais*. Apresentada à Conferência Geral da Organização das Nações Unidas para a Educação, a Ciência e a Cultura, 20., 27 de novembro de 1978, Paris. Disponível em: https://www.oas.org/dil/port/1978%20Declara%C3%A7%C3%A3o%20sobre%20Ra%C3%A7a%20e%20Preconceitos%20Raciais.pdf. Acesso em: 13 set. 2023.

PIOVEZANA, L. A educação indígena Kaingang. *In*: NACKE, Aneliese *et al. Os Kaingang no oeste catarinense*: tradição e atualidade. Chapecó: Argos, 2007.

SANTOS, B. S.; MENESES, M. P. (org.). *Epistemologias do Sul*. Coimbra: Edições Almedina, 2009.

SANTOS, J. A.; PIOVEZANA, L.; NARSIZO, A. P. Proposta de uma metodologia intercultural para uma pedagogia indígena: a experiência das licenciaturas interculturais indígenas com o povo Kaingang. *Revista Brasileira de Estudos Pedagógicos*, Brasília, v. 99, n. 251, 2018. Disponível em: http://emaberto.inep.gov.br/ojs3/index.php/rbep/article/view/3325. Acesso em: 13 set. 2023.

SCHADEN, E. *Aculturação indígena*. São Paulo: Editora da USP, 1969.

TUBINO, F. *La interculturalidad crítica como política de reconocimiento*. Lima: Pontificia Universidad Católica del Perú, 2020.

TUKANO, G. V. F. *Educação escolar indígena*: as práticas culturais indígenas na ação pedagógica de Escola Estadual Indígena São Miguel Iauretê (AM). Dissertação (Mestrado em Educação) – Pontifícia Universidade Católica de São Paulo, São Paulo, 2007. Disponível em: https://repositorio.pucsp.br/jspui/handle/handle/10017. Acesso em: 13 set. 2023.

WALSH, C. Interculruralidad y (de)colonialidad: perspectivas críticas y políticas. *Revista Visão Global*, [*S. l*], v. 15, n. 1-2, p. 61-74, ene./dic. 2012. Disponível em: https://periodicos.unoesc.edu.br/visaoglobal/article/view/3412. Acesso em: 13 set. 2023.

CAPÍTULO 3

O CONTEXTO COM O ENSINO DA TURMA DO 3.º ANO DA ESCOLA MUNICIPAL INDÍGENA ÑANDEJARA POLO

Jazanea Benites

Geni Roque Sobrinho Candado

Introdução

Sou (como primeira autora) Jazanea Benites, indígena e do território Te'yikue[4], tenho 24 anos, nasci no dia 12 de agosto de 1998. Sou filha do senhor Agripino Benites e de Marina Quevedo. Sou casada e tenho uma filha de 7 anos de idade. Te'yikue. Sou moradora da aldeia, nasci na aldeia, cresci, estudei até completar o ensino médio. Iniciei minhas atividades profissionais na escola no ano de 2018. Em 2020 iniciei novamente meus estudos, pois precisava aperfeiçoar meus conhecimentos sobre o que aprender, como aprender e como ensinar e pesquisar.

Pensando sempre que podia estudar e com incentivo da minha família, também tive um grande incentivador, meu irmão, Dr.º Eliel Benites, que atualmente cumpre funções de trabalho como diretor do Ministério de Educação dos povos originários em Brasília. Vivi e acompanhei o crescimento do meu irmão. Ouvia-o falar sobre a importância de estudar no curso Ára Verá, que o Ára Verá era sua maior formação enquanto estudante. Ele tem o Ára Verá com referência em seus estudos.

Assim, fui em busca de estudar para aprender mais sobre a educação escolar indígena, mesmo tendo muitas dificuldades. Diante disso, fiz minha inscrição no processo seletivo do curso Ára Verá e consegui ingressar no Curso Normal Médio Intercultural Indígena Ára Verá com a sexta turma do ano de 2020. Em um primeiro momento, já nas aulas, tive muito medo

---

4   Na Reserva Te'yikue, no fim da década de 1970 e início da década de 1980, eram administradas pela Funai.

e fiquei muito insegura de estar naquele tekohá, com parentes de outras comunidades; sou muito tímida, por isso ficava quieta e longe de todos, num cantinho, e mal conversava nas aulas. Uma rotina do curso é escrever o memorial, e, quando o coordenador da turma na etapa intensiva longa pedia para eu escrever o memorial, meu Deus! Tremia.

Com o passar dos anos, fui interagindo com os demais colegas e com os conhecimentos e ensinamentos dos professores e com a dinâmica do curso. O que foi muito bom, abriu-me a mente de tal forma que não consigo explicar. Dedicando-me muito às leituras e aos estudos, pude adquirir muitos conhecimentos e ser vista pela comunidade do meu tekohá como aluna muito aplicada e interessada pelos estudos, e logo fui contratada para trabalhar na Escola Municipal Indígena Ñandejara Polo. Como professora regente, ainda tinha muitas dificuldades em ministrar minhas aulas, pois mal conseguia entender como era esse processo, eu ainda estava aprendendo, então não tinha autonomia e não consiga entender a sequência adequada como o ensino nas aulas.

Essas dificuldades me fizeram buscar ler mais para ter conhecimentos, fazer pesquisas e me dedicar ainda mais aos textos que os professores do curso propunham. Por isso, escrevo sobre o processo de ensino da turma de terceiro ano A da Escola Municipal Indígena Ñandejara Polo, que foi onde eu cresci enquanto professora alfabetizadora. A pesquisa tem como objetivo contextualizar o processo de ensino do terceiro ano A do Fundamental I da Escola Municipal Indígena Ñandejara Polo nos momentos de estágios em observação e regência.

Caminhos com a Pesquisa

O ensino de alfabetização do terceiro ano A é ainda a base da alfabetização na língua materna, o guarani. E começa-se a introduzir a segunda língua no terceiro ano, que é a língua portuguesa, conhecida nas escolas indígenas como o "português do karaí"[5]. Essa inserção com as línguas não pode fugir do tema gerador da escola. O tema gerador segue com orientação para os professores para eles fazerem seus planejamentos com os conteúdos propostos nas áreas de conhecimentos, com as aulas diferenciadas e

---

[5] Tem uma organização diferente do Te'yi Kaiowa. Bom, até aqui as explicações surgem na seguinte forma, te'yi = hoje denominado Kaiowa e taykatu, linhagem próxima do ñanderu vusu, karaí e uma criação de quarta linhagem de ñanderu vusu, por isso existem palavras como "Teko areko'y", e uma espécie de genealogia de gerações humana no conhecimento Kaiowá. "Teko areko'y" é uma palavra conceitual que explica processo da existência do modo de vida entre grupo de seres humanos... (informação fornecida por Kaiowá Izaque João, 2023).

com estratégias e para o desempenho de cada professor em sala de aula. Contextualizo um pouco os momentos em que fiz meus estágios supervisionados, como observação e regência com o ensino de alfabetização na Escola Municipal Indígena Ñandejara Polo.

Com os momentos de estágios em observação, aprofundei o tema e ainda pude dar sequência a minha pesquisa. Iniciei os momentos observando a turma da pesquisa, a sala do terceiro ano A. Lembrei-me de um momento de estudo e aulas com o professor Dr.º Izaque João[6]: "Para fazer uma pesquisa, precisa saber, ler, ouvi, falar e observar". E assim segui os passos que ele havia ensinado. Observar, ouvir e olhar. A base para um bom pesquisador. O olhar de quem inicia uma pesquisa. Assim fui conhecer o dia a dia dos alunos em sala de aula. Observando várias situações, os conteúdos desenvolvidos, as atividades propostas, o interesse pelas atividades, as dificuldades que os alunos sentiam na hora de desenvolver as atividades. Pude também observar os professores, como trabalhavam, e se os conteúdos estavam de acordo com o tema gerador que a comunidade escolar propunha para o bimestre.

Um dos fatores que pude observar e que ajudava muito os alunos era a explicação dos conteúdos na língua. Uma das propostas do Projeto Político-Pedagógico (PPP) da escola é a alfabetização na língua, até o segundo ano. A partir do terceiro ano, já se pode introduzir a língua portuguesa. Assim, fiz leituras do PPP da escola, e no projeto está claro que a comunicação, a oralidade, é de suma importância para o os alunos adquirirem aprendizagem. Desta forma, a professora precisava fornecer as explicações nas duas línguas. Sendo assim, busquei pesquisar nos momentos de observação de estágio supervisionado, que é uma das exigências do meu curso.

Após os momentos em observação, precisava também fazer regência (coparticipação). Nesse momento de regência com meu estágio, também observei as dificuldades e o desempenho de cada aluno. Assim, podemos contextualizar e demonstrar alguns momentos do processo de ensino com a turma do terceiro ano. A escola ampara o ensino-aprendizagem diferenciado, e nas várias áreas de conhecimento e com os saberes tradicionais indígenas, enfatizando a oralidade em sala de aula.

Durante a realização da pesquisa, foram levantadas algumas perguntas para os coordenadores que atualmente estão inseridos na Escola Ñandejara Polo, tais quais:

---

[6] Professor Kaiowá, coordenador do Curso Normal Médio Intercultural Indígena.

- Como a direção acompanha o trabalho com a turma do terceiro ano A?

- Como eles/as, os/as coordenadores/as acompanham o processo de ensino-aprendizagem e quais as metodologias utiliza para o terceiro ano da escola?

Estudos: conhecimentos da liderança e da comunidade no processo da construção da escola

A Escola Municipal Indígena Ñandejara Polo está localizada na Terra Indígena Te'yikue, no município de Caarapó, em Mato Grosso do Sul. Esse território indígena foi uma das reservas demarcadas no ano de 1924 pelo Serviço de Proteção ao Índio, em uma área de 3.600 hectares. Aproximadamente 8 mil das etnias Kaiowá e Guarani vivem atualmente em regime de confinamento em seu meio ambiente. Em conversas com o senhor Agripino Benites, ele disse que naquele período quem resolvia as situações com a educação da reserva era a Funai. Assim, segundo ele,

> [...] no ano de 1950 a 1960, a Funai que contratava os professores para dar as aulas nas escolas indígenas, e a escola era muito pequena. Somente após os momentos de estudos com a comunidade a liderança e como muito estudos em eventos importante e no FÓRUM que conseguia alguns benefícios para a comunidade. Um desses benefício foi a construção de uma escola no centro da aldeia, com apenas 12 salas. E a luta ainda é incansável, a comunidade, a liderança e os mais sábios não desistia, foram pedindo os recursos para melhorar o atendimento na comunidade indígena. A luta da comunidade, mesmo que morosamente, estão sendo respeitadas e atendidas.

Como na aldeia vivem muitas famílias, então há muitas solicitações de matrículas para novos alunos. E na Escola Municipal Indígena Ñandejara Polo, muitas vezes, as matrículas de algumas crianças são redirecionadas para as outras escolas, como a extensão. São matriculados na Escola Ñandejara aproximadamente 1.200 alunos por ano, e o número de alunos aumenta a cada ano. Na Escola Ñandejara, há duas turmas do terceiro ano. Uma no período matutino e outra no vespertino. E ali na escola todos os alunos são falantes da língua materna, que é a língua guarani. Os professores da escola na qual estou realizando minha pesquisa são todos indígenas, até para o cargo de direção da escola foi solicitado que fosse um professor indígena; assim, o atual diretor da escola é indígena, com especificidade na área, e mestre.

A turma do terceiro ano A do período matutino da Escola Municipal Indígena Ñandejara Pólo foi o foco da minha pesquisa. A sala que os alunos utilizam tem algumas decorações no seu interior, contém um alfabeto, banner de sílaba complexa, palavra, frases, cantinho da leitura. Seguem alguns cartazes da sala (Figuras 3.1 e 3.2).

Figura 3.1 – Cartaz da sala

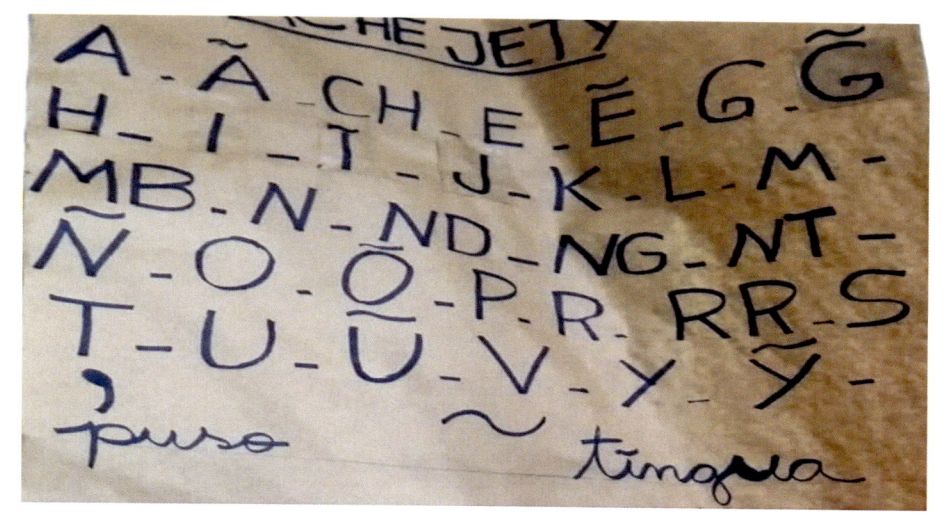

Foto: Jazanea Benites (2023)

Figura 3.2 – Cartaz da sala: sílabas simples e complexas e sílabas na língua portuguesa

Foto: Jazanea Benites (2023)

A Pesquisa: processo de aprendizado

Como a minha pesquisa (de Jazanea Benites) iniciou-se com os momentos de observação com a turma do terceiro ano A, busquei escrever sobre os assuntos importantes para meu crescimento enquanto estudante pesquisadora e para compartilhar minhas atividades de um curso que é referência para a comunidade indígena Guarani e Kaiowá. Assim, segui os passos de pesquisadora, agora já em sala.

A minha presença na sala de aula era bastante intrigante, pois estava observando, e nos momentos de estágios ficamos mais inseguros; além de observar a dinâmica da sala, precisava também elaborar um relato para realizar minha pesquisa. Como fazer? Lembrei-me da minha orientadora e dos professores em momentos de aula do meu curso: "Seja verdadeira e contextualize somente o necessário para que seja acolhida pela professora da sala em que vai estagiar".

Então observei que a professora estava desenvolvendo atividades com os alunos com o tema gerador, que a escola tinha sugerido em momentos de estudos com a equipe. Mas ela precisava incluir conteúdo do dia a dia dos alunos. Com o tema "kokue"[7] ou "roça", percebemos que o tema ia ao

---

[7] De acordo com o professor Eliel Benites (comunicação pessoal), para os Guarani-Kaiowá, a roça é o lugar da felicidade vy'arenda, porque as plantas são seres humanos encantados sem plantas e são muitos felizes e encantam o dono da roça.

encontro da vivência dos alunos com suas famílias. A professora dialoga sobre o tema, conversando e explicando sobre a roça. Explicou o início da preparação da terra para plantar as sementes, e incentivava a troca de conhecimento com os alunos; alguns falam das experiências ensinadas pelas suas famílias, mas não é a maioria que interage com a professora, cada aluno tem motivos individuais e cada aluno é diferente.

A professora continua explicando quais plantas devem ser plantadas no kokue, e que algumas plantas têm períodos para o plantio. Após a explanação dos conteúdos, ela solicita que eles façam um desenho sobre o tema "roça". Para escrever um texto sobre o tema em língua materna, o guarani, e um texto em língua portuguesa. Percebi que alguns estavam mais avançados, assim os alunos continuava a escrever mais um pouco. Um deles procura os recursos que estão na parede, onde fica o alfabeto, sílaba complexa. Aqueles que têm dificuldade não conseguem escrever, mas tentam fazer o texto solicitado. E o que dificulta os alunos na aprendizagem é a linguagem, como a professora explica. Percebi que, mesmo que a professora explicasse, ainda muitas crianças sentiam dificuldades, precisavam que ela repetisse a explicação. Os alunos se cansavam, e alguns diziam não ter mais ideia para escrever, alguns insistiam na produção e faziam a atividade até a aula terminar. Com os momentos de observação, percebi na sala que faltava mais expiração para os alunos escreverem, por exemplo: precisava-se levá-los a momentos de observar estudo de campo, como plantar dentro da roça, na roça.

O ensino de aprendizagem do terceiro ano A, como já mencionado, é nas duas línguas, na língua materna, o guarani, e na língua portuguesa. A sala tem 29 alunos. Essa sala contém alguns recursos. O ensino de aprendizagem dos alunos da escola está amparado no PPP. Segue uma pequena parte da escrita do projeto político-pedagógico da Escola Municipal Ñandejara.

No 3 ° ano do ensino fundamental a ser introduzida o português, como a segunda língua. Assim como se trabalha em guarani e trabalhado em português. O conteúdo desenvolvido são trabalhando com diversos área de conhecimento como por exemplo: quando se trabalha "a roça" que é (kokue) em ciência humana observe -se a estuda-se o espaço, localização, o sistema de produção guarani e kaiowa e a reciprocidade indígenas. Em ciência da natureza, analisa -se os tipos do solo sua preparação e os tipos de planta. Na área da educação matemática estuda o sistema de grandeza e medidas convencional e do guarani e kaiowa, o espaço é forma, número como forma de registro e calendário, economia no sistema próprio de vendas e troca. Todos perpassam pelos saberes indígenas, utilizando a linguagem através da oralidade, da escrita e demais formas de expressão. (ESCOLA MUNICIPAL INDÍGENA ÑANDEJARA, 2018, p. 12).

O ensino e a aprendizagem com a alfabetização é uma instrução legal, e os coordenadores acompanham os professores no desenvolvimento de suas atividades em sala de aula com a turma. Como já mencionado, precisava ouvir os coordenadores da escola, pois acompanham o processo de ensino da escola. Seguem perguntas direcionadas para os coordenadores.

Coordenador Devanildo Ramires. Ele é o coordenador responsável pelo terceiro ano A e recebeu a seguinte pergunta: *"Professor Devanildo Ramires, como a direção se organiza em seus trabalhos com o ensino da escola?"* (informação verbal). A direção divide as responsabilidades para cada coordenação. Além do diretor e da diretora adjunta, há nove horas de atividades individuais, dois períodos coletivos e duas horas individuais, em que são orientados e planejados os planos de aula para essa turma. A cada bimestre são escolhidos um tema gerador, objetivo geral, o conteúdo, o subtema, a metodologia, a avaliação e os recursos para estudar e planejar.

"E como desenvolve o processo de ensino aprendizagem?" (informação verbal). Na Escola Indígena Ñandejara Polo, o terceiro ano ainda é a fase da alfabetização na língua materna. A oralidade é bastante apreciada com essa continuidade com atividades envolvendo o fortalecimento da cultura. Os saberes indígenas são as abordagens principais, utilizando o alfabeto guarani (*achegety*). Os saberes indígenas são usados dentro da sala de aula, como mito, história, trazendo a valorização da cultura dos povos indígenas, como trabalhar, alimentos tradicionais, e, por meio disso, ensinando-os a escrever receitas, fazer história. Como ferramenta do processo de alfabetização. Mas também envolvem os conteúdos a serem trabalhados com sílabas móveis. Jogos pedagógicos produzidos ou adquiridos com recursos. Além disso, o conhecimento familiar é bastante valorizado dentro do currículo. Nesse período e fase de conclusão da alfabetização na língua, também há o início da introdução de língua portuguesa como a segunda língua. O processo visa à interculturalidade de uma escola com objetivo de atender aos diferentes conhecimentos envolvidos.

A coordenadora Elizabete Fernandes também argumenta sobre o processo de ensino na turma do terceiro ano. Ela argumenta que, para ser uma boa professora, ela tem que ser falante da língua materna em guarani; o/a professor/a de alfabetização tem que ter muito domínio e vontade de ensinar; e, para ser um bom professor, tem que ter um vínculo com seus alunos, para que os alunos possam ter essa segurança e também para ver o nível do aluno, se está se alfabetizando ou quantos não estão se alfabetizando. E com isso o professor precisa planejar em cima da dificuldade do aluno ou do grau de aprendizagem e ter muita criatividade cada dia na aula, eles têm que ter uma novidade dentro da sala de aula, e o mais importante é explorar os alunos com perguntas e principalmente ter o desejo de ensinar.

E, durante a pesquisa como professora regente em período de estágio, percebo que alguns alunos têm dificuldades em escrever um texto, misturam as letras com o guarani e letra da língua portuguesa, e é comum o empréstimo das palavras. E isso é comum no terceiro ano devido ao ensino nas duas línguas. Com o guarani e o português. Conforme o/a professor/a está desenvolvendo suas aulas, os alunos vão se adaptando com o ensino-aprendizado. Lembrando que, para que obtenham aprendizado, tem que se trabalhar muito com eles. Há também os erros ortográficos, que são o mais comum nos textos dos alunos com terceiro ano, pois estão sendo alfabetizados, e os erros e acertos são processos do ensino.

Continuando com o período de pesquisa, observei algumas facilidades e dificuldades com a turma. Como o tema que eles estavam trabalhando era o kokue, continuei na mesma linha de conteúdos e tema para que os alunos não ficassem preocupados. Então expliquei o tema já trabalhado, propondo atividades segundo as ideias deles. As atividades do tema kokue, sobre o preparo da terra para plantar, em que mês se pode preparar a terra, quais alimentos podem ser plantados nessa terra. Como é usado o calendário indígena Kaiowá e Guarani, expliquei as metodologias, como desenvolveríamos as atividades, usando o diálogo sobre a roça, falando da importância da roça para o Kaiowá e Guarani, quais os benefícios dos alimentos, quais eram esses alimentos, e assim cada um foi falando e trazendo mais ideias. Os alunos se desenvolvem mais na hora da oralidade. Em seguida solicitei para fazerem os desenhos sobre a roça e os textos. Em outros momentos, pude dar sequência com as atividades solicitadas. Assim, percebi que melhorou um pouco mais o aprendizado dos alunos. Então não se pode trabalhar os conteúdos uma vez somente. Há necessidade da repetição.

Seguem algumas fotos de algumas atividades desenvolvidas em sala de aula para a pesquisa (desenhos e escritas). Produção de texto e desenhos sobre o kokue. Desenhos e produção de texto na língua materna.

Na Atividade 1, o aluno conseguiu realizar a atividade, mas dependia muito que a professora utilizasse a oralidade e o som da fonética. Analisando os textos desenvolvidos pelo aluno nas duas línguas, percebemos que o aluno escreveu com mais facilidade na língua materna, o guarani.

Figura 3.3 – Desenho 1 e escrita do Desenho 1

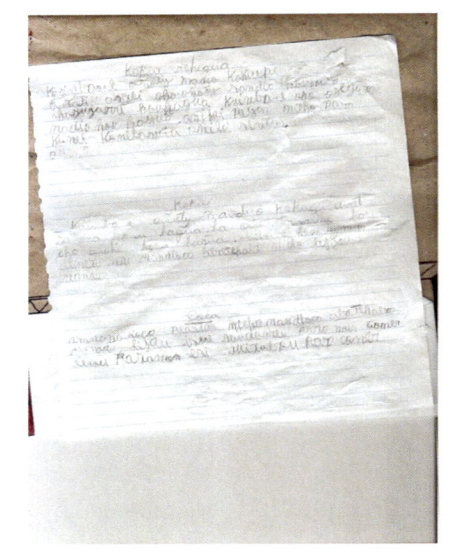

Fonte: projeto de pesquisa em sala de aula.

As Atividades 2 e 3 mostram que os alunos são muito bons nos desenhos e têm muito conhecimento sobre a aldeia e a roça. Na escrita com o texto na língua guarani, tiveram dificuldade quando estavam produzindo o texto sozinhos, sem ajuda do professor. Nessa situação, o professor precisa trabalhar bastante com eles, as sílabas, o som das sílabas, a fonética, para que eles avancem com a escrita.

Figura 3.4 – Desenho 2 da Atividade 2; desenho da Atividade 3

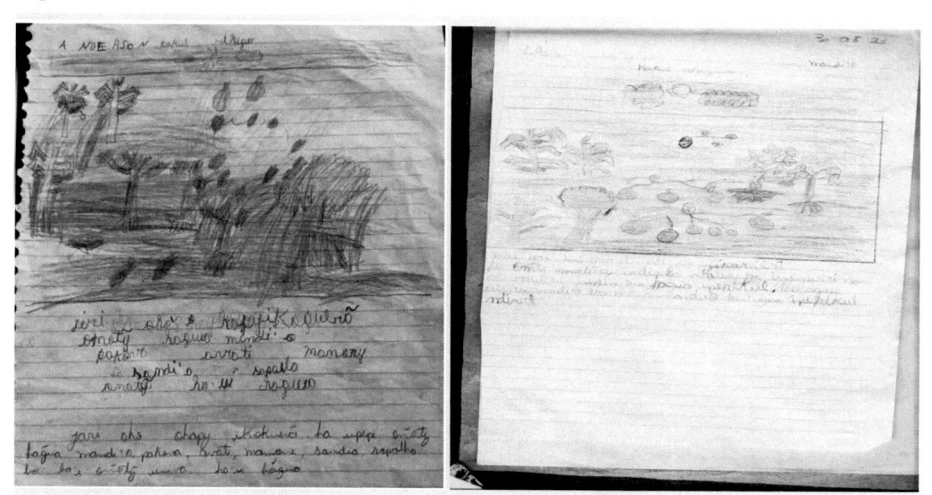

Fonte: projeto de pesquisa em sala de aula.

Para escrever o texto na língua portuguesa, eles têm muitas dificuldades, tentam utilizar o empréstimo das línguas que estão sendo solicitadas, digamos, a mistura do guarani com a língua portuguesa. Mas conseguem fazê-lo com a ajuda do professor. Esses empréstimos, vamos dizer assim, para a inserção da língua portuguesa, são comuns, o que percebemos que facilita a escrita e o entendimento na alfabetização.

A Atividade 4 é mais avançada. O autor escreveu o texto em guarani com facilidade e conseguiu expor suas ideias na escrita com coerência. E ainda conseguiu a (re)estruturação do texto.

Figura 3.5 – Desenho da Atividade 4

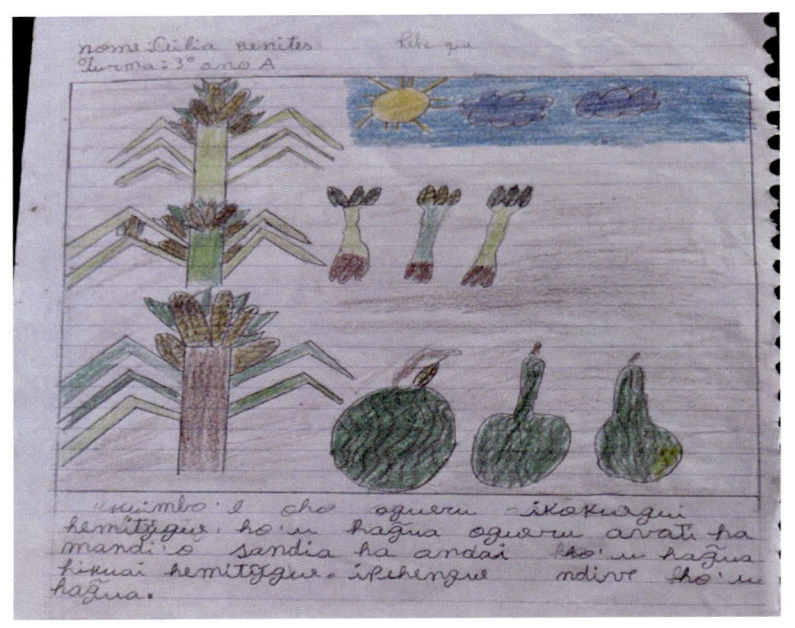

Fonte: projeto de pesquisa em sala de aula.

O texto a seguir foi escrito na língua portuguesa, conforme a representação da figura. Ao ler o texto, entende-se que escreveu bem a narrativa, porém ainda precisa melhorar, pois faltam letras nas palavras. A letra está muito linda, e é letra cursiva.

Figura 3.6 – Escrita da Atividade 4

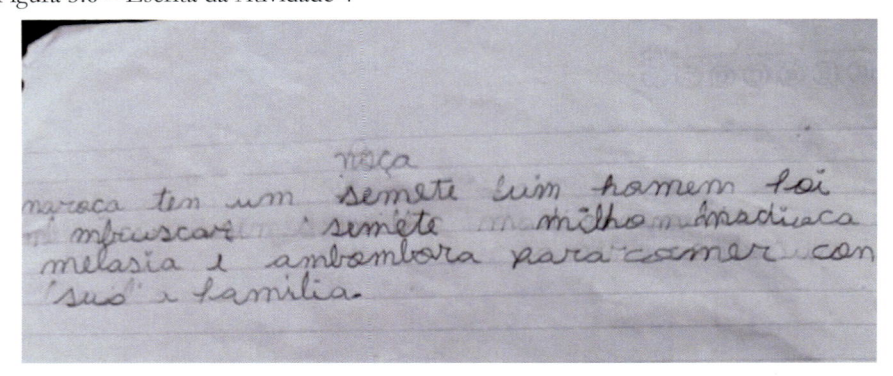

Fonte: projeto de pesquisa em sala de aula.

Assim, o/a professor/a precisa ajudar constantemente seus alunos explicando como devem ser escritas as palavras e as frases nas duas línguas. Os alunos que acompanhei na pesquisa conseguem explicar o tema solicitado, muito na oralidade, mas, ao traduzir para a escrita na língua portuguesa, são visíveis as dificuldades de alguns. Muitos se utilizam dos recursos da sala — um deles é o alfabeto, que está na língua portuguesa. Então a sala precisa estar bem decorada com frases nas duas línguas. O texto construído pelos alunos nas duas línguas foi retirado do texto que eles ajudaram a contextualizar e desenvolver. E seguiram, como, por exemplo: "che kokue Iporã" (a minha roça é bonita). Foram utilizadas várias metodologias, mostrando para eles o começo, o meio e o fim dos textos desenvolvidos. E, ao observar esse processo com as aulas, o professor não pôde ficar na sala quieto, sentado, precisava acompanhar cada um, mesa por mesa. O/a professor/a tem que falar bastante, pronunciando as letras alfabéticas, palavras, frases, ditando (soletrando), ajudando constantemente seus alunos, assim estes podem escrever melhor e conhecer o som das palavras por meio da fonética.

Alguns não conseguiram escrever sobre o desenho que trouxeram como conteúdo "roça". Mesmo com as dificuldades percebidas, solicitei a escrita na língua portuguesa, mas tiveram muitas dificuldades na produção, pois a escrita na língua portuguesa para eles é muito difícil — não só para eles, para mim ainda é muito difícil. Mesmo assim, na visão de alguns professores aos quais mostrei os desenhos e a produção de texto (os professores do curso, uma professora indígena), os alunos estavam se saindo muito bem. São poucos que não sabem escrever algumas palavras, frases na língua portuguesa, e ainda nem acabou o ano letivo!

Algumas Considerações Finais

Finalizamos por este momento a pesquisa na sala do terceiro ano A, com o processo de ensino de aprendizagem, mostrando para os leitores que pode ser trabalhado o ensino nas duas línguas nas turmas do terceiro ano. Mas precisa-se usar estratégias diferentes constantemente. Um professor indígena tem muito trabalho, pois tem que inserir e lidar com a língua portuguesa a partir do terceiro ano, e isso não é uma tarefa fácil, depende de muita dedicação. O docente ensina e aprende o tempo todo; todos acabam aprendendo juntos, pois as crianças são muito criativas. Elas trazem conhecimentos e conteúdo da sua família. E ainda um professor não pode ficar só dentro da sala de aula e ficar sentado em sua cadeira esperando seus alunos terminarem e levarem os trabalhos para corrigir, um professor precisa mostrar a diferença, animar os seus alunos por meio de dinâmica, brincadeiras, interagindo e levando novidades como a pesquisa. Ainda ter um bom planejamento a ser desenvolvido em sala de aula, ser pesquisador, trazendo novos conhecimentos com temas interessantes para melhorar o processo de ensino-aprendizagem dos alunos.

Referências

CENTRO ESTADUAL DE FORMAÇÃO DE PROFESSORES INDÍGENAS DE MATO GROSSO DO SUL (CEFPI). Curso Normal Médio Intercultural Indígena Ára Verá. *Projeto pedagógico*. [*S. l.*]: Cefpi, 2019.

ESCOLA MUNICIPAL INDÍGENA ÑANDEJARA. *Projeto político-pedagógico*. Caarapó: Escola Municipal Indígena Ñandejara, 2018.

Entrevistados para a Pesquisa Apresentada neste Capítulo

Agripino Benites

Devanildo Ramires

Dr. Eliel Benites

Elizabete Fernandes

A VIOLÊNCIA LINGUÍSTICA ASSOCIADA À MIGRAÇÃO DE ALUNOS INDÍGENAS PARA ESCOLAS URBANAS

Joice Mara de Freitas

Racquel Valério Martins

Introdução

A presença dos estudantes Guarani e Kaiowá que vivem nas aldeias de Amambai, Mato Grosso do Sul, e optam por estudar em escolas urbanas é muito notória. Essa diversidade étnica presente tem se tornado cada vez mais frequente. A diversidade está relacionada ao conceito de pluralidade, ou seja, características, comportamentos e valores que tornam as pessoas únicas. E a inclusão é o ato de unir as diversidades de maneira que nenhuma diferença dê margem ao preconceito e à desigualdade. Para isso, a escola desenvolve um papel fundamental no processo de inclusão social e respeito às diversidades. No entanto, a discriminação e o preconceito ainda estão fortemente incutidos no pensamento da sociedade, principalmente nas ideologias com a predominância da cultura do colonizador sobre as culturas minoritárias. Na busca por um espaço na sociedade dos não índios, os indígenas vivem em constante luta para serem incluídos, e uma dessas formas é por meio da educação. Nesse contexto, quando o aluno indígena opta por estudar nas escolas urbanas, acaba sofrendo um processo de violência linguística, pois a maioria dos docentes não tem formação para trabalhar o ensino de uma segunda língua, com isso acabam por marginalizar o ensino, sem considerar a diversidade bilíngue desses alunos que convivem cotidianamente com a prática de duas línguas ou mais.

O debate sobre preconceito e discriminação linguística não é novo, encontrando respaldo no Brasil em diversos autores. Tendo em vista essa problemática, este estudo busca levantar algumas questões pertinentes para conscientizar os docentes que trabalham com os alunos bilíngues sobre o respeito a essa diversidade cultural, tão importante para a preservação cultural desses povos, destacando o ensino intercultural como uma proposta relevante para trabalhar a diversidade linguística desses alunos, no contexto bilíngue.

A Diversidade Bilíngue Associada à Violência Linguística nas Escolas Urbanas

O município de Amambai situa-se no sul do estado de Mato Grosso do Sul, a 359 quilômetros da capital, Campo Grande. Levando em consideração os dados estimados pelo IBGE, em 2021, a população do município é de aproximadamente 40.247 habitantes, e cerca de 30% são indígenas Kaiowá e Guarani. A população indígena de Amambai vive atualmente em três aldeias: Aldeia Limão Verde, Aldeia Amambai e a Aldeia Jaguari. Todas essas aldeias oferecem o ensino diferenciado nos moldes da educação escolar indígena, no entanto muitos pais optam em matricular seus filhos nas escolas urbanas. Essa realidade vem aumentando gradativamente, devido à luta incessante do indígena em buscar o seu lugar na sociedade. Lugar este que deveria ser valorizado pela diversidade étnica e cultural que esses povos apresentam e representam para a cultura brasileira, mas o que se percebe é uma desterritorialização de sua cultura, principalmente em relação a sua qualidade sociolinguística. Qualidade, porque conseguir viver cotidianamente com a vivência de duas ou mais línguas é uma diversidade cultural muito importante para o desenvolvimento de uma identidade forte e cultural desses povos.

Apesar de a linguagem ser uma questão muito estudada pelo homem, foi somente no fim do século XIX e no início do século XX — com a contribuição de Saussure — que foi estabelecida oficialmente a ciência linguística, tendo como objeto de estudo a linguagem. Logo, depois dessa consolidação da linguística como ciência, em meados do século XX, começaram a surgir estudos que partiam da abstração do conhecimento linguístico para a aplicação desse conhecimento em situações reais de uso de linguagem. Desse movimento emergiu a linguística aplicada como recorte dos estudos linguísticos.

A redefinição do objeto de estudo da linguística aplicada foge das relações quase biunívocas que estabelecia com o ensino de línguas no início de seu processo de instauração como **disciplina** de estudo, passando a **campo** de conhecimento que extrapola o universo escolar para ganhar espaço na sociedade, focalizando os usos da língua nas diferentes instâncias, nos diferentes contextos, nas mais variadas interações e nos problemas suscitados nesses universos múltiplos.

As escolas urbanas seguem um currículo que prioriza o ensino da língua portuguesa; assim, todo o material didático-pedagógico também segue essa característica, o que, para o aluno indígena que tem a língua guarani como sua língua materna, se torna uma violência linguística, pois o aluno vê-se obrigado a renegar a sua qualidade linguística para aprender unicamente a estrutura de apenas uma língua, a majoritária do país. A violência linguística tratada neste estudo está relacionada especificamente ao uso da linguagem como instrumento de violação humana, que estigmatiza grupos sociais, povos, nações e que se manifesta também em atos concretos contra indivíduos. Erving Goffmam (1988, p. 12) explica o conceito de estigma da seguinte maneira:

> Enquanto o estranho está à nossa frente, podem surgir evidências de que ele tem um atributo que o torna diferente de outros. [...]. Deixamos de considerá-lo criatura comum e total, reduzindo-o a uma pessoa estragada e diminuída. [...]. O termo estigma será usado em referência a um atributo profundamente depreciativo. Em todos os casos de estigma, encontram-se as mesmas características sociológicas: um indivíduo que poderia ser facilmente recebido na relação social quotidiana possui um traço que se pode impor à atenção e afastar aqueles que ele encontra, destruindo a possibilidade de atenção para outros atributos seus. A questão do estigma surge onde há alguma expectativa, de todos os lados, de que aqueles que se encontram numa certa categoria não deveriam apenas apoiar uma norma, mas também cumpri-la.

Nesse processo de homogeneidade de uma língua, a sua língua materna, que caracteriza sua identidade cultural, acaba por ser excluída do desenvolvimento intracultural. Característica essa fundamental para o processo de sobreculturalidade. Segundo Martins (2020), esse processo torna-se relevante como elemento capaz de manter viva a cultura indígena, que vem sendo sufocada e dizimada pela população em seu entorno com seus interesses políticos e econômicos, destacando o pensamento intercultural como etapa fundamental do processo de contato entre culturas diferentes. O pensamento intercultural deve estar presente nas escolas urbanas que têm alunos indígenas, pois essa diversidade cultural, tão presente em muitas instituições, não deve deixar de ser contemplada nas metodologias e práticas educacionais. Considerando o Brasil um país multicultural, com uma pluralidade de culturas que compõem suas regiões, torna-se fundamental um trabalho que esteja relacionado ao pensamento intercultural, que promova o desenvolvimento da sobreculturalidade para esses povos, que inevitavelmente sofrem o choque cultural e precisam manter vivas suas culturas, preservando sua história e sua ancestralidade.

O choque cultural principalmente relacionado à língua é do que trata este estudo, destacando o aluno bilíngue que frequenta as escolas urbanas fora de seu contexto cultural. Característica essa que se encontra mais notória em algumas regiões e cidades, como é o caso do município de Amambai, onde três aldeias entornam a cidade e têm como diversidade linguística a sua língua materna (guarani e kaiowá).

A diversidade bilíngue presente nas salas de aula das escolas urbanas não pode passar despercebida pelas práticas de ensino desenvolvidas pelos docentes, nem pelo sistema educacional, no qual muitas vezes se percebe o descaso em relação a essa diversidade, colocando todos os alunos dentro de um processo que uniformiza as práticas e metodologias de ensino. Nesse sentido, é fundamental o pensamento intercultural, pois, quando todo um sistema percebe a diferença e vê nela a agregação de conhecimentos culturais, todas as culturas acabam ganhando, pois há uma valorização e apreciação, e não apenas a predominância de uma em detrimento de outra. Para isso, é necessário que o trabalho com a diversidade sociolinguística seja desenvolvido em todas as áreas do conhecimento, e não somente nas áreas que tratam especificamente da linguagem. Nesse contexto, a linguística aplicada traz suas contribuições dando como proposta a transcendência de fronteiras disciplinares com o intuito de promover o imbricamento entre diversas áreas do conhecimento.

Como comentado anteriormente, a linguística aplicada transita da condição de mais uma disciplina dos estudos linguísticos para a condição de campo de conhecimento, o que se erige em uma perspectiva inter/multi/pluri/transdisciplinar e no bojo da qual várias disciplinas se entretecem, enovelam-se. Verificar que:

Transdisciplinaridade: supõe *simbiose*, perda de oposições entre as disciplinas;

Interdisciplinaridade: supõe interfaces entre as disciplinas;

Indisciplinaridade: supõe negação das disciplinas como tais.

Em nossa compreensão, a questão mais importante não é a discussão que define se a nova linguística aplicada é transdisciplinar, interdisciplinar ou indisciplinar, mas o fato de que esse novo olhar traz consigo o convite para a permeabilidade entre diferentes áreas do conhecimento na busca de soluções para problemas linguísticos socialmente relevantes. Desde a colonização, os povos originários têm sofrido uma violência linguística, pois os efeitos ideológicos de um processo colonizador materializam-se em consonância com um processo de colonização linguística, que supõe a imposição de ideias linguísticas vigentes na metrópole e um ideário colonizador enlaçando língua e nação em um projeto único.

A colonização linguística, da ordem de um acontecimento, produz modificações em sistemas linguísticos que vinham se constituindo em separado e, ainda, provoca reorganizações no funcionamento linguístico das línguas bem como rupturas em processos semânticos estabilizados. Colonização linguística resulta de um processo histórico de encontro entre pelo menos dois imaginários linguísticos constituídos de povos culturalmente distintos — línguas com memórias, histórias e políticas de sentidos desiguais —, em condições de produção tais que uma dessas línguas — chamada de língua colonizadora — visa impor-se sobre a/s outra/s, colonizada/s. A língua colonizadora tem assumido um papel de transcendência entre as demais línguas, em que o ensino ofertado nas escolas urbanas prioriza tão somente os conhecimentos da língua majoritária do país, oprimindo e renegando as demais formas de linguagem presentes nas salas de aula.

Nesse contexto, o aluno indígena passa a sofrer uma violência linguística, e isso gera, nos dizeres de Geraldi, uma *"rarefação do sujeito violentado diante do violentador"* (comunicação pessoal). Esse tipo de ação leva o violentado a assimilar e aceitar as investidas de violência de seu violentador, o que geralmente o conduz a nutrir sentimentos de inferioridade, de incompetência, de impotência, de pequenez, que, somados, sedimentam e alicerçam a conformação de dominação e de permanência da violência, de tal forma que o seu reconhecimento como violentado é praticamente impossível. Nessa linha de raciocínio, Bourdieu, ao comentar o poder exercido pelas construções simbólicas nas relações em sociedade, denuncia o que chama de "violência simbólica". Ao retomar uma discussão posta de certa forma em Marx (quando este comenta sobre a ideologia dominante) e retomada por Gramsci (quando este discute o papel da cultura na sociedade de classe), discute o poder das representações simbólicas no jogo das relações sociais, e alerta:

> Toda dominação simbólica supõe, por parte daqueles que sofrem seu impacto, uma forma de cumplicidade que não é submissão passiva a uma coerção externa nem livre adesão a valores. [...] O poder de sugestão exercido através das coisas e das pessoas é a condição de eficácia de todas as espécies de poder simbólico capazes de se exercerem em seguida sobre um habitus predisposto a senti-las. [...] O traço próprio da dominação simbólica reside precisamente no fato de que ela supõe, da parte de quem a sofre, uma atitude que desafia a alternativa ordinária entre a liberdade e a coerção. (BOURDIEU, 1998, p. 37-39).

Os efeitos decorrentes do processo de colonização linguística, porém, não são sempre os mesmos nem não são previsíveis; basta que se observem comparativamente as trajetórias das diferentes línguas indígenas, das línguas africanas e de línguas colonizadoras, como o português, o inglês, o francês e o espanhol nas Américas. Se, de um lado, há um encontro da língua de colonização com outras (europeias, indígenas ou africanas), de outro, há um lento "desencontro" dessa língua colonizadora com ela mesma. Assim, a colonização linguística também pode ser apreendida como um acontecimento linguístico bastante específico: um (des)encontro linguístico no qual os sentidos construídos são singularizados em situações enunciativas singulares, situações história e paulatinamente engendradas que vão dando lugar ao surgimento de uma língua e de um sujeito singulares.

A colonização linguística supõe o estabelecimento de políticas linguísticas explícitas como caminho para manter e impor a comunicação com base na língua de colonização. Delimitando os espaços e as funções de cada língua, a política linguística dá visibilidade à já pressuposta hierarquização linguística e, como decorrência dessa organização hierárquica entre as línguas e os sujeitos que as empregam, seleciona quem tem direito à voz e quem deve ser silenciado. Dessa forma, o aluno indígena que estuda nas escolas urbanas acaba por ser silenciado para aprender a língua predominante e com isso passando por um processo de aculturação, em que o trabalho do professor como um mediador que consegue estabelecer pontes culturais se torna fundamental para que esse processo se efetive. Um olhar humanista que observe a diversidade e compreenda todas as formas de ser no mundo é relevante para que o aluno indígena não precise passar pela violência linguística para apropriar-se de outras formas de linguagem para sua comunicação em sociedade.

Considerações finais

Constatamos que o ensino da língua portuguesa nas escolas da zona urbana é priorizado, colocando a língua materna dos indígenas em segundo plano. Isso leva a que os indígenas se interessem pelo aprendizado da língua majoritária com a ideia de que isso os ajudará a viver em sociedade e se desenvolver, considerando as exigências do mundo externo no ambiente em que vivem. No entanto, percebemos que isso tem resultado na migração dos alunos das aldeias para a cidade e em uma consequente violência linguística, pois, na busca por características impostas pela língua portuguesa, os indígenas são pressionados a inferiorizarem e desvalorizem sua própria língua, a qual cada vez mais tem ficado evidente que deve ser preservada para romper com a exclusão social e permitir o fortalecimento da identidade cultural desses povos, na medida em que permite uma maior interação com nossa tão caraterística diversidade.

A escola urbana de Amambai segue o currículo que prioriza a língua aplicada no país, mas, no seu processo educacional, deve ser levada em conta a língua em diversas instâncias e nos contextos rurais e urbanos, com base nas variadas interações e nos problemas enfrentados pelos indígenas nesse universo que exige aprender a língua para a vida em sociedade, mas também considerando a importância da preservação da sua linguagem, sua cultura e da cultura de seus povos, para que tenham um crescimento interativo pelo interesse desse grupo que também deve ser mantido.

O direito a uma educação bilíngue para ser materializado, especialmente para os povos indígenas de Amambai, necessita de conscientização de todos os envolvidos na educação escolar, mas especialmente dos professores, para, desde as séries iniciais, trabalhar metodologias que valorizem e fortaleçam a língua materna. Vale ressaltar que essa é uma maneira de diminuir os preconceitos que existem em relação aos indígenas, os quais só aumentam com a violência linguística pela qual passam os alunos indígenas que migram para as escolas urbanas do município.

Referências

BOURDIEU, P. *A economia das trocas linguísticas*. São Paulo: Edusp, 1998.

ENCICLOPÉDIA das línguas do Brasil. Disponível em: https://www.labeurb. unicamp.br/elb/historia_nocoes/col_ling.htm. Acesso em: 26 set. 2023.

GOFFMAN, E. *Estigma*: notas sobre a manipulação da identidade deteriorada. Rio de Janeiro: Guanabara, 1988.

MARTINS, D. V. A aculturação indígena de Egon Schaden como base conceitual e justificativa do processo de sobreculturalidade. *Revista do Instituto Histórico e Geográfico de Santa Catarina*, Florianópolis, v. 3, p. 148-174, 2020.

RODRIGUES, A. I. Tarefas da lingüística no Brasil. *Estudos Lingüísticos*: Revista Brasileira de Lingüística Teórica e Aplicada, [*S. l.*], v. 1, n. 1, p. 4-15, 1966.

CAPÍTULO 5

UMA ATIVIDADE PARA FORMAÇÃO DE PROFESSORES DE MATEMÁTICA GUARANI E KAIOWÁ: O FILTRO DOS SONHOS COMO ESTRATÉGIA NO ENSINO ACERCA DA ETNOMATEMÁTICA

Rhuan Guilherme Tardo Ribeiro

Renato Souza da Cruz

Bruna Marques Duarte

Vania de Fatima Tluszcz Lippert

Introdução

A história dos professores indígenas no Brasil é um capítulo essencial da trajetória educacional do país, marcado por desafios, resistência e avanços significativos. A educação para os povos indígenas sempre foi uma questão complexa, pois estava intrinsecamente ligada aos processos de colonização, dominação cultural e desrespeito à diversidade étnica presente no território brasileiro. Antes da chegada dos colonizadores europeus, os povos indígenas já tinham seus próprios sistemas de elaboração de conhecimento, baseados em práticas ancestrais, valores culturais e rituais específicos de cada povo, distribuído em suas sociedades. No entanto, com a colonização, essas culturas foram sistematicamente desvalorizadas, marginalizadas e, muitas vezes, exterminadas.

A partir do século XIX, com o processo de construção do Estado brasileiro, houve uma tentativa de integrar os indígenas à sociedade majoritária, buscando assimilar suas culturas e línguas ao modelo ocidental. A educação indígena, nesse período, foi pautada na ideia de "civilizar" os povos originários, negando suas identidades e impondo uma visão eurocêntrica sobre a realidade brasileira. Somente com a Constituição federal de 1988 (BRASIL, 1988), começou-se a reconhecer o direito dos povos originários na legislação conforme a uma educação diferenciada e condizente com suas culturas e tradições. A partir dessa conquista, o papel dos professores indígenas ganhou relevância na construção de um modelo educacional mais inclusivo e respeitoso com a diversidade da sua realidade sociocultural.

Com o tempo, foram criadas escolas indígenas específicas, nas quais os professores indígenas desempenharam um papel central. Esses educadores, além de lapidar os conteúdos curriculares, também têm a importante missão de preservar e valorizar os saberes e fazeres tradicionais, línguas maternas e práticas culturais do seu povo. No entanto, o desafio dos professores indígenas é ainda maior, devido às dificuldades enfrentadas pelas comunidades indígenas, como o acesso precário à infraestrutura, à saúde e à própria educação. Muitas vezes, esses educadores atuam em regiões remotas e enfrentam obstáculos para garantir a qualidade do ensino em suas escolas. Entretanto, a atuação dos professores indígenas tem sido fundamental para o empoderamento de suas comunidades, fortalecendo suas identidades culturais e promovendo o orgulho de pertencer a um povo originário. Além disso, esses educadores têm sido atores-chave na luta por direitos territoriais, pela demarcação de terras indígenas e pela preservação do meio ambiente. Torna-se bastante importante ressaltar que a valorização da educação indígena e dos professores indígenas é essencial para a construção de uma sociedade mais justa e igualitária, na qual as diferentes culturas sejam reconhecidas e respeitadas. O caminho para a consolidação desse processo ainda é longo, mas a presença e a atuação dos professores indígenas são um passo importante na construção de uma educação verdadeiramente inclusiva e plural no Brasil.

Dito isso, destacamos que a escola nas aldeias indígenas desempenha ou deveria desempenhar um papel central na preservação e fortalecimento da identidade cultural dos povos originários. Essas instituições de ensino são espaços onde são valorizados os saberes tradicionais e a língua materna dos indígenas, contribuindo para o repasse intergeracional de conhecimentos ancestrais. Além disso, as escolas indígenas buscam promover uma educação intercultural e bilíngue, em que são integrados também conteúdos curriculares da sociedade nacional, possibilitando que as crianças indígenas se tornem cidadãos conscientes tanto de sua herança cultural quanto de sua inserção no contexto mais amplo das relações interculturais (RIBEIRO, 2019).

É válido ressaltar que a escola nas aldeias indígenas enfrenta desafios específicos, como a falta de infraestrutura adequada, a carência de materiais didáticos, principalmente em suas línguas maternas, como o guarani e kaiowá, que reflitam a realidade e cultura de suas aldeias, e a escassez de professores formados e sensibilizados para uma educação intercultural, sejam eles indígenas, sejam não indígenas. Além disso, é fundamental que a escola respeite os ritmos e valores das comunidades em que estão inseridas, trabalhando de forma colaborativa e participativa com as lideranças e as famílias da aldeia. Superar esses obstáculos é essencial para garantir uma educação escolar indígena de qualidade, que contribua efetivamente para o desenvolvimento do processo de ensino e aprendizagem dos estudantes indígenas.

Assim, ressaltamos a importância das licenciaturas indígenas no Brasil, em especial da Faculdade Intercultural Indígena, na qual este estudo acontece, integrada à Universidade Federal da Grande Dourados e localizada no município de Dourados, no estado de Mato Grosso do Sul. Esse curso representa um passo significativo na valorização e preservação das culturas, línguas e tradições dos povos originários do país. Essa licenciatura é um curso de formação de professores específicos para atender às demandas das comunidades indígenas, capacitando-os para atuarem como educadores dentro de suas próprias comunidades, que se habilitam nas quatro principais áreas do conhecimento: Matemática (M), Ciências da Natureza (CN), Ciências Humanas (CH) e Linguagens (LG).

Ao longo da história, os povos indígenas têm enfrentado diversas formas de opressão, discriminação e perda de suas identidades culturais. A educação é um dos principais pilares para combater essa realidade, uma vez que ela pode ser uma ferramenta poderosa para a preservação e fortalecimento das tradições e saberes ancestrais. As licenciaturas indígenas têm o objetivo de proporcionar uma educação contextualizada, respeitando os conhecimentos tradicionais e incorporando-os ao currículo acadêmico. Essa abordagem permite que os futuros professores indígenas compreendam a realidade e as necessidades de suas comunidades, além de contribuir para a promoção da autoestima e da valorização das culturas locais.

Outro aspecto relevante é o fortalecimento e a revitalização das línguas indígenas. Com a colonização e a imposição de idiomas estrangeiros, muitas línguas indígenas foram ameaçadas de extinção, ou foram extintas pelo processo de opressão ocidental. Esses cursos de graduação atuam também como agentes de preservação linguística, promovendo o ensino e o uso dessas línguas nas escolas e comunidades indígenas, ajudando a combater o processo de opressão cultural das sociedades não indígenas. Além disso, a presença de professores indígenas nas escolas das comunidades é fundamental para estabelecer uma relação de confiança e identificação entre os alunos e os docentes. Isso pode ser um fator crucial para diminuir o abandono escolar, melhorar o desempenho acadêmico e fortalecer o senso de pertencimento à cultura e à identidade do seu povo.

As licenciaturas indígenas também contribuem para a construção de uma educação intercultural, na qual os conhecimentos tradicionais indígenas dialogam com os conhecimentos científicos contemporâneos. Essa interação enriquece a experiência educacional tanto para os estudantes indígenas quanto para os não indígenas, promovendo uma sociedade mais inclusiva e respeitosa com a diversidade cultural do país. Apesar de todo o avanço proporcionado pelas licenciaturas indígenas, ainda há desafios a serem enfrentados. É fundamental garantir o acesso a uma educação de qualidade para todas as comunidades indígenas, respeitando suas particularidades e necessidades específicas. Isso envolve investimentos em infraestrutura, formação contínua de professores, produção de materiais didáticos adequados e políticas públicas consistentes. Portanto, o investimento na formação de professores indígenas é um passo crucial para a construção de um país mais justo, igualitário e consciente da importância de suas raízes históricas e culturais.

Sendo assim, caracterizamos este estudo como uma pesquisa qualitativa, que tem por objetivo a flexibilidade e capacidade de se adaptar ao objeto de estudo, permitindo a exploração de novos insights e surgimento de novas questões durante o processo de pesquisa. No entanto, devido à natureza subjetiva dos dados, a análise e a interpretação podem ser mais complexas, requerendo habilidades interpretativas e sensibilidade do pesquisador (MINAYO, 2014). Tivemos como objetivo dialogar sobre o processo de formação de professores indígenas Guarani e Kaiowá, na construção de saberes e fazeres etnomatemáticos que contribuam para a valorização e fortalecimento dos seus saberes e fazeres tradicionais de suas realidades. Com o respaldo da observação participante, segundo May (2001), nesse método, o pesquisador integra-se ativamente ao grupo ou contexto que está estudando, participando das atividades e interagindo com os participantes de forma direta e envolvente. Ao se inserir no ambiente em questão, o observador participante busca compreender profundamente as dinâmicas sociais, culturais e comportamentais do grupo, captando nuances e significados que poderiam passar despercebidos em outros métodos de pesquisa.

A Formação de Professores Indígenas no Brasil

A educação escolar indígena no país passou por diferentes momentos históricos. Desde o Brasil Colônia, com a chegada dos padres jesuítas no ano de 1549, até os dias atuais, a educação indígena teve distintas fases e experiências vivenciadas pelos povos indígenas durante todo o processo de escolarização. Inicialmente havia a ideia de integração dos 'índios' à sociedade. Desse modo, no período colonial, o foco delimita-se ao domínio desses povos, e essa intenção perdurou até o século XX. Nesse contexto, o processo de escolarização indígena, a assimilação baseava-se em compreender aquilo que não condizia com a sua cultura, uma vez que não existia o direito à diversidade cultural, linguística e étnica. Assim, a primeira escolarização dada a esses povos foi ensinada pelos jesuítas, por meio da catequese (SOARES *et al.*, 2021). A catequese significava a conversão dos "índios" ao catolicismo, dever dos padres missionários que vieram para cá com os primeiros colonos. Para a civilização desses povos, seu modo de vida "primitivo" deveria ser substituído pelos supostos benefícios da civilização e para que a partir daí pudessem ser integrados à sociedade nacional, abolindo seus costumes, considerados atrasados e rudimentares do ponto de vista de uma história etnocêntrica europeia (VENERE, 2011).

No segundo período colonial, conhecido como a fase pombalina, algumas regras, normas e regulamentos do "Diretório Pombalino" em 1757 visaram realizar transformações na política colonial de educação indígena, instituindo a chamada "vila pombalina", um espaço físico e social de integração do indígena das missões ao mundo colonial (NOBRE, 2005). Para Venere (2011), o "Diretório", com finalidade evidente de incluir o "índio" à sociedade colonial, tinha como organização escolar na colônia em duas escolas diferenciadas, para meninos e meninas, com diretriz cristã, que "favorecia a abolição formal entre os índios e os brancos, transformando as aldeias missionárias indígenas em vilas e povoações portuguesas, inclusive com a proibição da língua geral – *o nhengatú* – instituída pelos jesuítas" (VENERE, 2011, p. 52). Com o fracasso da política pombalina, e a revogação do "Diretório", há um vácuo na educação indígena, até que no Império se estabelece uma política indigenista, por meio da criação do Regulamento das Missões. No entanto, os objetivos de catequização e integração à sociedade permanecem (FERREIRA, 2009). No período inicial republicano, a preocupação com a educação indígena torna-se mais institucionalizada, porém primariamente, não há diferenciação da proposta jesuíta. A consideração de que a etnia indígena é inferior faz com que os atos educativos fracassem (VENERE, 2011).

Diante do exposto, percebemos que, no processo histórico, a longa trajetória da educação escolar indígena no Brasil foi tecida por uma ótica alheia à sua cosmologia, sendo determinada pelo explícito intuito civilizador. Mesmo diante desta visão, os indígenas, coerentes com seus modos de vida, demonstram um modelo próprio educacional, não condizente com a perspectiva setorial e fragmentada ocidental, mas global e unificadora (BERGAMASCHI; MEDEIROS, 2010). Nesta sociedade, o saber é acessível a todos, seguindo três aspectos primordiais que compõem uma unidade educacional:

> [...] uma unidade educativa: a economia da reciprocidade; a casa, como espaço educativo, junto à família e à rede de parentesco; a religião, ou seja, a concentração simbólica de todo o sistema, expressa nos rituais e nos mitos. (BERGAMASCHI; MEDEIROS, 2010, p. 56).

Com a promulgação da Constituição federal Brasileira (BRASIL, 1988), a educação escolar indígena é assegurada, sendo reforçada pela Lei de Diretrizes e Bases da Educação Nacional (LDBEN), Lei 9.394/1996 (BRASIL, 1996), que afirma às comunidades indígenas o direito à educação diferenciada, específica e bilíngue. Ou seja, o ensino indígena deve ser em seu idioma próprio. Segundo Bergamaschi e Medeiros (2010), com a LDBEN houve a reafirmação de alguns pontos da Constituição, citando pela primeira vez o estabelecimento de "educação escolar bilíngue e intercultural aos povos indígenas", com estrutura curricular, formação de professores específica, projeto pedagógico e material didático. Diante desta perspectiva, tornam-se importantes cursos indígenas no contexto nacional, uma vez que, conforme o portal do Ministério da Educação, os cursos de Licenciatura Intercultural Indígena, apesar de guardarem distinções entre si, respeitam as diferenças interculturais e territoriais de cada povo.

Atualmente existem mais de 20 cursos de licenciatura indígena em nosso país, exclusivos para essas populações. Esses cursos distribuem-se em universidades como: Universidade Federal do Acre; Universidade Federal do Amapá; Universidade Federal de Goiás, Universidade Federal de Minas Gerais, Universidade Federal de São Paulo; Universidade Federal do Espírito Santo; Universidade Estadual de Alagoas; Universidade Federal da Grande

Dourados; Universidade do Estado do Pará; Universidade Federal de Pernambuco, entre outras. Sendo as primeiras experiências, segundo Oliveira e Mendes (2018), o Terceiro Grau Indígena de Barra dos Bugres, implantado pela Universidade Estadual de Mato Grosso, e o Curso Insikiran, da Universidade Federal de Roraima.

Em Mato Grosso do Sul, as primeiras experiências de formação de professores indígenas ocorrem em meados da década de 1990, tornando-se uma política pública em 1999, com o curso Ára Verá, formação ao nível médio aos professores Kaiowá e Guarani. Em 2006 foi criado o programa de ensino superior Intercultural Indígena "*Teko Arandu*" (URQUIZA; NASCIMENTO, 2010). Este visa à capacitação de educadores indígenas das comunidades Guarani e Kaiowá para atuação na educação básica indígena diferenciadamente e especificamente. Assim, oferece uma formação completa em Educação Intercultural Indígena, com especialização em quatro áreas de estudo: Ciências Humanas, Linguagem, Matemática e Ciências Naturais (UFGD, 2012). Atualmente o curso tem 78 alunos nas áreas específicas do curso (30 em CH, 46 em LG, 28 M e 26 em CN). E mais 70 alunos entram para o vestibular a cada um ano e meio, e ficam três semestres realizando disciplinas que são comuns a todas as áreas do conhecimento da educação, cultura, política, gestão e filosofia do povo indígena Guarani e Kaiowá, e logo após esse período escolhe a área de conhecimento que quer seguir — sendo uma graduação que utiliza o método da pedagogia da alternância (aulas ministradas tanto na universidade como nas aldeias, nas escolas indígenas).

A pedagogia da alternância caracteriza-se por um mecanismo de proposta pedagógica conforme a realidade do estudante indígena, que precisa conciliar os estudos e o trabalho, e percorrer distâncias grandes para chegar à universidade, em cursos que atendam às suas realidades culturais, espirituais e educacionais, como a Faculdade Intercultural Indígena. Dentro desse contexto, o curso de Licenciatura Intercultural Indígena está dividido em vários momentos durante o ano letivo e seus semestres: um período os alunos vêm até a universidade para as aulas em sala de aula, e em um outro momento seus professores vão até suas comunidades para conhecer suas realidades, promover projetos de extensão e pesquisa, e para as orientações e aulas nos espaços das escolas indígenas.

Nesse ínterim, destacamos os atuais Guarani e Kaiowá de Mato Grosso do Sul, que são considerados descendentes dos Itatim. Ocupavam, desde o século XVIII, um território (ñane retã) bastante vasto e fértil, que se estendia pela região oriental do Paraguai e pelo cone sul de Mato Grosso do Sul, região da Grande Dourados (até o Rio Apa), numa área de, aproximadamente, 40 mil km², habitat dos Pãi/Kaiowá, atual configuração dos antigos Caaguá. Estabeleceram contato com os "brancos" a partir da definição dos limites entre portugueses e espanhóis, por volta de 1777 e, com mais intensidade, após a Guerra do Paraguai, que terminou em 1870. Atualmente os Kaiowá/Guarani ocupam uma área de aproximadamente 40.697 hectares (SANTINO, 2022). Diante dessa redução de território, diversas são as transformações vivenciadas pelos povos Kaiowá, uma vez que as atividades de caça, pesca e coleta não são mais viáveis para essas comunidades, devido à intensa exploração e destruição da flora nativa. Atualmente, o cultivo de soja, cana-de-açúcar e pastagem para a criação de gado predomina na paisagem ao redor das áreas indígenas. Tais mudanças enfrentadas por esses povos, ao longo do tempo, evocam a necessidade de procurarem outras maneiras de se relacionar com a sociedade do entorno, em um movimento de diálogo entre culturas (OLIVEIRA; MENDES, 2018).

Diante dessa realidade, tornam-se relevantes cursos como o descrito, pois relaciona-se ao fato de que a formação superior de professores indígenas ressignifica a luta política histórica e representa as reivindicações educacionais e culturais dessas populações (SANCHEZ; LEAL, 2021). No entanto, segundo Oliveira e Mendes (2018), os desafios são múltiplos para as universidades que se propõem a oferecer educação diferenciada e intercultural aos professores indígenas que trabalham nas escolas das aldeias. Entre eles, o que mais desestabiliza as estruturas atuais é o movimento de estabelecer um diálogo permanente entre os diferentes sentidos do mundo apresentado pelas instituições envolvidas nesse processo, no caso a universidade, as Secretarias de Educação e as comunidades indígenas. Essa diversidade cultural e diferentes históricos de exposição têm reflexo na formação docente. Neste sentido, exige-se uma postura epistemológica que reflita sobre a dinâmica da realidade, o que exige práticas voltadas para o diálogo intercultural. Nesta seara, a formação de professores indígena na área da matemática envolve a percepção etnomatemática de que a matemática não está isolada das outras áreas.

No Projeto de Pedagogia Curricular (PPC) do curso Licenciatura Intercultural Indígena Teko Arandu, na habilitação em Matemática, adota-se, a princípio, um equilíbrio entre as duas perspectivas. De um lado, uma ótica internalista da matemática, o qual é a prática de formação predominante dos professores de matemática atualmente, em que realmente domina a especificidade do conhecimento matemático eurocêntrico. Por outro lado, uma visão cultural, pela qual o saber é supervalorizado pela desejada fuga ou resistência, sem considerar a inevitável dinâmica cultural decorrente do encontro de culturas, ocupando o mesmo espaço diferentes sociedades (UFGD, 2012). Nesse aspecto, segundo Oliveira e Mendes (2018), a formação superior de professores indígenas requer uma perspectiva intercultural, segundo a qual um dos desafios é reconhecer as diferentes formas de produzir e transmitir conhecimento, em que a matemática, com a língua materna, forma um importante espaço de cultura simbólica e resistência. Consequentemente, os povos indígenas identificaram a matemática como uma das áreas especiais da formação de professores.

Assim, o panorama formativo dos professores indígenas do curso inclui o desenvolvimento de competências epistemológicas, pedagógicas e antropológicas em relação ao papel do conhecimento matemático para explicar a realidade e agir sobre ela. Nesse sentido, o conhecimento matemático é considerado valor formativo, utilitário, sociológico, cultural, estético e ético (UFGD, 2012).

A Etnomatemática e a Geometria dos Povos Originários

Historicamente, a matemática faz parte da vida humana, e isso nos permite afirmar que a ciência usa o método dedutivo por meio do raciocínio lógico capaz de produzir resultados exatos. Nesse aspecto, a história das matemáticas está sendo construída com a colaboração de estudos que buscam os conhecimentos matemáticos presentes na cultura de diversos povos, entre estes os indígenas, e, segundo Gerdes (2010), alguns conteúdos da matemática ensinada nas escolas têm origem nas culturas asiáticas e africanas, com algumas semelhanças com a cultura indígena das Américas, e nem sempre a produção de materiais relacionados aos povos indígenas e a educação escolar indígena é ou foi escrita por mãos indígenas.

Existe um aparato legal sobre a Educação Escolar Indígena emergente da promulgação da Constituição federal de 1988, que marca a reforma educacional na década de 1990, entrando no século XXI. O Referencial Curricular Nacional para as Escolas Indígenas relata a constante ausência de pesquisas relacionadas aos saberes matemáticos nas escolas indígenas e quanto esse fator prejudicou tanto o processo de ensino aprendizagem desses povos como a matemática, que foi mistificada como um saber não pertencente ao índio. Cada etnia desenvolve seu conhecimento matemático, e esta forma de conhecimento é apresentada e pode ser apropriada de diferentes maneiras. As etnias Guarani e Kaiowá utilizam a contagem nas suas práticas cotidianas por meio de uma lógica do pensamento matemático, fazendo o uso de objetos da natureza para contar, como pedrinhas, pauzinhos, folhas e grãos. Também, as primeiras noções de matemática podem partir do próprio corpo da criança, ou seja, o uso dos dedos para aprender a numeração, e, à medida que a criança avança nos conhecimentos matemáticos, podem ser usados jogos como dominó, jogo de dados, jogo da memória, entre outros (PARANÁ, 2010).

Esse saber matemático que se difunde nas diversas culturas é analisado pela ótica da etnomatemática. Para D'Ambrosio (2001, p. 9), a etnomatemática é uma subárea da história da matemática e da educação matemática, que apresenta relação natural com antropologia e ciências da cognição. No contexto da etnomatemática, temos a etnogeometria, que se empenha em estudar os aspectos relevantes da geometria dos povos indígenas nos seus artesanatos, pinturas e demais artes que produzem. É por isso que D'Ambrósio (1994) explica que a geometria indígena é colorida; e a geometria grega, sem cor, causando-lhe uma visão diferente do conhecimento indígena em relação ao conhecimento das demais populações. Segundo Sebastiani:

> Através do conceito de etnomatemática chama-se a atenção para o fato de que a matemática, com as suas técnicas e verdades, constitui um produto cultural, salienta-se, que cada povo, cada cultura e cada sub-cultura desenvolve a sua própria matemática, em certa medida, específica. (SEBASTIANI, 2002, p. 13).

Alguns artefatos indígenas, como os cestos feitos com tiras de bambu (BAYER; SANTOS, 2003), apresentam formas geométricas semelhantes ao seu redor, e isso demonstra um conhecimento geométrico presente nas suas diversas formas. Como medidas, usam-se os palmos e os cestos, que são iniciados com 27 tiras com seis palmos e meio de comprimento, formando um quadrado, que destaca a formação do ângulo de 90°. Para Gerdes (1992), o conceito de ângulo reto de um retângulo foi desenvolvido pelo homem em suas atividades, mais uma evidência da presença do conhecimento matemático. Sabemos quanto a cultura indígena é diversificada e tem uma infinidade de formas geométricas presentes em suas artes. Portanto, nesse contexto, a etnomatemática é uma área da matemática que deve ser mais explorada para oportunizar os povos indígenas serem reconhecidos por seus saberes e fazeres socioculturais, mostrando para todos que a geometria pode ser vista nas mais variadas formas, assim como a matemática.

O Filtro dos Sonhos como Estratégia de Ensino na Formação de Professores Guarani e Kaiowá

Os povos indígenas têm uma rica e profunda conexão com o mundo dos sonhos, que vai muito além do que geralmente experienciamos nas sociedades não indígenas. Para esses povos, os sonhos são mais do que meras manifestações da mente durante o sono; são portais para outras dimensões, fontes de sabedoria ancestral e mensageiros dos espíritos. Nas tradições indígenas, os sonhos são considerados uma parte essencial da vida cotidiana, e acredita-se que eles contenham insights importantes sobre a natureza, o universo e o propósito da existência humana. Os sonhos são vistos como uma forma de comunicação direta com os antepassados, as divindades, os animais e todos os elementos da natureza. Para os povos indígenas, cada sonho é considerado uma jornada espiritual única e individual. Acreditam que, ao sonhar, a alma se liberta do corpo e entra em um reino onde os véus entre o mundo material e o mundo espiritual são mais finos. Nesse estado, os sonhadores podem receber orientações, curas, profecias e conhecimento que não podem ser obtidos enquanto acordados.

Os rezadores, líderes espirituais e curandeiros nas comunidades indígenas são particularmente reverenciados por sua capacidade de interpretar os sonhos e acessar a sabedoria contida neles. Eles servem como mediadores entre os mundos espirituais e físicos, buscando compreender a mensagem dos sonhos e sua relevância para a vida do sonhador e da comunidade na totalidade. A interpretação dos sonhos para os povos indígenas é uma arte que exige sensibilidade cultural e uma compreensão profunda das crenças e dos símbolos específicos de cada grupo étnico. Certos animais, plantas ou fenômenos naturais podem ter significados particulares em diferentes culturas indígenas, e é importante respeitar e honrar essas diferenças.

Os rituais de sonhos também são práticas comuns em muitas comunidades indígenas. Esses rituais envolvem cantos, danças, jejuns, uso de plantas sagradas e outras técnicas para induzir sonhos específicos ou entrar em estados de consciência alterados que facilitem a comunicação com o mundo espiritual. Além disso, os sonhos são frequentemente compartilhados na comunidade, tornando-se uma forma de transmissão oral de conhecimentos e histórias sagradas. Por meio dessas narrativas oníricas, a memória coletiva dos povos indígenas é preservada e enriquecida. Infelizmente, a rica tradição dos sonhos nas culturas indígenas também enfrentou desafios com o contato com o mundo moderno e a colonização. Muitas comunidades foram afetadas por mudanças socioeconômicas e culturais que impactaram a transmissão e o significado dos sonhos. No entanto, muitos povos indígenas continuam a valorizar essa parte fundamental de sua herança cultural, mesmo com a imersão de outras religiões dentro de suas comunidades — ser indígena faz parte do sangue de luta do seu povo.

Sabendo da importância dos sonhos para essas comunidades tradicionais, o professor-pesquisador e primeiro autor deste estudo decidiu utilizar a feitura desse artesanato durante as aulas do componente curricular de estágio do oitavo semestre da turma de Licenciatura Intercultural Indígena Teko Arandu, com habilitação em Matemática, para fortalecer os conhecimentos da geometria e os traços culturais que envolvem os padrões dos grafismos e figuras geométricas planas contidas na realidade cultural do povo Guarani e Kaiowá, durante a formação de uma etnomatemática, que contribua para a construção social de uma educação específica, diferenciada, bilíngue e comunitária.

O filtro dos sonhos, também conhecido como *dreamcatcher* em inglês, é um objeto de significado espiritual e cultural, originalmente associado aos povos indígenas da América do Norte, especialmente às comunidades nativas americanas Ojibwa, Lakota e Cherokee, entre outras. É considerado uma espécie de amuleto circular, tradicionalmente feito com um aro de salgueiro ou cipó e coberto por uma teia de fios entrelaçados, formando um padrão semelhante a uma teia de aranha. No centro do aro, é colocado um pequeno círculo representando a aranha ou o "olho do filtro". Além disso, são penduradas penas, miçangas e outros objetos que variam de acordo com a tradição e a intenção do artesão ou artesã (RIBEIRO, 2022).

Dando continuidade à atividade, em um primeiro momento o professor-pesquisador sentou-se em círculo com os acadêmicos e acadêmicas indígenas Guarani e Kaiowá e pediu-lhes para falar como os sonhos estavam presentes na vida deles e como isso fazia parte das histórias e dos ensinamentos dos mais velhos de suas comunidades. Em seguida, explicou como seria desenvolvida a atividade do filtro dos sonhos, enfatizando aos alunos que o artesanato que fariam, mesmo não sendo da realidade Guarani e Kaiowá, tinha uma ligação muito forte com os sonhos indígenas de modo geral e que junto fariam o artesanato e buscariam compreender os aspectos da etnomatemática no processo de feitura desse artesanato.

> *Pelo modo que minha mãe e a minha avó me ensinaram sobre os Kaiowá, como minha mãe é Kaiowá e meu pai é Guarani, e eu aprendi mais o costume dos Kaiowá. Na minha comunidade ainda usamos bastante o costume de antigamente dos Kaiowá, o sonho seria um aviso para nós, não importa se o sonho é bom ou ruim. O sonho, para nós, Guarani-Kaiowá, é muito importante.* (ACADÊMICA, 2023, s/p, dados da pesquisa).

Durante o processo de feitura do artesanato, muitos elementos da matemática não indígena foram indicados pelos alunos, como as medidas necessárias das linhas para completar as voltas na argola, as figuras geométricas plantas, a simetria e a proporcionalidade encontradas nas teias do filtro, as penas, que remetem ao cuidado com a natureza e às relações de pertencimento social e cultural do indígena com o meio ambiente.

> *E cada sonho tem o seu significado, se você sonhou com uma coisa e você não sabe o significado, é preciso procurar o Nhanderu e Nhandecy para saber o significado, talvez esse sonho que você sonhou é ruim para o seu futuro. O Nhanderu e a Nhandecy sabem cada significado dos sonhos, pois eles são rezadores e por isso eles sabem, se você sonhou em uma coisa e não sai da sua cabeça, procura rezador para rezar por você. Existem vários sonhos bons, assim também existem sonhos ruins e mais importantes e o significado desses sonhos, através do significado que pode ver e saber o que vai acontecer no seu futuro.* (ACADÊMICA, 2023, s/p, dados da pesquisa).

Geralmente é pendurado próximo às camas ou em locais onde se dorme, e acredita-se que ele atue como um talismã protetor durante o sono. Segundo a tradição, a teia do filtro tem a capacidade de filtrar os sonhos, deixando passar apenas os sonhos bons e positivos, enquanto os sonhos negativos são capturados e dissipados com o nascer do sol. A história por trás do filtro dos sonhos varia de acordo com a comunidade indígena, mas geralmente envolve a história de um sábio ancião ou uma aranha mítica que teceu a primeira teia no aro para proteger as crianças e a aldeia de pesadelos e energias negativas durante o sono.

Além de seu papel como protetor dos sonhos, o filtro dos sonhos tem uma forte conexão espiritual. Muitos povos acreditam que ele ajuda a capturar as visões e os ensinamentos transmitidos pelos espíritos durante o sono, trazendo sabedoria e orientação para a vida cotidiana. Ver Figura 5.1.

Figura 5.1 – Filtro dos sonhos feito por acadêmicos e acadêmicas Guarani e Kaiowá

Fonte: os autores (2023)

Com o passar do tempo, o filtro dos sonhos transcendeu suas origens indígenas e tornou-se popular em várias culturas ao redor do mundo como um símbolo de espiritualidade, proteção e conexão com a natureza. Muitas pessoas, independentemente de sua herança cultural, utilizam o filtro dos sonhos como um objeto decorativo e espiritual em suas respectivas casas, muitas vezes como um lembrete de manter pensamentos positivos e sonhos esperançosos. É essencial mencionar que, devido à popularidade comercial do filtro dos sonhos, a autenticidade cultural do objeto pode se perder em algumas representações. Para aqueles que valorizam sua conexão com a cultura indígena, é importante respeitar a história e o significado espiritual por trás do filtro dos sonhos e apreciá-lo como um símbolo sagrado e tradicional dos povos nativos americanos.

Nesse contexto, ao fim da atividade, os alunos mostraram-se felizes com o resultado do artesanato, afirmaram que levariam o filtro para casa, para proteger seus sonhos, e que fariam essa mesma atividade com seus alunos em suas comunidades quando tivessem oportunidade. Além disso, enfatizaram a importância de atividades diferenciadas nas aulas de Matemática para prender a atenção dos alunos indígenas de uma forma que fosse contextualizada com a realidade em que estavam inseridos.

É importante destacar que a matemática está presente em várias formas em nossa cultura e arte, incluindo a arte decorativa e o artesanato, como o próprio filtro dos sonhos. Nesta perspectiva, a etnomatemática desempenha um papel fundamental nos artesanatos indígenas, por ser uma ferramenta essencial para o desenvolvimento e aperfeiçoamento dessas formas de arte tradicionais. Os povos indígenas têm uma rica herança cultural de artesanato, que é transmitida de geração em geração, e a matemática está intrinsecamente conectada a muitos aspectos desse processo criativo (RIBEIRO; MACHADO; SOUZA, 2021).

Portanto, a matemática não é apenas uma ferramenta funcional nos artesanatos indígenas, mas também uma forma de expressão cultural e uma maneira de honrar e preservar as tradições ancestrais dessas comunidades. O uso da matemática nesses contextos ilustra como essa disciplina está profundamente enraizada na vida cotidiana e nas práticas culturais de diferentes grupos ao redor do mundo (RIBEIRO; MACHADO; SOUZA, 2021).

Considerações Finais

Este trabalho abordou uma atividade aplicada para a formação de professores de matemática Guarani e Kaiowá no contexto da etnomatemática, objetivando contribuir com o ensino da matemática, com diferentes olhares para distintos ambientes culturais. O estudo foi direcionado para a educação indígena e professores de matemática Guarani e Kaiowá na perspectiva da etnomatemática, que, nesse contexto, é utilizada de uma forma dinâmica pelos professores. Podemos destacar o crescimento do número de professores que se identificam com os ideais da etnomatemática, realizam pesquisas com o objetivo de construir e apresentar possibilidades para uma interação entre a etnomatemática e a escola indígena, para que os princípios da etnomatemática cheguem efetivamente ao cotidiano escolar indígena. Pois a matemática a ser ensinada numa escola verdadeiramente indígena precisa ter a capacidade de ajudar os estudantes indígenas a imporem-se à exploração e à manipulação que sempre os vitimizam, e, assim, amparados nos conhecimentos que valorizam a sua cultura, defenderem os seus interesses.

Quanto ao ensino de matemática, tratando-se das formas geométricas em um contexto geral, verificou-se uma proximidade muito grande com o cotidiano dos alunos indígenas, com os artesanatos, neste caso o filtro dos sonhos, as construções e até mesmo as formas observadas na natureza e no dia a dia, e, nesse sentido, a forma nem sempre é aplicada onde ela não é necessária, e sim onde ela é sentida como bela.

Ainda são poucos os professores de matemática que utilizam na sua prática docente a etnomatemática, e isso se deve às vezes ao fato de que são poucos pesquisadores que abordam essa temática em livros didáticos; sendo assim, somente a iniciativa dos professores poderá proporcionar mudança na história e para o bom uso da etnomatemática. Nesse sentido, a formação de professores indígenas reflete na formulação e na implementação dos projetos político-pedagógicos das escolas indígenas, articula conhecimentos indígenas com os não indígenas e promove práticas e reflexões significativas capazes de fortalecer as práticas pedagógicas e os direitos dos povos indígenas. Para compreender a aplicação da etnomatemática por meio de uma atividade desenvolvida durante a formação professores de matemática Guarani e Kaiowá, com a construção de filtro dos sonhos na perspectiva das formas geométricas, foi preciso considerar o cotidiano da aldeia e também a realidade dos alunos, o artesanato, as construções e até mesmo as formas observadas na natureza e no dia a dia.

Referências

BAYER, A.; SANTOS, B. P. A cultura indígena e a geometria: aprendizado pela observação. *Acta Scientiae*, Canoas, v. 5, n. 2, 2003.

BERGAMASCHI, M. A.; MEDEIROS, J. S. História, memória e tradição na educação escolar indígena: o caso de uma escola Kaingang. *Revista Brasileira de História*, [S. l.], v. 30, n. 60, p. 55-75, 2010.

BRASIL. *Constituição da República Federativa do Brasil.* Brasília: Presidência da República, 1988. Disponível em: http://www.planalto.gov.br/ccivil_03/constituicao/constituicao.htm. Acesso em: 5 ago. 2023.

BRASIL. *Lei 9.394, de 20 de dezembro de 1996.* Estabelece as diretrizes e bases da educação nacional. Brasília: Presidência da República, 1996. Disponível em: http://www.planalto.gov.br/ccivil_03/leis/L9394.htm. Acesso em: 14 ago. 2023.

D'AMBROSIO, U. Etnomatemática no processo de construção de uma escola indígena. *Em Aberto*, Brasília, v. 14, n. 63, 1994.

D'AMBROSIO, U. *Etnomatemática*: elo entre as tradições e a modernidade. São Paulo: Editora Autêntica, 2001.

FERREIRA, C. T. *A educação nos aldeamentos indígenas da capitania de São Paulo no século XVIII (entre a expulsão jesuíta e as reformas pombalinas)*. Dissertação (Mestrado em Educação) – Pontifícia Universidade Católica de São Paulo, São Paulo, 2009.

GERDES, P. *Geometria e cestaria dos Bora na Amazônia peruana*. São Paulo: Livraria da Física, 2010.

MAY, T. *Pesquisa social*: questões, métodos e processos. Porto Alegre: Artmed, 2001.

MINAYO, M. C. S. (org.). *O desafio do conhecimento*: pesquisa qualitativa em saúde. 14. ed. Rio de Janeiro: Hucitec, 2014.

NOBRE, D. B. *História da educação escolar indígena no Brasil*: escola indígena Guarani no Rio de Janeiro na perspectiva da autonomia: sistematização de uma experiência de formação continuada. Tese (Doutorado em Educação) – Universidade Federal Fluminense, Niterói, 2005.

OLIVEIRA, M. A. M.; MENDES, J. R. Formação de professores Guarani e Kaiowá: interculturalidade e decolonialidade no ensino de matemática. *Zetetike*, [*S. l.*], v. 26, n. 1, p. 167-184, 2018.

PARANÁ. Secretaria de Estado da Educação. *Experiências pedagógicas de professores Guarani/Kaingang/Secretaria de Estado da Educação*. Curitiba: Superintendência da Educação/Seed, 2010.

RIBEIRO, R. G. T. *A etnomatemática presente em artesanatos e adereços produzidos por uma comunidade indígena Guarani do oeste do Paraná*. Tese (Doutorado em Educação para Ciências e a Matemática) – Universidade Estadual de Maringá, Maringá, 2022.

RIBEIRO, R. G. T. *Práticas educativas de matemática implementadas no ensino médio em um colégio estadual indígena Guarani*. Dissertação (Mestrado em Ensino) – Universidade Estadual do Oeste do Paraná, Foz do Iguaçu, 2019.

RIBEIRO, R. G. T.; MACHADO, S. R. A.; SOUZA, A. A. Etnomatemática como prática educativa sociocultural em grupos da Amazônia: um olhar a partir de pesquisas brasileiras. *In*: CUNHA, D. B.; LEITE, M. A.; SANTOS JR., J. N. (org.). *Práticas socioculturais na Amazônia*. Curitiba: CRV, 2021. p. 101-115.

RIBEIRO, R. G. T.; MACHADO, S. R. A.; TRIVIZOLI, L. M. *Conceitos geométricos em artesanatos e grafismos indígenas*: uma tradição histórico-cultural de uma comunidade Guarani. São Paulo: Livraria da Física, 2021.

SANCHEZ, L. M. C.; LEAL, F. S. F. Licenciatura em Educação Básica Intercultural: avanços, desafios e potencialidades na formação superior de professores indígenas. *Revista Brasileira de Estudos Pedagógicos*, [*S. l.*], v. 102, n. 261, p. 357-375, 2021.

SANTINO, F. S. *Formação de professores indígenas*: limites e perspectivas segundo egressos de um curso de licenciatura intercultural. Dissertação (Mestrado em Educação) – Universidade Estadual Paulista, Presidente Prudente, 2022.

SEBASTIANI, E. F. Cidadania e educação matemática. *Revista da Sociedade Brasileira de Educação Matemática*, São Paulo, ano 9, n. 1, p. 13-18, 2002.

SILVA, J. R. S.; ALMEIDA, C. D.; GUINDANI, J. F. Pesquisa documental: pistas teóricas e metodológicas. *Revista Brasileira de História & Ciências Sociais*, [*S. l.*], n. 1, p. 1-15, 2009.

SOARES, L. K. S. R. *et al.* Educação escolar indígena no Brasil: avanços e retrocessos ao longo da história da educação. *In*: SILVA, G. B. (org.). *Educação*: pesquisa em linguagens, leitura e cultura. Guarujá: Científica Digital, 2021.

TEIXEIRA, F. Ciências da religião e ensino do religioso. *In*: SENA, L. (org.). *Ensino religioso e formação docente*: ciências da religião e ensino religioso em diálogo. 2. ed. São Paulo: Paulinas, 2007. p. 63-77.

UNIVERSIDADE FEDERAL DA GRANDE DOURADOS (UFGD). Faculdade Intercultural Indígena. *Projeto de pedagogia curricular*. Dourados: Universidade Federal da Grande Dourados/Faculdade Intercultural Indígena, 2012.

URQUIZA, A. H. A.; NASCIMENTO, A. C. O desafio da interculturalidade na formação de professores indígenas. *Espaço Ameríndio*, [*S. l.*], v. 4, n. 1, p. 44-60, 2010.

VENERE, M. R. *Projeto açaí*: uma contribuição à formação dos professores indígenas no estado de Rondônia. Tese (Doutorado em Educação Escolar) – Universidade Estadual Paulista, Araraquara, 2011.

CAPÍTULO 6

TRANSFORMAÇÕES DE COMPORTAMENTOS DE CRIANÇAS E JOVENS GUARANI ÑANDEVA NA ALDEIA POTRERO GUASU, MUNICÍPIO DE PARANHOS/MS

Davi Benites

Introdução[8]

Os Guarani Ñandeva mantinham fortemente e firmemente os costumes tradicionais, mais ou menos até a década de 1980. Por conta da influência dos *karaí*, os não indígenas, nos costumes impostos nas comunidades em geral, esses nossos costumes vieram a ser menos valorizados. Até essa época, o ritual do batismo de crianças praticava-se muito. Quase em cada canto da aldeia, havia casas de reza, batizavam-se novos produtos de roça, frutas silvestres. O fogo doméstico era fonte pela qual se transmitiam os conhecimentos e os conselhos para as crianças e os jovens.

Antigamente as crianças e jovens viviam e praticavam o teko porã, não só as crianças e jovens, mas as pessoas de todas as faixas etárias. Os saberes tradicionais tinham muito valor. Segundo o ancião Manoel Pires Alegre (Imagem 6.1), nessa época havia rezador em cada família que preparava o teko porã e também nesse tempo ainda havia mato, uma escola de madeira pintada de verde, onde as crianças aprendiam a fazer monde, ñuhã etc. As meninas com a mãe, com a avó, aprendiam a colher milho, kumanda, a fazer comida, e as outras atividades que as mulheres fazem.

---

[8] Ñe'e Mbyky: Ko tembiapo kova ose oikuaaporave haguã mba'echarupipa mitãkuera, mitãrusu há karia'ykuera rekove ou iñambue. Chereko haygua he'i hikuái mitã há karia'ykuéra rekove iporãveha yma ko'agã ko ñande ara peguagui. He'i avei ko'agã rupi hetaiterei mba'e oi ñande rekohápe. Mburuvichakuera okaygua [políticos], ñandejara ñe'e mombéuha, mbo'ehara kuera, twakuera ha õiveva mba'e. upeicharupi mitãkuera há karia'ykuera rekove ou oñembyai.

Imagem 6.1 – Sr. Manoel Pires e eu, Davi Benites

Foto: Jacyana Benites

O senhor Manoel disse que antigamente as crianças se comportavam melhor porque não havia essa mistura dos sangues como há hoje nas aldeias, como, por exemplo, a galinha quando cruza com a angola, aí ela não é mais nem galinha, nem angola, por isso se comporta diferente. A comida também deixa as crianças diferentes; a de hoje deixa as crianças com pressão alta. Hoje em dia na aldeia há muita mistura, e as crianças têm um temperamento muito alterado, bravas, nervosas, rebeldes.

O meu interesse em realizar esta pesquisa para a conclusão de meu curso, conduzida na Aldeia Potrero Guasu, município de Paranhos (Imagem 6.2), foi porque me preocupo muito com os jovens; do jeito que eles se comportam, é tudo fachada, eles estão perdendo tempo em vez de estarem se preparando para encarar os grandes desafios que vêm pela frente. Os estudos podem abrir sua visão para enxergar e sentir; se eles não se prepararem, os demais vão seguir o mesmo rumo, aquele que não leva a lugar nenhum. Creio que os pais sonham só com o teko porã para os seus filhos e também creio que eles vão apoiar o meu projeto de buscarmos juntos o caminho da saída do mal, fazer do seu tekohá um exemplo que vai servir para os outros jovens de outras tekohá.

Uma das ferramentas sagradas é a educação, que no passado existia e era em volta do fogo. Tenho esperança de que há essa possibilidade, porque alguns pais ainda utilizam essa educação com os filhos.

A outra coisa que me motivou a fazer a pesquisa é que vejo que já existem mães e pais que não tomam conta de corrigir os filhos rebeldes, e dos quais nem as lideranças nem o conselho tutelar dão conta. E vejo também que os jovens, em vez de se comportarem bem após serem presos, voltam a cometer crimes piores, depois de serem soltos. Como professor, me preocupo não só com os meus filhos, porque não adianta ensinar só para os meus filhos, a procurar o bem viver no futuro. E os outros, como vão ficar?

Imagem 6.2 – Potrero Guasu

Fonte: Mapas produzidos pelo Núcleo de Estudos e Pesquisas das Populações Indígenas/ Universidade Católica Dom Bosco (Neppi/UCDB)

A pesquisa de campo foi realizada de agosto de 2016 a fevereiro de 2017, nas Aldeias Potrero Guasu, em Paranhos/MS, Brasil; e em Yva Poty, no distrito de Villa Ygatimi, no Paraguai, onde tenho parentes. A pesquisa foi realizada com visitas aos meus parentes, anciões da comunidade e lideranças, ocasião em que conversamos. Posteriormente, em casa, escrevi em meu caderno de campo. Os meus interlocutores principais foram da Aldeia Potero Guasu e são Estela Vera, ñandesy; Ildo Vilhalva; e dona Livrada Riquelme, moradores antigos da aldeia; Sr. Narciso Pires, aposentado; o casal de idosos Sr. João Romero e dona Rosa Ricarde; o pastor Maciel Oliveira e sua esposa, Paula Duran; o capitão Elpidio e o capitão Otávio Pires; minha mãe, Valdomera Gonçalves; meu avô Genaro Benites.

Na Aldeia Potrero Guasu, a população ainda é pequena, em média de 700 pessoas, porém tem problemas grandes, pois a liderança não é única, tem mais de dois que acabam liderando, e isto dificulta para qualquer pessoa que lute para que a comunidade possa se unir. O meu objetivo é procurar um caminho para livrar os nossos jovens das drogas, do alcoolismo, da maconha e outros, mas encontramos barreiras, porque a liderança não é única, um concorda com o meu projeto, outro não. Esse é um desafio que eu enfrento durante a pesquisa. Jogam culpa um no outro, quando acontece um problema. Após uma longa conversa com cada um deles, eles entenderam que o meu trabalho seria importante para nos unirmos de novo e buscar juntos um caminho para o teko porã.

Educação das Crianças no Ymaguare (Antigamente)

Em conversa com a ñandesy Estela Vera (Imagem 6.3) sobre o comportamento das crianças e dos jovens, comparando a vida antigamente e a atual, a ñandesy contou que, antigamente, as crianças, meninos ou meninas, jovens, passavam pelo batismo, o ñemyaky, com água benzida com cedro — esse era um dever naquele tempo.

Imagem 6.3 – Estela Vera, 2016

Foto: Lauriene Seraguza

Antigamente os pais ou mães já educavam os filhos na casa, a educação começava ao redor do fogo, tataypy pe, a mulher dele, che ra taipy jara (a dona do fogo) — assim é falado pelos antigos. Entre os Kaiowá, Pereira percebeu a existência do fogo doméstico e assim o descreveu:

> Che ypyky kuera é como o Kaiowá se refere ao grupo de parentes próximos, reunidos em torno de um fogo doméstico, onde são preparadas as refeições consumidas pelos integrantes desse grupo de co-residência. Numa primeira acepção, ypy significa 'proximidade', 'estar ao lado', ressaltando o fato da convivência íntima e continuada. O termo pode significar ainda 'princípio' ou 'origem'. Assim, a expressão che ypyky kuera retém os dois sentidos do termo ypy, referindo-se aos ascendentes diretos, com os quais se compartilham os alimentos, a residência e os afazeres do dia-a-dia, e denota também proximidade, intimidade e fraternidade, ponto focal da descendência e da ascendência. É uma instituição próxima daquela descrita pelos antropólogos como família nuclear mas é necessário apreendê-la dentro do campo problemá-

tico das instituições sociais kaiowa, dando especial atenção para sua composição e operacionalidade. Por esse motivo, é preferível utilizar o termo na língua guarani ou traduzi-lo como 'fogo doméstico', já que enfoca a comensalidade, metaforicamente representada na força atrativa do calor do fogo, que aquece as pessoas em sua convivência íntima e contínua. Em certo sentido, é uma noção próxima a nossa idéia de lar, cuja origem lingüística se remete à lareira, enfatizando a força atrativa e protetora do fogo. Entre os membros do fogo deve prevalecer o sentimento de proteção e cuidados recíprocos. (PEREIRA, 2008, p. 7).

Quando visitei o casal Ildo Vilhalva e Livrada Riquelme, moradores da Aldeia Potrero Guasu, fui com o motivo de saber deles o que eles sabiam sobre o comportamento de crianças e jovens do passado e atualmente. E por que eles acham que houve mudança. E como procurar um caminho para estes que estão cometendo coisas ruins na nossa aldeia. Senhor Ildo disse que nasceu no tekohá Arroio Kora, seus pais morreram lá. Contou como era no tempo da sua infância. Naquele tempo não existia capitão nem se conhecia o significado dessa palavra. O líder principal era só o rezador, que aconselhava a comunidade, os pais e avós. Naquele tempo, até os 18 anos, fosse menino ou menina, ainda eram considerados crianças. Os nossos pais ensinavam a falar "tio", "tia", "primo", "prima", mesmo, quando não era parente próximo da gente.

Isso acontecia para os jovens não sentirem vontade de namorar com o próprio parente. Dormíamos juntos, seis ou sete jovens, tomávamos banho juntos no rio... antigamente comíamos numa só japepo, panela, mesmo que fosse um nambu, codorna do mato, perdiz. As crianças, os jovens, os adultos eram saudáveis; quando completavam 15 anos de idade, o menino e a menina passavam pelo jekoaku. Haku refere-se à sensação de estar quente, que é associada ao que é bravo, ao saraki, ao violento e aos momentos de crise. Neste estado, é preciso iniciar um processo de tratamento, pois é fácil um jovem sofrer o jepota. Jepota é um encantamento que faz com que as meninas e os meninos vejam um animal, mas não o enxerguem como animal, mas sim como um homem ou uma mulher. Por isso, os pais fechavam a menina dentro de uma casa mais de 30 dias; fazia-se um tipo de véu de folha de palmeira para não olhar e ver o que está acontecendo ao seu redor. Quando ia fazer xixi, não ia sozinha. Seraguza percebeu entre as mulheres Guarani e Kaiowá este conceito, como podemos ver a seguir:

> O *Teko haku* [...] pode ser interpretado como necessário para
> as reflexões comportamentais daqueles que estão passando
> por este estado, para que não fique *pochy,* bravo. Por isso a
> necessidade reclusão; com ela pode-se alcançar um estado de
> *tekoro'y* ou *teko ro'y,* um modo frio de se viver, com serenidade
> (CHAMORRO, 1995, p. 103), um modo de acordo com as
> condutas esperadas pelo coletivo que são apreendidas nestes
> momentos, que são considerados momentos para transmissão
> de conhecimentos específicos. (SERAGUZA, 2017, p. 8).

Para controlar o jekoaku, era preciso um mês dentro de casa. A menina enquanto isso fazia uma série de atividades, tinha milho para socar, para mastigar, para fazer chicha, ou tecia o algodão, uma preparação da menina para ser mulher. O menino era mais cuidado pelo pai; quando a voz dele muda, os pais têm que orientar os filhos, para não ter jepota, para não ficar preguiçoso, violento, para que aprenda a respeitar e a fazer as coisas.

Hoje não se faz mais desse jeito, mas as famílias ainda observam alguns cuidados quando os meninos e as meninas estão jekoaku. Não se vê mais de manhã cedo aquela reunião ao redor do fogo, pois também já acabou o mato e a lenha. Em quase todas as casas, há energia elétrica. Vejo que o comportamento de nossos filhos primeiros, os pais de hoje, que já não foram mais batizados tradicionalmente, e por isso alguns até batem nas esposas, brigam na frente dos filhos, bebem etc., e os filhos aprendem com os pais. Quando querem aconselhar os filhos, estes não ouvem e dizem ao pai ou mãe que quer que a gente os respeite, mas eles não se respeitam.

Segundo o casal João Romero e Rosa Ricarde (Imagem 6.4), as crianças do passado não iam para a escola, viviam mais com os pais. Quando a mãe ia para roça ou lavar roupas, as crianças acompanhavam os pais. Assim aprendiam no cotidiano com os pais.

Imagem 6.4 – Senhor João Romero e dona Rosa Ricarde

Foto: Davi Benites

As meninas ou os meninos não andavam sozinhos à noite, iam somente à casa de reza. Antes de vir a escola, as crianças eram mais obedientes aos pais, respeitavam mais a todos; hoje, as crianças ouvem e fazem o que é ruim na escola. Não aprendem com os professores, mas com os colegas que levam o celular à escola, veem coisas que os pais nem imaginam. Os Guarani acreditam muito no jevykue, reencarnação. Com isso, podemos entender, por exemplo: quando morre o avô, o tio, o irmão de alguém, e alguma pessoa dessa família é avisada no sonho e já avisa os pais que a criança que vai nascer, caso alguém esteja grávida, trata-se da pessoa que faleceu no passado e que vai voltar e cuidar bem dos parentes, por isso precisam ser cuidadas bem. Isto até hoje é muito forte. E essa criança imita tudo de novo da pessoa que morreu no passado ou se comporta como ela era.

Problemas na Educação das Crianças Hoje

Conversando com o Sr. Narciso Pires, aposentado, morador na Potrero Guasu, ele disse que hoje em dia é muito difícil corrigir os erros dos nossos filhos, porque hoje em dia o conselho tutelar nos impede de bater nas crianças por causa da lei. Isso favorece muito as crianças a serem rebeldes com os próprios pais, ainda mais com os outros, como os professores. Hoje, se um adulto quer cometer um crime de homicídio, por exemplo, ele só manda o menor fazer, porque sabe que ele não vai ser preso. Antigamente os nossos pais batiam nos filhos quando eles erravam, mas não gravemente, apenas com um grito, uma palavra; se não batessem, falavam duro, por isso as crianças, os jovens, obedeciam muito aos responsáveis. O Sr. Narciso pergunta-se: *"O que é que podemos fazer, pelo menos, para controlar os jovens que cometem violência na nossa aldeia?"* (informação verbal).

Otávio Pires, capitão da Potrero Guasu, disse que usa a Igreja cristã como esperança; principalmente para os pais que têm filhos, ele aconselha a procurar um bom caminho para eles traçarem no futuro, mesmo com a Igreja, mas também é crítico às igrejas, pois, segundo ele, se elas se preocupassem mais com as crianças, não teríamos tanta violência e que as próprias igrejas brigam entre si. Eu concordo com este pensamento.

Penso que é preciso recuperar os modelos do passado, que os nossos avós faziam com os filhos e netos; deixamos os caminhos importantes, que são aqueles que formam roda em volta do fogo de manhã, em que os avós aconselhavam os filhos e os netos. Trocamos nossa cultura, a conversa em volta do fogo, pela energia elétrica. Os pais levantam-se cedo, e, quando os filhos acordam, o pai e mãe já saíram para a roça ou outro lugar, e nem conversam mais com as crianças; e elas vão para escola — alguns pais acham que essa responsabilidade também cabe aos professores. É preciso também ensinar os pais para recuperar essa prática de alguma forma. Sei que vai ser um desafio, porque em nossa aldeia nem lenha mais há. E o diálogo é muito importante para cada mãe. Cada família deveria ter um tempo, pelo menos em cada domingo, para passar melhor os saberes aos filhos, pois, se não ensinamos as nossas crianças, o mundo vai. E que o mundo ensina? Não é bom! É tudo para destruir o futuro deles.

Capitão Elpídio, também liderança da Potrero Guasu, falou a respeito do comportamento das crianças e dos jovens. Para ele, não são todas as crianças e os jovens que dão problemas, os que dão são aqueles que foram abandonados pelos pais, crianças que são criadas pela avó (*guacho*), usuários de drogas, que roubam, brigam com a família, desistem de estudar.

Segundo o Pereira (2008), as crianças adotadas já existiam no tempo passado. Só que não era porque os pais quisessem abandonar, mas por causa de problemas que acontecem, por exemplo, quando morre pai e mãe, por motivo de grave problema. Nesse caso, sempre os avós assumem a responsabilidade de criar e educam essas crianças; ou tia, tio, também às vezes adotam as crianças assim; e nesse tempo nosso segue acontecendo. Entretanto, qualquer pessoa adota qualquer criança, porque hoje existe ajuda dos governos, benefícios sociais. Com essa ajuda, a pessoa recebe o benefício de um salário mínimo, e não é para cuidar com amor, é para se beneficiar. Essa criança que não sente carinho, cresce sem nenhuma orientação, por isso, quando chega à idade de 12 anos, fica muito rebelde.

Em nossa aldeia, Potero Guasu, há a fronteira seca com o Paraguai. As roças de maconha estão perto, e eu, quando era criança, jovem, não tinha maconha por perto, uma situação que vem mudando. Por isso, depende de os pais orientarem os seus filhos a não mexer com as drogas, os professores também devem fazer palestras sobre o uso das drogas, que podem estragar o futuro dos nossos filhos e filhas. A principal fonte do mal surgiu desde que os nossos jovens se envolveram com a droga, e temos que procurar um meio para os nossos filhos não pagarem o mal caminho também. Também procurar estes que já estão viciados e trazê-los de volta para a vida normal. Não vai ser fácil para os pais sozinhos.

Capitão Elpídio disse que tem esperança nas igrejas que promovem um trabalho com estes jovens, com os pais, e também a prática esportiva. É bom pensar como uma pessoa que incentiva nesta área, porque muitos jovens saem à noite, porque não cansam. Se ele tivesse atividades como as esportivas ou mesmo o trabalho na roça, ele cansaria e não praticaria coisas erradas.

O aparelho celular é um dos instrumentos que mais levam a criança e o jovem a ser desobediente aos pais cada vez mais. Vejo alguns netos e netas que não querem ir buscar água, não querem varrer, cozinhar, para os pais; quando fazem algum serviço, fazem de um lado da mão e do outro seguram o celular. Pelo celular, aprendem a namorar, a ver pornografia e querem imitar muito cedo. Algumas crianças falam até que só vão estudar se o pai comprar o celular para ele ou para ela, e algum pai até compra. São as crianças que mandam nos pais hoje em nosso dia.

Conversei com o Sr. Maciel Oliveira, casado com Paula Duran. Tem três filhos. Maciel é pastor da igreja pentecostal Deus é Amor. Ele disse que as crianças estão sendo rebeldes porque os pais permitem muito, o que não é bom para os filhos. Eles ficam o tempo todo com o celular, televisão, e não tiram um tempo, pelo menos uma vez por semana, para passar para eles; como deve ajudar a mãe, o pai, a cuidar dos irmãos menores, a pedir benção à avó, aos tios.

A Escola e a Educação das Crianças

Cada criança já vem com o comportamento de casa, respeita o seu professor e os colegas. Isso é em virtude das mães e dos pais que aconselham os filhos a obedecerem ao seu professor, colegas e todos. Tem crianças cujos pais falam para elas não brincarem com a bola e a não assistir à televisão. A professora de Educação Física tem que respeitar isso. E tem crianças que vêm imitando seu irmão ou outra pessoa que na aldeia se conhece por maluco´i, que se veste com blusa com toca: estas crianças sempre dão trabalho para seu/sua professor/a durante a aula, intervalo.

Em casa algumas crianças não obedecem aos pais e aos vizinhos, saem de noite, inventam coisas ruins. A rezadora dona Estela disse que as crianças de hoje comem à noite qualquer coisa, por isso são rebeldes; se comemos à noite, comemos com um jára vai (dono do mal, espírito ruim), aí acontece jepota. Os pais de crianças no passado jamais deixariam os filhos comerem à noite no escuro. Dona Estela conta que viu uma vez uma menina comendo carne no escuro e de repente a carne que estava na mão começou a ficar estranha; quando reparou na claridade, tinha na mão uma lagarta enorme e assustou toda a família. E isso não é mito, é real. Acontecia no passado e está acontecendo no presente.

A chegada da escola separou as crianças dos pais. Em geral, as crianças ouvem e aprendem a história que não tem nada a ver com a sua realidade, da sua comunidade. Na escola, até a maneira de sentar-se é diferente, é em fileira, e não mais em volta do fogo. Na escola, às vezes as crianças sentem vergonha de falar algumas palavras que costumam falar em casa, com a família, porque os colegas acham que é feio. A causa dos desconhecimentos de nossa cultura é responsabilidade da escola. As práticas boas deixamos de fazer por causa dos conhecimentos que vêm de fora e são considerados melhores. E cada vez mais está sendo forte na aldeia; aumentou neste ano o número de pais que não querem que seus filhos estudem na escola da aldeia.

A Educação das Crianças nas Retomadas e nas Reservas

Eu passei parte da juventude na Reserva Pirajui, em Paranhos/MS. Vim em 1998 para Potrero Guasu, porque eu nasci aqui e fui levado para Pirajui quando tinha 1 ano. Faz 20 anos que voltei. Vim com a retomada (Imagem 6.5), me mudei com a família uns 20 dias depois. Fiquei responsável pelas crianças na Pirajui, enquanto os seus pais vinham para retomar. Não quis criar os meus filhos na reserva, por conta dos problemas. Otavio Pires ficou oito anos como capitão lá e depois decidiu retomar aqui.

Imagem 6.5 – Retomada Potrero Guasu, 2015

Foto: Davi Benites

Viver na retomada possibilita educar melhor os filhos. Na retomada, as crianças aprendem a se acostumar com a convivência da família, comem juntas, escutam mais, sentem o comer junto, participam com mais seriedade. Na retomada há mais vontade de trabalhar, porque há mais vontade de trabalhar na roça, com artesanato, fazer pucheiron, até as crianças sabem fazer flechas, construir casa (Imagem 6.6).

Imagem 6.6 – Criança construindo a sua casa na retomada, 2015

Foto: Davi Benites

Na conversa com o Sr. Hildo, ele relatou que a vida das crianças na reserva é diferente da vida na retomada. Na reserva se sentam mais na frente da televisão, mexendo com celular, vão mais para a igreja, assistem a jogo de futebol e vão para a escola. E até experimentam coisas que seus pais não permitem, como, por exemplo, a bebida, a maconha, visualizam pornografia no celular, e até saem à noite, preocupando os pais. A maioria dos crimes cometidos nas aldeias é por adolescentes de 15 a 17 anos. E na retomada as crianças se comportam bem melhor, como qualquer pai deseja para os seus filhos (Imagem 6.7).

Imagem 6.7 – Meu neto Kaleb segurando dois tejus na retomada, 2015

Foto: Davi Benites

Na retomada eles não andam com celular, não assistem à televisão, não ouvem som alto. Eles se sentem mais à vontade, livres, comem juntos, ajudam os pais na roça, acompanham a dança, ensaiam para fazer artesanato, flecha, arco, cesto, colar e participam de qualquer reunião que as lideranças fazem. Os conselhos da comunidade defendem o mesmo, deixando os jovens sentirem-se mais valorizados, mais unidos, mais alegres do que na reserva, e respeitam mais a todos (Imagem 6.8).

Imagem 6.8 – Comendo juntos na retomada, 2015

Foto: Davi Benites

Existem vários estilos de vida, vários tipos de vida, porém só há duas em guarani: teko porã (o bem viver) e teko vai (mal viver). Para Tonico Benites (2009), esses estilos de vida entre os Kaiowá são os teko laja, e diferem uma família da outra. Segundo o meu avô Genaro Benites dizia, não é geral em uma comunidade o teko porã, não são todos que praticam. Não podemos dizer que no passado todas as pessoas de todas as faixas etárias se comportavam bem, mas a maioria sim. As crianças no passado eram todas batizadas. Por isso elas se comportavam bem melhor e cresciam na orientação dos pais, os meninos e as meninas. Mas existiam crianças, jovens e até adultos que faziam coisas erradas, como roubo, assassinato etc. — essas pessoas já nasceram para ser assim, e quem confirma que é assim é o rezador.

Assim também não são todos os rezadores que recebem o poder do bem (do jára porã). Há rezador que faz a reza do deus águia, onça, cobra, jasy jatere etc., e estas podem matar, por exemplo, quando há ritual do mitã karaí, que já tem um rezador certo para batizar tal criança e os pais mudam de ideia e mandam um outro batizar: só isso já pode matar a criança. Não são todos os homens e mulheres Guarani que têm o teko porã, e isso existe em toda sociedade. Em uma casa, as crianças não têm comportamentos iguais; sempre tem um que dá mais trabalho para os pais, e porque ela já vem para ser assim. Hoje não sabemos disso porque não há mais rezador que batiza criança para os pais saberem como os seus filhos vão ser quando crescerem, mas no passado os pais sabiam.

Na reserva já há muitos costumes introduzidos pelos karaí, como a tecnologia, o comércio, a energia, o emprego, as instituições, igrejas, escola, Secretaria de Saúde Indígena (Sesai), conselho tutelar, drogas. Na reserva sempre acontecem problemas, principalmente a cada quatro anos, quando das eleições municipais, por causa do emprego, da contratação de funcionários, como aconteceu neste início do ano de 2017. Alguns jovens e pais se revoltaram com aqueles que foram indicados para trabalhar, como professor e professora, cozinheira, faxineira, coordenador. Só uma família quer assumir esses trabalhos na escola, mesmo que não estejam preparados. Por isso a desunião e os conflitos ficam bem mais fortes, em vez de haver melhora. Os problemas na aldeia e as crianças vivenciam esses fatos e aprendem com os pais, como eles falam e fazem com as outras pessoas e com os próprios parentes. Infelizmente, com essa mente de quem viveu na reserva, praticam-no do mesmo jeito na retomada.

Tenho observado o modo de viver das pessoas nas retomadas; durante alguns anos, valorizamos o teko porã, por exemplo, as pessoas comem juntas, todos se ajudam para fazer casa, roça, e outras atividades, a união é forte, valorizam-se rezas e artesanatos. A comunidade vive unida. Então as crianças aprendem com os pais. Com o passar dos tempos, isso vai enfraquecendo e fortalece-se a individualidade. Começa a divisão entre lideranças e a disputa entre capitanias, por isso algumas famílias até voltam para a reserva.

Quando você está na retomada, a vida, o ambiente e a realidade ficam diferentes. Você vê que as crianças são mais felizes, têm mais sua liberdade, se sentem mais à vontade para serem obedientes aos pais, amam mais as outras crianças. Nas retomadas, as crianças aprendem como fazer monde, artesanato com a mãe e com o pai, os conselhos que os avós e rezadores passam para elas. Em relação ao respeito, a outras naturezas e espirituais e até palavras antigas, eu que nunca ouvi, eu aprendi com os idosos, pois eles não têm vergonha de falar a língua antiga, como o meu vovô Genaro falava.

Os mais velhos até hoje não falam "aldeia" ou "reserva", só falam "colônia". Realmente é colônia, por isso a mente, a vivência, a conduta e os costumes das crianças são tão colonizados. As crianças falam uma língua muito misturada, com português, guarani e espanhol; elas são trilíngues. Se vestem de diferentes formas, só querem se vestir com roupas e calçados caros que estão na moda.

As comidas tradicionais muitas crianças não gostam mais, porque não têm gosto, são sem sal, sem gordura e sem cheiro. Em relação ao jeroky, reza, nem sequer o ouvem, não faz parte do seu gosto. O bom é a bebida, igreja, maconha, músicas, jogo esportivos e eletrônicos no celular, em que não só jogam, mas veem pornografia, entre outros que eles sabem acessar na internet.

Quando havia conflitos entre as famílias, mudavam para outro lugar em vez de brigarem. Hoje em dia não tem mais como mudar para os outros lugares porque a população é grande e não tem espaço na aldeia, por isso às vezes sai briga, assassinato e até suicídio, mudar para outro tekohá hoje é difícil, porque ali pode piorar.

Conclusão

O motivo desta pesquisa surgiu após algumas observações e com uma preocupação minha pelas crianças e pelos jovens da minha aldeia, porque vejo que alguns pais e mães sofrem muito por conta dos maus comportamentos dos filhos e filhas em nosso tekohá. Por isso me interessei em ir atrás de informações, de experiências vividas dos mais velhos para saber deles como eles pensam a respeito e como podemos achar um caminho para retomar o valor do ensino tradicional para que isso não siga acontecendo.

Durante as pesquisas, tive algumas barreiras por conta da política interna, de disputas, quando uma liderança concordou e outra não. Porém, a maioria apoiou o meu interesse para o bem de todos, e por isso contribuíram. Mas quero dizer que este trabalho apenas está se iniciando, pois o processo é um grande desafio.

Referências

BENITES, T. *A escola na ótica dos Ava Kaiowá*: impactos e interpretações indígenas. Dissertação (Mestrado em Antropologia) – Universidade Federal do Rio de Janeiro, Rio de Janeiro, 2009.

PEREIRA, L. M. *A criança Kaiowa, o fogo doméstico e o mundo dos parentes*: espaços de sociabilidade infantil. Trabalho apresentado ao Encontro Anual da Anpocs, 32., 2008, Caxambu.

SERAGUZA, L. *Cosmos, corpos e mulheres Kaiowa e Guarani*: de Aña a Kuña. Dissertação (Mestrado em Antropologia) – Universidade Federal da Grande Dourados, Dourados, 2013.

SERAGUZA, L. Do Fluxo do Sangue aos Cortes da Vida em Reserva: sangue, ritual

e intervenção entre as mulheres Kaiowá e Guarani em MS. *Tellus*, v. 17, n. 33, p. 139–162, 2017

AVANÇOS E DESAFIOS NA ASSISTÊNCIA AOS POVOS INDÍGENAS NO HOSPITAL UNIVERSITÁRIO DA UNIVERSIDADE FEDERAL DA GRANDE DOURADOS

Fabiana Casagranda

Catia Paranhos Martins

Verônica Gronau Luz

Introdução

O censo realizado pelo Instituto Brasileiro de Geografia e Estatística em 2022 demonstrou que os povos indígenas residentes no Brasil correspondem a quase 1,7 milhão de pessoas. Apesar de esse número corresponder a 0,83% da população brasileira (IBGE, 2022), as 305 etnias indígenas estão presentes em 80,5% dos municípios brasileiros e em todos os estados da Federação (IBGE, 2012). Esses povos apresentam os piores índices epidemiológicos de saúde, quando comparados aos não indígenas, com altas taxas de doenças endêmicas, carências nutricionais e doenças infecciosas (COIMBRA JR..; CARLOS, 2014; PEDRANA *et al.*, 2018).

Para atender às especificidades culturais, geográficas e epidemiológicas das populações indígenas, a Lei 9.836/1999 criou o Subsistema de Atenção à Saúde Indígena (Sasi), um modelo que segue os mesmos princípios do Sistema Único de Saúde (SasiSUS) e organiza o acesso à saúde desses povos, considerando suas localizações geográficas e organizações sociais, bem como etnias, por meio da implantação de Distritos Sanitários Especiais Indígenas (DSEIs) (BRASIL, 1999a). Em 2002, a Portaria 254 implantou a Política Nacional de Atenção à Saúde dos Povos Indígenas (Pnaspi), e trouxe algumas diretrizes que orientam as ações de atenção à saúde das populações indígenas, de acordo com as suas especificidades (BRASIL, 2002). No SasiSUS, os agravos são resolvidos na Atenção Primária à Saúde (APS), e os casos mais graves são referenciados para os serviços de atenção especializada da rede SUS, no caso, ambulatórios e hospitais de médio e grande porte.

Desde a implantação do SasiSUS, perceberam-se os desafios no cuidado aos povos indígenas na atenção especializada, considerando que estes serviços são centrados no modelo biomédico. Dentre os inúmeros desafios, destaca-se o fazer e promover a "atenção diferenciada", como sugere a Pnaspi, pois não há um conceito definitivo quando se trata de tamanha diversidade étnica, num país de dimensões continentais (MENÉNDEZ, 2003). O desafio já é enorme entre as equipes multiprofissionais que prestam atenção primária nas aldeias indígenas e é ainda maior em ambiente hospitalar, onde há hegemonia do modelo biomédico e as relações e as práticas são verticalizadas, hierárquicas e burocratizadas (MARTINS, 2017; SILVA, 2017).

Assim, este capítulo se propõe a explorar e descrever algumas tensões, desafios e movimentações do Hospital Universitário da Universidade Federal da Grande Dourados (HU/UFGD) no atendimento a usuários/as indígenas da região da Grande Dourados, cone sul de Mato Grosso do Sul, e refletir criticamente sobre iniciativas de acolhimento e humanização na assistência à saúde indígena, em especial a implantação do Núcleo de Saúde Indígena (NSI) e seus desdobramentos, sobre o qual discutiremos ao longo do texto.

Métodos

Como Surge a Pesquisa

Este capítulo é fruto de um longo percurso de Fabiana Casagranda, a primeira autora, nutricionista e residente (hoje já formada) em Saúde com ênfase em Saúde Indígena do HU/UFGD. As inquietações surgem por meio de pós-graduação, com duração de dois anos, percorrendo diversos pontos da rede que recebem usuários/as indígenas, compõem-se e interligam-se, até chegar aos hospitais de referência, em especial o Hospital Universitário, local desta pesquisa. Passada a residência, Fabiana, que seguiu tutorada pelas coautoras deste capítulo, ingressa, em 2020, no mestrado em Alimentos, Nutrição e Saúde, na Faculdade de Ciências da Saúde (FCS) da UFGD, seguindo com o acompanhamento da assistência aos povos indígenas dentro do HU/UFGD.

Como a Pesquisa foi Feita

O estudo tem abordagem qualitativa, por meio de observação participante no período de 2018 e 2019, explanando algumas das movimentações e dos desafios relacionados ao atendimento de usuários/as indígenas. O hospital insere-se no fluxo de atendimento à saúde indígena, abrangendo programas de Residência Multiprofissional em Saúde (RMS) desde 2010, entre elas a especialidade em Saúde Indígena (única no Brasil), considerando as necessidades específicas e a realidade regional, produzindo interferências positivas no ambiente institucional. O estado do MS é o terceiro com maior contingente indígena, superado pelos estados do Amazonas e da Bahia (IBGE, 2022), abrangendo oito etnias: Guarani-Kaiowá, Terena, Guarani Ñandeva, Kinikinaw, Kadweu, Atikum, Ofaye e Guató. Entre estas, as etnias Guarani Ñandeva, Guarani-Kaiowá e Terena correspondem a 97,5% da população indígena de todo o estado (BRASIL, 2018).

O HU/UFGD é um hospital público, 100% SUS, criado em 2004, e tem como objetivo a prestação de assistência à saúde de qualidade e apoio à pesquisa e à extensão. A instituição é administrada pela Empresa Brasileira de Serviços Hospitalares (EBSERH) desde 2013, sendo referência para 33 dos 79 municípios do estado, incluindo a população indígena do cone sul (Dourados, Amambai, Antônio João, Caarapó, Iguatemi, Paranhos, Tacuru), que somam, aproximadamente, 54 mil indígenas (BRASIL, 2018; EBSERH.GOV, 2021).

A instituição atende, por ano, aproximadamente mil indígenas das principais etnias presentes no estado, Kaiowá, Guarani e Terena, sendo esse número subdimensionado, já que em muitos casos não se registra raça/cor no momento da internação, tampouco se pergunta a etnia do usuário, conforme orienta a Portaria 344, de 2017/12. O hospital ainda não contabiliza o número de indígenas atendidos nos ambulatórios de especialidades. A maioria dos/as usuários/as atendidos/as é oriunda da RID, considerada a maior reserva indígena em número de pessoas por hectare do Brasil. A RID foi criada em 1917, pelo Serviço de Proteção ao Índio, demarcada com 3.600 hectares, com o objetivo de realocar e concentrar os/as indígenas espalhados/as pela região, liberando terras para exploração. Com uma população estimada de mais de 15 mil indígenas vivendo em exatos 3.474 hectares (FERNANDES *et al.*, 2019), essa área é considerada uma área de confinamento territorial (BRAND, 1993).

Caminhos da Saúde Indígena na Atenção Especializada: Portaria IAE-PI/2017

Desde a implantação do SasiSUS, perceberam-se os desafios no cuidado aos povos indígenas nos serviços de atenção especializada, considerando que estes serviços são centrados nas práticas biomédicas ocidentais. A necessidade de reorganização deu origem ao Fator de Incentivo para a Assistência Ambulatorial, Hospitalar e de Apoio Diagnóstico à População Indígena, criados pela Portaria 1.163/1999, que dispôs sobre as responsabilidades na assistência à saúde dessa população (BRASIL, 1999b).

Em 2006, o Ministério da Saúde instituiu, por meio da Portaria 645, o Certificado Hospital Amigo do Índio, que seria oferecido aos serviços que estivessem de acordo com alguns critérios estabelecidos para o atendimento aos povos indígenas. No entanto, essa portaria nunca foi regulamentada, e não há nenhum hospital brasileiro com tal certificação.

Em 2007, a Portaria 2.656 substituiu a antiga regulamentação de 1999 e reordenou as responsabilidades na prestação da atenção à saúde desses povos e os Incentivos de Atenção Básica e Especializada aos Povos Indígenas. Contudo, tal portaria recebeu uma série de críticas por parte de organizações indígenas que identificaram (não explicitamente) existir uma tendência à municipalização das ações e dos serviços de saúde indígena, que gerou grande insatisfação por parte dos movimentos indígenas, e, após diversas discussões, foi extinta pela Portaria 2.012/2012, que passou a contemplar apenas o incentivo à atenção especializada (VIEIRA, 2019). Entretanto, tal portaria não trazia metas ou objetivos para a aplicação dos recursos financeiros, que eram utilizados para outros fins (BRASIL, 2006, 2007, 2012b).

Após muitos anos de indefinição e morosidade do Estado brasileiro, o Ministério da Saúde publicou no dia 11 de outubro de 2017 a Portaria 2.663, que trata do Incentivo da Atenção Especializada aos Povos Indígenas (IAE-PI), e redefine critérios para o repasse de recursos financeiros aos estabelecimentos de saúde, com o objetivo de qualificar a assistência e o cuidado aos indígenas que acessam os serviços ambulatoriais e hospitalares no SUS, garantindo a complementaridade da atenção (BRASIL, 2017). Esta tem entre seus objetivos: viabilizar o direito do indígena ao intérprete; garantir dieta especial, ajustada aos hábitos alimentares e restrições de cada etnia; promover a ambiência do estabelecimento; facilitar a assistência ao tratamento tradicional, quando solicitado; viabilizar fluxograma e protocolos clínicos específicos; assegurar o entendimento de diagnósticos e condutas;

promover articulação entre profissionais do DSEI na construção do plano de cuidados; fomentar e promover processos de educação permanente sobre interculturalidade, valorização e respeito às práticas tradicionais de saúde; organizar avaliação da qualidade dos serviços prestados à população.

De acordo com a Portaria 2.663, o valor fixo para o repasse será definido de acordo com o número de atendimentos/internações de usuários/as indígenas, e o valor variável é calculado conforme um percentual sobre o valor fixo para o cumprimento de cada objetivo. Além disso, os hospitais universitários credenciados estão aptos a receber um percentual adicional de incentivo, caso possuam ambulatório indígena de clínica básica ou especializada, projetos de extensão, projetos de ensino e pesquisa, e projetos de telessaúde em saúde indígena.

Para habilitar o estabelecimento, é necessário que o DSEI/Sesai e o Ministério da Saúde realizem uma análise dos documentos e a fidedignidade das informações ali prestadas. Para atender aos objetivos da portaria, o hospital precisa construir um Plano de Metas de Ações (PMA), bem como um colegiado para acompanhamento das ações. No caso do HU/UFGD, o Núcleo de Saúde Indígena foi criado para garantir a implementação dos recursos da Portaria IAE-PI, e será abordado a seguir.

Núcleo de Saúde Indígena: desafios e perspectivas

O objetivo do núcleo visa reunir e aprimorar as ações já existentes e criar ferramentas para que o atendimento aos indígenas ocorra, cada vez mais, de forma acolhedora e equânime. Entre os princípios que norteiam o NSI estão: o respeito e a valorização da cultura dos povos Guarani, Kaiowá e Terena; e a elaboração anual do PMA, programando prazos para o cumprimento das metas exigidas pela Portaria IAE-PI. O NSI foi formado no início de maio de 2018, composto por uma equipe multiprofissional, com profissionais de diversas áreas da saúde, tanto do HU/UFGD como do Polo-Base de Dourados, além de representantes indígenas e docentes da UFGD [representantes da Faculdade de Ciências Humanas (FCH) e da Faculdade Intercultural Indígena].

O NSI propõe o diálogo entre profissionais para promover adequações, práticas e processos de trabalho, visando à oferta de atenção equânime e integral à saúde dos povos indígenas e, assim, garantir a implantação do recurso financeiro proveniente da Portaria 2.663, de 11 de outubro de 2017. É importante destacar que o NSI pensa suas ações baseando-se em estudos antropológicos, da saúde e demais áreas de conhecimento sobre os povos indígenas do MS, e de acordo com as demandas das principais etnias do estado. Os membros do grupo discutem sobre aspectos relacionados ao fluxo de atendimento aos usuários, e propõem mudanças estruturais, adequação das rotinas e demais ações para garantia do acesso e melhoria do acolhimento aos usuários e familiares indígenas.

Desde novembro de 2018, o HU/UFGD encontra-se habilitado para o recebimento do incentivo financeiro destinado à saúde indígena. No entanto, o ano 2019 foi marcado por um delicado momento político na universidade, que sofreu uma intervenção, por meio da nomeação de uma reitora *pro tempore*, contrariando a decisão democrática. Tais intervenções afetaram diretamente a gestão do HU e, consequentemente, a atuação do NSI. A composição do NSI e a gestão da Sesai sofreram variações, devido a desdobramentos da conjuntura política, que afetou essas instituições de saúde, com mudanças organizacionais, trocas de cargos e/ou demissões, fragilizando o papel desse núcleo. De meados de 2019 até o mês de abril de 2022, o NSI encontrou-se inativo; e seus trabalhos, interrompidos pelas questões autoritárias vivenciadas pela universidade e pelo país. Além disso, os anos de 2020 e 2021 foram desafiadores devido à pandemia da Covid-19, e os serviços de saúde preparavam-se para o enfrentamento da nova doença, provocando diversas mudanças no cotidiano e nas prioridades das equipes.

Destacamos as dificuldades em dar prioridade aos encaminhamentos do NSI, e até mesmo realizar a avaliação anual, que fiscaliza o cumprimento de metas, realizado pelo DSEI/Sesai. Soma-se a isso, no mesmo período, profissionais do Polo-Base de Dourados e do DSEI/MS, que sofreram perseguições, resultando na demissão de mais de dez trabalhadores da saúde, indígenas e não indígenas, incluindo membros do NSI, mais uma vez fragilizando as estruturas organizacionais já conquistadas nos serviços de saúde. Alguns dos objetivos do PMA serão descritos e discutidos a seguir, revelando a situação anterior e a atual em que se encontram.

Panorama da Implementação da Portaria: a distância entre a intenção e a realidade

Comunicação Assertiva: assegurando o compartilhamento de informações

Grande parcela da comunidade indígena do MS é bilíngue e tem como língua materna o guarani (presente nas etnias Guarani-Kaiowá e Guarani

Ñandeva, do Brasil, e Pa'i Tavyterã, do Paraguai), e como segunda língua o português. No entanto, há uma outra parcela que se comunica apenas com a sua língua materna (TAVARES, 2016). É direito de todos/as os/as usuários/as do SUS receber informações sobre seu estado de saúde, de maneira clara, objetiva, respeitosa, compreensível e adaptada culturalmente (BRASIL, 2007). A equipe deve desenvolver estratégias de modo a se fazer entender pelos indígenas, bem como compreender seu ponto de vista, utilizando linguagem acessível, assegurando a comunicação.

Para além dos aspectos linguísticos, os povos indígenas têm seus próprios sistemas terapêuticos, valores e tradições. Os/as profissionais de saúde devem estar aptos/as a reconhecer o contexto sociocultural que atravessa corpo/alma, saúde e doença, viabilizando a construção de um diálogo intercultural, que o sujeito possa participar ativamente de seu processo terapêutico, facilitando a adesão ao tratamento e articulação com a medicina tradicional, efetivando assim uma atenção diferenciada nos serviços de saúde (RAMOS, 2012). Dessa forma, é uma das metas fundamentais para o processo de cuidado.

Em 2005 a instituição contou com um intérprete, que foi cedido pela Fundação Nacional de Saúde (Funasa, que atuou até 2010), e posteriormente pela Sesai. Um enfermeiro indígena da etnia Kaiowá e morador da Reserva Indígena de Dourados colaborou para promover a comunicação entre os falantes do guarani e do português por quase uma década. A sua experiência profissional, com sua vivência e conhecimentos sobre a cosmologia, possibilitava o diálogo produzindo saúde (MARTINS, 2015).

Apesar desta exitosa experiência, merece destaque a fragilidade do vínculo, já que esse tradutor não era um trabalhador do hospital, o que fazia com que seu trabalho no HU não fosse constante, nem exclusivo, tampouco suficiente para as demandas diárias. Após longo período sem nenhum intérprete, em maio de 2019, via solicitação do NSI, o HU tornou pública a abertura de edital de processo seletivo de estágio indígena para falantes da língua guarani. Cumprindo carga horária de 20 horas semanais e recebendo uma bolsa no valor de R$ 364,00 mais auxílio-transporte, a vaga foi ocupada por uma estagiária graduanda em Ciências Sociais, moradora da comunidade, que atuou durante o ano de 2019 na instituição, realizando traduções, articulações e compartilhamento de diagnósticos, condutas e dúvidas, auxiliando a equipe na abordagem aos/às usuários/as indígenas.

A presença da intérprete durante consultas e até mesmo no dia a dia facilitou o processo de mediação durante todas as etapas da assistência.

No entanto, o edital teve duração de apenas um ano, e sem lista de espera, ou reabertura da chamada. A instituição segue novamente sem a presença de um facilitador. A EBSERH justifica ao NSI que não existe uma vaga para o cargo de intérprete, e o HU/UFGD segue sem esse cargo até hoje. Considerando a demanda hospitalar e o número de indígenas falantes de guarani, o NSI aponta a necessidade de, no mínimo, dois ou mais intérpretes em regime de plantão, que tenham convívio com a comunidade indígena, entendam os costumes, valores e a língua para mediar as relações.

Em reunião do NSI, em 2019, foi solicitada a contratação de profissional intérprete por meio de concurso público, considerando a extrema importância de essa meta ser cumprida, e de ser um profissional imprescindível para a assistência de qualidade. O pedido havia sido feito à gestão do hospital na época, que não respondeu. No último concurso nacional realizado em 2019, a EBSERH abriu vaga para enfermeiro especialista em saúde indígena, no entanto a vaga não contempla requisitos como falante da língua guarani, ser morador da comunidade e nenhuma outra especificação. Nesse caso, o hospital poderá ser notificado pela Sesai pelo não cumprimento de metas pactuadas no PMA, embora a própria gestão federal não viabilize meios para tal.

Alimentação

O HU/UFGD não oferta dietas específicas às populações indígenas, e esta é prescrita dependendo da condição clínica do/a usuário/a (diabetes, hipertensão, doença renal etc.) e variações na consistência (líquida, branda, pastosa, geral). Via de regra, a nutricionista de cada setor realiza adequações na dieta conforme aceitação dos/as usuários/as, investigando hábitos alimentares, alergias e sempre respeitando restrições, por meio de conversa com a pessoa internada ou com familiar. Não raramente, usuários/as indígenas referem-se à ingestão de mandioca/macaxeira/aipim no café da manhã, o que pode ser facilmente prescrito, assim como qualquer outro hábito alimentar, respeitando as quantidades adequadas em observância com o quadro clínico da doença. No entanto, é importante considerar que há falhas na comunicação entre profissionais e usuários indígenas, sendo possível existir incongruência entre o pressuposto da aceitação da dieta e/ou atendimento de demandas.

A alimentação tradicional indígena sofreu uma transição ao longo das últimas décadas. Antigamente, a alimentação dos Guarani era baseada na caça e pesca, e os alimentos mais presentes nas refeições eram mandioca, batata-doce, chicha (bebida de milho fermentada), peixe, milho e outros. No entanto, o avanço da exploração de áreas ambientais para atividades de agropecuária e o confinamento dos/as indígenas em áreas superpopulosas promoveram transformações, dificultando a prática de seus modos de vida, meios de subsistência e sua alimentação tradicional. Atualmente, a alimentação dos/as indígenas do cone sul do MS segue um padrão muito similar à dos não indígenas, e boa parte da comunidade se alimenta basicamente de itens presentes nas cestas básicas de alimentos entregues pelo governo do estado ou município, o que acentua a mudança (BRAGA NETO; MORAES; SKOWRONSKI, 2014; VALIENTE; FERREIRA, 2014).

Educação Permanente

A educação permanente em saúde é uma política criada em 2004, e tem o objetivo de qualificar profissionais em sua atuação no SUS conforme a prática do ensino-aprendizagem, produzindo conhecimentos e reflexões sobre questões que atravessam no seu cotidiano (BRASIL, 2004). O preparo de profissionais para atuação em saúde indígena é escasso, e tem sido uma demanda recorrente em todas as seis Conferências Nacionais de Saúde Indígena, além de ser uma das diretrizes da PNASPI.

A RMS, com ênfase em saúde indígena, tem papel relevante na construção de um hospital humanizado, e seus/suas profissionais atuam como multiplicadores de conhecimentos adquiridos durante os dois anos de intensa formação em contextos interculturais. A disseminação de conhecimentos, por meio da aproximação de diálogos e questionamentos junto à equipe de saúde no cotidiano do trabalho, também se dá como uma experiência de educação permanente, e modifica estruturas, desnaturalizando preconceitos, estereótipos, provocando os profissionais a buscar recursos que auxiliem na sua prática (CECCIM; FERLA, 2008). Porém, para um/a profissional recém-formado/a, como no caso de muitos residentes, não é tarefa fácil questionar rotinas já instituídas nos setores hospitalares, principalmente devido ao curto tempo que os/as residentes permanecem em cada setor (no máximo três meses).

Assim, é necessário que a instituição estabeleça um cronograma de atividades de educação permanente de sensibilização para questões interculturais. Sugere-se a promoção de visita técnica dos trabalhadores do HU às Unidades de Saúde da Sesai; rodas de conversa com a comunidade e lideranças indígenas; e maior articulação do NSI com a RMS.

Cuidados Tradicionais

Compreender os elementos que atravessam as questões do processo de saúde-doença e os elementos socioculturais das sociedades indígenas impacta diretamente a qualidade do cuidado prestada pela equipe de saúde, assim como prevê a Pnaspi, que preconiza a articulação dos sistemas tradicionais de saúde com o modelo biomédico (BRASIL, 2002; PEDRANA *et al.*, 2018). Ainda assim, a maioria dos estudos realizados indica que os/as profissionais que trabalham com saúde indígena na APS, inclusive trabalhadores/as indígenas, reproduzem práticas do sistema hegemônico de saúde, pois, além de receberem formação baseada nas práticas biomédicas, são cobrados de acordo com essa perspectiva (GOMES; ESPERIDIÃO, 2017; LANGDON, 2004; MOTA; NUNES, 2018). Além disso, não há fomento, não há valorização, tampouco indicadores quali e quantitativos para monitorar as práticas interculturais de cuidado (PEDRANA *et al.*, 2018).

No cenário hospitalar, essa articulação entre os sistemas de saúde é ainda mais complicada, e há um enfoque biologicista presente na formação técnica dos profissionais. Somada a isso, destacamos a crescente medicalização de inúmeros aspectos da vida e tendência do modelo médico hegemônico em não dialogar e desmerecer outros padrões de saúde (MARTINS, 2018). No HU/UFGD, existem diversos relatos de casos em que usuários indígenas "fogem" do hospital por medo, experiências negativas ou por querer ser tratados com seus próprios métodos. Em 2019 a audiência pública intitulada "Violência obstétrica: mulheres indígenas e negras por um parto humanizado" em Dourados/MS debateu as diferentes formas de violência obstétrica, com destaque para a questão racial, evidenciando negligência e violências no cuidado à mulher indígena e negra, que é permeada por medo, ausência de cuidado, intervenções desnecessárias, dificuldades na comunicação e desrespeito às especificidades étnico-raciais.

Há necessidade da criação de protocolos institucionais para participação da medicina tradicional dos Kaiowá, Guarani e Terena, sendo fundamental elaborar, publicar e divulgar a instrução de serviço da política institucional de permissão da entrada de cuidadores tradicionais, medicamentos, ervas ou chás e outros dispositivos dentro da instituição. Na maioria das vezes, essa articulação tem acontecido por meio dos residentes de saúde indígena, que realizam um diálogo com a equipe de saúde quando há demandas. No entanto, a criação de protocolos faz-se necessária para efetivar tais ações e facilitar essa tramitação.

Muitas vezes, os/as profissionais de saúde são favoráveis às práticas tradicionais, uso de chás, ervas e outros. No entanto, é evidente que o uso de plantas medicinais requer cuidados e precauções, pois sua utilização inadequada pode causar interações medicamentosas, provocando reações indesejadas. Assim, são poucos/as os/as profissionais que estão dispostos/as a se responsabilizar pela entrada de qualquer dispositivo que fuja do controle da medicina biomédica. As terapêuticas indígenas atuam em uma outra dimensão, que não é pautada no universo científico necessariamente; portanto, são muitas vezes não validadas pela biomedicina. Nesse ponto, temos dois sistemas médicos distintos em evidente desigualdade de poder. É indispensável que a equipe tenha sensibilidade cultural, conhecimentos antropológicos e capacidade de escuta, diálogo e negociação, desprendendo-se de seus conhecimentos para desconstruir práticas etnocêntricas (DIEHL; PELLEGRINI, 2014; LANGDON, 2012).

Instâncias de Avaliação de Usuários Indígenas

A pesquisa de satisfação do/a usuário/a é realizada semestralmente pela ouvidoria da instituição, e tem como objetivo ouvir a opinião destes sobre os serviços prestados, identificando problemas para melhorias e fornecendo indicadores de qualidade. Porém, muitas vezes as instâncias de avaliação não contemplam todos os grupos. É necessário que a instituição crie espaços e metodologias adequadas para monitorar o atendimento e a qualidade, levantando indicadores específicos para o atendimento de grupos populacionais, como os povos indígenas. E, nesse sentido, é necessário adaptar o roteiro da avaliação para as necessidades e dificuldades que os/as usuários/as indígenas encontram durante a permanência no hospital, utilizando tipos de avaliação não escrita, que utilize o registro oral, e, preferencialmente, na língua materna, quando for o caso. Porém, ainda não foram realizadas as devidas adequações na pesquisa, e esta não contempla as reais necessidades dessa população.

A pesquisa de satisfação também já foi realizada pela equipe de Nutrição do hospital. Ao perguntar ao/à usuário/a se está satisfeito/a com a comida servida no serviço, a grande maioria sempre responde que sim, que está satisfeita. Sabemos que a comunicação com os povos indígenas dentro de suas realidades é diferente da comunicação do hospital, um ambiente inóspito e impróprio para a maioria das pessoas. Nesse sentido, a forma de diálogo sobre alimentação no hospital também deve ser pensada horizontalmente de maneira a deixar os indígenas à vontade para responderem, na sua língua materna, ou ser feita fora do ambiente hospitalar, em outros contextos que os permitam dialogar sem medo sobre o tema.

Entre as necessidades e demandas discutidas pelas comunidades em espaços tais como Aty Guasu (Grande Assembleia dos Povos Kaiowá e Guarani) e Kuñangue Aty Guasu (Grande Assembleia das Mulheres Kaiowá e Guarani), inclui-se sempre o fortalecimento da medicina tradicional, a solicitação de intérpretes e o melhor atendimento nos hospitais onde não se sentem acolhidos/as (ATY GUASU, 2019).

Outros Objetivos do NSI até 2020

Além dos objetivos supracitados, a portaria propõe mais oito objetivos, do total de 13, para que os hospitais realizem adequações, com exigência de cumprimento de no mínimo 2. No entanto, o valor do recurso é variável, e calculado conforme o cumprimento de cada objetivo. O valor ainda pode sofrer variações, dependendo do objetivo atingido. Neste sentido, o NSI vinha trabalhando continuamente em outras diversas propostas para realizar as adequações, como adequar espaços tradicionais para receber as etnias atendidas pelo hospital, criando condições para suas práticas tradicionais, rezas, minimizando os impactos relacionados com o deslocamento das aldeias, e permanência nas unidades de referência. Sua fase ativa gerou interferências positivas ao atendimento, promovendo discussões e solucionando questões como: demandas reprimidas em certas especialidades, absenteísmo em consultas e exames etc. No entanto, percebe-se que muitas propostas permanecem no plano informal, que não são oficializadas ou implementadas. Assim, nem todos os/as especialistas atuam na colaboração de tais objetivos. É fundamental maior alinhamento da gestão e dos/as trabalhadores/as do hospital.

A construção do NSI na instituição foi pensada incluindo membros externos do DSEI/MS/Sesai, além de representantes indígenas da RID, que auxiliam na definição das metas e objetivos de acordo com as demandas da própria população, assegurando assistência humanizada e equânime. Ao envolver os/as responsáveis pelo cuidado, em todos os âmbitos da rede de atenção à saúde e representantes da população, o hospital garante inserção maior no contexto do território. Percebe-se, no período de 2018 até 2021, que o NSI era um espaço em construção e precisava de maior alinhamento para atingir as metas com a utilização do recurso proveniente da Portaria

IAE-PI. As principais deficiências a serem superadas eram: a falta de diálogo com a gestão; a ausência dos membros nos encontros, dificultando alguns encaminhamentos; a falta de constância das reuniões, quando elas existiam; a necessidade de encaminhamentos, propostas concretas e a criação de políticas institucionais; a falta de divisão de tarefas entre os integrantes; e a falta de elaboração de atas. Somam-se a isso todas as mudanças sofridas na instituição, que geraram medos e incertezas em toda a equipe, que passou pelo enfrentamento de uma pandemia que afetou o mundo, e hoje luta para se restabelecer e permanecer cumprindo com a sua missão.

A Reativação do NSI e a Transformação em Comitê: avanços a partir de 2022

Logo após o fim da intervenção na UFGD, em 23 junho de 2022, o superintendente do HU que assumiu ainda durante a intervenção resolve, por meio da Portaria 363, de 28 de setembro de 2022, recompor o Núcleo de Saúde Indígena, nomeando uma enfermeira especialista em saúde indígena coordenadora para essa atividade. A exclusividade de uma coordenadora nomeada para essa função pode promover maior dedicação às reuniões e encaminhamentos. Além da coordenação, passaram a compor o NSI: assistente social (vice-coordenação); representantes da RMS com ênfase em saúde indígena (secretário e membro); médico, odontólogo e enfermeiros/as de diferentes setores do HU/UFGD; representantes docentes da FCH/UFGD, FCS/UFGD, Faind/UFGD, antropólogo da Faind/UFGD, representantes da Divisão de Saúde do DSEI/MS (Diasi/DSEI/Sesai), da Coordenadoria Especial de Assuntos Indígenas, representantes do Polo-Base de Dourados, da Secretaria Municipal de Saúde, do Conselho Local de Saúde Indígena, representantes da comunidade indígena, de discentes de graduação da UFGD e de lideranças das aldeias Bororó e Jaguapiru de Dourados.

Em 2 de março de 2023, por meio da Portaria 110, o Núcleo de Saúde Indígena passa a se chamar Comitê de Saúde Indígena. Essa mudança ocorreu pela compreensão da necessidade do caráter permanente que os comitês apresentam, a exemplo do Comitê de Mortalidade, diferentemente do núcleo, que não tem estabilidade de manutenção conforme altera a gestão. A partir de 2022, da atuação mais presente da comunidade indígena e representações, e da participação constante nas reuniões do superintendente do HU/UFGD, alguns avanços já foram e estão sendo implementados. Com relação ao intérprete da língua guarani, ocorreu um estudo entre os trabalhadores do hospital para identificar pessoas falantes de guarani e outras línguas estrangeiras. Na ocasião, sete profissionais do serviço falantes de guarani voluntariaram-se e já estão disponíveis para auxiliar os setores nas traduções, até que se resolva a contratação de intérpretes. O HU está fazendo um estudo técnico preliminar para a contratação de intérprete por meio de licitação, já que a EBSERH não prevê esse cargo. Cotas indígenas em novos concursos também estão sendo solicitadas à EBSERH.

No dia 2 de dezembro de 2022, por meio da Resolução 105, todos/as os/as usuários/as indígenas passam a ter direito a acompanhante por eles indicados em tempo integral. Ainda no fim de 2022, em trabalho intenso do comitê em parceria com representantes da aldeia Jaguapiru, docentes e discentes da Faind/UFGD, foram feitas traduções de diversas placas de identificação dos setores e serviços do hospital para o guarani. Essa tradução será, em grande maioria, incorporada na nova mudança oficial do layout das placas do HU, que já estão sendo confeccionadas. Acreditamos que a inclusão das placas em guarani possa ter um efeito simbólico da presença indígena no hospital e uma mudança de percepção dos/as trabalhadores/as sobre os/as usuários/as do serviço.

Quanto à educação permanente sobre cuidado intercultural, um dos maiores desafios da portaria IAE-PI, algumas iniciativas estão sendo iniciadas, ainda timidamente, para formar os profissionais do serviço. No ano de 2023, ocorreu, em abril, o 1º Simpósio de Saúde Indígena, "Reserva e Saúde Indígena: uma visão panorâmica", com a participação de cem trabalhadores e estudantes do HU. De junho a setembro de 2023, foi ofertado o curso de extensão e formação Acolhimento e Linguagem Guarani e Kaiowá, em parceria com a Faind/UFGD, oferecendo 40 vagas para profissionais do HU. No mesmo período, houve algumas iniciativas e encontros entre profissionais nutricionistas e enfermeiros para melhorar a alimentação das/os usuárias/os indígenas em algumas fases de vida, com ênfase na melhora da alimentação da puérpera no momento pós-parto durante a internação. Ainda se espera que tais iniciativas sejam efetivadas no âmbito da assistência hospitalar pelo setor de Nutrição.

Por fim, em relação à ambiência, está sendo discutida há meses, nas reuniões do Comitê de Saúde Indígena, a possibilidade de criação de espaços terapêuticos para os povos indígenas no HU. No dia 16 de agosto de 2023, 11 lideranças indígenas de diversas aldeias e áreas de retomada da Grande Dourados (Antônio João, Caarapó e Tacuru) participaram da reunião do comitê para discutir a possibilidade da construção de uma Casa de Reza (Ogá pysy) no HU/UFGD, com a presença de arquitetos e engenheiros do hospital, além do superintendente, encaminhando a avaliação da possibilidade junto ao Corpo de Bombeiros, após escolha do local. Acredita-se que essa iniciativa auxiliará muito na recuperação de usuários/as de diferentes fases de vida, reduzindo o tempo de internação e tornando a assistência humanizada e equânime.

Considerações Finais

O Hospital Universitário, bem como os demais serviços da rede SUS, apresenta desafios para qualificar a assistência em respeito aos povos indígenas da região. Este texto buscou refletir sobre a implantação do NSI, atualmente Comitê de Saúde Indígena, que surge para debater e enfrentar as dificuldades e as violências vivenciadas pelos/as usuários/as indígenas nesse serviço de saúde. É fundamental que os objetivos do comitê, pactuados no PAM, sejam cumpridos para a garantia da utilização efetiva do recurso proveniente da Portaria IAE-PI, bem como assegurar a dignidade das pessoas Kaiowá, Guarani e Terena em respeito aos seus saberes, práticas e valores. Além disso, recomenda-se realizar amplo diálogo com a comunidade indígena, visando à avaliação desse processo e à decisão coletiva sobre o caminho a seguir.

Referências

ATY GUASU. *Documento final da VII Kunãgue Aty Guasu – Grande Assembleia das Mulheres Kaiowá e Guarani*. Japorã: [*s. n.*], 2019.

BRAGA NETO, J. A.; MORAES, T. S.; SKOWRONSKI, L. Reflexões nutricionais sobre a alimentação dos índios Kaiowa e Guarani de Caarapó – MS: algumas preparações características. *Tellus*, [*S. l.*], n. 5, p. 107-120, 2014.

BRAND, A. J. *O confinamento e o seu impacto sobre os Pai-Kaiowá*. Dissertação (Mestrado em História) – Pontifícia Universidade Católica do Rio Grande do Sul, Porto Alegre, 1993.

BRASIL. *Lei nº 9.836 de 1999*. Acrescenta dispositivos à Lei no 8.080, de 19 de setembro de 1990, que "dispõe sobre as condições para a promoção, proteção e recuperação da saúde, a organização e o funcionamento dos serviços correspondentes e dá outras providências". Brasília: Presidência da República, 1999a.

Disponível em: http://www.planalto.gov.br/ccivil_03/leis/l9836.htm. Acesso em: 14 ago. 2023.

BRASIL. *Lei n° 11.129, de 30 de junho de 2005*. Institui a Residência em Área Profissional de Saúde e cria a Comissão Nacional de Residência Multiprofissional em Saúde CNRMS. Brasília: Presidência da República, 2005. Disponível em: http://www.planalto.gov.br/ccivil_03/_ato2004-2006/2005/lei/l11129.htm. Acesso em: 14 ago. 2023.

BRASIL. Ministério da Saúde. Distrito Sanitário Especial Indígena. *População Indígena do Mato Grosso do Sul*. Brasília: MS, 2018. Disponível em: http://portalarquivos2.saude.gov.br/images/pdf/2017/dezembro/08/Anexo--1659355-dsei-ms.pdf. Acesso em: 14 ago. 2023.

BRASIL. Ministério da Saúde. *Política Nacional de Atenção à Saúde dos Povos Indígenas*. Brasília: Ministério da Saúde; Fundação Nacional de Saúde, 2002. Disponível em: https://bvsms.saude.gov.br/bvs/publicacoes/politica_saude_indigena.pdf. Acesso em: 14 ago. 2023.

BRASIL. Ministério da Saúde. *Portaria GM/MS 198 de 13 de fevereiro de 2004*. Institui a Política Nacional de Educação Permanente em Saúde como estratégia do Sistema Único de Saúde para a formação e o desenvolvimento de trabalhadores para o setor e dá outras providências. Brasília: MS, 2004. Disponível em: https://bvsms.saude.gov.br/bvs/saudelegis/gm/2017/MatrizesConsolidacao/comum/13150.html. Acesso em: 14 ago. 2023.

BRASIL. Ministério da Saúde. *Portaria n° 1163/GM, de 14 de setembro de 1999*. Dispõe sobre as responsabilidades na prestação de assistência à saúde dos povos indígenas, no Ministério da Saúde e dá outras providências. Brasília: MS, 1999b. Disponível em: http://www.funasa.gov.br/site/wp--content/files_mf/Pm_1163_1999.pdf. Acesso em: 14 ago. 2023.

BRASIL. Ministério da Saúde. *Portaria n° 2.012, de 14 de setembro de 2012*. Extingue o Incentivo de Atenção Básica aos Povos Indígenas (IAB-PI), dispõe sobre a utilização dos recursos financeiros remanescentes e dá outras providências. Brasília: MS, 2012. Disponível em: https://bvsms.saude.gov.br/bvs/saudelegis/gm/2012/prt2012_14_09_2012.html. Acesso em: 14 ago. 2023.

BRASIL. Ministério da Saúde. *Portaria n° 2.656, de 17 de outubro de 2007*. (Extinto o Incentivo de Atenção Básica aos Povos Indígenas (IAB-PI) pela PRT GM/MS n° 2.012 de 14.09.2012). Dispõe sobre as responsabilidades na prestação da atenção à saúde dos povos indígenas, no Ministério da Saúde. Brasília: MS, 2007. Disponível em: http://bvsms.saude.gov.br/bvs/saudelegis/gm/2007/prt2656_17_10_2007_comp.html. Acesso em: 14 ago. 2023.

BRASIL. Ministério da Saúde. *Portaria nº 2.663, de 11 de outubro de 2017*. Altera a Portaria de Consolidação nº 6/GM/MS, de 28 de setembro de 2017, para redefinir os critérios para o repasse do Incentivo para a Atenção Especializada aos Povos Indígenas – IAE-PI, no âmbito do Sistema Único. Brasília: MS, 2017. Disponível em: http://bvsms.saude.gov.br/bvs/saudelegis/gm/2017/prt2663_16_10_2017. html. Acesso em: 14 ago. 2023.

BRASIL. Ministério da Saúde. *Portaria nº 645, de 27 de março de 2006*. Institui o Certificado Hospital Amigo do Índio, a ser oferecido aos estabelecimentos de saúde que fazem parte da rede do Sistema Único de Saúde (SUS). Brasília: Presidência da República, 2006. Disponível em: https://bvsms.saude.gov.br/bvs/saudelegis/gm/2006/prt0645_27_03_2006.html. Acesso em: 14 ago. 2023.

CECCIM, R. B.; FERLA, A. A. *A educação permanente em saúde*: dicionário da educação profissional em saúde. [*S. l.: s. n.*], 2008.

COIMBRA, J. R.; CARLOS, E. A. Saúde e povos indígenas no Brasil: reflexões a partir do I Inquérito Nacional de Saúde e Nutrição Indígena. *Cadernos de Saúde Pública*, [*S. l.*], v. 30, n. 4, p. 855-859, 2014.

DIEHL, E. E.; PELLEGRINI, M. A. Saúde e povos indígenas no Brasil: o desafio da formação e educação permanente de trabalhadores para atuação em contextos interculturais. *Cadernos de Saúde Pública*, [*S. l.*], v. 30, p n. 4,. 867-874, 2014.

EBSERH.GOV. [*S. l.: s. n.*], 2021. Disponível em: https://www.gov.br/ebserh/pt-br/hospitais--universitarios/regiao-centro-oeste/hu-ufgd. Acesso em: 14 ago. 2023.

FERNANDES, I. R. M. *et al.* A saúde na Reserva Indígena de Dourados: histórico, lutas e (re)existências. *In*: MOTA, J. G. B.; CAVALCANTE, T. L. V. (org.). *Reserva Indígena de Dourados*: histórias e desafios contemporâneos. São Leopoldo: [*s. n.*], 2019.

GOMES, S. C.; ESPERIDIÃO, M. A. Acesso dos usuários indígenas aos serviços de saúde de Cuiabá, Mato Grosso, Brasil. *Cadernos de Saúde Pública*, [*S. l.*], v. 33, n. 5, e00132215, 2017.

INSTITUTO BRASILEIRO DE GEOGRAFIA E ESTATÍSTICA (IBGE). *Censo demográfico*. Rio de Janeiro: IBGE, 2022. Disponível em: https://censo2022.ibge. gov.br. 2022. Acesso em: 14 ago. 2023.

INSTITUTO BRASILEIRO DE GEOGRAFIA E ESTATÍSTICA (IBGE). *Censo demográfico 2010*: características gerais dos indígenas: resultados do universo. Rio de Janeiro: IBGE, 2012.

LANGDON, E. J. Redes xamânicas, curandeirismo e processos interétnicos: uma análise comparativa. *Mediações*: Revista de Ciências Sociais, [*S. l.*], v. 17, n. 1, p. 61-84, 2012.

LANGDON, E. J. *Uma avaliação crítica da atenção diferenciada e a colaboração entre antropologia e profissionais de saúde*: saúde dos povos indígenas. Reflexões sobre antropologia participativa. [*S. l.: s. n.*], 2004.

MARTINS, C. P. *A política nacional de humanização na produção de inflexões no modelo hegemônico de cuidar e gerir no SUS*: habitar um paradoxo. Tese (Doutorado em Educação) – Universidade Estadual Paulista, Assis, 2015.

MARTINS, C. P. Pela gestação de outras saúdes e incontáveis modos de ser/estar o mundo. *Revista Ñanduty*, [*S. l.*], v. 6, n. 8, p. 46-59, 2018.

MARTINS, J. C. L. *O trabalho do enfermeiro na saúde indígena*: desenvolvendo competências para a atuação no contexto intercultural. [*S. l.: s. n.*], 2017.

MENÉNDEZ, E. L. Modelos de atención de los padecimientos: de exclusiones teóricas y articulaciones prácticas. *Ciência & Saúde Coletiva*, [*S. l.*], v. 8, n. 1, p. 185-207, 2003.

MOTA, J. G. B.; CAVALCANTE, T. L. V. (org.). *Reserva Indígena de Dourados*: histórias e desafios contemporâneos. São Leopoldo: [*s. n.*], 2019.

MOTA, S. E. C.; NUNES, M. Por uma atenção diferenciada e menos desigual: o caso do Distrito Sanitário Especial Indígena da Bahia. *Saúde e Sociedade*, [*S. l.*], v. 27, n. 1, p. 11-25, 2018.

PEDRANA, L. *et al.* Análise crítica da interculturalidade na Política Nacional de Atenção às Populações Indígenas no Brasil. *Revista Panamericana de Salud Pública*, [*S. l.*], v. 42, p. 1-5, 2018.

RAMOS, M. N. P. Comunicação em saúde e interculturalidade: perspectivas teóricas, metodológicas e práticas. *Reciis*, [*S. l.*], v. 6, n. 4, 2012.

SILVA, N. M. M. *A conversa de hoje é que parir é no hospital*: implicações e desafios à saúde indígena. Dissertação (Mestrado em Ciências) – Instituto Nacional de Saúde da Mulher, da Criança e do Adolescente Fernandes Figueira, Rio de Janeiro, 2017.

TAVARES, M. Línguas indígenas & língua portuguesa em comunidades indígenas do sul de Mato Grosso do Sul. *Signum*: Estudos da Linguagem, [*S. l.*], v. 19, n. 2, p. 368, 2016.

VALIENTE, C. A.; FERREIRA, A. S. *Hábitos alimentares tradicionais e atuais dos Guarani/Kaiowá da aldeia Amambai (Guapo'y)*. Trabalho apresentado ao Encontro Nacional de Pesquisa e Extensão (Enepex), 2014.

VIEIRA, N. B. S. *Tem que ser do nosso jeito*: participação e protagonismo do movimento indígena na construção da política de saúde no Brasil. Tese (Doutorado em Saúde Pública) –Universidade de São Paulo, São Paulo, 2019.

CAPÍTULO 8

MULHERES GUARANI, KAIOWÁ E TERENA EM MOVIMENTO: PRESERVANDO SEUS SABERES E PRÁTICAS, TRANSFORMANDO O FUTURO

Lauanda Liz Ribeiro Ramires

Catia Paranhos Martins

Considerações Iniciais

Este texto busca apresentar as reflexões e os questionamentos desenvolvidos durante os estudos de iniciação científica, com o plano de trabalho intitulado "Kuñangue Aty Guasu: mulheres Kaiowá e Guarani em movimento". O estudo teve a duração de oito meses, de janeiro ao mês de setembro de 2023, e o objetivo foi qualificar a compreensão sobre a história e as cosmologias dos povos Kaiowá, Guarani e Terena, com foco específico na Reserva Indígena de Dourados, localizada no sul de Mato Grosso do Sul, com ênfase nas mulheres e em suas lutas. Nessa pesquisa qualitativa, inspirada nos princípios da autoetnografia (FARIA; MARTINS, 2023; RAMIRES, 2016), foram realizadas conversas informais com membros das comunidades indígenas, com participação em eventos e atividades relacionadas ao tema, e analisadas fontes documentais. Além disso, as memórias da primeira autora e de seus familiares ganharam destaque e estão articuladas com a literatura na busca por conhecer a história da RID e do povo Guarani.

O texto está dividido em cinco momentos: primeiro, uma breve apresentação da pesquisadora. Em seguida, a comunidade indígena e sua relação com o "tekohá"[9]; os aprendizados com as mulheres indígenas via Kuñangue Aty Guasu; depois, um pouco da história de luta de Marçal de Souza, um parente importante; e na sequência histórias, questões e desafios apresentados

---

[9] Nossa posição aqui é contrariar a norma e não grafar palavras em Guarani e Terena em itálico, já que são línguas brasileiras, e não estrangeiras.

por uma jovem mulher indígena que vive na RID. Alguns breves esclarecimentos às pessoas leitoras: o texto está na flexionado na primeira pessoa do singular em alinhamento à autoetnografia da primeira autora sob orientação da segunda. Nesta iniciação científica, bem como em outros trabalhos relacionados à pesquisa docente "Por outras saúdes, políticas e poéticas: uma provisória cartografia", problematizamos aspectos na/da sensibilidade coletiva ao valorizar as experiências de vida e de luta em Dourados e região, na terra vermelha. O texto a seguir almeja, em diálogo como Mignolo, exercitar a desobediência epistêmica ao "percorre outras rotas que não as tradicionais das ciências psicológicas, a começar pelo nosso lugar corpo-geopolítico e seus desdobramentos na escrita" (MIGNOLO, 2014, p. 39).

Uma Mulher Guarani e Futura Psicóloga

Apresento-me como uma mulher indígena da etnia Guarani Nhandeva, acadêmica de Psicologia da Faculdade de Ciências Humanas da Universidade Federal da Grande Dourados e moradora na aldeia Jaguapiru, em Dourados. Minha mãe é pertencente à etnia Guarani; e meu pai, ao povo Terena, mas fui criada pela minha avó materna, que também faz parte da comunidade Guarani.

Entrar no curso de Psicologia não foi nada fácil, pois é apenas uma vaga destinada aos estudantes indígenas de escola pública ou privada. Eu estudava de manhã na Escola Estadual Guateka "Marçal de Souza", localizada na aldeia Jaguapiru; e, além do período de aula normal, eu precisava estudar mais para conseguir passar no vestibular, e o único lugar a que eu tinha acesso para conseguir estudar era dos computadores e da internet da escola. Assim, logo após a escola fechar, eu esperava que ela fosse reaberta na parte da tarde para poder usar a sala de tecnologia e a biblioteca. Não retornava para almoçar em casa porque era muito quente a caminhada de ida e volta, não almoçava nesses dias, apenas com as refeições que a escola oferecia no período da manhã e tarde. Eu não estudava na escola apenas quando algum/a professor/a utilizava a sala de tecnologia com seus/suas alunos/as. Mas, apesar das dificuldades, consegui ser aprovada no primeiro exame do vestibular de que participei.

Em seguida, foi apenas na faculdade que comecei a me questionar e olhar para mim mesma como uma mulher Guarani pertencente a uma comunidade indígena e ao lugar que ocupo nela. Na nossa grade curricular há muitas disciplinas destinadas ao conhecimento social e os estudos sobre as comunidades indígenas, como temas sobre religião, língua materna e costumes tradicionais. Percebi minha total falta de conhecimento da minha própria história, até mesmo o desconhecimento das lutas que nossos antepassados enfrentaram para conquistar o que temos hoje.

A Reserva Indígena de Dourados é composta por três etnias: Guarani, Kaiowá e Terena. A etnia mais numerosa na RID é a Kaiowá, com 8.968 pessoas, seguida dos Terena com 3.600 e, em número um pouco menor, os Guarani com 2.982 pessoas (TROQUEZ, 2019), distribuída em um espaço com menos 3.600 hectares. A reserva foi criada em 1917 pelo Serviço de Proteção ao Índio, com o intuito, segundo Genésio Pimentel Barboza, de confinar os/as indígenas e facilitar a exploração das demais terras remanescentes na área. Percebi que, mesmo morando numa reserva indígena a vida toda, estava começando a conhecê-la ou percebê-la apenas na faculdade, assim como minhas e meus colegas não indígenas (karaí). E a partir daí comecei a questionar meus familiares mais velhos sobre suas histórias, o porquê não foi me ensinado a língua materna, nem mesmo a religião, embora os meus bisavôs praticassem a religião tradicional. No próximo momento, mencionarei o que aprendi nos estudos de iniciação científica.

Terra/Território/Meu Lugar

O "tekohá" é uma palavra Guarani que tem o significado de terra ou território, e para a comunidade Terena é denominado "Mboke'exa" que significa "meu lugar" ou território. Para os e as indígenas Guarani, Kaiowá e Terena, a noção de território é central em suas culturas, e existe uma relação muito singular com a terra. Nas palavras de Cavalcante, "a categoria tekohá adquiriu grande importância como referência à unidade tradicional correspondente ao que no senso comum se denomina por aldeia" (CAVALCANTE, 2013, p. 75). Assim, a importância da tekohá para essas comunidades ultrapassa o aspecto físico do território. Ela está ligada à sobrevivência cultural, social e espiritual dos/as indígenas. A terra não é vista apenas como um local para moradia, mas como um espaço onde os antepassados viveram e deixaram marcas, onde rituais são realizados e onde a conexão com os espíritos é mantida.

No entanto, a relação das comunidades indígenas com seus territórios tradicionais tem sido frequentemente desafiada pela expansão de atividades econômicas que ameaçam suas terras e seus modos de vida, como o agronegócio. O Projeto de Lei (PL) 490/2021, conhecido como PL 490, é um exemplo desse desafio. Essa proposta visa alterar a forma como as terras indígenas são demarcadas e reconhecidas, tornando o processo mais difícil e sujeito a pressões políticas e econômicas. O PL 490 é visto pelas comunidades indígenas como uma ameaça a sua sobrevivência e identidade. Assim, poderia facilitar a exploração de terras tradicionais para fins comerciais. Isso afetaria não só a sua conexão ancestral dos povos com suas terras, mas também suas práticas culturais e espirituais.

Em resumo, a terra é uma concepção vital para os/as indígenas Guarani, Kaiowá e Terena, representando não apenas um espaço físico, mas um elo com sua história e espiritualidade. A PL 490 surge como uma ameaça a essa relação e às comunidades indígenas como um todo, enfatizando a importância contínua de proteger e respeitar os territórios tradicionais e as culturas indígenas.

Mulheres Indígenas em Movimento

Quero destacar a batalha das mulheres Guarani e Kaiowá em um movimento criado por elas e chamado de "Kuñangue Aty Guasu", Grande Assembleia de Mulheres Kaiowá e Guarani. Elas buscam por direitos já garantidos por lei e que já estão em nossa Constituição brasileira. Esse movimento concentra a força, dá voz a quem é ignorada e esquecida pelas autoridades, e essa negligência causa a morte de indígenas que buscam pelo direito à vida e às suas próprias terras, o tekohá.

Esse movimento teve início no ano de 2006, no território sagrado Nãnderu Marangatu, município de Antônio João, acontecendo outras edições nos anos de 2012, 2013, 2014, 2017, 2018, 2019 e 2020. É um movimento organizado e realizado por mulheres. Essa luta não abrange apenas o direito de corpos e vidas femininos, mas sim busca pela proteção de toda a comunidade indígena e seus territórios. Além da reivindicação pelos direitos territoriais, o movimento busca por justiça, a fim de que os agressores sejam punidos. A impunidade dos responsáveis por violências e pelos conflitos agrava a situação e contribui para o aumento das mortes. A falta de interesse do governo a essa população gera a falta de conhecimento sobre suas necessidades; assim, consequentemente não formulam e/ou não efetivam políticas públicas para garantir os direitos básicos.

Esse movimento resistiu ao governo Bolsonaro (2018-2022), totalmente omisso às necessidades dessa população, e com a chegada de um novo governo reacendeu-se a esperança de que suas reivindicações fossem ouvidas e supridas. Nesse sentido, foi encaminhada uma carta aos atuais governantes do Brasil na Grande Assembleia de Mulheres Kaiowá e Guarani em 2022, direcionada ao presidente eleito, em que falam da situação que as e os indígenas de todo Mato Grosso do Sul estão enfrentando:

> Presidente eleito Lula, nós somos a segunda maior população indígena do país, estamos localizadas no estado de Mato Grosso do Sul, no bioma pantanal, centro oeste do Brasil, estado onde foi eleita a maior bancada anti-indígena e ruralista.

Outro importante fragmento da mesma carta que merece destaque é:

> As invasões aos nossos territórios seguem cotidianamente, as caravelas continuam a invadir o nosso corpo-território violentamente de todas as formas, e nós seguimos lutamos incansavelmente dentro e fora de nossos territórios pela nossa existência, pelo nosso direito constitucional e originário.

Ademais, outro tipo de violência mencionado pelo movimento é o da intolerância religiosa, e o aumento das igrejas nas aldeias fez crescer o racismo em relação às rezas tradicionais indígenas. A falta de conhecimento em relação a essas rezas abre espaço para que, valendo-se de uma visão preconceituosa que as igrejas pregam, se introduza um preconceito contra sua própria comunidade. Logo, não é obrigatório aceitar, e sim respeitar a religião de qualquer pessoa em qualquer lugar. Muitos utilizam a justificativa de que se tem liberdade religiosa, o que é um fato, mas o nosso direito acaba quando violamos a do/a próximo/a. Destaco a seguir o que contaram as mulheres indígenas para as pesquisadoras Priscila Anzoategui e Jéssica Sousa:

> De acordo com fontes colhidas em territórios onde as casas de rezas foram incendiadas, há indícios de que os autores são membros e pastores dessas igrejas, bem como os autores de falas pejorativas, racistas e violentas em relação às casas de rezas. Eles usam o discurso de que a casa de reza, o nosso espaço tradicional, é um local do mal e que precisa ser exterminado, criando um isolamento entre o tradicional e o mundo karaí pentecostal. (OBSERVATÓRIO KUNÃNGUE ATY GUASU, 2022, p. 11).

Na Idade Média, ocorreu uma intensa perseguição religiosa chamada "caça às bruxas", em que mulheres que seguiam outra religião ou usavam conhecimentos com plantas medicinais eram consideradas bruxas e foram torturadas e assassinadas, e isso persiste centenas de anos depois, com os ataques às rezadeiras Nhandesy. A caça às bruxas e o ataque às rezadeiras estiveram e ainda estão enraizados em estruturas patriarcais. Além disso, o controle da Igreja durante esse período desempenhou um papel central nessa caçada, procurando consolidar seu poder e autoridade, muitas vezes usando a sinalização de bruxaria para silenciar os opositores de sua religião. Além de serem mulheres, muitas das perseguidas eram membros de minorias étnicas ou seguiam tradições religiosas diferentes (DIAS; CABREIRA, 2019). As consequências destes pensamentos primitivos ainda podem ser observadas nas desconfianças e no racismo religioso em relação às práticas espirituais não convencionais, levando à violência contra pessoas que seguem crenças religiosas "fora do padrão".

Esses argumentos evidenciam a complexidade e a importância de refletir sobre a história e a sociedade atual, promovendo o respeito à diversidade de crenças e práticas religiosas e a extrema urgência de reverter essa situação. Sem a intenção de generalizar, existem membros de igrejas que conhecem e respeitam o espaço e o direito do/a próximo/a, mas infelizmente também há indivíduos com pensamentos e declarações racistas e arcaicas. A comunidade indígena vem resistindo a ataques há centenas de anos, desde a invasão do Brasil, milhares de irmãs e irmãos indígenas perderam a vida buscando por direitos, e a realidade é que a luta continua. Desse modo, o governo tem um papel principal para cessar de vez o genocídio dos povos originários deste país, com campanhas de conscientização nas grandes mídias e no âmbito escolar. Além disso, há que investigar e punir qualquer tipo de violação do direito constitucional, pois muitos crimes seguem impunes, o que fortalece a violência. Essas são apenas algumas das muitas ações necessárias para que finalmente possamos vislumbrar um futuro de paz, e essa solução requer a participação de todos/as, incluindo o governo e a sociedade civil. Nesse sentido, os movimentos indígenas buscam seu fortalecimento com o governo federal a fim de que mudanças sejam alcançadas.

Para mim, a Grande Assembleia de Mulheres Kaiowá e Guarani é um movimento muito significativo, principalmente por não ser de apenas brancos estudando indígenas e falando por elas, e sim um movimento de mulheres indígenas que têm voz e sabem do que precisam e o que querem. Nesse documento destinado aos líderes que estão governando nosso país, citado anteriormente, mostra-se que agora se tem esperança de boas mudanças, temos atualmente um governante que quer e pode fazer algo pelas comunidades indígenas. É importante destacar que, mesmo com as dificuldades enfrentadas com o comando do último presidente, que era contra a demarcação de terra indígena, os movimentos indígenas não cessaram. As e os indígenas estão em movimento, como ensina o indígena Daniel Munduruku (2012). Indígenas de todas as etnias lutam diariamente e de muitas formas para transformar o Brasil num lugar que compreenda os povos indígenas não como algo à parte, e sim como pertencente à história deste país.

Marçal de Souza

Toda essa história de luta das mulheres Kaiowá e Guarani me fez lembrar o guerreiro Marçal de Souza, que com orgulho é meu tio-bisavô. Marçal de Souza foi um líder da etnia Guarani Nhandeva e que também era chamado de Tupã'y, que significa "Pequeno Deus", e era conhecido como "voz do trovão", pois fazia com que suas denúncias chegassem às autoridades e buscava incansavelmente por justiça por meio de suas denúncias. Ele foi condecorado com a honra de Herói Nacional do Brasil pelo governo federal, em 2009. Mas, quando estava vivo, ele foi perseguido por não concordar com exploração que as terras indígenas vinham sofrendo, mesmo sendo convidado para participar dos lucros que essa exploração traria; após a recusa da oferta e suas denúncias, as ameaças contra ele foram se intensificando.

A luta de Marçal de Souza ganhou repercussão internacional, após ser escolhido para falar com o Papa João Paulo II, que veio ao Brasil no ano de 1980. Nesse encontro, foi pedido que os indígenas realizassem uma de suas danças tradicionais, mas eles se negaram a dançar, alegando que não teria motivo para se alegrar ou dançar, e sim lamentar pelos ataques e mortes que estavam sofrendo. Muitas falas desse dia me chamaram atenção, pois o Tupã'y estava naquele local como um guerreiro lutando por sua comunidade e viu ali uma oportunidade de ser ouvido. "Nós temos que teimar, meus irmãos, teimar e bater e bater e lutar e lutar para poder sobreviver neste país tão imenso e tão grande que foi nosso e que foi todo roubado de nós" (FERREIRA, 2021, s/p). Nesta frase e também na seguinte, Marçal evidencia que, após a invasão do Brasil, os/as indígenas vinham lutando e sobrevivendo: "Dizem que o Brasil foi descoberto, o Brasil não foi descoberto, não, Santo Padre, o Brasil foi invadido e tomado dos indígenas do Brasil. Esta é a verdadeira história" (FERREIRA, 2021, s/p).

Após essas falas, ele entregou uma carta com nomes de pessoas que considerava inimigas dos povos indígenas. Essas denúncias ganharam visibilidade internacional, e assim ele sabia que seria perseguido pelas pessoas que estava denunciando. "Eu sou uma pessoa marcada para morrer. Mas por uma causa justa a gente morre. Alguém tem que perder a vida por uma causa" (FERREIRA, 2021, s/p). Um mês após essa fala, no ano de 1983, ele foi brutalmente assassinado em sua casa, localizada na aldeia Campestre, no município de Antônio João/MS, e os culpados nunca foram punidos.

Muitos/as guerreiros/as foram e continuam sendo mortos por lutar pelos seus/nossos direitos. A luta dos povos originários teve data para começar, mas não tem data para acabar, como aprendo com as lideranças da Kuñangue, Aty Guasu, Assembleia Terena e também com as e os mais velhos da comunidade.

Um dos primeiros contatos que tive com os feitos de Marçal foi por meio de um trabalho acadêmico, realizado na faculdade, na disciplina Educação em Direitos Humanos, pois no ensino médio não tive contato com a sua história, apesar de minha escola estar localizada na aldeia e levar o seu nome. Depois disso, descobri que ele era irmão do meu bisavô, e assim fui confirmar a história que achei em minhas pesquisas na internet com minha avó Edir de Souza, sobrinha dele, e ela confirmou que tudo que li sobre o Tupã'y era verdadeiro e acrescentou que meu bisavô Cláudio de Souza também lutou ao lado dele ao defender a nossa comunidade.

Marçal de Souza em 1963 foi eleito capitão da Reserva Indígena de Dourados, ele defendia as práticas religiosas tradicionais, incentivava os/as indígenas que moravam fora da reserva que retornassem, assim como o incentivo às lavouras (kokue). Marçal de Souza foi um guerreiro e exemplo de força, resistência e luta para o seu povo, e esse espírito de guerreiro que busca por justiça se reflete também nas lutas das mulheres que são membros da Kuñangue Aty Guasu, esse movimento de união das mulheres faz a diferença ao defender os direitos dos povos originários.

Estudos, Memórias e Histórias da Vida na Reserva

No decorrer de minhas pesquisas, busquei observar como está a reserva atualmente, e, lendo o texto "Desaprender 8 horas por dia" (MARTINS, 2021), que aborda questões indígenas, um dos elementos que me chamam atenção é quando a autora relata que

> O Estado de Mato Grosso do Sul ocupa o desonroso primeiro lugar em assassinatos de indígenas no país (CIMI, 2013), uma realidade naturalizada e que conta com a conivência coletiva e com a omissão do poder público. (MARTINS, 2021, p. 193).

A negligência e a omissão do poder público com as e os indígenas causam mortes que poderiam e deveriam ser evitadas. Um exemplo disso foi a morte da jovem Joice Quevedo Arce, de 18 anos. Ela foi minha colega no ensino médio, passou mal em uma atividade física escolar e foi negado o atendimento de emergência a ela. A ambulância se recusou a entrar na aldeia, e isso acabou resultando em sua morte. Uma menina jovem e cheia de sonhos, que estava se preparando para entrar na faculdade comigo, e ela foi uma entre muitas mortes de indígenas que morrem pela omissão do Estado. Foi mais uma mulher indígena que não teve justiça (RENATO..., 2019).

A violência se perpetua nas aldeias por décadas, onde não há policiais nas ruas, não há nenhum planejamento ou intenção de que aconteçam mudanças significativas. Nesse sentido, podemos pensar em movimentos que podem ajudar a mudar essa realidade violenta. Movimentos indígenas como a Organização Terena da Grande Dourados ou demais movimentos, como a Kuñangue Aty Guasu, com as escolas podem formular ações para interações dos/as jovens com saberes e práticas tradicionais e também atividades de lazer, pois a educação é fundamental no processo de mudança. A comunidade sobrevive todos os dias, sobrevive ao tempo e às mudanças não naturais, que são impostas a nós, e o básico que foi oferecido é negligenciado: falta de água, falta de remédio, entre inúmeras outras necessidades. E, para conseguirem ser vistos e ouvidos, uma das maneiras encontradas é fechar a BR-156, que liga a cidade de Dourados a Itaporã. Outra maneira utilizada é eleger um representante, que é o capitão, de forma democrática para representar nossa comunidade.

Ademais, com a chegada da Covid-19, a situação, que já era crítica, ficou insustentável, pois uma das maneiras de se proteger da doença era a higiene. E como manter as mãos limpas em um lugar onde não se tem água nem para beber? Muitas foram as inseguranças nesse período, não apenas em relação à água, mas também à fome, pois muitos trabalham fazendo diárias, recebendo por dia de trabalho realizado. Por um lado, a quarentena impedia as pessoas de trabalhar e conseguir o seu sustento de cada dia; por outro, era uma doença desconhecida e sem tratamento.

Ao relacionar dois textos, "Desaprender 8 horas por dia" (MARTINS, 2021) e "As políticas públicas para a saúde indígena e a política de saúde das mulheres Kaiowá da Reserva de Amambai, MS: aproximações e impasses" (PEREIRA, 2020), e questionar sobre os saberes da psicologia em relação às comunidades indígenas, penso que são conhecimentos explicitamente diferentes e ambos com suas importâncias. Primeiro, é preciso compreender os diversos grupos étnicos que compõem nosso país, é preciso aprender a não anular um conhecimento de um povo para obter outro, os conhecimentos devem ser somados. As e os profissionais do Sistema Único de Saúde, não apenas as e os psicólogos/as, mas qualquer profissional, designados a trabalhar com as e os indígenas, precisam ter o conhecimento dessa comunidade, o é dever das universidades passar esses conhecimentos para as/os universitários/as.

O principal relato dos/as brancos/as, karaí, que vão trabalhar nas aldeias é que o modo de viver e pensar o mundo é completamente diferente do seu cotidiano e do que foi ensinados/as a eles/as, e chegam às aldeias completamente despreparados para enfrentar a realidade. E, assim, o conhecimento da história dos povos indígenas, assim como de seus saberes, práticas e línguas, precisa ser respeitado, e não motivo de insegurança, como cita Lúcia Pereira, indígena Kaiowá e mestre em Antropologia:

> Os fatos sociais abordados pelos grandes autores eu interpretava do meu jeito, o que poderia causar certo desconforto e mal-estar nos professores. Os seminários me davam calafrios, o nervosismo tomava conta de mim, o medo de falar errado o Português era grande. (PEREIRA, 2020, p. 24).

Essa fala da autora mostra a insegurança de algo que pode parecer simples ao expressar suas raízes de pensamentos para se adequar ao pensamento "branco"; o que deveria ser estimulado acaba sendo reprimido.

> A comunidade vivia da natureza, matas, rios e hoje foi forçado a se adaptar, mas, antes, esses mesmos índios viviam livres, caçavam, pescavam; mas tudo isso nos foi tirado. As terras não estão sendo mais produtivas, as reservas se tornaram lugares de acomodação, os contatos frequentes com a cultura dos não indígenas transformou a nossa sociedade, fazendo surgir um novo tipo de pessoa. (PEREIRA, 2020, p. 31-32).

Uma professora da faculdade disse que isso não é perda, e sim transformação, que as coisas se modificam com o tempo, como a cultura e a língua materna. Realmente concordo que existem elementos que se transformam e se modificam com o tempo, mas, ao ver a língua materna desaparecer e não fazer nada, considero como perda. Não considero normal as pessoas não saberem a importância de passar os seus conhecimentos para as e os mais novos/as, não considero normal as línguas indígenas serem esquecidas.

Muito já foi tirado dos povos, e o pouco que ainda lhes restam precisa ser preservado, e isso só seria possível transmitindo a importância de compartilhar os saberes da comunidade.

As escolas têm um papel principal para compartilhar os conhecimentos culturais. Um trabalho em conjunto com as famílias seria necessário para mudar essa realidade, como promover cursos para ensinar a língua materna, pintura tradicional, dança e também a culinária dos povos originários, não apenas para os/as alunos/as, mas envolvendo a participação dos familiares. Assim, por meio de iniciativas educacionais e de valorização cultural, podemos fortalecer e proteger a riqueza cultural dos povos e garantir que suas histórias, práticas e sabedorias sejam perpetuadas ao longo do tempo.

Eu participei da 9ª Conferência Municipal de Saúde, com o tema "Garantir direitos e defender o SUS, a vida e a democracia – Amanhã vai ser outro dia", e muitos usuários/as e trabalhadores/as da saúde indígena também participaram das formulações das propostas. Uma dessas propostas foi sobre intérpretes da língua nos estabelecimentos públicos de Dourados. Todos sabem da dificuldade que as/os falantes das línguas Guarani e Kaiowá encontram, que os/as profissionais têm dificuldades em se comunicar com indígenas, pois não têm alguém que os auxilie na tradução. Nesse sentido, o que pode levar a essa negligência seria a falta de conhecimento da gravidade do problema ou a simples falta de interesse do poder público em solucionar o problema. Além disso, outro apontamento que me chamou atenção foi que as/os trabalhadores/as da saúde indígena cobraram uma ambulância que foi comprada para atendê-los dentro da reserva, onde fizeram a cerimônia de entrega no dia dos indígenas no ano de 2022, pelo Sr. Geraldo Rezende, mas que nunca chegou a atender à população (REZENDE, 2022).

Apesar do cenário difícil pelo qual a comunidade passa, fiquei muito feliz em ver o envolvimento ativo das e dos indígenas nesse evento, cobrando e formulando propostas para as aldeias de Dourados. Essa união de indígenas é um exemplo inspirador de como as comunidades estão se unindo para enfrentar desafios e buscar melhorias para suas respectivas vidas. As conferências são essenciais para formular propostas e melhorar o atendimento no SUS, buscando atender as demandas/necessidades de todos, principalmente por serem abertas à participação popular e permitirem que cada pessoa possa ajudar a formular essas propostas.

Outro evento importante de que participei foi a Roda de Conversa: as e os Kaiowá e Guarani da Grande Dourados-MS: Saúdes, Violências e Resistências[10], realizado no dia 26 de abril, na Universidade Federal de Pernambuco (Ufpe). Nesse encontro, participamos, de forma remota, eu, a psicóloga Guarani Barbara Marques e o psicólogo Lucas Luis de Faria. Nessa ocasião, falamos sobre nossas vivências e também sobre nossas pesquisas. Uma das falas que me chamaram mais atenção foi o relato da Bárbara, em que diz que não foi ensinada a ela a língua materna por receio de acabar atrapalhando o seu português e também por medo de seu pai e sua mãe sofrerem preconceito.

Nesse sentido, eu busquei saber por que isso não foi passado também para mim, já que minha avó materna entende, mas não sabe conversar em Guarani. Ela disse que seus pais conversavam na língua Guarani apenas com os adultos, com as crianças era apenas em português, mas não soube me dizer o motivo. Assim, apesar de entender, mas não saber falar, acabou não conseguindo passá-lo para os seus filhos e netos. Ela também relata: "*Aprendi um pouco trabalhando no meio dos meus patrícios, o básico. Agora não dá mais tempo de aprender, porque hoje já não existe mais o Guarani puro e os da minha época sabem tanto quanto eu*" (informação verbal). Como podemos perceber nessa fala, o que ela chama de Guarani "puro" vai se transfigurando com o tempo. Mas, mesmo tendo se transformado, ele continua a ser utilizada. Assim, as/os indígenas que sabem falar a língua precisam ser conscientizados da importância de repassar seus saberes, e aos que não foram ensinados a comunidade precisa criar possibilidades para que possam aprender.

Dentre as leituras, gostaria de destacar o livro *Reserva Indígena de Dourados: histórias e desafios contemporâneos*, publicado em 2019, e o capítulo que escolhi foi "Notas sobre a presença Terena na Reserva Indígena de Dourados" (TROQUEZ, 2019). Esse capítulo fala sobre o início da demarcação das reservas e também sobre a migração do povo Terena para essas aldeias, os motivos e as consequências.

Segundo o texto, os povos da etnia Terena tiveram suas aldeias tradicionais destruídas em consequência da Guerra do Paraguai, que ocorreu de 12 de outubro de 1864 ao dia 1.º de março de 1870. As aldeias restantes desse conflito acabaram sendo cercadas por fazenda, assim dificultando a vida dos/as indígenas, que tiveram que se adaptar e trabalhar nessas fazendas e também na Comissão das Linhas Telegráficas. Em consequência, alguns indígenas Terena vieram para o Sudoeste e se estabeleceram nas aldeias

---

[10] O evento, em formato híbrido, foi organizado por Catia Paranhos e Jaileila Menezes, em parceria com o Grupo de Pesquisa Poder, Cultura e Práticas Coletivas/Conselho Nacional de Desenvolvimento Científico e Tecnológico (Gepcol/CNPq), e compôs a agenda de atividades Abril Indígena, da Universidade Federal de Pernambuco.

desta região. Logo, como o texto relata, com a convivência de três etnias juntas na aldeia de Dourados, surgiam questões polêmicas, como a demarcação de terra, religião e línguas maternas diferentes, e até a maneira de se relacionar com os/as não indígenas (purutueye) é considerada diferente e na época era uma questão conflitante.

Após ler o texto, fui conversar com a minha avó, que contou que seu pai, Cláudio de Souza, e também Marçal de Souza, ambos da etnia Guarani, eram contra essa migração do povo Terena pelo fato de que as culturas eram diferentes, pelas divergências políticas, também pelo espaço, que já era pouco para as/os Kaiowá e Guarani. Lembro que minha avó me contava que o pai dela não permitia que seus filhos e filhas se relacionassem com os/as Terena, mas não deu muito certo, pois quase todos os seus bisnetos são fruto de relacionamentos com Terena, assim como eu, pois meu pai é da etnia Terena.

Outro motivo que me fez escolher esse capítulo foi porque recentemente foi criada uma organização Terena, e ocorreu na casa do meu tio Valdineis Ribeiro Ramires a primeira grande assembleia. Essa organização é chamada de Organização Terena da Grande Dourados (OTGD), foi criada pelas professoras da etnia Terena com o intuito de resgatar a cultura que aos poucos estava se perdendo, e também visando ao resgate das interações entre as famílias. Como foi dito no texto citado anteriormente, as pessoas da etnia Terena chegaram por meio de familiares que já estavam aqui, e até essa interação familiar acabou se perdendo. Esse grupo acabou sendo criticado, pois se pensava que era uma organização política, e também de luta pela demarcação de terra para os Terena, o que foi negado pelos líderes do grupo.

Além disso, outra história do texto que eu gostaria de mencionar foi a do Sr. Antônio Roberto, que era indígena Boróro, mas que todos pensavam que era Terena, pois ele convivia com estes; casou-se com uma mulher desta etnia, chamada Maria Julieta, e compartilhava a mesma cultura e língua materna. Ele e sua esposa tinham vindo para a reserva no início de sua fundação, no início do século XX. Segundo o texto, esse casal morava em uma área ocupada pelos Terena, localizada onde hoje está a Universidade da Grande Dourados (Unigran), e acabaram adentrando mais a reserva, pois encontraram mais indígenas Terena, acabando por se unirem e se estabelecendo dentro da reserva (TROQUEZ, 2019, p. 100).

Nesse sentido, com toda essa mistura de grupos étnicos nos dias de hoje, sinto que a identidade ou o pertencimento a algum grupo acaba se perdendo. E as consequências dessas misturas acabam se refletindo no não se sentir pertencente a nenhuma. Quando conversamos sobre esses assuntos de mistura de etnias na minha família, as pessoas falam que hoje em dia todos temos sangue "guateka", nome utilizado para mencionar as três etnias juntas, pois a única coisa que determina a qual etnia a pessoa pertence é o que os pais e as mães escolhem colocar nos documentos. Meu marido faz parte da organização dos Terena, mas eu não faço, pois minha mãe escolheu me declarar como pertencente à etnia Guarani. E escolhemos colocar nosso filho como Terena — isso me deixa um pouco confusa. Será que um pedaço de papel determina o que você é? Pois, como mencionado, apesar de ser descendente das três etnias, não me sinto pertencente a nenhuma, já que foi me passado muito pouco sobre a cultura tradicional.

Outro assunto que eu gostaria de destacar é sobre a "pirâmide", que seria uma forma de identificar os grupos étnicos: às vezes os Terena estão no topo, pois são mais adaptáveis e se relacionam melhor com não indígenas (karaí); e, outras vezes, os Kaiowá estão, pois são considerados os que mais preservaram seus costumes. "Segundo este entendimento, os Terena estariam no topo da pirâmide sendo considerado os mais desenvolvidos. Os Guarani vieram a seguir e, por último, os Kaiowá" (TROQUEZ, 2019, p. 102). Lendo este trecho do texto *supra*, sinto-me nessa pirâmide: em alguns assuntos, me sinto no topo em relação aos conhecimentos externos à comunidade, enquanto, em outros assuntos internos sobre a cultura e língua, me sinto abaixo nessa "pirâmide". E, observando a minha geração, muitos estão na mesma situação. Passar conhecimentos como língua ou histórias do passado não é mais considerado prioridade, e sim a pessoa estudar e conseguir um bom emprego; e, como sempre, uma coisa não anula a outra, deveria ser lembrada a importância, principalmente nas escolas, dos saberes indígenas, e que ambos os conhecimentos são de extrema importância, e não um menos que o outro.

Considerações Finais

A história das mulheres Guarani, Kaiowá e Terena é marcada por uma profunda resiliência e uma conexão íntima com suas raízes culturais. Ao longo dos tempos, elas têm sido pilares na preservação de saberes e práticas tradicionais, enfrentando desafios e lutando por seus direitos dentro e fora da reserva. O legado de figuras notáveis como Marçal de Souza e tantas outras pessoas que precisamos (re)conhecer é um testemunho vivo da importância da luta das mulheres nessa comunidade, sendo agentes de mudança e portadoras de tradições ancestrais. Suas memórias e histórias, entrelaçadas com as da reserva, formam um tesouro cultural a ser compartilhado e protegido, inspirando as gerações futuras a perpetuarem a herança de resistência e a vencer com a sabedoria ancestral que moldou suas respectivas identidades como mulheres fortes e guerreiras.

Referências

CAVALCANTE, T. L. V. *Colonialismo, território e territorialidade*: a luta pela terra dos Guarani e Kaiowá em Mato Grosso do Sul. Tese (Doutorado em História) – Universidade Estadual Paulista Júlio de Mesquita Filho, Assis, 2013.

DIAS, B.; CABREIRA, R. A imagem da bruxa: da antiguidade histórica às representações fílmicas contemporâneas. *Ilha do Desterro*, [*S. l.*], v. 72, n. 1, p. 175-197, 2019.

FARIA, L.; MARTINS, C. "Terra é vida, despejo é morte": saúde e luta Kaiowá e Guarani. *Psicologia*: Ciência e Profissão, [*S. l.*], v. 43, e245337, p. 1-17, 2023.

FERREIRA, A. *Tutela e resistência indígena*: etnografia e história das relações de poder entre os Terena e o Estado brasileiro. São Paulo: Edusp, 2013.

FERREIRA, J. *Marçal de Souza*: líder indígena Guarani assassinado por defender direitos dos povos originários. [*S. l.*], MST, 2021. Disponível em: https://mst.org.br/2021/11/25/marcal-de-souza-lider-indigena-guarani-assassinado-por-defender-diretos-dos-povos-originarios. Acesso em: 15 ago. 2023.

KUÑANGUE ATY GUASU/GRANDE ASSEMBLEIA DAS MULHERES KAIOWÁ E GUARANI/MS. *Omissão do Estado brasileiro e os assassinatos de vidas Kaiowá e Guarani em Mato Grosso do Sul*. Tekoha/território Kaiowá e Guarani: Kuñangue Aty Guasu, 18 jan. 2023. Disponível em: https://www.kunangue.com. Acesso em: 15 ago. 2023.

MARTINS, C. P. Desaprender 8 horas por dia: psicologia e saúde indígena. *Fractal*: Revista de Psicologia, [*S. l.*], v. 33, n. 3, p. 192-198, 2021.

MIGNOLO, W. *Desobediencia epistémica*: retórica de la modernidad, lógica de la colonialidad y gramática de la descolonialidad. Buenos Aires: Del Signo, 2014.

MOTA, J. G. B.; CAVALCANTE, T. L. V. (org.). *Reserva Indígena de Dourados*: histórias e desafios contemporâneos. São Leopoldo: [*s. n.*], 2019.

MUNDURUKU, D. *O caráter educativo do movimento indígena brasileiro*. São Paulo: Paulinas, 2012.

OBSERVATÓRIO KUNÃNGUE ATY GUASU (O.K.A.). *Intolerância religiosa, racismo religioso e casas de rezas Kaiowá e Guarani queimadas*. Disponível em: https://apiboficial.org/files/2022/03/Relato%CC%81rio_Intolera%CC%82ncia-religiosa-racismo-religioso-e-casa-de-rezas-queimadas-em-comunidades-Kaiowa%CC%-81-e-Guarani.pdf. Acesso em: 15 ago. 2023.

PEREIRA, H. *Projeto de Lei nº 490, de 2021*. Dispõe sobre questões relacionadas aos povos indígenas. [*S. l.: s. n.*], 2021. Disponível em: https://www.camara.leg.br/propostas-legislativas/345311. Acesso em: 15 ago. 2023.

PEREIRA, L. *As políticas públicas para a saúde indígena e a política de saúde das mulheres Kaiowá da reserva de Amambai, MS*: aproximações e impasses. Dissertação (Mestrado em Antropologia) – Dourados, Universidade Federal da Grande Dourados, 2021. Disponível em: https://repositorio.ufgd.edu.br/jspui/bitstream/prefix/4612/1/LuciaPereira.pdf. Acesso em: 15 ago. 2023.

PINHEIRO, E. *Marçal de Souza*: o banguela dos lábios de mel. Dourados: [*s. n.*], 2008.

RAMIRES, L. *Processo próprio de ensino-aprendizagem Kaiowá e Guarani na Escola Municipal Indígena Ñandejara Pólo da Reserva Indígena Te'ÿikue*: saberes Kaiowá e Guarani, territorialidade e sustentabilidade. Dissertação (Mestrado em Educação) – Universidade Católica Dom Bosco, Campo Grande, 2016.

RENATO Vidigal é denunciado por morte de adolescente indígena em Dourados. *Dourado News*, Dourados, 30 dez. 2019. Disponível em: https://www.douranews.com.br/saude/renato-vidigal-e-denunciado-por-morte-de-adolescente-indigena-em-doura/122244. Acesso em: 15 ago. 2023.

REZENDE, G. *A saúde de Dourados ganha um reforço com a entrega de ambulância*. [*S. l.: s. n.*], 20 abr. 2022. Disponível em: https://fb.watch/kjBbGFlS68/?mibextid=Nif5oz. Acesso em: 15 ago. 2023.

TROQUEZ, M. C. C. Notas sobre a Presença Terena na Reserva Indígena de Dourados, MS. In: MOTA, J. G. B; CAVALCANTE, T. L. V. (org.). *Reserva Indígena de Dourados Histórias e Desafios Contemporâneos*. São Leopoldo: Editora Karywa, 2019. p. 95-110.

CAPÍTULO 9

PRÁTICAS E SABERES DAS KOKUE EM CINCO RETOMADAS GUARANI E KAIOWÁ: (IN) SEGURANÇA ALIMENTAR E NUTRICIONAL E MODOS DE LUTAR PELA RECUPERAÇÃO DA VIDA E DO TERRITÓRIO

Verônica Gronau Luz

Lucas Luis de Faria

Felipe Mattos Johnson

Indianara Ramires Machado

Rosani Moreira Leitão

A Construção do Saber sobre Roça (Kokue)[11] com os Povos Guarani e Kaiowá das Retomadas[12]

Este texto foi construído com base no que aprendemos durante a pesquisa "Soberania e segurança alimentar e nutricional nos territórios Guarani e Kaiowá do Mato Grosso do Sul (MS)". Essa pesquisa, vinculada à Fian Brasil[13] – Organização pelo Direito Humano à Alimentação e Nutrição Adequadas, em parceria com o Conselho Indigenista Missionário e a Aty Guasu, Grande Assembleia do Povo Guarani e Kaiowá, buscou atualizar o relatório de estudos realizados pela instituição em 2013, intitulado *O direito humano à alimentação adequada e à nutrição do povo Guarani e Kaiowá* (FRANCES-

---

[11] As palavras em guarani não serão grafadas em itálico, por não se tratar de uma língua estrangeira.

[12] Esta pesquisa e capítulo conta com o apoio via financiamento de bolsa de doutorado da primeira autora por meio do projeto UI/BD/154315/2022. Doutorando em Antropologia no Instituto de Ciências Sociais, Universidade de Lisboa, Portugal.

[13] A Fian foi fundada em 1986, atua em 50 países e possui status consultivo junto ao Conselho de Direitos Humanos da Organização das Nações Unidas (ONU) e participação ativa em órgãos internacionais como a FAO (Organização das Nações Unidas para a Alimentação e Agricultura) e no Sistema Interamericano de Direitos Humanos da OEA (Organização dos Estados Americanos).

CHINI, 2016). Esses direitos englobam o consentimento prévio, informado e livre, a autodeterminação, o acesso às terras e aos recursos naturais, à saúde e ao bem-estar, a preservação da cultura, o desenvolvimento sustentável, a garantia de um ambiente saudável, a disponibilidade de água potável, a alimentação adequada e a segurança pessoal.

As palavras que seguem foram pensadas em específico conforme os dados gerados neste contexto, que abriram inúmeras sendas de investigação, perguntas de pesquisa que, espera-se, aos poucos, aprofundem o entendimento sobre as contemporâneas e sistemáticas violações de direitos tão básicos quanto alimentação adequada, fatores que atingem os Guarani e Kaiowá. A fome no MS convive com grãos e gados para exportação e aparatos tecnológicos do "novo" agronegócio, que, como veremos, muito se assemelha ao saque extrativista e escravagista dos princípios do colonialismo em Abya Yala[14].

Embora o relatório contemple um amplo panorama de questões, neste capítulo abordamos mais especificamente a produção e importância das roças tradicionais, as kokue, nas áreas de retomadas territoriais, não só como forma de construção de soberania e de segurança alimentar, mas também como instrumentos de fortalecimento cultural e de busca da boa/bonita vida — teko porã —, "o modo de viver correto [...], entendido como o 'bom viver'", "estilos comportamentais íntegros e de afetividade [...], similares aos [...] parentes [das ñandesy e ñanderu] dos patamares celestes" (BENITES, 2014, p. 245, 249), de acordo com os princípios cosmológicos Guarani e Kaiowá, próximo do que outros povos nomeiam como bem viver[15] e diretamente vinculado às práticas de retomada. Neste contexto, a noção de retomada, tão recorrente nos discursos e ações do movimento indígena brasileiro nas últimas décadas, não se refere apenas ao acesso à terra, e sim ao território ancestral com toda a complexidade e os significados que esse conceito agrega. Território é espaço de construção, reprodução e transmissão de saberes e de práticas coletivas. É lugar de memórias e de

---

[14] "Terra em florescimento" é uma das traduções possíveis. Termo cunhado pelo povo Kuna e que vem sendo utilizado por diferentes povos originários em contraposição à dominação europeia de "América Latina", atribuída ao continente. O termo foi utilizado pela primeira vez na II Cumbre Continental de los Pueblos y Nacionalidades Indígenas de Abya Yala, em 2004, em Quito, Equador.

[15] O conceito de Bem Viver ou *Buen Vivir* surge no contexto de mobilizações indígenas de países latino-americanos, sobretudo na Bolívia, a partir dos anos 2000, relacionado à noção de Abya Yala como um contraponto à noção moderna e excludente de desenvolvimento econômico baseada na extração e distribuição desigual de recursos e na supremacia humana sobre esses recursos e sobre outros seres da Terra. Nessa perspectiva, o bem viver é sempre coletivo e construído numa relação de igualdade com os outros seres habitantes da Mãe Terra, que não deve ser vendida, explorada ou apropriada individualmente.

ancestralidade. E onde descansam os mortos. Que acolhe e alimenta todos os seres. É nesse sentido amplo que estamos compreendendo as retomadas e as kokue Guarani e Kaiowá, com eles.

Em 2013, o relatório abrangeu três áreas de retomadas territoriais: Kurusu Ambá[16] (município de Coronel Sapucaia), Ypo'i[17] (Paranhos) e Guaiviry[18] (Aral Moreira). Em 2023, as retomadas de Apyka'i[19] (Doura-dos) e Ñande Ru Marangatu[20] (Antônio João) foram incluídas na pesquisa, ampliando os dados socioeconômicos e nutricionais e, portanto, ampliando o escopo geográfico de análise da realidade Guarani e Kaiowá. O quadro alarmante revelado pela pesquisa de 2013 apontou para um índice de 100% das famílias sofrendo com algum nível de insegurança alimentar e nutricional nas comunidades contempladas pela pesquisa. Passados dez anos da primeira avaliação, as comunidades seguem marcadas por graves situações de fome em todos os territórios, com relatos de crianças que vieram a óbito — direta ou indiretamente — pela fome, como nos casos de Guaiviry e Apyka'i. No primeiro, uma criança de 7 anos foi atropelada em 2022, quando transitava pela rodovia MS-386 em busca de uma caça compartilhada para sua famí-

---

[16] A primeira retomada de Kurusu Ambá data de 2007, quando a ñandesy Xurite Lopes foi assassinada por pistoleiros no local, próximo às fazendas sobrepostas ao território indígena. A comunidade foi removida força-damente pelos próprios fazendeiros. Após diversas tentativas de recuperação do tekoha, em 2014, garantem sua permanência em nova retomada. Neste tekoha, o quadro de desnutrição e mortalidade infantil atingiu índices graves ao longo desse processo.

[17] A Terra Indígena Ypo'i/Triunfo, indicada para concluir o processo de demarcação e homologação em 2023 pelo governo federal, foi retomada em 2009. Logo após a retomada, na ocasião de violenta ofensiva dos fazendeiros contra a comunidade, Rolindo e Genivaldo Vera foram desaparecidos e mortos. O corpo de Genivaldo foi encontrado dez dias depois, e Rolindo segue desaparecido. A comunidade, predominantemente Guarani Nhandeva, sofreu remoções forçadas e diferentes tentativas de retomada, além de cercos promovidos por fazendeiros, que impossibilitaram por cem dias, em 2010, acesso a alimentação e saúde. Em 2011, Teodoro Ricarte é assassinado por fazendeiros. Em 2015, a comunidade avança novamente.

[18] A última retomada de Guaiviry ocorreu em 2011, garantindo a permanência da comunidade no local. No mesmo ano, em novembro, ocorre o assassinato do Ñanderu Nísio Gomes, cujo corpo foi desaparecido após sua execução. A já extinta empresa de segurança privada Gaspem (fechada por comprovação de sua participação em ataques contra comunidades Guarani e Kaiowá), sindicatos rurais, fazendeiros e políticos locais são acusados de participação direta no crime.

[19] Atualmente o acampamento está na beira da BR-463, após despejo ocorrido em julho de 2016. A rodovia conecta Dourados a Ponta Porã e já foi palco de inúmeros atropelamentos criminosos contra familiares de dona Damiana. A luta por Apyka'i remonta ao início da década de 1990. Desde então, após a primeira retomada efetiva do tekoha em 2003, a comunidade foi alvo de ao menos sete despejos e mais de uma dezena de mortes e assassinatos de pessoas associadas à família de Damiana, incluindo atropelamentos, ataques químicos e execuções.

[20] A primeira tentativa de retomada desse tekoha foi em 2005, quando ocorreu brutal despejo pela Polícia Federal. A comunidade passa a viver na beira da estrada, apesar de a entrega do Relatório Circunstanciado de Identificação de Delimitação ter sido em 1999. Importante recordar que em 2015 a retomada sofreu ataque coordenado pelo Sindicato Rural de Antônio João em tentativa de remoção forçada, quando foi assassinado Simeão Vilhalva e decretada missão de Garantia da Lei e da Ordem (GLO). Há mais de 20 anos, os Guarani e Kaiowá desse tekoha aguardam pela demarcação de suas terras.

lia, que passava fome[21]; no segundo caso, ocorreu a morte de uma criança de apenas 1 ano por quadro grave de desnutrição. A criança e sua família são parte da parentela que reivindica historicamente o tekohá Apyka'i e se encontra esparramada[22] na periferia de Dourados.

Ademais, esta pesquisa também é tecida conforme diálogos entre saberes dos campos da nutrição, antropologia, enfermagem e psicologia junto aos povos Guarani e Kaiowá. São sensibilidades e conhecimentos experienciados em nossas trajetórias formativas ou durante nossas caminhadas pelos tekohá, que geraram uma miríade de questionamentos ao longo de nossos passos: por que, neste contexto, debater kokue e soberania ou autonomia alimentar? O que dizem os ñanderu (rezadores), as ñandesy (rezadoras), as lideranças comunitárias e pesquisadores Guarani e Kaiowá sobre a fome e o desterro, mas também sobre a roça, a alimentação saudável, os modos de ser? Como o avanço do agronegócio e a configuração do latifúndio no MS está relacionado à insegurança alimentar nas comunidades indígenas e, por conseguinte, como isso impacta a possibilidade de reprodução da kokue?

Buscaremos dialogar com essas questões conforme o que vivenciamos e compartilhamos no trabalho de campo voltado para o levantamento de dados socioeconômicos, demográficos e relativos à alimentação e insegurança alimentar e nutricional, assim como ao longo das devolutivas para as comunidades com quem pesquisamos coletivamente. Portanto, utilizamos uma variada construção metodológica, que envolveu inicialmente pesquisa quantitativa (com uso de questionário) e de etnografia colaborativa e multissituada, com o protagonismo dos/as pesquisadores/as indígenas na construção dos instrumentos de coleta de dados junto às comunidades, realizada entre janeiro e abril de 2023, com todas as famílias dos tekohá de Ypo'i (98), Kurusu Ambá (100), Guaiviry (52) e Apyka'i (família de dona Damiana); e 44% das famílias de Ñande Ru Marangatu (229 de 516), totalizando 480 famílias. As entrevistas foram interpretadas em guarani, o que garantiu a coleta de dados e produção de informações para o relatório da Fian e contribuiu com os objetivos do presente estudo: compreender a atualidade da roça (kokue) nas retomadas, a importância e os desafios da produção de alimentos neste contexto e, consequentemente, os efeitos causados pela fome e desterritorialização. Com base nos dados quantitativos,

---

[21] Ver detalhes em: https://noticias.r7.com/cidades/diario-digital/crianca-de-8-anos-e-atropelada-e-morre-na--ms-386-22042022. Acesso em: 28 ago 2023.

[22] Referência ao sarambi, ou "esparramo", como os Guarani e Kaiowá se referem ao processo histórico de desterritorialização e dispersão e fragmentação das famílias nas reservas, cidades, e outras aldeias.

posteriormente foi possível identificar interlocutores-chave, seguindo com outros métodos mistos de pesquisa qualitativa, que incluíram história oral, observação participante e diálogo com nossos interlocutores nas áreas de retomada Guarani e Kaiowá.

Formas de Expropriação Colonial e Resistência Ancestral dos Elementos que Constituem a Kokue

O território ancestral Guarani e Kaiowá é profundamente marcado pela diversidade, seja por meio das relações entre diferentes seres, seja pelas espécies vegetais, alimentícias ou medicinais, cultivadas ou pelas variedades espontâneas de coleta desde o espaço-tempo denominado ka'aguyrusu, ou mata grande/densa — anterior à chegada dos karaí ou mbairy (brancos/ não indígenas) — e seu convívio com outras características da sociobiodiversidade. Aqui, compreendemos a vida em toda sua extensão, para além dos limites estabelecidos pela ciência e pelo racionalismo moderno-colonial — também o são as águas, os campos, os brejos, a floresta e demais características do bioma e da paisagem, habitados pelos jára (guardiões das forças vitais que dividem o mundo com os humanos).

A introdução das monoculturas de soja, milho e cana-de-açúcar, posteriores à expansão agropastoril intensificada nas décadas de 1940 e 1950 no atual Mato Grosso do Sul, é precisamente elemento de redução das relações que produz diversidade ao mínimo possível, movimento contraposto pelos ñanderu e ñandesy guardiões de sementes com quem nos sentamos para conversar sobre a kokue em distintas retomadas. Seu Salvador — ñanderu que vivenciou a primeira remoção forçada dos Kaiowá de Ñande Ru Marangatu (LOPES, 2022) —, na ocasião da devolutiva da pesquisa nesse território, relatou o manejo e reprodução de três variedades de feijão, duas de abóbora, avati morotĩ (milho branco saboró) e três variedades de melancia ("vermelha, branca e pintada"). Em sua kokue, demonstrou grande variedade de cultivos, por onde caminhamos ao longo da tarde — três variedades de mandioca e cana-de-açúcar, mamão, plantas e árvores medicinais —, incluindo o cedro (ñarakatĩguy) plantado por ele em distintos lugares da kokue —, árvores frutíferas, abóboras, abacaxis são breves exemplos da contraposição da kokue jopara — roça misturada[23] — às lavouras mecanizadas e seus monocultivos.

---

[23] Esse é um modo pelo qual os Guarani e Kaiowá se referem à roça tradicional, em contraposição à monotonia da monocultura.

Historicamente, os povos Kaiowá e Guarani de MS sofreram remoções forçadas de seus territórios tradicionais pelas frentes de expansão colonial-capitalista, como Ñande Ru Marangatu nas décadas de 40, 50 e 70, em diferentes regiões desse território (OLIVEIRA; PEREIRA, 2009). No início do século XX, pós-guerra da Tríplice Aliança, o Serviço de Proteção ao Índio criou oito reservas indígenas no sul de Mato Grosso (hoje MS), entre os anos de 1915 e 1928, tendo como paradigma a integração e assimilação dos povos indígenas à sociedade nacional, o que representou a violenta retirada dos povos de seus territórios e o confinamento em pequenas porções de terras arbitrariamente instituídas pelo Estado, como amplamente debatido por Antonio Brand (1993, 1997), Levi Marques Pereira (2004), Thiago Cavalcante (2013, 2019) e outros/as autores/as. A desterritorialização promovida pelas políticas indigenistas de colonização tinha como objetivo a liberação das terras ocupadas pelos indígenas para a exploração. Além disso, a proximidade das reservas em relação aos povoamentos de colonos, tal como a Colônia Agrícola Nacional de Dourados (Cand) e a Reserva Indígena de Dourados, tinha como pretensão a "conversão civilizatória" — de acordo com a perspectiva colonialista —, em que haveria a dissolução étnica baseada na exploração da mão de obra indígena e no contato com não indígenas, modificando hábitos e modos de ser.

As políticas de reservamento, apesar de objetivarem a "assimilação sociocultural" — e a despeito dos profundos impactos nas relações cosmológicas e comunitárias Guarani e Kaiowá —, defrontaram-se com práticas de resistência, transformação e adaptação aos novos cenários provocados pela violência que consolidou o poder tutelar. O distanciamento dos territórios originários provocado pelas remoções forçadas e a confrontação estatal aos modos de organização ancestral Guarani e Kaiowá, associada à capitulação para a cogestão do poder do Estado (FERREIRA, 2014) — visível na imposição pelos órgãos indigenistas e militares de figuras de poder como as capitanias —, são partes dos desdobramentos desse processo, resultando na desorganização de parentelas e imposição de outros modos de produção e reprodução da vida com base na ocupação colonial-capitalista e estatal do território.

Esse processo de desterritorialização Guarani e Kaiowá também resultou — e ainda resulta — em diversas violações contra a vida. A violação do direito humano à alimentação e nutrição adequada produziu, em 2000, a taxa de mortalidade infantil de 141,6 óbitos por mil nascidos vivos no Polo-Base de Dourados, maior polo-base do Distrito Sanitário Especial Indígena do MS e do Brasil, enquanto a média nacional era de 29,0 óbitos por mil nascidos vivos no mesmo ano (IBGE, 2013) (e no MS era de aproximadamente 25 óbitos por mil, em 2000) (BRASIL, 2009). Todas essas mortes foram por causas preveníveis, como desnutrição, diarreia e pneumonia. Este número em 2019, devido a diversos esforços da equipe multidisciplinar de saúde indígena, da luta dos povos indígenas e dos movimentos das comunidades, reduziu-se para 14,4 óbitos para cada mil nascidos vivos. A taxa, embora reduzida significativamente, ainda representa as maiores iniquidades em saúde entre indígenas e não indígenas no Brasil, resultado de anos de políticas de Estado para eliminar os povos indígenas.

Atualmente, a superlotação das reservas afeta a (im)possibilidade de produção de alimentos e das roças (kokue) pela limitação dos espaços para plantio, as consequências da despossessão e os empecilhos em relação às práticas ritualísticas/cerimoniais, sendo essas dimensões inter-relacionadas e intrínsecas à realização da kokue, a exemplo do canto-reza-dança Jerosy Puku, quando ocorre o batismo do milho, avati moroti̧. Por meio dos diálogos estabelecidos pelos xamãs com Jakaira, espírito-guardião desse milho e da roça, a boa colheita pode ser garantida e relaciona-se à construção do corpo e da pessoa Kaiowá:

> [...] após passar o ritual do batismo, o consumo dos alimentos do milho ajuda as pessoas a incorporarem a alma das divindades, dando força ao canto, em um sentido amplo, como por exemplo, para fazer chover. (JOÃO, 2011, p. 31).

O mesmo autor salienta, em análise comparativa com etnografias dos Mbyá Guarani, a convergência para os Kaiowá da relação entre o consumo correto de alimentos da kokue — observando regras alimentares específicas — e saúde física-espiritual, assim como sua imprescindibilidade para "alcançar o *aguyje* (estado perfeito do corpo físico e da alma e ingressar na terra sem mal, sem enfrentar a morte" (JOÃO, 2011, p. 32). Todo esse processo da produção de saúde com base na kokue e todo o detalhamento da sua produção e de suas transformações são também descritos por Eliel Benites, no Volume 1 desta coleção (IORIS; PEREIRA; GOETTERT, 2021).

Parte expressiva das pessoas entrevistadas na pesquisa da Fian (38,3%) é oriunda das reservas, que, pelas diversas limitações desse modo de ocupação provocado pelo confinamento, entenderam o processo de retomar o tekohá enquanto necessidade para continuidade da reprodução da vida.

As demais pessoas entrevistadas declararam ter sempre morado nessas retomadas (30,4%) ou ter vindo de outra retomada (18,1%). Os dados da pesquisa confirmam exatamente que, do total de famílias entrevistadas, 94,9% relataram que retomar o tekohá melhorou a alimentação, possibilitando terem acesso a matas, rios e plantações, podendo plantar e trocar alimentos.

As retomadas são movimentos organizados pelos Guarani e Kaiowá de recuperação de seus territórios ancestrais, e cresceram a partir da década de 1970. As retomadas dos tekohá, para esses povos, significam, para além do espaço físico de ocupação territorial, a recuperação dos modos de ser, de organização e relações danificadas ao longo de séculos de colonização. O tekohá, descrito detalhadamente por diversos autores indígenas e não indígenas (BENITES, 2014; MÈLIA, 2004; PEREIRA, 2004; PIMENTEL, 2012), é uma categoria nativa na língua guarani, simbolizando, por meio das ações de retomada, as principais expressões de luta e resistência dos povos Guarani e Kaiowá de Mato Grosso do Sul (MOTA, 2015, 2017).

Retomar a terra, de acordo com nossos interlocutores, também é retomar a kokue e sua multidimensionalidade, revelando a necessidade de espaço para a produção de roças e para reconstituir relações com as divindades ou seres xamânicos, orientados pelo ava reko ymaguare — modo de ser dos antepassados —, "matriz compartilhada que permite o reconhecimento da inclusão numa mesma formação social" (BENITES; PEREIRA, 2021, p. 198) e suas variáveis em distintos campos relacionais, como os autores referenciados debatem conforme as contribuições do antropólogo Kaiowá Celuniel Valiente (2019). Além disso, o ava reko ymaguare é referenciado como espaço-tempo de "fartura nas lavouras" (VALIENTE, 2019, p. 204). Ainda, para Eliel Benites e Levi Pereira (2021, p. 210), a kokue é muito mais do que a roça como provedora de alimentos: é lugar de relações [...] entre o *Ñanderu*, plantas e animais e seus respectivos guardiões", e possibilita "colorir e embelezar a terra – *ombojegua yvy*, acentuando a riqueza da biodiversidade e da sociodiversidade do *tekohá*".

O debate em questão dialoga com a hipótese central da tese de Sandra Procópio da Silva (2022, p. 24) acerca do "tripé inseparável no qual a retomada, a reza (ñembo'e) e a roça (kokuê) são componentes articulados para o avanço em direção à autodemarcação". Em uma passagem de seus escritos e trabalho de campo, a autora afirma que, para os Guarani e Kaiowá, "para alcançar a felicidade é preciso da roça, do kokue, que está presente desde a criação do universo", como síntese de conversa com mulheres de

Laranjeira Ñanderu"[24], do que se conclui que o caráter divino dos alimentos, fornecidos como dádiva para os seres humanos, está vinculado à corporalidade dos deuses, daí " a importância do território onde há autonomia para plantar e colher sua alimentação tradicional; importância que é também associada ao bom modo de viver bem e feliz".

Sendo assim, as kokue são fundamentais no processo de enfrentamento às condições de insegurança alimentar e nutricional e, para além desses fatores, para a própria reprodução dos modos de ser em meio a tantos desafios enfrentados pelas comunidades, aspectos que se defrontam com óbices e dificuldades oriundas dos processos históricos abordados anteriormente e seus efeitos contemporâneos. No tópico a seguir, discutiremos questões relacionadas aos desafios para a produção e manutenção das kokue e os resultados da insegurança alimentar nos territórios, com base em suas atualizações e perturbações decorrentes do cataclísmico karaí kuera reko, o modo de ser dos brancos.

Soberania Alimentar na Retomada? Desafios da Produção e Manutenção das Kokue e o Reflexo na (in)Segurança Alimentar

A pesquisa "Soberania e segurança alimentar e nutricional nas áreas de retomada" revelou-nos diversas dificuldades e limitações enfrentadas diariamente pelos Guarani e Kaiowá no manejo e reprodução da roça, em geral provocadas por fatores externos, relacionados à expansão do agronegócio, por ameaças e efeitos devastadores causados pelas monoculturas de grãos. Das 480 famílias entrevistadas em cinco diferentes tekohá, 60,6% (291) faziam suas kokue; 48,8% destas (125 famílias) conseguem produzir comida a maior parte do ano; e 40,2% apenas alguns meses do ano, fatores que impactam a autonomia alimentar. As famílias relataram os alimentos que são mais produzidos atualmente: mandioca (por 60% dos entrevistados), batata e batata-doce (46,8%), alguns tipos de feijão (29,8%), milho (19,2%), abóbora (14,8%) entre outros alimentos que apareceram com menos frequência, como quiabo (1,3%), verduras (1,0%) e outros tubérculos, como cará e inhame (1,2%). As frutíferas também estavam presentes na maioria dos domicílios ou nos entornos, em todos os territórios. As mais citadas foram: banana (57,5%), manga (36,3%), limão (25%), mamão (19,8%), laranja (14,8%), poncã (13,5%), guavira (7,7%), pitanga (4,2%), entre outras.

---

[24] Retomada localizada no município de Rio Brilhante/MS.

Diversas foram as dificuldades listadas pelas famílias que não conseguem produzir suas roças ou mesmo entre as que produzem, sendo as principais apontadas: pulverização por agrotóxico nas fazendas vizinhas; limitação do acesso à água; dificuldades com o solo desgastado pelas monoculturas, além de solos arenosos em Kurusu Ambá, ou pedregoso em algumas regiões de Ñande Ru Marangatu; manejo da terra dificultado pela falta de equipamentos; inseguranças quanto à permanência na terra; necessidade de buscar trabalho fora do território para ter acesso a renda, fator que se associa a superexploração do trabalho indígena e, não raro, à escravização; excesso de braquiárias e falta de acesso a diversas sementes tradicionais, incluindo o avati moroti̇̃, fundamental para o centro e a base da kokue. Discutiremos alguns desses fatores a seguir.

Encontramos, em um argumento de Andrey Ferreira (2014, p. 149), um auxílio para pensar, em específico, a questão dos trabalhos forçados, sazonais e precários, aos quais muitos indígenas Guarani e Kaiowá vendem sua força de trabalho para acesso à renda. O autor afirma que "poderíamos falar de uma política deliberada de colonialismo interno em que a expropriação das terras indígenas se deu paralelamente à 'liberação' de uma força de trabalho indígena", desde o fim do século XIX no atual Mato Grosso do Sul, fator que dialoga com os resultados de nossa pesquisa no que diz respeito à relação dos deslocamentos causados pela formação de um grande exército industrial "das reservas" (PORTO *et al.*, 2022) — em sua maioria, homens jovens e adultos compelidos à busca de trabalho em usinas, fábricas, frigoríficos, canaviais e, mais recentemente, colheita de maçã e catação de milho, mandioca, alho, cebola e outras culturas. Em Ypo'i e Kurusu Ambá, por exemplo, dados da FIAN revelaram que, respectivamente, 55% e 54,1% das pessoas entrevistadas trabalharam na última colheita da maçã. O corte de cana representou um total de 11% das pessoas entrevistadas nos cinco tekohá, diante de 27% da colheita de maçã e 11% de catação de milho, além de outras colheitas alheias ao território.

As cinco retomadas estão em áreas limítrofes aos latifúndios com grandes extensões de monoculturas ou criação de gado. Nas fazendas monocultoras, de acordo com as comunidades, as pulverizações de agrotóxico são constantes, realizadas com maquinários agrícolas de grande porte. Essas pulverizações nas proximidades das retomadas — em Kurusu Amba e Guaiviry ocorrem semanalmente —, de acordo com nossos interlocutores, geram diversos efeitos, tanto para a saúde das famílias, que relatam sintomas de intoxicação (dores de cabeça, náuseas, diarreia, dores no corpo, fraqueza, entre outros), quanto para as roças, que servem como refúgio dos insetos que se deslocam das monoculturas para as kokue ou são diretamente atingidas por agrotóxicos. Em Kurusu Ambá, nossos interlocutores relatam um episódio em que os fazendeiros utilizaram agrotóxicos[25] para matar a plantação em função do avanço da retomada.

O acesso à água é um ponto crítico nas cinco retomadas estudadas; 45,6% (219 famílias) têm acesso via caminhão-pipa; e 22,7% (109 famílias), por meio dos rios. Em Kurusu Ambá, a frequência do abastecimento pelo caminhão-pipa ocorre a cada oito dias —em alguns momentos ultrapassa 15 dias —, e nem todas as pessoas possuem caixa d'água para o abastecimento. As famílias que não acessam a água oriunda dos caminhões recorrem aos rios, que invariavelmente são contaminados pelo uso intensivo de agrotóxicos próximo das nascentes e cursos dos rios, fator que agrava as situações de intoxicação e de fragilização da saúde comunitária. Já em Ñande Ru Marangatu, na subárea de Casa Branca, o abastecimento do caminhão-pipa ocorre quinzenalmente, frequência absolutamente insuficiente para as demandas da comunidade. Para acessar água, os moradores dessa subárea recorrem a pequenos rios com a utilização de galões anteriormente utilizados como recipientes de armazenamento de agrotóxicos, descartados pelos fazendeiros da região nas rodovias e proximidades dos córregos. Parte dos agrotóxicos utilizados nesses galões descartados é ilegal no Brasil — apesar do registro histórico de 562 agrotóxicos liberados até 2022 (SALATI, 2022) — e contrabandeados do Paraguai.

O manejo do solo é outro desafio enfrentado nos territórios. A eliminação das espécies nativas, introdução de sementes modificadas (transgênicas) e desgaste do solo pela exploração da monocultura são elementos dificultadores para a produção das roças, assim como os impactos degradantes das aplicações de agrotóxicos anteriores à retomada e nas lavouras circundantes. Somada a esses fatores, a falta de ferramentas e orientações para plantios em diferentes solos gera entraves à produção de alimentos pela comunidade. Como as retomadas atualmente ocupam apenas parcialmente o território ancestral reivindicado, a não demarcação também provoca, pela necessidade de habitação e moradia, a ocupação de áreas que, por vezes, não são adequadas ao plantio — como o caso das regiões pedregosas

---

[25] Os dessecantes de soja são referências comuns dos nossos interlocutores como causadores de efeitos graves. É possível que o uso de Paraquat — proibido no Brasil em 2017 por sua alta toxicidade — continue sendo realizado clandestinamente por grandes fazendeiros. Glufosinato de amônio e Diquat são outras possibilidades, além de substâncias não registradas oriundas de contrabando.

anteriormente referidas em Ñande Ru Marangatu. Levi Marques Pereira (2004) aponta o fator das plantas invasoras (gramíneas, como a braquiária) e relaciona a falta de terras como fator que:

> [...] impõe o cultivo de solos pobres de cerrado ou de campo cerrado, como no caso da Reserva de Limão Verde. Os Kaiowá têm plena consciência da pequena produtividade nos solos de baixa fertilidade, principalmente a partir do segundo plantio, e que as lavouras nesse tipo de solo resistem menos aos períodos de escassez de chuva que ocorrem eventualmente [...]. (PEREIRA, 2004, p. 193).

O acesso às sementes tradicionais está comprometido pelo processo de erosão genética causada pelos monocultivos e pela transgenia, além do monopólio de sementes por grandes empresas transnacionais do agronegócio, que danificaram a biodiversidade característica dos cultivos Guarani e Kaiowá e geram a dependência da compra de variedades restritas, em geral inférteis para reprodução de outras gerações do cultivo. Essa situação é confirmada pelo cacique Genito, do tekohá de Guaiviry, que nos conta que, ao produzirem abóboras, quase nunca conseguem reproduzir os plantios com base nas sementes, que são estéreis. A mesma questão vale para o milho transgênico e/ou híbrido, que nossos interlocutores relatam causar dependência da compra de suas sementes privatizadas e modificadas geneticamente por grandes empresas transnacionais.

Em Guaiviry, Genito compartilha conosco informações sobre as transformações em curso na vida dos jovens, assim como seus interesses, algo observado também nas gerações mais novas de agricultores familiares em outros contextos. Genito alerta para as crescentes pressões e capturas do karaí kuera reko, que terminam por gerar afastamentos dos mais jovens em relação às práticas da kokue. Em Kurusu Ambá, a comunidade aponta a realidade dos jovens no trabalho assalariado como impedimento para a produção das roças por falta de tempo. Essas transformações dos mais jovens para o trabalho assalariado também são descritas por Eliel Benites (2021). Seu Salvador auxilia-nos a pensar, por meio de indicações importantes, acerca da condição de muitos jovens na atualidade, que são acometidos por enfermidades físico-espirituais relacionadas ao distanciamento das rezas e rezadores/as como consequência das contradições geradas pelas desorganizações coloniais e pelo neoextrativismo em sua forma das novas *plantations*, tal como contradições intergeracionais e das próprias condições do território para o cultivo. Essa avaliação, orientada pelo saber cosmológico do rezador, retoma a relação intrínseca entre a produção da roça e as rezas, comumente desassociadas pela lógica etnocêntrica. Os desafios para a reprodução da kokue, portanto, transcendem meras questões técnicas e ambientais, sendo necessário compreendê-la em sua multidimensionalidade.

É importante, entretanto, citar o papel da Retomada Aty Jovem (RAJ), Grande Assembleia da Juventude Guarani e Kaiowá, como uma organização que, desde sua primeira assembleia geral em 2016, produz movimento para retomar não apenas a terra, mas para possibilitar a retomada de si dos jovens desses povos. Por essa razão, talvez uma das formas de se referirem ao seu próprio segmento seja "pyahu kuera" ou "aqueles que estão por vir", realçando o papel dos jovens yvyra'ja (aprendizes de xamã) e da juventude Guarani e Kaiowá, que defendem por meio da RAJ

> [...] a intenção de retomar ou resgatar ensinamentos de rezadores e rezadoras, a língua, a história, [o que] dialoga com a consciência das transformações, ao passo que Yvy'i diz "[...] como é que as nhandesy estão se posicionando hoje". (MATTOS JOHNSON, 2021, p. 300).

Sobre a insegurança territorial, relacionada à incerteza da permanência no território ocupado, é característica da condição de não demarcação, também foi um fator visualizado que afeta a organização da kokue nas comunidades. A falta de segurança quanto à continuidade da ocupação dos territórios, garantida pela demarcação efetiva da terra, gera o temor nas famílias quanto às possibilidades de plantar e não colher, pois não sabem por quanto tempo estarão na terra. Essa situação foi relatada em Guaiviry e Ñande Ru Marangatu. Em Guaiviry, a liderança aponta que a comunidade, por temer os efeitos do Marco Temporal, não consegue ver futuro na continuidade de seus cultivos. Essa experiência foi vivida pela comunidade de Ñande Ru Marangatu, em 2015, quando perdeu todo o plantio realizado durante a retomada, de forma violenta com a aplicação de agrotóxico e destruição por maquinário, no processo de despejo. Nesse sentido, a insegurança da ocupação da terra está correlacionada com a insegurança alimentar nos âmbitos da realização das roças.

O resultado da falta de acesso integral aos territórios tradicionais reivindicados e todos os desafios aqui apontados remetem a um cenário atual de índices melhores que 2013 — principalmente pelas práticas autônomas das comunidades em produzir seu próprio alimento —, nos territórios anteriormente avaliados, mas ainda alarmantes em 2023, em que nenhum território está livre da insegurança alimentar. Para medir a insegurança alimentar, utilizamos um instrumento validado para povos indígenas no Brasil (SEGALL-CORRÊA *et al.*, 2018) e ajustado para os Kaiowá e Guarani, que mede a Segurança (SAN) e a Insegurança (Insan) leve, moderada e grave[26]. O resultado da fome entre adultos e/ou crianças/jovens, ou seja, a Insan moderada e grave, somadas, foi: 58% em Guaiviry; 44% em Kurusu Ambá; 41% em Ypo'i; e 21% em Ñande Ru Marangatu. Em Apyka´i, a família de dona Damiana era a única presente, e o resultado da insegurança alimentar naquele momento foi leve. Entretanto, este dado não corresponde à realidade cotidiana de dona Damiana, pois ela havia recebido quantidade suficiente de doações de alimentos no mês de março, quando a entrevistamos. Damiana Cavanha, histórica liderança de Apyka'i, acampada às margens da BR-463, estava, antes das doações recém-recebidas, há quatro meses sem acesso à cesta básica da Companhia Nacional de Abastecimento (Conab). Encurralada entre a monocultura de cana-de-açúcar da Bunge e a rodovia, Damiana faz brotar variedades de feijão, milho, abóbora, amendoim, mandioca, batata-doce, quiabo e outras culturas nas proximidades de sua casa[27]; mas, em distintos encontros da pesquisa, em sua casa havia apenas arroz ou farinha de mandioca para alimentação.

Genito, um dos nossos interlocutores, do tekohá de Guaiviry — onde a insegurança alimentar moderada e grave apresentou maiores índices —, afirma que "*quem faz roça não passa fome*", pois essa é uma realidade que assola os territórios Guarani e Kaiowá em função das políticas de colonização. Ademais, em Guaiviry nos deparamos com uma questão instigante que cruza as necessidades mais imediatas relacionadas à fome com as perspectivas Guarani Kaiowá de alimentação saudável e adequada, discussão que remete a memória, ancestralidade, transmissão de conhecimento e autonomia sobre os alimentos considerados basilares aos elementos previamente debatidos,

---

[26] A Ebia (Escala Brasileira de Medida de Insegurança Alimentar) 'indígena' é um instrumento que avalia o acesso ao alimento em quantidade e qualidade referente aos últimos 30 dias da realidade daquele domicílio entrevistado. Ela mede quatro dimensões da SAN: SAN, em que todos os moradores do domicílio acessam alimentos suficientes e adequados; Insan leve, em que há a preocupação futura de alimentos e a qualidade é afetada; Insan moderada, em que a qualidade da alimentação é inadequada e começa a faltar comida na casa, inicialmente entre os adultos, para garantir comida para as crianças; e Insan grave, em que a quantidade de comida é insuficiente para todos os moradores, inclusive para crianças, resultando em fome (PÉREZ-ESCAMILLA; SEGALL-CORRÊA, 2008).

[27] Pelos limites deste capítulo, não aprofundaremos a discussão sobre Apyka'i. No relatório final que produzimos para a Fian Brasil, no entanto, serão apresentados detalhes mais rigorosos sobre o histórico e a atualidade desse tekoha.

que constituem a corporalidade Kaiowá e Guarani e seus próprios referenciais ontoepistemológicos.

Com as dificuldades para a produção de alimentos nas retomadas, da falta de garantia do território e desse reflexo nos números de insegurança alimentar nos territórios, as políticas públicas ainda se fazem necessárias, tendo como pano de fundo o próprio Estado produzindo e mantendo a situação de fome dessas comunidades. As cestas básicas da Conab, que são entregues pela Funai, são o exemplo disso. Esse auxílio figura como realidade de 94,2% (452) das famílias entrevistadas. Além de a cesta básica ser limitada em quantidade de alimentos (apenas sete itens) e insuficiente (apenas 21 kg), é cultural e nutricionalmente inadequada. A duração varia, de acordo com os interlocutores, de 3 a 15 dias, a depender do tamanho da família; além disso, se não cobradas pelas lideranças das retomadas, chegam a ficar desassistidas por meses, como foi o caso do cancelamento da entrega das cestas durante a pandemia da Covid-19 no governo Bolsonaro.

Outra política pública que ainda se faz de extrema importância nas retomadas é a alimentação escolar, que pertence ao Programa Nacional de Alimentação Escolar, o Pnae. Considerada a maior e mais antiga política de segurança alimentar e nutricional do país, atende a todas as crianças e jovens da rede pública de ensino. Embora seja uma política que exista há mais de 70 anos e consolidada no país, durante a pesquisa encontramos que 10,2% das crianças das retomadas não comem na escola. Esse dado foi mais grave no tekohá de Kurusu Ambá, em que a comunidade relatou que a Secretaria de Educação do município de Coronel Sapucaia não oferta alimentação na escola da retomada por questões políticas, envolvendo a divergência quanto às disputas eleitorais para a prefeitura. Em Guaiviry, nossa interlocutora, que é professora da escola, reforçou a importância da alimentação escolar para a realidade local, em que a maioria das crianças depende dessa alimentação como, muitas vezes, a única oportunidade de uma refeição completa no dia.

Considerações Finais

Nossas andanças e nossos diálogos com os Guarani e Kaiowá têm nos mostrado a potência do "fazer com" enquanto política de produção de conhecimento e práticas que, comprometidas com a realidade dos povos, podem colaborar com movimentos de transformação. Os caminhos que nos trazem até aqui permeiam sentidos de indignação com as condições nefastas produzidas pelo processo colonial que incidem violentamente sobre as comunidades, ao mesmo tempo, do encantamento e valorização dos saberes ancestrais cultivados pela resistência histórica desses povos amparadas por suas cosmologias. Nesse percurso, engajamo-nos com comunidades em retomada para produzir, de forma colaborativa, discussões sobre a situação alimentar e nutricional nos territórios.

Os resultados da pesquisa "Soberania e segurança alimentar e nutricional nos territórios Kaiowá e Guarani do MS" e o diálogo com as comunidades indicam-nos que retomar o tekohá é fundamental para a recuperação da vida, da autonomia alimentar e dos modos de ser desestruturados ao longo de séculos de políticas coloniais e colonialistas. A ocupação dos tekohá contribui para o recomeço da recuperação do solo intensamente degradado pelas monoculturas e agrotóxicos jogados por décadas e que persistem até hoje. A demarcação dos territórios, portanto, mais do que necessária, é a possibilidade de recuperação do solo, de (re)produção da vida, recuperação e intercâmbio de sementes, de reestruturação dos biomas devastados e da possibilidade de ter o alimento, resgatando a agrobiodiversidade e o teko porã das comunidades Kaiowá e Guarani que lutam pela retomada de seus territórios. Como reforçou Genito, em reunião sobre segurança alimentar no município de Aral Moreira: "*se não quer nos ver passar fome, demarca nossa terra de uma vez*". A demarcação é também a possibilidade de superação do modo de produção capitalista característico do karaí íkuera reko (modo de ser dos não indígenas).

Entretanto, a demarcação, por si, não é suficiente, se não atrelada a outros processos, como, por exemplo, a organização dos mais jovens para fortalecerem as kokue, seja por meio da RAJ, seja pelos anciões, ou pelos espaços de educação dentro das Licenciaturas do Campo (Leduc) e da Licenciatura Indígena Teko Arandu, ambas na Faculdade Intercultural Indígena da UFGD - cada vez mais ocupada por jovens Guarani e Kaiowá - e outros cursos de formação como o Ára Verá, que ao formar professores, ensinam também a importância das rezas e dos cantos para o fortalecimento da kokue. Em relação ao fortalecimento dos territórios tradicionais, é necessário pensar formas de superar o contexto de superexploração do trabalho que afasta os jovens, levando-os para empregos em colheitas de maçãs, cana, usinas e catação de grãos.

Enquanto os Kaiowá e Guarani lutam pelo direito à terra há décadas, as práticas e políticas anti-indígenas seguem em curso no governo federal, nos âmbitos dos poderes Legislativo, Executivo e Judiciário, a exemplo da tese do Marco Temporal e de projetos de lei (PLs) como o PL 490/2007, atualmente PL 2.903/2023, em razão de sua aprovação na Câmara dos Deputados (em 30 de maio de 2023). Além de aplicar o marco temporal, o PL 2.903/2023 viola e altera aspectos fundamentais da Constituição federal, debilitando processos de demarcação e abrindo caminho para a destruição socioambiental. Nele é prevista a violação do direito ao consentimento prévio, livre e informado, estabelecido pela Convenção 169 da Organização Internacional do Trabalho (OIT) e ampliado pela Declaração das Nações Unidas sobre os Direitos dos Povos Indígenas; justifica contato com povos isolados e possibilita que o Estado "retome" as áreas, se comprovada a "alteração de traços culturais".

Preocupante a experiência com o marco temporal, em julgamento do Supremo Tribunal Federal (STF) em 2023, quando se avaliou a tese equivocada de que o direito à terra tradicional seria apenas para os povos que estavam assentados na data da promulgação da Constituição federal (5 de outubro de 1988), ignorando o fato de que diversos povos foram forçadamente retirados de seu território anteriormente a essa data, como é o caso dos Guarani e Kaiowá. Diante das atuais ameaças jurídico-políticas, que tomam forma em outras modalidades de desterritorialização em curso nos territórios Guarani e Kaiowá — a exemplo do arrendamento de terras para o plantio de soja[28] —, e por meio de terrorismo de Estado, como na ocasião do Massacre de Guapo'y em 2022[29], a autonomia alimentar emerge como uma das alternativas possíveis para confrontar o desterro. Nas palavras de Célia Xakriabá (2019, p. 10), entendemos a autonomia alimentar como "contribuições dos povos indígenas nas práticas de produção alimentar tradicional como forma de resistência contra o projeto econômico de sociedade que temos em nosso país". Retomar o tekohá é retomar memórias e despertar saberes, e assim também se recuperam as sementes que, como crianças — assim dizem os rezadores em seus cuidados com o milho branco —, brotarão em cada kokue como uma muralha de agrofloresta capaz de deter a paisagem monótona e esfumaçada das monoculturas e agroindústrias.

---

[28] A dimensão e complexidade desse debate não permitirá uma análise mais aprofundada neste capítulo, mas convém pontuar para futuras pesquisas a necessidade de pensar criticamente o avanço dos arrendamentos em terras indígenas em distintos territórios no Brasil como uma política deliberada do Estado para permitir a expansão das monoculturas para exportação em áreas todavia não integradas ao sistema de acumulação. A PL 2903/2023 mencionada neste capítulo evidencia os interesses de legalização desta prática, eufemisticamente nomeada de "parceria" em alguns contextos.

[29] Massacre cometido contra a retomada de Guapo'y Mirim Tujury pela Polícia Militar no dia 24 de junho de 2022, quando foi assassinado o indígena Guarani-Kaiowá Vitor Fernandes.

Referências

ALBÓ, X. Os Guarani e seu bem viver. *IHU*: Revista do Instituto Humanitas Unisinos, [*S. l.*], n. 471, 31 ago. 2015. Disponível em: https://www.ihuonline.unisinos.br/artigo/6104-artigo-xavier-albo. Acesso em: 4 set. 2023.

BENITES, E. Kokue: a roça Guarani e Kaiowá e as transformações impostas pelo sistema de reserva. *In*: IORIS, A. A. R.; PEREIRA, L. M.; GOETTERT, J. D. (org.). *Guarani e Kaiowá*: modos de existir e produzir territórios. Curitiba: Appris, 2021.

BENITES, E. *Oguata Pyahu (uma nova caminhada) no processo de desconstrução e construção da educação escolar indígena da Reserva Indígena Te'yikue*. Dissertação (Mestrado em Educação) – Universidade Católica Dom Bosco, Campo Grande, 2014.

BENITES, E.; PEREIRA, L. M. Os conhecimentos dos guardiões dos modos de ser – teko jára, habitantes de patamares de existência tangíveis e intangíveis e a produção dos coletivos Kaiowá e Guarani. *Tellus,* Campo Grande, n. 44, p. 195-226, jan./abr. 2021.

BRAND, A. J. *O confinamento e o seu impacto sobre os Pai-Kaiowá*. Dissertação (Mestrado em História) – Pontifícia Universidade Católica do Rio Grande do Sul, Porto Alegre, 1993.

BRAND, A. J. *O impacto da perda da terra sobre a tradição Kaiowá/Guarani*: os difíceis caminhos da palavra. Tese (Doutorado em História) – Pontifícia Universidade Católica do Rio Grande do Sul, Porto Alegre, 1997.

BRASIL. Ministério da Saúde. *Sistema Nacional de Vigilância em Saúde*: relatório de situação - Mato Grosso do Sul. Brasília: MS, 2009. Disponível em: https://bvsms.saude.gov.br/bvs/publicacoes/sistema_nacional_vigilancia_saude_relatorio_MS_4_ed.pdf. Acesso em: 10 ago. 2023.

CAVALCANTE, T. L. V. Colonialidade e colonialismo interno: a política de criação de reservas indígenas no sul de Mato Grosso do Sul e algumas de suas consequências contemporâneas. *In*: MOTA, J. G. B.; CAVALCANTE, T. L. V. (org.). *Reserva Indígena de Dourados*: histórias e desafios contemporâneos. São Leopoldo: Karywa, 2019.

CAVALCANTE, T. L. V. *Colonialismo, território e territorialidade*: a luta pela terra dos Guarani e Kaiowa em Mato Grosso do Sul. Tese (Doutorado em História) – Universidade Estadual Paulista 'Júlio de Mesquita Filho", Assis, 2013.

FERREIRA, A. C. Regime tutelar, formação do Estado nacional e acumulação capitalista no Brasil. *In*: LIMA, A. C. S. (org.). *Tutela*: formação de Estado e tradições de gestão no Brasil. Rio de Janeiro: E-papers, 2014. p. 146-160.

FRANCESCHINI, T. *O direito humano à alimentação adequada e à nutrição do povo Guarani e Kaiowá*: um enfoque holístico. Resumo executivo. Brasília: Fian Brasil, 2016. Disponível em: https://fianbrasil.org.br/wpcontent/uploads/2016/12/Fian-Portugues-WEB-Single-Pages-Small.pdf. Acesso em: 10 ago. 2023.

INSTITUTO BRASILEIRO DE GEOGRAFIA E ESTATÍSTICA (IBGE). *Projeção da população do Brasil*. [Rio de Janeiro]: IBGE, 2013. Disponível em: https://brasilemsintese.ibge.gov.br/populacao/taxas-de-mortalidade-infantil.html. Acesso em: 10 ago. 2023.

IORIS, A. A. R.; PEREIRA, L. M.; GOETTERT, J. D. (org.). *Guarani e Kaiowá*: modos de existir e produzir territórios. Curitiba: Appris, 2021. v. 1.

JOÃO, I. *Jakaira reko nheypyrũ marangatu mborahéi*: origem e fundamentos do canto ritual jerosy puku entre os Kaiowá de Panambi, Panambizinho e Sucuri'y, Mato Grosso do Sul. Dissertação (Mestrado em História) – Universidade Federal da Grande Dourados, Dourados, 2011.

LOPES, I. G. *A histórica presença indígena na região dos rios Apa e Estrelão (Nhanderu Marangatu)*: Kaiowa rekohague e a luta pelos *tekohague*. Dissertação de Mestrado (História). Dourados: Universidade Federal da Grande Dourados, 2022.

MATTOS JOHNSON, F. Retomada Aty Jovem: insurreições nas margens do porvir. *Revista Tellus*, Campo Grande, n. 44, p. 277-312, jan./abr. 2021.

MELIÀ, B. El pueblo Guarani: unidad y fragmentos. *Revista Tellus*, Campo Grande, año 4, n. 6, p. 151-162, abr. 2004.

MOTA, J. G. B. Os Guarani e Kaiowá e suas lutas pelo tekohá: os acampamentos de retomadas e a conquista do teko porã (bem viver). *Revista Nera*, Presidente Prudente, v. 20, n. 39, p. 60-85, 2017.

MOTA, J. G. B. *Territórios, multiterritorialidades e memórias dos povos Guarani e Kaiowá*: diferenças geográficas e as lutas pela des-colonização na Reserva Indígena e nos acampamentos-tekoha – Dourados/MS. Tese (Doutorado em Geografia) – Universidade Estadual Paulista "Júlio de Mesquita Filho", Presidente Prudente, 2015.

OLIVEIRA, J. E.; PEREIRA, L. M. *Ñande Ru Marangatu*: laudo antropológico e histórico sobre uma terra kaiowa na fronteira do Brasil com o Paraguai, município de Antônio João, Mato Grosso do Sul. Dourados: Editora UFGD, 2009.

PEREIRA, L. M. *Imagens Kaiowá do sistema social e seu entorno*. Tese (Doutorado em Antropologia Social) – Universidade Federal de São Paulo, São Paulo, 2004.

PÉREZ-ESCAMILLA, E.; SEGALL-CORRÊA, A. M. Food insecurity measurement and indicators: a critical review. *Revista de Nutrição*, [*S. l.*], 2008. Suppl. 21, p. 15-26.

PIMENTEL, S. K. *Elementos para uma teoria política Kaiowá e Guarani*. Tese (Doutorado em Antropologia) – Universidade de São Paulo, São Paulo, 2012.

PORTO, J. G.; GALHERA, K. M.; MATTOS JOHNSON, F. Exército Industrial das Reservas: proletarização marginal Guarani e Kaiowá no Mato Grosso do Sul. *In*: FAISTING, A. L.; GALHERA, K. M.; SILVA, M. A. (org.). *Fronteiras da sociologia*: novas epistemologias no Mato Grosso do Sul. São Paulo: LiberArs, 2022. p. 85-106.

SALATI, P. Após novo recorde, Brasil encerra 2021 com 562 agrotóxicos liberados, sendo 33 inéditos. *G1*, [*S. l.*], 18 jan. 2022. Economia. Disponível em: https://g1.globo.com/economia/agronegocios/noticia/2022/01/18/apos-novo-recorde-brasil-encerra-2021-com-562-agrotoxicos-liberados-sendo-33-ineditos.ghtml. Acesso em: 24 ago. 2023.

SEGALL-CORRÊA, A. M. *et al.* The Brazilian food security scale for indigenous Guarani households: development and validation. *Food Security*, [*S. l.*], v. 10, p. 1.547-1.559, 2018.

SILVA, S. P. *Reza-canto-dança (nhembo'e), retomada e roça (kokuê)*: geografias das insurgências Kaiowá e Guarani. Tese (Doutorado em Geografia) – Universidade Federal da Grande Dourados, Dourados, 2022.

VALIENTE, C. A. *Modos de produção de coletivos Kaiowá na situação atual da reserva de Amambai, MS*. Dissertação (Mestrado em Antropologia) – Universidade Federal da Grande Dourados, Dourados, 2019.

XAKRIABÁ, C. Concepções de uma Xakriabá sobre a autonomia indígena em meio a processos de tutelagem. *Vukápanavo*: Revista Terena, Mato Grosso do Sul, ano 2, n. 2, out./nov. 2019.

CAPÍTULO 10

LARANJEIRA NHANDERU: PLANTIO DE RAMA DE MANDIOCA (MANDI'O)

Geniniana Barbosa Almeida Pedro

Geni Roque Sobrinho Candado

Introdução

Sou (como primeira autora) Geniniana Barbosa Almeida Pedro, nasci na aldeia Lagoa Rica, do município de Douradina/MS, onde cresci, até os meus 16 anos. Atualmente moro na retomada Laranjeira Nhanderu, município de Rio Brilhante, com toda a minha família. Sou casada com Gilmar Verón Alcântara, tenho uma filha, Genny Barbosa Verón. Hoje levo comigo duas graduações. Estudo no Curso Normal Médio Intercultural Indígena Ára Verá e no curso de Ciência da Natureza na Leduc, Faculdade Intercultural Indígena, UFGD. Desde o ano de 2007, a minha luta sempre foi sobre o território. A minha luta se fortaleceu depois da morte de meu pai, que tinha uma fala assim: "Dá para fazer tudo de novo, dá para crescer tudo de novo". E assim, nós as filhas assumimos as responsabilidades de levar adiante a luta do meu pai, pois cresci com fala incentivando e acreditando na luta pelos direitos para a minha comunidade.

Continuamos e estamos sempre na luta com a minha família e com o cacique Faride Mariano de Lima, com a comunidade de Laranjeira Nhanderu. A maior parte da minha vida foi lutando pela demarcação e pelo reconhecimento como área tradicional indígena de Laranjeira Nhanderu, a minha juventude foi vivida na área de retomada, onde aprendemos a valorização da cultura. Tivemos vários despejos, os despejos tinham horário para sair e com a polícia, e logo atrás dos despejos veio redemoinho, pois os despejos não eram das peças de coisas, mas despejos dos Járas[30]. Assim,

---

[30] Jára refere-se a "dono dos seres"; Ita jára, ser espiritual que vive entre as pedras; y kara, dono da água; ka'aguy jára, dono da Mata... (Pesquisa com Kaiowá Izaque João, 2023).

esses despejos traumatizaram a minha mente, pois presenciava injustiças constantes a todo tempo com todos. E o tempo vai passando e presenciei que as crianças da retomada Laranjeira Nhanderu cresceram na retomada, casaram-se na retomada e tiveram os filhos na retomada, ou seja, uma geração inteira criada em retomada — não tem como esquecer um povo de luta. A maior parte da minha história foi ali, na área da retomada. Ali aprendi a reza, aprendi o guachire, aprendi a valorizar mais a nossa cultura Kaiowá, com minha avó Araci Pedro, falecida aos 100 anos de idade. Assim, uma ancestralidade que tem a capacidade de luta.

No ano de 2015, as sabedorias dela quase foram em vão. Mas a minha mãe, Adelina Pedro, conseguiu aprender tudo das sabedorias que a minha avó deixou, e era para ela usar novamente na área de retomada. Com o tempo, ela colocou em prática tudo que aprendeu, as sabedorias da minha avó Araci Pedro, que não está mais entre nós. Ela repassou toda a sua experiência tradicional para sua filha, a qual é minha mãe. E atualmente quem repassa todas as sabedorias tradicionais para nós está sendo a minha mãe, Adelina Pedro. Com ajuda dela e seus conhecimentos tradicionais, tenho que levar adiante a nossa cultura Kaiowá para que essas sabedorias possam seguir de geração em geração nos territórios do povo Kaiowá e Guarani e possam continuar fortes. Que o conhecimento indígena possa continuar na reza (nhembo'e) do som do Mbaraka, do som da voz suave da mulher indígenas Nhandecy (nossa mãe). E entre tantos conhecimentos que muitas das vezes não podemos colocar no papel.

A nossa luta sempre foi pelo nosso território, pois vivíamos no mato e não tínhamos a nossa roça tradicional. Vivemos no mato há mais de 11 anos, lutamos pelo território, e na luta no mato sem poder fazer a nossa roça tradicional. E por que nós não temos roça? Por que nós não podemos derrubar mato? Então não tínhamos como plantar nesse lugar. Por fazer parte dessa comunidade, hoje contextualizamos sobre os saberes da minha comunidade com a pesquisa Laranjeira Nhanderu: O plantio de rama de mandioca (mandi'o), pesquisando a Ñandecy Adelina Pedro sobre a plantio, pesquisando autores escrito sobre o kokue e também conversava com quem vive ali na Laranjeira Nhanderu e com a minha própria vivência.

Lendo a pesquisa do meu professor Dr. Izaque João, o tema seguia com mais clareza. Segui alguns passos do seu trabalho de dissertação de mestrado. Primeiro por ser um tema que fortalece a cultura Kaiowá e Gua-rani, que fala do alimento das famílias tradicionais da comunidade Laranjeira. Assim, fui caminhando como pesquisadora, observadora em ouvir, conversar, ler e ver. Um olhar atento e observador nas rodas de conversas dos mais velhos, da minha mãe, principalmente. E, por ter na minha família crianças que não sabiam direito como se dava o plantio da rama, e porque precisa de época certa. Conforme o pesquisador fala: "utilizei ativamente os 'olhos', os 'ouvidos' para a observação direta" (JOÃO, 2011, p. 16). E ele se refere ao pesquisador Cardoso de Oliveira.

> Evidentemente tanto o ouvir como o olhar não podem ser tomados como faculdades totalmente independentes no exercício da investigação. Ambas complementam-se e servem para o pesquisador como duas muletas—que não nos percamos com esta metáfora tão negativa — que lhe permitem caminhar, ainda que tropegamente, na estrada do conhecimento. (CARDOSO DE OLIVEIRA, 1996, p. 21).

A pesquisa enfatizou o plantio da rama de mandioca. E ainda, pela falta de informação das minhas sobrinhas e sobrinhos que moram na Laranjeira Nhanderu, eles não sabiam como é a raiz de mandioca. Não tinham muito conhecimento, pois vivemos dentro do mato por vários anos sem poder plantar nada. Então eles nasceram dentro do mato e cresceram dentro do mato, somente em 2019 que ocupamos, ou seja, retornamos para nosso território. Onde ficava a sede da fazenda Santa Antônio Boa Esperança. Então as minhas sobrinhas estavam com a idade de 10 anos. As minhas sobrinhas Daniela Almeida Jorge e Manuela Almeida Jorge são gêmeas, e meu sobrinho é Mauriel Almeida Jorge. Eles não sabiam quase nada sobre a roça (kokue), principalmente sobre a mandioca, e nós também já tínhamos perdido as épocas de plantação da rama de mandioca, pois ficou muito tempo sem poder plantar.

Em 2019 já plantamos a rama de mandioca, mas as minhas sobrinhas não sabiam como que a mandioca nascia, embaixo da terra ou para cima da terra. Elas perguntavam para a mãe delas "Mãe, como que dá [ou seja, nasce] a mandioca?" E a mãe explica: "A mandioca tem vários tipos que dá em três meses; tem mandioca que dá em seis meses e tem mandioca que dá em um ano. Mas existem as regras, todas as roças têm sua regra", a mãe explicou a elas. Quando as filhas viram pela primeira vez a mandioca sendo tirada da terra, a felicidade foi imensa. Elas ficaram muito alegres vendo pela primeira vez a mandioca sendo tirada por elas da terra, e iria para comer com peixe, e dizia que não precisa de arroz, a mandioca combina bem com peixe. Desde então fui aprofundando o tema, e que na roça tem que ter a rama de mandioca sempre, porque é muito importante para mostrar para sua família como é plantar em coletivo a rama de mandioca. Percebi que o interesse das minhas sobrinhas aumentava, sempre olhava a rama de mandioca e contava os meses para poder arrancar a mandioca; mesmo com o passar do tempo, sempre temos hábito em ter a mandioca no almoço e no jantar ou até mesmo no café da manhã.

Hoje, quase não se encontra mais nas aldeias a rama certa e com qualidade boa, é muito difícil arrumar a rama de mandioca, aqui em Laranjeira Nhanderu, a pessoa viajava longe em outra aldeia para buscar a rama para plantar na sua roça. É muito importante a plantação e o cultivo do kokue na aldeia, pois aos poucos está sendo enfraquecido, devido ao mercado dos karaí (não indígenas). Tem aldeia que não tem mais a rama de mandioca, hoje eles compram quase tudo. A minha mãe sempre comprava mandioca do mercado. Um dia perguntei para ela: "Mãe, se um dia a senhora tiver ou voltar para nosso território, o que você plantaria primeiro?" Sem pensar, ela respondeu: "A rama de mandioca". E hoje ela tem muita rama de mandioca e de vários tipos na sua roça. A importância de valorizar, em primeiro lugar, é para a nossa cultura Kaiowá, é um valor que não pode tirar do nosso povo indígena Kaiowá-Guarani do estado de Mato Grosso do Sul. Mesmo sendo um lugar onde tem muita terra para os brancos e pode plantar muito milho e soja, devido ao agro, e tem pouca terra para os indígenas plantarem a rama de mandioca para sustentar suas respectivas famílias. Mas, mesmo com pouca terra que temos em volta da nossa casa, fazemos uma roça saudável e alegre com a nossa família.

Devido a muitas situações as quais presenciei, escolhi esse tema porque presenciei com a minha família quanto é importante escrever sobre a rama e o plantio de mandi'o (mandioca) de dentro da própria vivência, a família Kaiowá. O kokue é um lugar sagrado de criar com a família, um espaço de plantar na alegria e na coletividade, todos juntos, pequeno, grande e mais velho. Benites fala no seu texto *Kokue: modelo de produção Guarani Kaiowá*:

> Atualmente o *kokue* é traduzido como roça, na roça as crianças brincam, aprendem e compartilham os alimentos. As mulheres preparam os assados, coletam as frutas e junto com os maridos cuidam da limpeza e da manutenção das sementes. As pessoas sentem-se felizes quando veem a sua plantação verde e cheia de vida, dando sentido a sua existência. As atividades da roça são colheita, controle das ervas daninhas,

> plantio, preparo da terra, construção de armadilhas, seleção de sementes e mudas. Os horários de trabalho são definidos pela necessidade de se efetuar uma tarefa e, o tempo do trabalho é a dimensão da tarefa a ser realizado. (BENITES, 2011, p. 1).

A retomada Laranjeira Nhanderu, a caminhada, não foi fácil. Para criar uma roça, levou muito tempo para chegar ao ponto certo e ter alimentos saudáveis. Pois a roça foi plantada pela comunidade sem apoio de prefeitos ou outros órgãos municipais. A roça foi levantada direto no braço, roçando e carpindo de maneira bem tradicional, e assim foi feita a roça grande para toda a família. Cada parte foi mostrando para a comunidade como que se planta na cultura e a não usar veneno. Que a geração de Laranjeira Nhanderu possa levar adiante para as novas famílias nossa cultura quando se realiza ação de plantio na sua roça: é necessário se basear na fase de Lua, e no tempo.

Esse caminho que levei para escrever sobre mandi'o (mandioca) é a valorização das rezas do Nhanderu e do Nhandecy, e é com muita alegria que no mês de outubro vamos fazer 17 anos de luta pelo território Laranjeira Nhanderu, com alegria e amor, e o caminho sempre estará com a porta aberta para fazerem visitas na retomada Laranjeira Nhanderu.

Luta pelo Território

A aldeia de Laranjeira Nhanderu localiza-se no município de Rio Brilhante, a 7 km da cidade. A aldeia fica perto do pedágio Companhia de Concessões Rodoviárias (CCR) de Mato Grosso do Sul, na BR-163, que liga Dourados a Campo Grande. Laranjeira Nhanderu é uma área de retomada das nossas terras ancestrais e a divisa do aquífero Guarani, e é território de ka'aguyrusu. Território do nosso antepassado e de onde os povos nativos indígenas foram expulsos, pelos grandes fazendeiros.

A maior parte da nossa luta é requerer o nosso território ancestral. Em 2009 levamos despejo e vivemos na beira da rodovia por um ano e três meses. Ali passamos por várias situações muito críticas, sem assistência básica durante todo o tempo de despejo. Em 2010 voltamos para o nosso tekohá (lugar que vivemos), onde ficamos permanente até 2017; vivemos na mata até 2018. No ano de 2019, nos mudamos para a sede da fazenda Santa Antônio Boa Esperança.

São 45 famílias moradores da aldeia de Laranjeira Nhanderu. No ano de 2019, retomamos a fazenda, ou seja, nosso território. E 35 famílias mudaram para a sede da fazenda Santa Antônio Boa Esperança, onde atualmente moramos e plantamos na nossa roça, e tiramos nosso sustento, desse tekohá. Já faz quatro anos que estamos nesse lugar, no total de lutas pelo território, já faz 16 anos de muita luta. E, até o presente momento, moramos na retomada.

A comunidade de Laranjeira Nhanderu passou por muitas dificuldades, em quase tudo. A pior situação de todas foram os momentos de despejo no ano de 2009, quando passamos a depender da cesta básica fornecida pela Funai. Não tinha como plantar na beira da rodovia, ali vivemos mais de ano na beira da rodovia. Somente após algumas lutas que retornamos para a fazenda, onde permanecemos até 2018 nessa área do mato, onde é chamado de Fazenda Santo Antônia Boa Esperança. Na época nós ocupávamos só 400 hectares da fazenda, que estava só o mato; hoje ocupamos e usamos toda a fazenda, com 800 hectares de território.

No ano de 2020, ganhamos a posse da terra na lei, e no poder do branco na terceira instância de São Paulo. Só foi possível graças a nossa luta e trabalho árduo da comunidade e do cacique Faride Mariano de Lima. O nosso tekohá ainda não é área demarcada. Apesar dos períodos de despejos, estamos vivendo há bastante tempo. Ali ainda não tem escola, não temos postos de saúde, as políticas públicas ainda não chegam com facilidade no nosso tekohá, exige de todos nós da comunidade uma luta constante por direitos que a Constituição ampara. Nesse território é que plantamos, colhemos e cuidamos da floresta e dos animais, dos rios, dos peixes, das aves, dos remédios tradicionais da fauna e flora. Apesar de não termos ainda uma escola específica, temos nosso conhecimento tradicional, temos casa de reza (ogusy), onde sempre fazemos o rito do batismo do milho branco (jerosy puku) como uma ação, todo ano fazemos no mês de fevereiro.

A Burocracia e o Choro da Terra Kaiowá-Guarani Devastada

Por mais que o território seja nosso, a burocracia é muito pesada e difícil. De um lado, moram os produtores rurais, ali eles produzem muita soja, milho, cana e utilizam uma quantidade enorme de veneno; nessa propriedade, onde a vida da terra não suporta mais, nesse lugar, onde o solo não produz mais nada além da soja e do milho, eles usam muito calcário e acaba atingindo muito a nossa planta, pois eles passam muito veneno na soja, para não pegar praga, e esse vapor do veneno vem para nossa roça, para os nossos rios e nascentes, e muitas das vezes as nossas plantas morrem, porque o veneno é muito forte para nossa planta, cultivada com amor e sem veneno. Esses atos perduram durante décadas, fazem com que fique destruída a vida do nosso tekohá e da roça. Existe um pensamento do branco: "Quanto mais eu plantar, mais eu ganho". Então a terra morre, a terra chora, as plantas não crescem. Precisa de muita reza específica para ter alegria na planta. E temos algumas ramas que são resistentes a esses produtos destrutivos, os venenos. Podemos falar que a rama de mandioca é a única que é resistente para veneno. Pois a raiz fica embaixo da terra, ou às vezes ela fica podre dentro da terra, assim nada escapa do veneno.

A nossa retomada fica perto de fazendas, onde essas fazendas utilizam muitos agrotóxicos em seus plantios, ou seja, jogam muito veneno no plantio e acabam prejudicando a nossa roça. A aldeia Laranjeira Nhanderu é uma terra injustiçada, tudo tem que fazer na ordem do Ministério Público Federal (MPF); sem isso, as prefeituras não ajudam. Me pergunto: "Por que não ajuda?" A resposta sempre é a mesma: "Essa terra não é demarcada". Por esse motivo, eles não nos ajudam na retomada da Laranjeira Nhanderu em coisas simples, como a gradeamento da terra com trator. A nossa roça nós construímos no braço, carpimos para poder plantar a rama de mandioca, só assim vamos ter uma roça, na nossa comunidade de Laranjeira Nhanderu. Nós de Laranjeira sempre fizemos documentos para encaminhar ao Ministério Público Federal em Dourados. Sem esses encaminhamentos, a prefeitura não envia nenhum trator para nos ajudar. Quando nós conseguimos um trator para vir a Laranjeira Nhanderu, eles mandam um trator só, mas parece que o trator já vem estragado, e faz um pouco de gradeamento da terra, logo depois comunicam que quebrou e já tem que levar para cidade. E, quando vai para a cidade, o trator não volta mais para a aldeia Laranjeira Nhanderu — isso se torna uma rotina. Por motivos assim, as famílias trabalham na enxada, com serviço braçal, fazem uma roça pequena, e em seguida plantam para sua família, e tiram o sustento da sua roça tradicional, como banana, mandioca, frutas, abóbora, melancia, entre outros alimentos.

A Roça (Kokue)

Apesar das destruições com os venenos das plantações dos brancos, a área da retomada é vista como terra boa. Boa para fazer uma grande plantação, tem água para irrigar as plantas, e praticamente tudo que plantamos conseguimos colher. E esse é um dos motivos por que vieram expulsar os povos originários de seu tekohá. O povo Kaiowá-Guarani vivia nessa terra sagrada há muitos anos. A cultura Kaiowá vem passando de geração a geração pela família tradicional, é uma história muito importante, é muito rica. Os saberes tradicionais são muito importantes para o povo Kaiowá. E os pais sempre vêm mostrando todos os passos, inclusive como era plantar numa kokue (roça) e como a família vem se sustentando através da sua plantação, da sua roça, desde que a família planta na sua roça. Antigamente a maioria da sustentação dos povos indígenas vinha da roça, onde havia várias plantações. Hoje quase que não existe isso, porque a terra na aldeia está sendo pequena e a família só aumenta, o espaço para fazer a roça no território está apertado, a qual me refiro, onde os povos indígenas, hoje, não fazem mais a sua roça. A maioria mora em terra demarcada, onde a kokue está sendo fraca no território Kaiowá-Guarani.

A roça, para os Kaiowá e Guarani, é um lugar cheio de vida de felicidade, onde se acorda e vê a sua plantação linda, sem usar veneno nos alimentos, usando sua cultura durante os plantios. São várias formas de plantar. Para o Kaiowá, tem período certo de plantar, olhando a Lua, olhando tempo e a época certa. Na cultura Kaiowá, considerando o sentido da roça, todas as plantas têm sua vida, e você faz a sua planta crescer na alegria, no sentido de não deixar sozinha a roça, a roça é uma família, precisa olhar, precisa cuidar. Ali podemos fazer nhemboe (reza) para que os donos dela venham através da reza na sua roça. Isso é fazer uma roça tradicional. É importante manter a roça tradicional do povo Kaiowá, como plantar na época.

Os ancestrais manifestavam uma certa forma de amor pela sua roça tradicional pelos seus territórios. E através dos anos foram expulsos dos seus tekohás e ainda mortos por quererem viver ali no seu território, principalmente aqui na Laranjeira Nhanderu. A roça faz parte da vida do povo Kaiowá. Então, por esses motivos, nós da comunidade Laranjeira Nhanderu fomos os primeiros a plantar a rama de mandioca na nossa roça. A rama de mandioca é sagrada e produz uma alimentação saudável na nossa cultura Kaiowá, pois nosso ancestral já tinha plantado e nos ensinado. Nhanderu (rezador) já tinha batizado mandioca como a comida preferida, como a mandioca e o peixe. Por esse motivo, na cultura Kaiowá, mandioca é o foco da roça. O antigo povo Kaiowá sempre comia peixe com mandioca, pois não existia arroz. Ela é consumida também quando tiver a carne da caça do mato, como porco-do-mato, como comer mandioca com as flores de abobrinhas assadas, esse era costume dos antigos. Esses costumes hoje não existem mais em vários lugares da aldeia, já é difícil de achar mandioca de boa qualidade na aldeia, na maioria das vezes se compra na cidade a rama de mandioca.

A kokue (roça), para nós indígenas, é um lugar sagrado que nos fortalece muito com as sabedorias dos mais velhos, que nos mostra a formação da família em união, a roça é lugar de ponto de mostrar que é feliz em coletividade, ajudando um ao outro, mostrando a força, o conhecimento durante o preparo da sua roça, com sua família, plantando com os filhos, plantando com harmonia e felicidade, que os jára (donos das sementes) conseguem conquistar e mostrar o lugar para que sua plantação possa nascer com felicidade, fazendo a reza. Pois com o som da sua voz é que as plantas também podem se conectar com o ambiente em torno da roça; e para que as sementes e as plantas possam reconhecer você pelo som quando entra na sua roça, e fica feliz.

A roça (kokue) não é apenas para se plantar, mas também o ponto de fazer alimento saudável e natural para sua família e para quem precisa comer tudo natural. Na maior parte, quem planta na roça são as crianças, as crianças têm muita alegria, e elas plantam só nas brincadeiras, e a maioria das vezes essas brincadeiras passam para a realidade de como produzir uma plantação na roça. Por mais que a vida seja difícil, sempre tem solução, de aprender pouco a pouco com Nhanderu e Nhandecy. Pois a roça é um lugar bom para quem planta.

Mas há algumas situações das quais é muito importante falar, que trazem reação. Quando não pode entrar na roça sem permissão: principalmente mulheres grávidas, meninas que estão menstruadas, pessoas que estão doentes, não podem passar perto da roça nem entrar na roça, pois quem entra pode matar todas as plantas novas que estão nascendo. A mandioca fica apodrecida dentro da terra quando a mulher grávida entra dentro da roça, e as meninas também não podem entrar com menstruação dentro da roça e onde só esteja a rama de mandioca guardada, e nem passar perto da mandioca. O veneno natural das mulheres pode matar as plantas da roça. Os outros são com veneno do karaí.

Para a cultura indígena Kaiowá e Guarani, a roça vem de muitos antepassados. Passando por família a família, e enquanto houver a roça, a nossa cultura Kaiowá ainda vai se manter firme; a cada nova roça que se faz, é uma nova esperança para nós, é uma forma de manter a reza tradicional e novos conhecimentos pela vida das plantas que virão pela frente.

Mas há muita preocupação, e é crítico entre nós da terra indígena e área da retomada: na reserva tem pouco espaço para se fazer uma grande roça; antigamente era com a enxada, hoje existe trator. Aqui na retomada de Laranjeira Nhanderu, não tem trator, mas tem muita roça, uma grande roça. Apesar de pouco espaço, a roça que foi feita é com muito amor e carinho, tirada com as mãos na enxada, assim fazemos uma roça linda com a nossa família. Na maioria, a roça é formada com a grande família.

Hoje algo me aflige bastante. É o capitalismo do karaí, tudo tem que vender. Mas, para nós os indígenas, só temos que trocar por aquilo que não temos. Isso que falamos, e a troca de semente. Se povo indígena pensar como karaí (não indígena), ele pode vender mandioca, pode vender o que tem na sua roça. Tem algumas aldeias que é assim, são arredados os tekohás e são vendidos para os próprios parentes, o que é produzido pela sua roça vai ser vendido também na cidade. Poucas, mas há pessoas que plantam para comer, para sustentar sua família, para mostrar que é bom plantar em coletividade. Da forma que antigamente faziam a sua roça (kokue) quase que não existe atualmente, a juventude de hoje não se interessa mais pela simplicidade e pelos ensinamentos do processo de plantar. Por isso escrevo aqui sobre a valorização de uma roça em área de retomada.

Hoje as tecnologias estão muito avançadas em algumas aldeias, e na retomada são poucas ainda, pois não há acesso ao wi-fi nem energia nas casas, então os jovens de hoje ainda fazem sua roça na retomada. Na retomada de Laranjeira Nhanderu, cada uma tem sua roça, sua filha, seu filho, cada um trabalha e planta em várias plantações, limpa sua roça (kokue), pois ainda não são 100% conectadas nas redes sociais. A roça é uma terapia principalmente para a jovem, é uma experiência própria. Pois nós a fizemos e praticamos com a juventude da área de retomada Laranjeira. Então a roça é um lugar livre, sim, para todos. Mas há as regras, a qual já citei. É importante explicar para a juventude o que é roça? Para que vai servir essa roça que está fazendo com a família nesse lugar? Exemplificar e mostrar o caminho certo para eles e para a família deles: que não precisa depender somente da comida do mercado, mas todos os alimentos podem ser plantados na sua roça. Mostrar para que isso é importante, para toda a família, e essa roça vem de gerações familiares. E nos fortalecemos com os diálogos dos seres. A importância dos ensinamentos e das sabedorias, um pai, uma mãe, precisa ensinar como plantar na roça, para seus filhos aprenderem a plantar na roça. Se não ensina, como vai aprender? Ele tem que ter conhecimento para fazer a planta crescer na roça. Se não ensina, não aprende, ou aprende do jeito do karaí. E nossos conhecimentos podem se perder com o tempo.

Na experiência aqui ressaltada, quem planta a rama de mandioca são as crianças, pois eles não conhecem a maldade, não tem mãos quentes, eles têm mãos boas para botar a rama de mandioca com amor e felicidade. Já os adultos plantam com cara de bravo, com tristeza, então a rama de mandioca não nasce com boa aparência. Então o kokue (roça) é importante ter na família, é importante, para se fazer uma roça, não derrubar mato, não se pode fazer desmatamento com karaí (não indígena), tudo tem que ser natural, desde o começo até o final, respeito com jára (donos das florestas) principalmente com eko te´e, modo de ser natural.

Imagem 10.1 – O plantio da mandi'o: Nhandecy Adelina Pedro

Fonte: Geniniana (2022)

Pesquisando a Nhandecy Adelina Pedro (Imagem 10.1), apesar de ser a minha mãe, ela é uma pessoa que leva os conhecimentos tradicionais e fortalece a nossa cultura. Ela nasceu em Dourados, mas ela vivia com a minha avó Araci Pedro na aldeia de Pananbizinho. Ali ela plantava na roça com minha avó. Ela não conheceu o seu pai, o pai dela morreu quando ela tinha 3 meses de vida. Ela cresceu só com a mãe dela. Ela casou-se com José Barbosa de Almeida. Ele morava em Panambi Lagoa Rica, município de Douradina. Desde então, dona Adelina e seu esposo sempre plantavam a rama de mandioca. Infelizmente seu esposo não está mais entre nós, morreu em 2012, aqui na retomada de Laranjeira Nhanderu.

Dona Adelina Pedro trabalha com seu filhos Geniele Pedro e Manio Pedro, ela consegue carpir e roçar e plantar, não depende só do trator, ela mesmo faz o seu kokue plantando vários tipos de plantas, e plantando na época boa, no mês e dia certo, principalmente a rama de mandioca. Anteriormente ela comprava todos os produtos na cidade, porque onde morava não tinha lugar para se plantar, nem sequer uma rama de mandioca. Hoje ela tem sua roça, tem sua rama de mandioca, tem seu milho, banana, mamão, batata, entre outros, e não precisa comprar mais da cidade. Hoje consegue vender para o pessoal da cidade todos esses produtos de seu pequeno kokue. Outro fator importante para dona Adelina é que ela gosta de fazer seu artesanato e suas rezas tradicionais na nossa comunidade, afinal ela tem uma saúde de ferro, para trabalhar na sua roça dia após dia. Ainda fortalece sua família, quando percebe que falta para alguns. Apesar de ter uma história sofrida, ela sabe que a luta continua sempre, por saúde, educação, por territórios e pela sua comunidade, na qual vive.

Para não indígena (karaí), planta-se pelo mês, ele sempre planta de qualquer jeito. Eles estão modificando a rama de mandioca para fazer transgênico, eles querem que a raiz de mandioca fique bem grande para vender no comércio; tudo que karaí planta, ele vende para comércio da cidade grande, onde eles não se alimentam do que plantam, só para vender no comércio. A maioria das ramas de mandioca fica pequena, pois eles não respeitam a planta nem as épocas certas para plantar. E usam muito veneno. Será que eles não sabem que isso pode fazer muito mal para a saúde das pessoas que vão comprar e consumir a mandioca? Às vezes a mandioca fica preta por dentro, pois usaram muito veneno na terra antes de plantar a rama de mandioca, mas para os não indígenas (karaí) os cuidados com o povo não importam, só importa o alto preço. O agronegócio.

Para indígenas Kaiowá, a plantação de rama de mandioca é muito importante para sua alimentação, para sua família, por isso que a rama de mandioca não pode ser plantada de qualquer forma. Para o povo Kaiowá, a rama de mandioca se planta pela Lua, ou seja, quando é Lua Nova não se pode plantar a rama de mandioca, ele fica pequena e fica que nem a raiz de árvores, dura. Às vezes ele não dá nada, isso acontece quando é plantado na Lua Nova. Se plantar na Lua que cresce quase para Minguante, a raiz de mandioca fica bem grande e bem boa para cozinhar, isso quando plantar a rama de mandioca na época certa. E a terra é bem boa, a mandioca cresce e dá todo ano, se conhecer os períodos de plantio certo. Para os Kaiowá, é mais importante ter a rama de mandioca na sua roça para sua família do que para vender no comércio da cidade grande, a maior parte é para o seu consumo do dia a dia na sua casa e com sua família.

No preparo da terra, para nossa roça, nós da comunidade Laranjeira Nhanderu não temos apoio do município, a colaboração do município seria para roçar e ajudar a limpar a nossa roça. Sem a colaboração de políticas públicas, a comunidade trabalha na enxada, no braço, para poder plantar as ramas de mandioca. Cada família carpe seu metro quadrado, até que a sua roça fique grande. Primeiramente, ver o lugar e onde vai fazer a roça, pois tem lugares em que a terra é boa, tem lugar que a terra não é boa para plantar a rama de mandioca. Se planta no lugar onde a terra não é boa ou a terra está dura, as plantas nascem fracas. Exemplo disso é aqui, na retomada Laranjeira Nhanderu, o lugar em que nós plantamos tinha muito gado, quase 3 mil cabeças de gado, onde nós fizemos a nossa roça. Na primeira cavoucada, no preparo era muito dura, então a terra foi muito pisada pelo gado. A terra era para plantar a rama de mandioca; na primeira colheita não nasceu quase nada de mandioca, virou uma raiz de madeira. Isso acontece porque a terra é muito dura, e a terra foi pisada por muito tempo pelos gados.

Com o passar do tempo, nós conseguimos fazer adubo na nossa roça, cavoucamos bastante, revirando a terra de baixo para cima, e hoje a nossa rama de mandioca é da boa forma, grandes raízes, e é boa para ser consumida por toda a comunidade. O adubo foi sendo produzido nas carpidas, carpíamos todo o mato e deixávamos o capim no lugar para apodrecer. Cavoucamos o capim com a terra e deixando lá até chover; esse processo era para que as raízes dos capins deixassem a terra ficar bem fofa e adubada para depois plantar a rama de mandioca, conforme as orientações e conhecimentos sobre os períodos da Lua. Retomo que, para os não indígenas (karaí), não há vida na roça, eles passam o trator, passam veneno, passam calcário na terra e já plantam. Mas, para nós os indígenas Kaiowá e Guarani, a terra tem o seu significado e tem vida; e, para não indígena, a terra é apenas para plantar soja, milho, cana-de-açúcar, eucalipto, tudo isso eles os karaí plantam na sua roça grande.

Nós indígenas do povo Kaiowá, temos a nossa reza forte no preparo para plantar na nossa roça, temos reza para formiga, temos a nossa reza para os insetos, tudo isso para não usar veneno na terra. Muitas rezas não tem como explorar nem colocar no papel, pois ela, a reza, não vai valer mais, se for colocar nos livros. Minha mãe é uma delas, ela tem reza, mas ela falou que não pode colocar no papel. Nhandecy explica que eu tenho essa reza para minha família. Nhandecy Adelina Pedro relata que:

> *Aqui na retomada Laranjeira Nhanderu, nós passamos por essa situação... Nós passamos esse processo difícil, para a terra voltar como era antes, a terra custa voltar como era antes. Imagina se a terra foi judiada com veneno e muito veneno, sua planta não vai sobreviver nessa terra, principalmente a mandioca ele fica dentro da terra e ela também fica podre e não dá para comer. Se for isso tem que fazer adubo orgânico nessa terra, se não fazer, as plantas ficam tudo amarelado, não fica boa plantação com essa terra envenenada.* (NHANDECY ADELINA PEDRO, 2022, s/p, dados da pesquisa).

Muitas das vezes o karaí (não indígena) fala: "Por que o índio quer terra? Eles não plantam nada." Temos outros motivos para querer terra, temos nossos ancestrais vivendo ali, temos vida nas folhas, nas árvores, nos bichos e muitas alegrias vivendo em famílias e parentes, temos lugar para plantar e viver feliz, isso já é bom. Viver é terra, roça é vida, e vida é roça. E retomamos depois de muita luta para nossa terra e estragada, mas sabemos que são eles (karaí) que judiaram muito dessa terra, que não produzia quase nada, é triste, mas é realidade, o certo é deixar a terra desenvolver aos poucos, que a chuva pode lavar um pouco do veneno da terra, que não é fácil de plantar na terra envenenada e judiada pelos karaí. Para o povo Kaiowá, a terra que não presta mais ou foi muito judiada, o ijara ohoma (o dono da terra foi embora), para trazer de volta, só com muita reza, assim pode trazer de volta esse dono da terra que foi para longe dos karaí.

Época de Plantio de Mandi'o na Visão dos Kaiowá

A Nhandecy Adelina Pedro explica os períodos em que se planta a rama de mandi'o. A Nhandecy conhece os períodos de plantio e diz que precisa considerar esses conhecimentos, pois há bichos vivendo lá embaixo da terra; e, se faz o plantio certo, os bichos não vão comer as plantas:

> *Em janeiro já se pode plantar a rama de mandioca, só não pode plantar na Lua Nova. E em fevereiro é a mesma coisa. Se plantar nesses meses já dá para colher em abril, a mandioca nova é em maio. Entrando em agosto ou setembro pode dar mandioca nova, mas já é de seis meses.* (NHANDECY ADELINA PEDRO, 2022, s/p, dados da pesquisa).

Para Nhandecy, é preciso saber o dia certo para você plantar a rama de mandioca. Os Nhanderu e Nhandecy que conhecem as fases da Lua e as regras, eles têm os conhecimentos ancestrais e fazem a avaliação para plantar durante os tempos certos.

E como saber a Lua durante a plantação de mandioca na cultura Kaiowá? Se pode plantar a rama de mandioca quando jasy mbyte (quando a Lua está no meio), é um período bom para plantar a rama de mandioca. O mês de janeiro é bom plantar a rama de mandioca roxa. Todas as ramas de mandioca podem ser plantadas juntas, dependendo da organização da família, se vai plantar todos juntos ou separadas dos dias. Pode plantar a rama de mandioca em vários meses do calendário. Só não pode plantar se sua esposa está grávida; a sua roça pode ficar fraca, então a mulher não pode ir para a roça e nem menina que está menstruada, isso é a regra dos Kaiowá. Em fevereiro pode plantar a rama de mandioca branca, que dá durante um ano. A rama de mandioca amarela se pode plantar antes do frio. Depois que o frio chegar, não pode mais plantar no mês de abril. O frio pode matar todas as suas plantações de mandioca.

Umas das ramas mais consumidas é a rama de três meses, porque ela só leva três meses para dar mandioca nova, que é chamada de mandi´o ju'i. Agosto ou setembro é bom para plantar a rama também. Janeiro e fevereiro, ótimo tempo para plantar, respeitando o período da Lua, não planta na Lua Nova. Quando você arranca um pé de mandioca, já pode plantar de novo a rama no lugar, isso é na cultura Kaiowá. Também podemos fazer jypya (corta a mandioca aos pés) para que a geada não estrague a mandioca na raiz. Segue o calendário de períodos de plantação de mandioca.

Calendário de Plantação de Rama de Mandioca (Calendário Kaiowá)

JANEIRO. Toda a rama de mandioca pode ser plantada nesse mês, tirando a Lua Nova, quando não se pode plantar a rama. A rama de mandioca de três meses pode ser colhida no mês de abril; a rama de mandioca de seis meses, em julho, e já pode colher, se for plantada em janeiro, a rama de um ano. Em novembro, já pode colher também a mandioca.

FEVEREIRO. Todas as ramas de mandioca podem ser plantadas nesse mês, tirando o período da Lua Nova, quando não se pode plantar a rama. A rama de mandioca de três meses dá em maio; se for plantar em fevereiro, de seis meses, dá em agosto; e a rama de um ano, em dezembro, já pode colher mandioca, se for plantar em fevereiro.

Períodos em que não se pode plantar a rama de mandioca:

Abril: não pode plantar.

Maio: não pode plantar.

Junho: não pode plantar.

Julho: não pode plantar.

E no fim do mês de agosto também não pode plantar. Período de plantação começa de novo, nos meses de setembro, outubro, novembro e dezembro. Em janeiro e fevereiro, pode-se plantar a rama de mandioca, tirando a Lua Nova. Lembrando que não pode plantar nenhuma rama na Lua Nova, somente na Lua Crescente. Desconsiderando esses conhecimentos, as plantações enfraquecem.

Imagem 10.2 – Calendário de plantação das ramas de mandioca

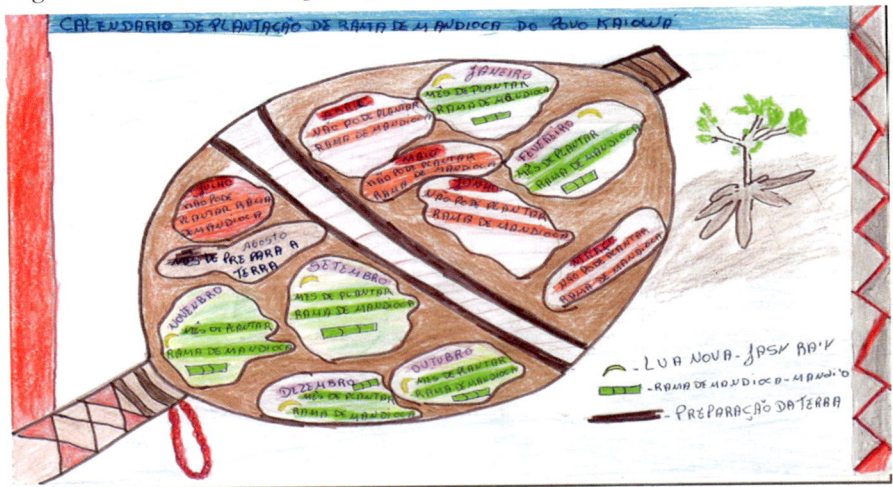

Fonte: desenho de Geniniana (2023)

Temos alguns tipos de mandioca (Imagem 10.3) (mais para conhecimento; não vamos nos aprofundar):

- Mandi'o recera = mandioca branca;
- Mandi'o hún = mandioca roxa (mandioca preta);
- Mandi'o tapo joa = mandioca amarelinha de três meses;
- Mandi'o sayju = mandioca amarela;
- Mandi'o jy'guasy = mandioca amarela, grande, de um ano;

Imagem 10.3 – Mandi'o hún = mandioca roxa, 2023

Fonte: Geniniana

A mandioca é um alimento utilizado por muitas famílias aqui em Laranjeira Nhanderu, para ter no prato, no café, no almoço e na janta. A mandioca se pode comer de várias maneiras, pode ser assada pirekai, pode ser cozida com água, também pode comer principalmente com peixe assado ou com sopa, é alimento muito importante para a comunidade de Laranjeira Nhanderu.

Nhandecy Adelina refere a roça com muita alegria. Ela conta que devemos nos preocupar bastante com a rama, porque,

> [...] quando não tem arroz em casa, eu só como mandi'o [mandioca] com peixe, com carne, com frango caipira, eu não me preocupo com arroz quando não tem em casa. Antigamente não existia mercado para fazermos compra nossa comida preferida é mandioca, milho e cana. Esses não pode faltar na roça [kokue].
>
> No kokue, é importante ter esses três, milho, mandi'o e cana na sua roça, com passar do tempo quase que não tem mais na roça. Na aldeia as crianças quase não comem mais mandioca, só quer saber da comida do karaí (não indígenas) e só fazer compra na cidade, coisas da cidades, embrulhada. Então, por esses motivos que entra muitas doenças nas aldeias.
>
> Hoje quem come a comida sem veneno vive mais. Por que vive mais? Porque é você que planta, é você que faz a sua comida, vem tudo de forma natural do nosso território. Então antes eu também comprava a rama de mandioca na cidade. Por que eu comprei? Porque eu morava

no mato e não tinha como plantar nenhuma rama de mandioca. Eu tentei plantar, só que as formigas comiam toda a nossa plantação. A plantação mandioca ficava no meio do mato e não dava nada, tentava plantar várias sementes, mas não dava resultado e depois porque não tinha espaço suficiente para poder plantar, e a terra era muito dura.

Em respeito e por ter conhecimento tradicional, para entrar na minha roça, eu faço reza (da minha memória) para que minhas plantas fiquem saudáveis, alegres e para que as pragas não comam o que plantei. Nhandecy Adelina Pedro fala que é muito importante para nós termos o kokue, e evitar comer comida com os venenos. Ela argumentou, em 2023, que:

Fazia tapopĩ [farinha de mandioca ralada e feita na hora] para as crianças. Para as meninas-moça comer depois de 15 dias da primeira menstruarão. Durante a etapa da moça, ela pode comer peixe assado ou cozido, peixe que se chama piky tin [lambari]; esse peixe a menina moça pode comer durante okuypy (dentro de casa). Era cultura tradicional do Kaiowá, onde, muitas vezes, isso não existe mais, em várias aldeia, pois tem pouco mandioca e não tem mais peixe perto da aldeia.

Moramos neste território, é nosso território, na nossa casa e com a nossa vida, e nosso kokue. No kokue podemos plantar vários tipos de alimentos, plantamos banana, cana-de-açúcar, mamão, feijão, melancia, batata, milho, milho branco, amendoim, abóbora, e principalmente a mandioca. E com muita alegria que conto que aqui na comunidade Laranjeira Nhanderu temos muito rama de mandioca e que sempre faço mba'etyru (combinação de alimentos) de várias formas para comer com a mandioca, com peixe assado ou frito ou sopa, com carne de porco-do-mato, com carne de tatu. Entre vários alimentos, a mandioca é o único que não se substitui nem pelo arroz. E muitas crianças não sabem mais como é bom comer só esses alimentos saudáveis.

Algumas Outras Considerações

Nós ficamos mais de 12 anos sem poder plantar nada onde vivíamos, pois era mato duro. Quando nós começamos a plantar no ano de 2019, não sabíamos as épocas certas. Mas estamos conseguimos trazer de volta a época antiga de plantar as ramas de mandioca. Perdemos muitas ramas de mandioca, porque não nascia para nós, onde vivíamos. Então nós perguntamos para seu Jairo Barbosa quais eram as épocas de plantar a rama de mandioca, porque nós aqui em Laranjeira Nhanderu quase que perdemos os conhecimentos, mas nós não deixamos Nhanderu de lado, sempre perguntamos para eles por onde vamos a começar a plantar na nossa roça, precisamos desses saberes tradicionais, e também saber que é melhor plantar sem veneno na sua terra, na sua roça.

A importância do tema é que se vive na cultura, e comer sua comida tradicional é muito bom para manter sua saúde viva. Antigamente comia só mandioca, não comia arroz, por isso que não pegava câncer, que hoje afeta as aldeias, que comem muita comida do karaí (dos não indígena), tudo industrializado. A minha avó Araci Pedro morreu com 115 anos (!), mas no documento oficial ela tinha 100 anos. Antigamente, não havia documentos ainda para saber especificamente a idade certa. Mas ela não comia comida industrializada, só mandioca assada e cozida com carne do mato. Sempre fazia pihekai (mandioca assada na brasa) para nós. Hoje a essa idade ninguém consegue mais chegar, já morre com 50 ou 40 anos por doença, isso não é bom para nós Kaiowá.

Laranjeira Nhanderu é uma terra abençoada por Nhanderu, porque tem rio, mato, animais de vários tipos, pássaros de vários tipos, peixes de vários tipos, água da mina, remédios tradicionais, terra boa para plantar a sua roça, um lugar em que se pode construir casa de uma forma muito natural para sua família, pois a comunidade sempre preserva a natureza e os demais. Cuidamos porque esse território é nosso.

Referências

BENITES, E. *Kokue*: modelo de produção Guarani Kaiowa. Trabalho apresentado ao Encontro Nacional de Geografia Agrária, 2011.

CARDOSO DE OLIVEIRA, R. *O trabalho do antropólogo*. São Paulo: Unesp, 1996.

JOÃO, I. *Jakaira Reko Nheypyrũ Marangatu Mborahéi*: origem e fundamentos do canto ritual Jerosy Puku entre os Kaiowá de Panambi, Panambizinho e Suciri'y, Mato Grosso do Sul. Dissertação (Mestrado em História) – Universidade Federal da Grande Dourados, Dourados, 2011.

CAPÍTULO 11

O DESPERTAR DA SEMENTE

Anastácio Peralta

Considerações Iniciais

Nos tempos antigos, antes da maldade colonizadora, para fazer um roçado, havia todo um ritual, tanto no preparo do solo como no plantio das sementes. Todo o trabalho da roça era organizado por grupos familiares, nos quais cada pessoa tinha sua função. Os homens faziam o preparo do solo e o plantio, enquanto as mulheres e as crianças cuidavam e colhiam. Tradicionalmente, havia (e ainda há) um mês e uma Lua apropriada tanto para plantar quanto para colher. Havia um modo próprio de guardar a semente tradicional para o plantio do próximo ano. Era um conhecimento que devia ser seguido, transmitido nos ensinamentos dos mais velhos, de geração para geração. Esse trabalho comunitário se realizava apenas nos contextos familiares, na forma de puxirõ (mutirão). Era comum entre os Kaiowá e Guarani mais antigos a prática de fazer chamamentos para a realização de trabalhos que precisassem de muitas mãos.

O fator que fundamenta esse sistema é a união, a religiosidade Kaiowá e Guarani. Por ela ser comunitária, não é possível fazer sozinho. Quando nós fomos criados para admirar a terra, não havia tudo pronto, era preciso criar as coisas que os mba'ejára (donos dos seres) nos deixaram, principalmente a alimentação, por isso nós nos juntávamos cantando para que nascessem os alimentos de que necessitávamos. Foi cantando por longas horas que nasceu o Avati Morotῖ (milho branco), do qual meus antepassados cuidavam como a uma criança. Até hoje se canta para alegrá-lo, para que haja uma boa produção.

Nos tempos antigos, a própria Mãe-Terra obrigava os Guarani e Kaiowá a viver e trabalhar juntos, pois as circunstâncias da época exigiam essa forma de vínculo para realizar as caças e os plantios. Tal como uma árvore sozinha não consegue sobreviver saudável e feliz, muito menos conseguem os seres humanos; por isso é que os Kaiowá e Guarani procuram viver juntos, tanto nas festas, nos rituais, como no trabalho, o qual tem como objetivo a colheita e novamente outra festa. É nesse contexto que buscamos, nos anciões que ainda rezam, a inspiração para fortalecer os jovens e toda a comunidade para que sejam tão produtores quanto eram seus antepassados.

As Sementes: fonte de vida e resistência

As sementes são seres vivos, cheias de vida, cheias de segredos e cheias do sagrado. Durante esta minha pesquisa, ficou bastante forte que as sementes são os seres responsáveis pela perpetuação das espécies e de todos os seres vivos do mundo espiritual dentro do mundo cósmico do qual fazemos parte. São elas possuidoras de uma complexa tecnologia espiritual capaz de morrer e reviver, frutificar e alimentar as demais espécies viventes do planeta Terra. Para nós Kaiowá, só existirá vida plena se as sementes continuarem a existir, mas, para isso, é preciso pensar políticas de garantia de nossos territórios para que assim possamos praticar nosso modo de ser, de viver, que é interligado pelos seres e espíritos que habitam o cosmos junto à nossa existência e com os quais mantemos a comunhão da vida. A semente é a nossa fonte de fortaleza, de sustento, e é ela a responsável pela essência humana. Desse modo, ela possui em sua espiritualidade a continuidade da vida, das mais variadas espécies, e sustenta os demais seres. A semente é a fonte de sustentabilidade da vida.

A palavra "semente", da língua portuguesa, vem do latim *sementis*[31] e refere-se tanto à semente de um fruto como a qualquer causa que permite criar algo. Desse modo, o termo "semente" é aplicado à criação da vida, de um fruto ou de um indivíduo, mas não é utilizado em um sentido estritamente biológico, permitindo entender a origem dos processos vitais e indicando que nos ciclos da natureza há sempre uma causa originária, ou seja, um gérmen. Em diálogo junto a seu Jorge Gomes, liderança da Aldeia Pirakuá Bela Vista, pude refletir e aprofundar o conceito de semente na nossa visão de mundo Kaiowá e Guarani. Durante as conversas o *Ñanderu* me revelou que

---

[31] Definição do dicionário da Oxford Languages.

A semente é muito importante e tem de muito tipo no mato, ela está em todo canto. Mas ela não existe só no mato, a semente é igual a nós. Eu me considero semente, eu estou aqui por causa do meu pai e me considero semente dele. Eu sou semente do meu pai, que não já existe mais aqui nesse mundo. (Ñanderu Jorge Gomes, Pirakuá).

Pela reflexão do Ñanderu, fiquei refletindo que todos nós somos sementes, nossos filhos e filhas, netos e netas são nossas sementes. Mas não só. Pensei também que os professores e as professoras, que vão multiplicando os conhecimentos da vida, também são sementes multiplicadoras de vida, e assim cada pessoa vai deixar a semente dela, que vai germinar e produzir vida neste mundo. Observando as sementes das plantas, é possível notar uma enorme variedade de cores, formas e tamanhos, assim como ocorre com as pessoas, que são negras, brancas, amarelas, altas, baixas, magras, gordas. Assim também são as sementes, diversas, coloridas, com uma variedade enorme de possibilidades de existência.

Conversando com os Ñanderu, Ñandesy e anciões e anciãs durante esta pesquisa, ficou muito claro que nós Kaiowá e Guarani entendemos que os seres humanos têm espírito e as sementes também, e é por isso que elas nos fortalecem e nos possibilitam a existência. Assim, as sementes têm alma e têm dono, e a força e o espírito delas manifestam-se por meio das rezas. Quando rezamos, os donos das sementes vêm nos abençoar; sem eles nós não vivemos. São os jára (donos) das sementes que trazem saúde e vida para nós, desde criança até ficarmos velhos, por isso a importância de cultivá-las para termos alimentos saudáveis, tais como mbojape (milho assado), pamonha, mandioca. Esses alimentos tradicionais gerados das sementes fazem com que tenhamos saúde (resãi) e alegria (vy'a).

Assim, nós Kaiowá e Guarani consideramos as sementes como sendo um valioso presente de Ñanderu. As conversas compartilhadas junto aos participantes desta pesquisa fizeram-me rememorar o significado das sementes para o nosso povo. Lembrei-me da história contada pelos meus ancestrais de que Ñanderu enviou o Pa'i Tembi'u, para caminhar sobre a terra, e por onde ele passava iam nascendo as espécies de plantas. Nessa caminhada de germinação da vida, surgiu o sagrado avati morontĩ, que traz no gérmen de seu ser a força espiritual de embelezar, perfumar e por fim fazer-se alimento para sobrevivermos. É por isso que nós Kaiowá e Guarani consideramos que todas as sementes são presentes de Ñandejara, que enviou para nós esses seres possuidores de uma tecnologia espiritual que é capaz de morrer e renascer, gerando frutos que nos saciam a fome, alimentam a Mãe-Terra e demais espécies da natureza, além de nos fortalecer espiritualmente como povo indígena.

Observando os rituais de plantio durante esta pesquisa, notei que, para nós, as sementes, assim como qualquer ser, necessitam de zelo e cuidado. Dessa maneira, para os Kaiowá e Guarani, é imprescindível o cuidado com a semente, pois a semente é quem determina a continuidade da vida no planeta. Nosso povo crê que, se o Jakaira (dono do milho branco) não permitir que o espírito da semente retorne ao mundo das pessoas, então acontecerá o fim da nossa odisseia terrestre. Para que isso não aconteça, todos os anos se realiza a cerimônia de plantio realizada por alguns senhores e senhoras, anciãs e anciões do nosso povo, onde cantam e rezam durante todas as etapas do manejo e plantio da semente.

Assim, rezam ao limpar o solo, ao afofar a terra, e rezam pela chuva que deve vir alimentar a Mãe-Terra. Na sequência, deita-se a semente do avati morõntĩ no colo da Mãe-Terra, que o alimentará, fazendo com que cresça saudável em todos os aspectos. Durante todo o crescimento, a roça é cuidada e manejada por meio da nossa tecnologia espiritual. Assim, algumas orientações precisam ser seguidas, como, por exemplo, as mulheres que estão grávidas ou em período menstrual são orientadas a não entrarem nesse plantio, a fim de que os espíritos que estão ali não desejem adentrar o seu ventre. Caso ocorra de alguma mulher grávida ou em período menstrual entrar na roça, a plantação amarela e pode até morrer.

Com o passar dos tempos e com o manejo adequado pela tecnologia espiritual Kaiowá e Guarani, a semente nutre-se com toda a espiritualidade e desenvolve-se saudavelmente. Quando chega o período de colheita, mais manejo tecnológico espiritual entra em ação, e se reúnem os rezadores e rezadoras, pessoas escolhidas para que se faça então a primeira colheita. Nessa ocasião, todas e todos se levantam antes do Pa'i Kwara (Deus Sol) e vão colher os alimentos, com grande alegria e tranquilidade. Assim, trazem a colheita para casa, onde as mulheres cuidam do milho para preparar a chicha (bebida tradicional), e os homens prepararam o nhemongarai (batismo). Desse modo, inicia-se o ritual de batismo desse ser espiritual, o avati morõntĩ, ou seja, o jerosy puku e mbyky, em que todo o povo se alegra e também lamenta pelo novo amanhecer. Nessa festa, o ensino, o compartilhamento de saberes, ocorre de geração para geração, não há acepção de pessoas e/ou de sexo, todos e todas são participantes ativos do processo. E são assim os momentos vividos arraigados desses espíritos que nos fazem fortes e potentes física e espiritualmente.

Durante as minhas observações e vivências nos rituais de plantio e colheita e durante as conversas com as anciãs e com os anciões, refleti que, se até nós somos sementes, temos que considerar que esses seres são presentes de Ñanderu, pois elas têm o poder de reproduzir um verdadeiro milagre, ou seja, dar a vida. As técnicas utilizadas por esses seres são de uma magnitude imensurável, visto que elas, ao nascer, crescer, madurar e secar, passam por um processo de envolvimento com os quatro elementos da natureza (terra, água, ar e fogo), e estes ajudam-nas a constituir seu eu por meio desta força invisível que denomino de espírito.

Refletindo sobre a importância das sementes como seres vivos, vejo que as diversas espécies existentes trazem com elas essa energia vital, a qual não consigo classificar, mas consigo entender como sendo nossa tecnologia espiritual. Todo processo que esses seres passam, desde a sua germinação até sua fase de nos saciar a fome, é um fenômeno divino, sagrado, que nos permite a existência e que nos fortalece como povo. As sementes, ao ficarem por longos tempos expostas ao fumeiro, muitas vezes perdem sua cor natural, passando para a cor negra ou acinzentada. Pensa-se então que a semente já não tem mais vida, mas na verdade ela foi permitindo ser pintada, esfumaçada, para que no interior de sua alma pudesse estar protegida do mal que a fizesse não mais germinar. Esse processo do manejo da semente para ser armazenada para futuros plantios é também parte da nossa complexa tecnologia espiritual.

É essa sabedoria, essa essência, que me faz pensar e me leva ao êxtase dos devaneios quando mergulho nesse contexto, que para mim é mais que sagrado, é de certa forma sobrenatural, pois, ao buscar significados para esse fenômeno natural, deparo-me com o ensinamento do meu povo de que tudo o que existe tem alma, tem *jára*, e, em especial, as sementes, que são as responsáveis por dar vida a todos os outros seres vivos, fazendo-nos dependentes desses seres tão pequenos e tão poderosos.

Por essa ótica, o diálogo com Antonio Carlos Sant'Ana Diegues parece-me bem apropriado, visto que o autor afirma que a biodiversidade, para os povos indígenas, não é simplesmente um recurso natural, mas um conjunto de seres vivos que têm um valor simbólico, integrado numa complexa cosmologia. Segundo o autor, na visão de mundo dessas populações, humanos, espíritos, plantas e animais integram o mesmo mundo

(DIEGUES, 2000). O pensamento do Ñanderu Jorge Gomes conflui com essa perspectiva quando reflete que

> *Nossa alma é a fala, ou seja, nhẽ'ẽ, e o Ñanderu deu esse nhẽ'ẽ também para plantas, por isso é que temos que rezar e cantar para que elas fiquem alegres, cantem também e conversem entre si. Os karaí é que não entendem o que elas dizem, não param para ouvir o que dizem. O pai Xa'i é o dono de muitas plantas e ele tinha bicho-de-pé, então ele ia se limpando e o sangue caía no chão, e assim nasceu o morango, por isso ele é cheio de caroço. Por onde o dono das plantas caminha, nasce já uma planta. Mas tem planta do yvaga [céu], as plantas do yvaga cantam e baixam as sementes até a terra, na alma e na fala descem até a terra. É bonito de ver com os nossos olhos!* (Ñanderu Jorge Gomes, Pirakuá).

Refletindo mais profundamente sobre a nossa tecnologia espiritual, as anciãs e os anciões que contribuíram como esta pesquisa relembraram que antigamente não havia as ferramentas que se tem hoje, mas Ñanderu chamava a geada para secar a mata e fazíamos as grandes rezas para poder queimar o pedaço onde se realizaria o plantio. Segundo os relatos, nesse tempo nós já dominávamos o fogo e só queimávamos exatamente onde se ia plantar. Depois de manejado o terreno, eram confeccionadas as ferramentas tradicionais Kaiowá e Guarani para realizar o plantio das sementes. Essa ferramenta é feita com aroeira ou peroba e recebe o nome de sarakwa.

As reflexões construídas junto às e aos participantes da pesquisa revelaram também que cada semente tem seu tempo de plantar, nascer e crescer, além do manejo específico para cada tipo de planta. Por exemplo, o milho da palha roxa precisa de cinco meses, levando cinco dias para nascer. Já com o feijão e o arroz, fazem-se os bercinhos e coloca-se o que cabe entre os três dedos, umas três a quatro sementes em média. Dessa maneira, antes da chegada dos não indígenas, as roças eram feitas com o fogo e controle deste, da mesma forma ocorria com o ataque de insetos e outras pragas. Nessas ocasiões, ocorria a negociação entre os rezadores e os jára destes seres. Nesse tempo, a natureza fornecia alimentos em abundância para os povos indígenas, havendo uma diversidade de plantas que forneciam remédios e frutas, diversidade de animais para a caça e uma variedade de aves e peixes que ajudavam na manutenção de uma boa dieta alimentar. Nesse cenário tão rico, os Kaiowá e Guarani viviam em comunhão com a natureza, respeitando seus ciclos naturais, trabalhando a terra e produzindo uma grande riqueza de alimentos.

Por essa ótica, os rezadores Kaiowá e Guarani negociam, com base na reza e no canto, com os jára, os donos dos patamares que compõem o mundo, que, apesar da devastação atual nas terras indígenas, continue nascendo o mato, os remédios, os bichos, os produtos das roças. O antropólogo Levi Pereira afirma que

> O mundo kaiowá é "antinatural", não se reproduz naturalmente, precisa ser criado e constantemente recriado pela ação inoculadora do xamã, despertando nas plantas, animais, pessoas e formação social a vontade de levantar-se e, levantando-se afirmar sua existência. (PEREIRA, 2004, p. 228).

Sobre a ação do xamã, segundo o historiador Kaiowá Izaque João, "ela existe para que a planta possa se levantar" e, dessa forma, "não provocar desequilíbrio social ou pessoal" (JOÃO, 2011, p. 29). Assim, a nossa tecnologia espiritual estabelece uma relação profunda e uma constante preocupação dos nossos anciões e de nossas anciãs em manter nossos costumes, tais como o jerosy puku e mbyky, de forma que nesse período toda a comunidade se envolve na realização desses rituais, que garantem a continuidade das sementes, muitas delas já quase desaparecidas pelo avanço dos colonizadores e de suas respectivas mentes inférteis, como cita seu Jorge Gomes:

> *Nós éramos independentes, tínhamos sementes de mbakuku, feijão catador, de todo tipo tinha semente, mas muitas desapareceram com a chegada dos karaí, homens brancos, que vieram para colonizar. E não só nós, mas também a natureza, que foi e está sendo explorada em toda a sua riqueza. As sementes, na sua pequenez, escondem entre seu ser material a ciência sublime de refazer a vida. O espírito da semente é supremo, é vital.* (Ñanderu Jorge, Pirakuá).

O Mburuvixa das Sementes

Como vimos, as sementes são seres espirituais e divinos que garantem a existência de todos os outros seres. No entanto, existe uma semente que para nós Kaiowá e Guarani tem importância vital para o equilíbrio de todas as outras sementes: o milho. Para nós, o milho é considerado o mburuvixa (líder) da semente, visto que ele tem pele, carne e coração, onde mora sua alma (Figura 11.1). Sem essa alma, as sementes não nascem; são mortas. Por isso rezamos desde a preparação do solo até a colheita, com rezas, cantos e danças.

Figura 11.1 – O mburuvixa (líder) das sementes

Fonte: arquivo Xiru Karaí

Segundo as narrativas das e dos anciãs e anciões, o avati morontĩ (milho branco) é a espécie que possui o espírito maior, que dá vitalidade à vida das pessoas. Segundo o senhor Jairo Barbosa, da Terra Indígena de Panambizinho, rezador dessa comunidade e das comunidades de Gwyra Kamby'i e Laranjeira Nhanderu, essa espécie de milho é o Jakaira, o pai das sementes. O rezador conta-nos que esse milho é tão sensível que deve ser tratado como se fosse uma criança, desde o preparo do solo até sua colheita, quando se faz o batismo das sementes, trazendo de volta os frutos que germinaram. As festividades relacionadas ao milho branco e a seu dono acontecem uma vez ao ano, pois necessitam ser preparadas ao longo do tempo. O cuidado com a preparação do solo perpassa primeiro a preparação espiritual, e somente as pessoas escolhidas na festa anterior poderão plantar o avati morontĩ, o qual é uma divindade para a continuidade dos Guarani e Kaiowá.

Assim sendo, após ter sido escolhida a pessoa responsável para este trabalho, convida-se o rezador que guardará a reza do avati morontĩ para que no mês de agosto esse rezador faça a marcação da área a ser plantada.

Isso ocorre de uma forma muito espiritualizada, em que o rezador vai caminhando e rezando em círculos e/ou quadrado da hora que o sol nasce e para quando o sol desce. Desse modo, essa área escolhida será semeada em setembro por meio das sementes que foram batizadas anteriormente. Após o plantio, segundo nos relata o senhor Nailton Aquino puraheita (cantor e rezador de kotyhu), continua a reza para que o milho cresça, soltando as bonequinhas e os cabelos saudáveis. Se isso acontecer, ele saberá que tudo está bem, sendo abençoado pelo Ñanderu Guasu, o Grande Deus, e que as gerações futuras ainda virão. Se tudo ocorrer dessa forma, a vida e o mundo Kaiowá e Guarani terão continuidade.

Quando se aproxima o período da colheita, uma grande festa é organizada: o jerosy puku. Toda a comunidade fica eufórica na espera desse grande dia, então se inicia o diálogo interno e externo na busca de adquirir muito alimento, que será servido aos convidados. Os jovens que farão a colheita na madrugada preparam-se antes do nascer do sol, e neste dia, enquanto os jovens vão à lavoura, as mulheres vão para a casa de reza, limpam, buscam o pilão e preparam tudo para receber o milho, com muito canto e reza. Então, quando chega o milho, as pessoas sentam-se e, entre uma conversa e outra, o trabalho vai saindo, assim como o ensino e a aprendizagem, porque ali estão as crianças, as mulheres, as/os idosa/os e as pessoas convidadas a fazer parte desse ritual. Passa-se o dia inteiro conversando, relembrando fatos vividos e contando histórias de namoro, casamentos, filhos e viagens. Enquanto o fogo é preparado, o milho é socado com batata-doce, e durante esse processo as pessoas dançam e alegram-se, para que o espírito do milho preencha o espaço com seu cheiro e sua presença.

Junto a toda essa festividade, o preparo dos enfeites vai acontecendo. Os homens vão longe buscar galhos de cedro para fazer o yvyray (caminho), por onde são conduzidas todas as pessoas convidadas a adentrar a grande casa de reza, onde acontecerá a grande reza jerosy puku. É neste momento que ocorre o batismo do milho branco e de todas as sementes, entre elas as crianças e/ou os adultos convidados. Essa festa, nos dias atuais, dura três dias, de modo que no primeiro dia se reza a noite inteira, com curtas paradas para tomar xixa não fermentada. Essa reza começa geralmente às 4 horas da tarde e só termina umas 5 horas da manhã, quando os raios do sol caminham pelo yvyray e vão até o rezador que está com as sementes, os alimentos a serem consumidos e as crianças.

Ali, durante este momento sagrado e abençoado, faz-se um grande silêncio, e só se ouve muito baixinho o murmúrio do rezador se comunicando com Pai Kwarahy, o grande astro sol, que é um dos responsáveis pelo renascimento de todos os seres existentes no mundo, por ser ele o responsável por alimentar com sua potente energia todos os seres que habitam a Terra. Depois deste momento, é chegada a hora do repouso, e, enquanto se preparam os alimentos, as crianças, que já dormiram e estão descansadas, vão repetindo o ritual que assimilaram durante a noite para as crianças menores, que são cuidadas pelas maiores. Nesta ocasião, podemos observar que uma verdadeira escola geracional se instala em meios a esses momentos sagrados. Durante o dia, os parentes visitam uns aos outros, e, ao anoitecer, voltam para que a festa continue, de maneira que nesse dia se canta o kotyhu e se passa de mão em mão o arco do convite para a próxima colheita. E assim os parentes vão se envolvendo e, entre cantos e conversas, passam a madrugada em união. Desse modo, o ritual segue até o terceiro dia, quando se encerra, por volta das 10 horas da noite, pois a xixa já está muito fermentada. O jerosy mbyky é considerado a reza curta que fecha o ciclo da colheita.

Infelizmente, os constantes ataques ao nosso povo e aos nossos tekohá estão afetando de forma bastante negativa o nosso modo de ser e viver. Atualmente, as festas e os rituais que remetem a nossa tecnologia espiritual estão ocorrendo com pouca frequência, pois os cantos tradicionais estão sendo substituídos pelas novas gerações por sons eletrônicos, e a participação dos anciões e das anciãs fica restrita, muitas vezes, à família de quem está a oferecer a festa.

Assim, nos dias de hoje, as festas e os rituais ainda acontecem, mas não é mais como antigamente, quando ficávamos muito tempo juntos, pois atualmente tudo depende da Fundação Nacional do Índio, dos aliados, e nunca conseguimos juntar alimento suficiente para muitos dias. Além disso, muitos dos participantes são trabalhadores do sistema privado e funcionários públicos com horários a cumprir. Então tudo mudou, nossa cultura tradicional teve que se adaptar ao contexto em que vivemos. Reduzimos tudo, já não temos mais tempo para rezar, todos têm que trabalhar em lugares diferentes. No entanto, acredito que, tendo a nossa roça como era antes, tendo muita comida, podemos também ter mais dias de festa, de mongarai (batismo), de consagração das sementes, para termos mais produção e saúde para todo o nosso povo.

Ao nos fortalecermos, teremos uma maior produção de alimentos, possibilitando a volta dos animais que utilizávamos na alimentação e na obtenção de remédios, assim como a abundância de algumas espécies de animais, tais como galinhas, patos, porcos, cabritos, entre outros. Desse modo, poderemos voltar a realizar nossas festividades, como o Jerosy Puku, com plenitude, pois teremos alimentos para nos manter por longos dias de rezas e cantos.

Valdomiro Oswaldo Aquino, liderança política e tradicional da Aldeia Panambizinho, disse-se, durante esta pesquisa, quando caminhávamos pelo mato, que:

> No tempo do Paulito, todos rezavam muito. Era reza o tempo todo mesmo! Naquele tempo, nunca tinha criança magrinha, nunca ia para a missão, não precisava! Porque todos tinham comida avati moroti e as crianças eram todas batizadas. (Valdomiro Aquino, Panambizinho).

Em outro momento, em um diálogo com seu Nelson Concianza, o Guardador das Cruzes, ouvi que: "*Agora já não tem mais Kaiowã*" (informação verbal). Por um breve momento, fiquei sem entender o que ele queria dizer. E ele continuou:

> Todo menino hoje já bebe, já mexe com mulher, já não tem mais tembetã[32], então quem vai guardar a Cruz? Aqui tem Cruz de Paulito, de Ireno, de Lauro, meu pai. Se não tem mais Kunumi Pepy, o que vou fazer? (Nelson Concianza, Panambizinho).

Perguntei a ele o que fazer. Ele me disse que: "*Tem que voltar a plantar Jakaira, antes que vão embora os últimos que sabem rezar e fazer o ritual dos meninos. Tem que ensinar, senão vai acabar tudo*". E é exatamente contra esse enfraquecimento espiritual que lutamos, é por essa continuidade de vida que resistimos. Nós Kaiowá e Guarani kwery estamos preocupados não só com nossa vida humana, mas preocupamo-nos também com o equilíbrio natural, preocupamo-nos com as vidas espirituais, e as sementes dão-nos exemplos de resistência quando reagem a todos os ataques e, assim, desinibidas e exuberantes, utilizam-se de suas técnicas espirituais e ensinam-nos a generosidade.

---

32 Adorno labial dos homens Kaiowá.

Essa resistência sagrada faz com que as sementes revivam quando possibilitamos a esses seres espaços de regeneração, mas, para isso, é imprescindível garantir a retomada e a recuperação dos nossos territórios, para que assim nossas sementes sejam resguardadas da tecnologia não espiritual dos não indígenas, que modificam geneticamente as sementes, implicando a morte espiritual delas.

Tekohá: nossa terra sagrada que clama por socorro

Por meio das narrativas de nossas e nossos interlocutoras/es, pude perceber quanto a semente é importante e sagrada para o povo Kaiowá e Guarani. É ela que possibilita a existência da vida em toda sua harmonia e plenitude. Mas a semente, para germinar e dar a vida, precisa ser repousada no colo sagrado da nossa grande mãe: a Terra/a terra. Durante os diálogos com as anciãs e os anciões participantes desta pesquisa, pude relembrar a história de quando Ñanderu Guasu foi criar este mundo, ou seja, o planeta Terra, foi cantando e rezando com seu kurusu em círculo, assim como faz o nosso Ñanderu e todo o povo Kaiowá e Guarani durante o jerosy. Assim, onde ele pisava a terra ia se criando, e, após ter criado a terra, o Grande "Deus" foi criando todas as coisas deste planeta. Depois de tudo pronto, ele criou nós Kaiowá e Guarani para admirar a sua criação. Mas hoje nossa Mãe-Terra/terra está clamando por socorro, ela está cansada, sofrida, doída e entristecida.

Os diálogos construídos durante o tempo desta pesquisa fizeram-me relembrar a vida de meus ancestrais, que no passado vivíamos todos e todas em harmonia junto da nossa grande Mãe-Terra. Ela nos alimentava, tratava-nos com cuidado e carinho e dava-nos tudo de que precisávamos, porém, com a invasão dos colonizadores, desde a triste data histórica de 1500, nós os povos originários fomos marginalizados, exterminados e roubados. Tiraram-nos a terra e assim nos tiraram tudo o que tínhamos de mais sagrado.

Com muita tristeza e indignação, hoje vejo que a vitalidade suprema da Mãe-Terra foi e está sendo saqueada de forma brutal pelos ditos colonizadores, que para mim são assassinos não só de pessoas, mas de todos os seres vivos e dos seres espirituais que habitam nosso tekohá. É uma crueldade sem tamanho, uma violência perturbadora e um atentado à vida.

No decorrer da pesquisa, relembrei com os interlocutores que, na nossa região de Dourados, desde a década de 1920, com a chegada da Colônia Agrícola de Dourados (Cand), com a instalação da empresa extrativista da Erva Mate

Laranjeira, fomos e ainda estamos sendo desapropriados e expulsos de nossas terras originárias. Chegaram em nome do progresso, em nome do desenvolvimento, mas na verdade o que fizeram foi violentar a nossa existência como povo indígena. Os invasores colonialistas colocaram nossos ancestrais presos em pequenas áreas, denominadas de reservas indígenas, e nós, inconformados com a população aumentando, iniciamos a luta de retornar ou readquirir nossos tekohá, nossos territórios de vida, os quais estão hoje nas mãos de agricultores e grandes latifundiários. Somente com a retomada de nosso território sagrado é que podemos viver e existir como povo forte e saudável.

Esse processo tem causado um imenso desgaste para o meu povo, de modo que muitas mortes já ocorreram no meio dessa luta. E não são só pessoas que estão sendo dizimadas pelos colonizadores, toda a nossa floresta, nossos bichos, tudo o que tem vida está ameaçado com essa política do agronegócio de destruir tudo para plantar uma coisa só. No caso de hoje, todas as espécies de plantas e de animais existentes no ambiente estão sendo substituídas pela soja. Por isso, a nossa luta é importante, é pela vida, é pela diversidade, é pelo cuidado e amor para com a Mãe-Terra e todos os seres que nela existem. Nessa perspectiva, pesquisadores que atuaram no território Kaiowá e Guarani concordam em afirmar que um tekohá saudável é fundamental para a continuidade do modo de ser e existir do meu povo (BRAND, 1998). Justamente porque é essa aldeia, tekohá, o espaço legítimo para a realização dos rituais, cantos e danças, as liturgias que produzem a cosmogonia na vida Guarani e Kaiowá. É o espaço necessário para viver, plantar e se desenvolver (PEREIRA, 2004).

Ainda segundo estudiosos do meu povo, esse espaço promove a comunidade de elementos e matérias-primas necessárias para a produção do artesanato típico, da alimentação tradicional e dos espaços de transmissão de conhecimentos indígenas. Superior a esse tekohá, seria apenas o lugar da imortalidade, a 'Terra sem males', espaço onde a condição humana é abandonada para que o ser humano possa realizar-se na condição de Deus (MELIÀ *et al.*, 1976). As conversas com as anciãs e os anciões durante esta pesquisa deixaram evidente a importância do tekohá saudável e equilibrado para que possamos viver a plenitude dos rituais e de cultuar os seres deixados por Ñandejara. É somente nesse tekohá kwery que é possível realizarmos nossas demais festas sem fins religiosos, tais como a xixa, que fazemos para comemorar aniversários ou outras datas comemorativas, tais como o dia dos povos indígenas, por exemplo. Resumindo: é somente com nosso tekohá saudável e em equilíbrio que podemos continuar existindo na nossa essência.

Devido à imensa importância do tekohá para o nosso povo, lutamos, dia após dia, para reconquistar nossos tekohá, a fim de não perdermos os seres que vivem junto da gente e que nos fortalecem, além de garantir o direito originário tantos dos povos quanto do ambiente o qual habitamos. E essa luta precisa ser fortalecida cada vez mais, pois o que vemos é um constante ataque às legislações vigentes em nosso país, as quais estão sendo ameaçadas constantemente pelos legisladores, que insistem em modificá--las para atender a seus interesses egoístas e particulares, causando danos irreversíveis às populações e ao ambiente.

Desse modo, de acordo com as considerações construídas nesta pesquisa, posso afirmar que, para nós, a terra boa é aquela onde estão nossos ancestrais, onde podemos realizar nossos rituais e semear as sementes no seio da nossa Mãe-Terra. Não existe para nós terra ruim, existe a terra doente e maltratada, ferida e machucada com tantas tecnologias de morte que o agronegócio cruelmente impõe a ela. Para nós, a terra bem cuidada nunca se torna infértil ou estéril, ela deixa de produzir em locais em que já esgotaram todas as suas energias com o uso indiscriminado de suas forças motrizes, contudo ela é humilde e vive o processo de resiliência com supremacia, paciência e eficácia. A terra é capaz de se reconstituir com o auxílio dos espíritos que habitam suas entranhas e seus arredores, e, por esta razão, nós Kaiowá e Guarani acreditamos que, enquanto estivermos firmes em busca de técnicas advindas do mundo espiritual, teremos a esperança de vida plena a nós povos indígenas e aos demais seres que habitam este mundo.

O Teko Porã: bem viver Kaiowá e Guarani

Depois de pensar e refletir junto ao meu povo sobre a importância das sementes, do poderoso milho e do nosso tekohá para a vida e existência do meu povo, apresento agora algumas ideias sobre o nosso modo de viver Kaiowá e Guarani, que é baseado na vida vivida de modo organizado e equilibrado pelo amor e respeito entre todos os seres. Esse modo de vida específico é conhecido como bem viver; para nós Kaiowá e Guarani, é conhecido como teko porã. O teko porã, no contexto do meu povo, é pensando segundo a harmonia com todo o cosmo, com todos os seres. Nosso bem viver é poder ver e ter sementes vivas, terra viva, flores colorindo o universo, pássaros sobrevoando alegres nossos tekohá. É termos nossas crianças crescendo felizes e nossos anciões e anciãs vivendo não só a utopia de retorno à terra sagrada, mas na garantia de que os alimentos são para a vida (e não para a morte, como tem ocorrido nas últimas décadas).

Bem viver, teko porã, é poder cultuar os jára kwery (donos dos seres), sem sermos julgados e condenados como malfeitores, é termos tempo para cultuar a criação divina, que infelizmente, hoje, se encontra danificada, com poucas espécies para se admirar. É poder crer num outro mundo possível, onde nossas ações como povos cuidadores da natureza possam influenciar e inverter os rumos da história contada pelos senhores sábios da sociedade perversa que mata silenciosamente milhares de pessoas. Isso porque nós Guarani e Kaiowá não somente fazemos parte da natureza, mas somos a própria natureza. Não pensamos como os não indígenas, que olham para a natureza como um sujeito abstrato, sem vida e sem direitos. Na nossa concepção, a natureza é nós, e nós somos a natureza. Então, quando agredimos a natureza, estamos agredindo a nós mesmos.

Alguns teóricos, preocupados com a continuidade da vida, dedicam a pesquisa para discutir o tema. Esses estudiosos dizem que, no contexto das discussões pós-desenvolvimentistas, se multiplicam os esforços por uma reconstrução e superação da base conceitual, das práticas, das instituições e dos discursos do desenvolvimento. E nós povos indígenas estamos mostrando possíveis caminhos para que seja possível essa reconciliação com a natureza, ou seja, com a própria humanidade e com o envolvimento, e não com desenvolvimento. Como diz o grande intelectual quilombola Nêgo Bispo, nós povos tradicionais não queremos o desenvolvimento, queremos o envolvimento na construção de nossas relações. De acordo com o intelectual e pesquisador do bem viver Alberto Acosta, o bem viver, ou *buen vivir*,

> Na realidade, se apresenta como uma oportunidade para construir coletivamente novas formas de vida. O *buen vivir* não é uma originalidade nem uma novidade dos processos políticos do início do século XXI nos países andinos. Nem é uma espécie de superstição ou poção mágica para todos os males do mundo. O *buen vivir* é parte de uma grande busca de alternativas de vida forjadas no calor das lutas da humanidade pela emancipação e pela vida. (ACOSTA, 2016, p. 208).

Nesse sentido, sem minimizar as contribuições, há que superar, até mesmo, as visões heterodoxas, que enfocavam "desenvolvimentos alternativos", quando é cada vez mais necessário gerar "alternativas envolvimento". É disso que se trata o *buen vivir*, ou o bem viver, conceito desenvolvido por povos indígenas para se pensar a vida em equilíbrio e harmonia. Sabemos que é evidente que o mundo não indígena busca respostas para viver bem, mas é preciso disposição e ação política e social.

Aqui caberia destacar outras contribuições humanistas, como a da ecofeminista indiana Vandana Shiva, cujo trabalho tem ajudado a disseminar o debate do bem viver em todo o mundo. De acordo com essa autora, o modelo econômico e cultural do Ocidente foi idealizado por meio da colonização das mulheres, dos povos originários e das suas terras. Desse modo, Shiva critica as concepções modernas de desenvolvimento, economia, progresso e ciência, chamando atenção para a necessidade urgente da construção de um paradigma que possibilite a sobrevivência e uma coexistência digna dos povos e seres da terra (MIES; SHIVA, 2007).

Leonardo Boff, teólogo brasileiro, já nos traz a reflexão de que o bem viver aponta uma ética para a comunidade, e não apenas para o indivíduo. Segundo o autor, o bem viver supõe uma visão holística e integradora do ser humano, imerso na grande comunidade terrena, que inclui, além do ser humano, o ar, a água, o solo, as montanhas, as árvores e os animais; é estar em profunda comunhão com *Pachamama* (a Terra), com as energias do universo e com o mundo espiritual (BOFF, 2017). Refletindo com as anciãs e os anciões, encontrei que, para nós, o bem viver não é viver como os karaí. Para nós Kaiowá e Guarani, o bem viver, ou melhor, o teko porã, é baseado em poder cantar, dançar e cultivar sem a preocupação com produção em grande escala, mas em quantidade suficiente para mantermos a vida material e espiritual, tanto nossa (humana) como a vida dos demais seres na sua vida material e espiritual.

Por sermos possuidores de uma visão holística, não conseguimos entender como viver sem a diversidade, sem a espiritualidade, sem o cuidado com o próximo. Nesse sentido, precisamos juntar esforços e superar o modelo monocultural em todos os aspectos; e, para isso, penso que faz se necessária a superação da base conceitual de desenvolvimento, mas também a mudança de atitudes, de relações, pois o planeta e todos os habitantes clamam pela vida. E, para concluir, digo que, sem sementes, sem suas técnicas espirituais, sem o nosso tekohá e sem a nossa Mãe-Terra, é impossível nossa sobrevivência, assim como a sobrevivência de qualquer ser, pois somos um ciclo dependente uns dos outros, nós dependemos das sementes, da terra e da espiritualidade, e estas dependem de nós e das outras espécies de seres. Desse modo, se não tivermos em conexão, sem esse jopói pereceremos.

Por fim, finalizo este texto com a definição do bem viver, teko porã, com a crítica ao modo de vida dos não indígenas, que afeta o bem viver Kaiowá e Guarani, desenvolvida e expressa na narrativa do Ñanderu Jairo Barbosa:

> *Teko porã é comer bem, sem veneno. É poder rezar, cantar e dançar, fazer nosso Jerosy com comida boa. É viver sem ser escravo do trabalho. O branco é escravo do trabalho e nos faz assim também. Veja nossas crianças; hoje em dia nem brincam mais. Elas vão para a escola, o jovem vai para a empresa e nem aprende a rezar mais.* (Ñanderu Jairo Barbosa, Panambi).

Referências

ACOSTA, A. O buen vivir: uma oportunidade de imaginar outro mundo. *In*: SOUSA, C. M. (org.). *Um convite à utopia*. Campina Grande: EDUEPB, 2016.

AGUILERA URQUIZA, A. H. Sustentabilidade e território: e sua relação com a educação escolar indígena. *In*: SEMINÁRIO INTERNACIONAL FRONTEIRAS DA EXCLUSÃO, 2. *Anais* [...]. Campo Grande: UCDB, 2006. 1 CD-ROM.

BARRETO, J. P. L. *WaiMahsã*: peixes e humanos um ensaio de antropologia indígenas. Dissertação (Mestrado em Antropologia) – Universidade Federal do Amazonas, Manaus, 2013.

BENITES, E. *Oguata Pyahu (uma nova caminhada) no processo de desconstrução e construção da educação escolar indígena da Reserva Indígena Te'ýikue*. Dissertação (Mestrado em Educação) – Universidade Católica Dom Bosco, Campo Grande, 2014.

BENITES, E. Tekoha ñeropu'ã: aldeia que se levanta. *Revista Nera*, [*S. l.*], n. 52, p. 19-38, 2020.

BENITES, T. *Rojeroky hina ha roike jevy tekohape (rezando e lutando)*: o movimento histórico dos Aty Guasu dos Ava Kaiowá e dos Ava Guarani pela recuperação de seus tekoha. Tese (Doutorado em Antropologia) – Universidade Federal do Rio de Janeiro, Rio de Janeiro, 2014.

BOFF, L. *Ideia sustentável*. [*S. l.: s. n.*], 2009. Disponível em: https://ideiasustentavel.com.br/vidasolidaria-justica-social-com-justica-ecologica. Acesso em: 10 jul. 2023.

BOFF, L. *Sustentabilidade*: o que é-o que não é. Petrópolis: Editora Vozes, 2017.

BRAND, A. Quando Chegou esses que são Nossos Contrários: A Ocupação Espacial e o Confinamento dos Kaiowá/Guarani no Mato Grosso do Sul. *Multitemas*, Campo Grande, v. 12, p. 21-51, 1998.

CAVALCANTE, T. L. V. A interculturalidade crítica como possibilidade para um diálogo sobre as territorialidades no Brasil. *Tellus*, [*S. l.*], p. 85-101, 2017.

CAVALCANTE, T. L. V. Demarcação de terras indígenas Kaiowá e Guarani em Mato Grosso do Sul: histórico, desafios e perspectivas. *Fronteiras*, [*S. l.*], v. 16, n. 28, p. 48-69, 2014.

COLMAN, R. S. *Território e sustentabilidade*: os Guarani e Kaiowá de Yvy Katu. Dissertação (Mestrado em Desenvolvimento Local) – Universidade Católica Dom Bosco, Campo Grande, 2007.

CORREA, C. N. *O barro, o genipapo e o giz no fazer epistemológico de autoria Xakriabá*: reativação da memória por uma educação territorializada. Dissertação (Mestrado em Desenvolvimento Sustentável) – Universidade de Brasília, Brasília, 2018.

DIEGUES, A. C. S. *Conhecimento e manejo tradicionais*: ciência e biodiversidade. São Paulo: Nupaub, 2000.

EMILIANO, D. *A educação ambiental no IFRS*: estratégias ecosóficas para construir os dispositivos de ingresso, permanência e êxito dos estudantes indígenas. Tese (Doutorado em Educação) – Universidade Federal do Rio Grande do Sul, Porto Alegre, 2020.

GALLOIS, D. T. Cultura "indígena" e sustentabilidade: alguns desafios. *Tellus*, [*S. l.*], n. 8/9, p. 29-36, 2005.

JOÃO, I. *Jakaira Reko Nheypyrũ Marangatu Mborahéi*: origem e fundamentos do canto ritual Jerosy Puku entre os Kaiowá de Panambi, Panambizinho e Suciri'y, Mato Grosso do Sul. Dissertação (Mestrado em História) – Universidade Federal da Grande Dourados, Dourados, 2011.

KAIAPÓ, E. A diversidade sociocultural dos povos indígenas no Brasil: o que a escola tem a ver com isso? *In*: CULTURAS indígenas, diversidade e educação. Rio de Janeiro: Sesc, Departamento Nacional, 2019.

KOPENAWA, D.; ALBERT, B. *A queda do céu*: palavras de um xamã Yanomami. São Paulo: Editora Companhia das Letras, 2019.

LUCIANO, G. J. S. Entrevista: Gersem José dos Santos Luciano – Gersem Baniwa. [Entrevista cedida a] Maria Aparecida Bergamaschi. *Revista História Hoje*, [*S. l.*], v. 1, n. 2, p. 127-148, jun. 2012.

MELIÀ, B.; GRÜNBERG, G.; GRÜNBERG, F. *Los Paĩ-Tavyterã*: etnografía Guaraní del Paraguay contemporáneo. Asunción: Centro de Estudios Antropológicos, Universidad Católica Nuestra Señora de la Asunción, 1976.

MIES, M.; SHIVA, V. *Ecofeminismo*: teoría, crítica y perspectivas. Barcelona: Icaria, 2007.

MONFORT, G.; GISLOTI, L. Necropoder e crimes socioambientais do agronegócio, lutas anticoloniais e resistências socioterritoriais Kaiowá e Guarani. *Boletín Geocrítica Latinoamericana*: Pensamiento Geográfico Crítico Latinoamericano, Bogotá, 2020.

MUNDURUKU, D. *O caráter educativo do movimento indígena brasileiro (1970 – 1990)*. São Paulo: Paulinas, 2012.

PAVÃO, S. *Conhecimentos tradicionais Guarani e Kaiowá como fontes de autonomia, sustentabilidade e resistência*. Dissertação (Mestrado em Educação e Territorialidade) – Universidade Federal da Grande Dourados, Dourados, 2021.

PERALTA, A. A agroecologia Kaiowá: tecnologia espiritual e bem viver, uma contribuição dos povos indígenas para a educação. *MovimentAção*, [*S. l.*], v. 4, n. 6, p. 1-19, 2017.

PERALTA, A. *Tecnologias espirituais*: reza, roça e sustentabilidade entre os Kaiowá e Guarani. Dissertação (Mestrado em Educação e Territorialidade) – Universidade Federal da Grande Dourados, Dourados, 2021.

PEREIRA, L. M. *Imagem Kaiowá do sistema social e seu entorno*. Tese (Doutorado em Antropologia Social) – Universidade de São Paulo, São Paulo, 2004.

PEREIRA, L. M. Mobilidade e processos de territorialização entre os Kaiowá atuais. *Revista Eletrônica História em Reflexão*, [*S. l.*], v. 1, n. 1, 2007.

PEREIRA, L. M. *Os Kaiowá em Mato Grosso do Sul*: módulos organizacionais e humanização do espaço habitado. Dourados: Editora UFGD, 2016.

PEREIRA, L. M.; MOTA, J. G. B. Movimento etnicosocioterritorial Guarani e Kaiowá em Mato Grosso Do Sul: atuação do Estado, impasses e dilemas para demarcação de terras indígenas. *Boletim Dataluta*, [*S. l.*], out. 2012.

QUIJANO, A. Colonialidad y modernidad/racionalidad. *Perú Indígena*, [*S. l.*], v. 13, n. 29, 1992.

RAMALHO, B.; LEITE, L. H. A. Colonialidade da educação escolar. *Revista Educação em Questão*, [*S. l.*], v. 58, n. 58, 2020.

ROSSATO, V. L. *Os resultados da escolarização entre os Kaiowá e Guarani em Mato Grosso do Sul*: "Será o letrão ainda um dos nossos?" Dissertação (Mestrado em Educação) – Universidade Católica Dom Bosco, Campo Grande, 2002.

SACHS, I. *Caminhos para o desenvolvimento sustentável*. Rio de Janeiro: Garamond, 2002.

SANTOS, A. B. *Colonização, quilombos*: modos e significações. Brasília: Instituto de Inclusão no Ensino Superior e na Pesquisa, 2015.

VALIENTE, C. A. *Modos de produção de coletivos Kaiowá na situação atual da reserva de Amambai, MS*. Dissertação (Mestrado em Antropologia) – UFGD, Dourados, 2019.

VIAÑA, J. *La interculturalidad como herramienta de emancipación*. La Paz: Instituto Internacional de Integración, 2009.

CAPÍTULO 12

CARACTERIZAÇÃO MULTIDIMENSIONAL DO TERRITÓRIO INDÍGENA ALDEIA JAGUARI: MUDANÇAS NAS PRÁTICAS DE PRODUÇÃO E CONSUMO DE ALIMENTOS PELOS GUARANI E KAIOWÁ

Cleonicio Ximenes

Rodrigo Simão Camacho

William James Vendramini

Introdução

Ao analisar a realidade indígena, pode-se traçar um olhar espacial sobre a realidade a fim de perceber e reconhecer os mecanismos que movem as pessoas e os objetos no lugar onde se vive, para verificar e compreender as dinâmicas que se estabelecem. A dinâmica territorial indígena no Brasil é extremamente rica e diversificada, compreendendo uma ampla variedade de grupos étnicos, com suas próprias tradições, línguas, costumes, crenças e formas de organização socioterritorial. Os indígenas brasileiros têm uma história milenar de ocupação e conexão com as terras que atualmente compõem o país.

A língua também desempenha um papel crucial na preservação da cultura indígena. A diversidade linguística dos indígenas brasileiros é notável, e muitos grupos lutam para manter suas línguas tradicionais vivas, pois estas são fundamentais para a transmissão de conhecimentos, histórias, valores culturais, práticas e saberes. As expressões culturais, práticas e saberes indígenas são manifestadas em diversas formas artísticas, como artesanato, pintura corporal, danças, músicas, cantos, narrativas orais e rituais sagrados. O artesanato indígena é especialmente valorizado, com técnicas e estilos únicos transmitidos de geração em geração. Além disso, muitos indígenas têm contribuído para a literatura, o cinema, as artes visuais e outras formas contemporâneas de expressão sociocultural.

A diversidade étnica e territorial dos povos indígenas brasileiros é notável. Estima-se que existam mais de 300 etnias indígenas no Brasil, cada uma com língua e cultura distintas. Essas etnias são agrupadas em diferentes famílias linguísticas, como Tupi-Guarani, Macro-Jê, Aruak, entre outras (INSTITUTO SOCIOAMBIENTAL, 2022). A organização socioterritorial dos indígenas varia entre os diferentes grupos. Muitos seguem uma estrutura comunitária, em que as decisões são tomadas de forma coletiva, e a relação com a terra é central para sua identidade territorial. A territorialidade é fundamental para a sobrevivência física e cultural dos povos indígenas, uma vez que suas tradições, suas práticas agrícolas, seus rituais e seus modos de vida estão intrinsecamente ligados aos seus territórios ancestrais. A delimitação do território indígena é basilar para preservar e perpetuar a cultura de uma etnia indígena como os Guarani e Kaiowá, embora ao longo do tempo influências de territorialidades externas acabem alterando hábitos e costumes no cotidiano, como nos modos de produzir e consumir alimentos, acarretando problemas de saúde e até mesmo desvalorizando a cultura e os saberes/práticas empíricos-tradicionais.

O objetivo da pesquisa é realizar a caracterização da Terra Indígena Jaguari, pertencente ao povo Guarani e Kaiowá (povos indígenas que habitam principalmente as regiões Sul e Centro-Oeste do Brasil), destacando o modo de produção e consumo de alimentos dentro da aldeia, com foco na relação com a natureza por meio do trabalho familiar indígena, apontando um olhar sobre a soberania alimentar desse povo originário.

> Os territórios historicamente ocupados por povos indígenas, quilombolas e comunidades tradicionais têm sido historicamente ameaçados pelas mudanças no uso e cobertura da terra. Essas mudanças apresentam recortes geográficos e temporais específicos, onde nas últimas décadas caracterizam-se pelo avanço da fronteira agropecuária, que tem levado ao desmatamento de extensas áreas dos biomas brasileiros, influenciado pelos contextos político e econômico. Entretanto, desde a promulgação da Constituição de 1988 e do início do processo de construção de estruturas legais e de governança para proteger os direitos dos povos indígenas, quilombolas e comunidades tradicionais, a segurança alimentar

> aliada a dificuldades como disputas territoriais e questões climáticas colocam em perigo a produção de alimentos, costumes e cultura indígena. (CUNHA; MAGALHÃES; ADAMS, 2021, p. 12).

Diante desse contexto de luta, enquanto sujeitos pertencentes à etnia Guarani/Kaiowá da comunidade Jaguari, entende-se como relevante a reafirmação da importância da produção dos alimentos pelos próprios povos indígenas, por meio do trabalho familiar, a fim de garantir a sua soberania alimentar e a reprodução dos hábitos culturais de produção e consumo de alimentos.

> A cultura indígena é rica em tradições e costumes, que estão sendo transmitidos de geração para geração, dentre esses costumes se destaca a questão alimentar, seus hábitos alimentares, cercados de mitos, rituais e tradições, isso não é diferente nas etnias do estado do Mato Grosso do Sul, muitas delas, ricas em lendas a respeito da origem dos alimentos, as restrições alimentares, bem como os rituais para o preparo de algumas receitas. (JANUÁRIO *et al.*, 2009, p. 28).

Os hábitos alimentares indígenas são peculiares e entrelaçam-se a todo um contingente cultural, reproduzido entre as gerações e diretamente relacionado a uma dinâmica própria de utilização do território. No decorrer do processo de colonização, podemos observar que as comunidades indígenas passaram por fortes mudanças nos âmbitos cultural, social, ambiental e econômico. E tais mudanças repercutem em alterações em seus hábitos, em especial de produção e consumo de alimentos. No entanto, com o passar do tempo, esses conhecimentos empíricos estão sendo esquecidos, sem ao menos serem registrados, isso faz com que muitos saberes-fazeres ainda não estudados sejam perdidos, os quais poderiam trazer benefícios para toda a sociedade brasileira.

A transformação da cultura alimentar desses povos tem forte influência do capitalismo urbano-industrial. "As relações com o mercado afetaram diretamente outros tipos de dinâmicas produtivas, interagindo no contexto alimentar das comunidades indígenas" (CANESQUI; GARCIA, 2005, p. 35). Segundo a Organização das Nações Unidas para Alimentação e Agricultura (FAO), salientando as lutas do Brasil no contorno à fome em 2014, "as comunidades indígenas e quilombolas apresentaram vulnerabilidade crônica, convivendo com condições desfavoráveis e dificuldade de acesso a alimentação suficiente e de qualidade adequada" (BELLINGER; ANDRADE, 2016, p. 11).

> O crescente índice de casos de indígenas acometidos de Hipertensão, Diabetes Mellitus, Sobrepeso e Dislipidemias repercutem demasiada preocupação e aponta para uma reflexão sobre o estado de vulnerabilidade nutricional destes indivíduos e, consequentemente, direciona estudos sobre a importância desta temática tão contemporânea. (ROCHA *et al.*, 2011, p. 18).

Considerando os apontamentos de Santos e Coimbra Jr. (1991), com a redução dos territórios, a inconstância da garantia dos direitos e a transformação de seus saberes empíricos-tradicionais de produção de alimentos, a necessidade de busca por comércios locais para compra de alimentos tornou-se mais expressiva e as atividades básicas de subsistência (autoconsumo) diminuem profundamente, favorecendo assim um consumo crescente de alimentos industrializados externos à territorialidade indígena, reforçando mudanças de práticas que, além de serem prejudiciais à saúde, desconstroem a relação sociedade-natureza da produção da agrobiodiversidade característica dos territórios indígenas.

A metodologia seguiu uma revisão bibliográfica, aliada a um trabalho de campo por meio da pesquisa participante e de entrevistas exploratórias e etnográficas com as lideranças religiosas Ñanderu e Ñandesy da aldeia, bem como registros fotográficos. Os resultados apontam para uma mudança nas práticas de produção e consumo da alimentação na aldeia em decorrência das pressões de territorialidades externas advindas do capitalismo globalizado na forma do agronegócio, que alteraram o meio ambiente, reduzindo a caça e a pesca, prejudicando a produção e coleta de alimentos de forma tradicional. Sendo necessário busca por renda em outros lugares para captar recursos para a compra de alimentos externos ao território indígena.

Considerando que há poucos dados registrados sobre a aldeia indígena Jaguari, entendemos a necessidade de descrever sobre a formação e a multidimensionalidade desse território: a cultura, a saúde, a educação e os hábitos alimentares tradicionais desse grupo socioterritorial; bem como os reflexos e influências de mudanças de seu modo de vida cotidiano. Recomendamos que outros estudos sejam realizados para ampliar as informações e valorizar a cultura indígena e o modo de vida Guarani/Kaiowá no território Jaguari.

Procedimentos Metodológicos

A metodologia seguiu por meio de revisão bibliográfica, pesquisa em sites institucionais, entrevistas e trabalho de campo de modo participante, pois o primeiro autor da pesquisa é indígena que vive no território pesquisado. Segundo Gil (2002), a pesquisa bibliográfica é desenvolvida com base em material já elaborado, constituído, principalmente, de livros e artigos científicos, baseados em critérios técnicos. Sendo essa uma pesquisa qualitativa e por apresentar as opiniões e experiências vivenciadas pelo pesquisador, trata-se, portanto, de uma "pesquisa-participante" (BRANDÃO, 1981).

Outro procedimento metodológico se refere à realização de entrevistas por meio de roteiro semiestruturado de questões abertas de forma exploratória com as lideranças religiosas, Ñanderu e Ñandesy, rezadoras da comunidade indígena, em que se pode coletar dados sobre o conhecimento experiencial/empírico/tradicional dos Guarani e Kaiowá da aldeia Jaguari. Utilizou-se, também, a pesquisa etnográfica, que inclui a observação do hábito e das práticas cotidianas de vida em comunidade, e a descrição dos acontecimentos observados durante o desenvolvimento dos estudos. Foram realizados registros fotográficos e confeccionados mapas de localização geográfica do território Jaguari por meio do Google Earth, 2022.

Caracterização da Área de Estudo

A Terra Indígena Jaguari, declarada pela Portaria 516/1991 ISA e homologada pelo Decreto de 22/05/1992, está situada próximo à Rodovia MS-289, na Rodovia Amambai/Juti, a 57 km da cidade de Amambai/MS (MS-Siasi), nas coordenadas geográficas de latitude 23°3'34.68"S e longitude 54°55'3.08"O (Figura 12.1).

Figura 12.1 – Localização da Aldeia Jaguari

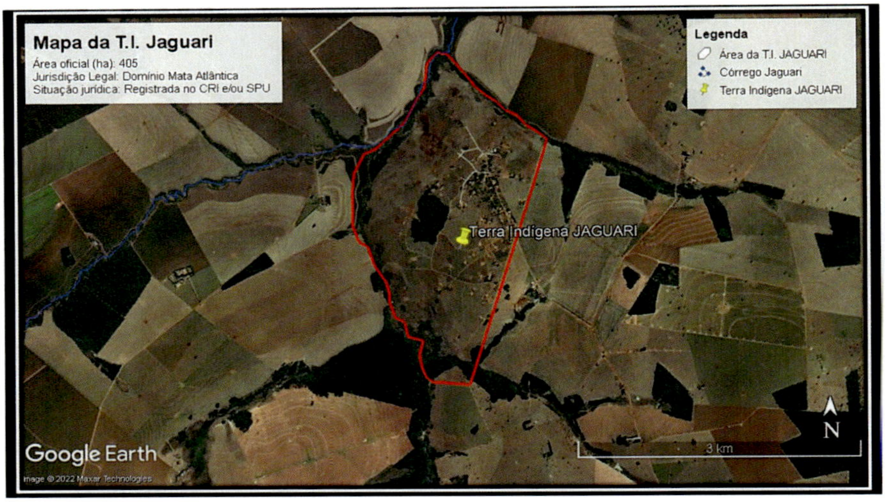

Fonte: imagem adaptada de Google Earth (2022)

A área é habitada por indígenas das etnias Guarani-Kaiowá e Guarani Ñandeva. De acordo com o Censo Demográfico Indígena de 2014, há registro de uma população de 383 indígenas na terra indígena, em uma área de 405 ha (ISA, 2022). Na época em que foi identificada, no ano de 1987, pela Portaria 1.245/1987 ISA, o próprio governo fazia pressão para que o tekohá (território tradicional dos Guarani e Kaiowá) fosse o menor possível. A comunidade não teve quase nenhuma participação na identificação da área.

Essa TI está localizada na Bacia Hidrográfica do Rio Paraná, e a fitofisionomia tem vegetação caracterizada como floresta estacional semidecídua (15,6%) e savana (84,4%), embora o território esteja sobre influência do bioma floresta atlântica (INSTITUTO SOCIOAMBIENTAL, 2022). Na Figura 12.2, é possível verificar a caracterização geral do território Jaguari em relação a outros territórios, como as propriedades rurais que estão no entorno e em relação à cidade de Amambaí/MS.

Figura 12.2 – A área indígena Jaguari e a cidade de Amambaí

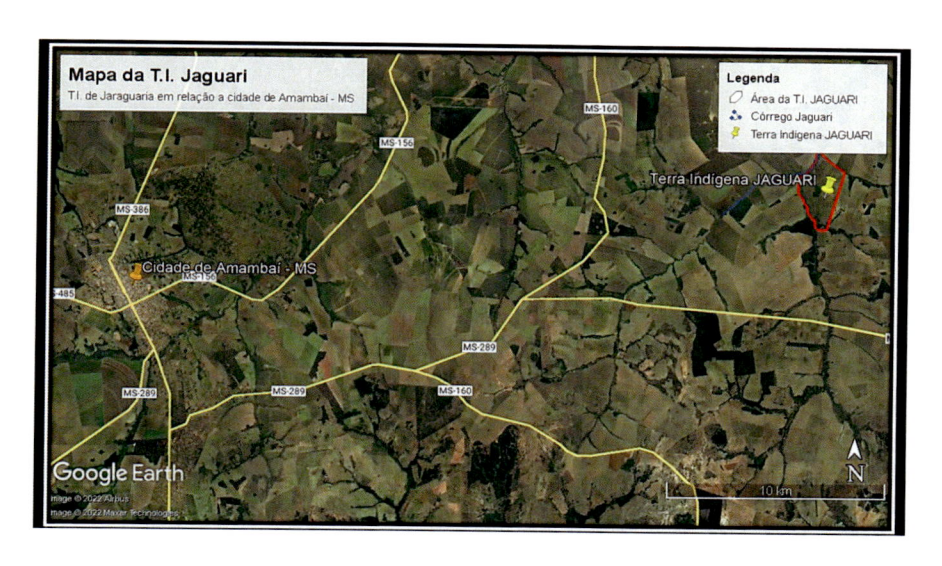

Fonte: imagem adaptada de Google Earth (2022)

A ocupação não indígena, no processo histórico de formação territorial do município de Amambaí, provocou impactos socioambientais sobre o território Jaguari, reduzindo a cobertura vegetal e alterando a forma de uso e ocupação do solo, refletindo nos hábitos e práticas, atualmente, dos Guarani e Kaiowá, que encontraram dificuldades para adquirir alimentos no próprio território de origem de forma tradicional, por meio da caça e pesca, ou por meio da produção agrícola familiar. Outra questão se refere à influência da territorialidade urbana-industrial, advinda de uma cultura hegemônica imposta pelo capitalismo globalizado, que alterou hábitos e práticas no cotidiano da aldeia, influenciando nas formas de organização da vida social nesse território.

História da Conquista Territorial do Povo Guarani e Kaiowá na Aldeia Jaguari

Foram realizadas entrevistas com os Ñanderu e Ñandesy (rezadores). Ñandesy Rosaria da Silva tem 69 anos de idade, é da etnia Kaiowá e nasceu na aldeia Jaguari. Vive com sua família e parentes, trabalhando na roça e plantando alimentos para o sustento, além de ter o benefício da aposentadoria, que ajuda na manutenção das necessidades básicas.

Ñanderu Itamar Oliveiras tem 79 anos de idade. É da etnia Kaiowá e nascido em aldeia no Paraguai, Marangatu. Veio morar no Brasil com um amigo quando estava com 26 anos de idade, e, após um mês no Brasil, casou-se com uma mulher da aldeia e não voltou mais para sua aldeia de origem. Muitos parentes dele moram na aldeia no Paraguai, e alguns parentes moram na Aldeia Guapoy, mas ele veio para morar na aldeia Jaguari acompanhando seu amigo. Ele é um senhor que trabalha na agricultura de subsistência, produzindo alimentos, e recebe benefícios de aposentadoria para despesas básicas. Como morador mais antigo, atuou no papel de liderança por oito anos, apoiando as pessoas que lutaram pela terra para demarcá-la como aldeia, com órgãos governamentais regulamentadores.

Ao realizar entrevistas com os representantes e pessoas com conhecimento da história e da vivência do povo Guarani e Kaiowá na aldeia Jaguari, entrevistamos, também, Cenira Gonçalves, umas das representantes mais antigas da aldeia, que fala sobre a sua história, citando o fundador da Terra Indígena Jaguari, Júlio Gonçalves, que:

> Mesmo antes de demarcar a TI Jaguari, havia pessoas morando nesse local, sendo oito pessoas que moravam, e o mais antigo era um cacique que tinha a tradição de sempre rezar junto com o seu grupo. E por aqui, nas terras indígenas, moravam há quase 20 anos, antes dos fazendeiros, porém, quando os fazendeiros tomaram posse, os indígenas nativos trabalhavam em fazendas próximas, para garantir renda e sustento das famílias, onde fazendeiros deixavam os indígenas morar no entorno da fazenda e deixavam construir sua casa de sapé para ali viverem. (CENIRA GONÇALVES, 2023, s/p, dados da pesquisa).

Por essa fala, é possível identificar que o povo Guarani e Kaiowá, na aldeia Jaguari, nunca foi respeitado, nem teve seus direitos reconhecidos antes da demarcação de terras e das ações da Fundação Nacional do Índio, que contou com ajuda fundamental de antropólogos pesquisadores que realizaram o levantamento com Júlio Gonçalves, que ajudou a identificar a área das terras indígenas e localizar e identificar o cemitério dos povos indígenas originários Guarani e Kaiowá, para preservar a história e garantir os direitos constitucionais previstos, pelo menos, em parte. De acordo com a indígena Cenira:

> O povo Jaguari se sustentava com carne de caça, pesca, frutos, raízes da natureza, alguns construíram (monde) e armadilha para pegar animais como capivara, paca, anta, entre outros. Depois de 15 anos,

> *as pessoas mais antigas começaram falecer e foram sepultadas onde hoje é área indígena. Ali ficaram suas famílias, que moraram mais de cinco anos. Depois de completar 20 anos que estavam nessa área, os familiares que ficaram lá se mudaram para aldeia Amambai, pois surgiram dificuldades de sobrevivência pela escassez de alimentos, todo mundo saiu de lá reserva onde moravam.*

Anos depois (dez anos), com a confirmação de que a área pertencia por direito ao povo Guarani e Kaiowá, com ajuda da equipe da Funai, cerca de 30 indígenas retomaram suas terras de fazendeiros da região, onde ficou com a delimitação atual. Atualmente, a Terra Indígena Jaguari conta com 124 moradores e uma área total de 404 hectares. Para proporcionar maior compreensão do território pesquisado, sempre que possível, os resultados da pesquisa foram representados por meio de registros fotográficos pelo pesquisador.

Caracterização Multidimensional do Território[33] Indígena Aldeia Jaguari: cultura, saúde e educação

> Falar em território significa dizer que este é um espaço da sobrevivência e reprodução de um povo, onde se realiza a cultura, onde se criou o mundo, onde descansam os antepassados. Além de ser um local onde os índios se apropriam dos recursos naturais e garantem sua subsistência física é, sobretudo, um espaço simbólico em que as pessoas travam relações entre si e com seus deuses. Há que se ressaltar, ainda, que a apropriação de recursos naturais não se resume em produzir alimentos, mas consiste em extrair matéria-prima para a construção das casas, para enfeites, para a fabricação de arcos, flechas, canoas e outros e, ainda, em retirar as ervas medicinais que exigem determinadas condições ecológicas para vingarem. Para que um povo possa sobreviver e se reproduzir, necessita de muito mais terras do que as que utiliza simplesmente para plantar. E é justamente esse espaço da sobrevivência, com tudo que ela implica, que denominamos território [...]. (FERNANDES, 1993, p. 81).

---

[33] Não vamos fazer um debate teórico sobre território no texto, mas estamos partindo do entendimento do conceito de que o território é uma totalidade — dialética —: híbrida (material/imaterial); relacional (relações de poder); multidimensional (política, economia, cultura, natureza); multiescalar (local/global). (CAMACHO, 2019a, 2019b, 2020; FERNANDES, 2008, 2009; SAQUET; SPOSITO, 2009).

No passado, na Aldeia Jaguari, os anciões chamavam as jovens e adolescentes para contar a histórias. Havia um tratamento para as crianças quando estavam mudando de fase (entrando na adolescência). Ao completar 12 anos, a menina deve seguir as orientações do cacique: não pode mais andar sozinha; ela deve ficar em casa até o período da menarca (*i.e.*, primeira menstruação), onde se completa o período do crescimento da menina, aprendendo serviços domésticos e de culinária em casa ou na casa do avô ou dos parentes. Assim, ela ficará protegida da perseguição por animais selvagens. Para os meninos, o marco para o recolhimento é o engrossamento da voz. Então, ele deverá ficar em casa por 12 dias fazendo serviços internos para não ser perseguido por animais selvagens.

Nesse período, o adolescente, seja feminino, seja masculino, não poderá comer carne de vaca, nem dos animais selvagens. Se for permitido comer carne, esta não poderá ser salgada. Conforme a tradição, se comer carne de vaca ou de animais selvagens, esta deve estar bem assada. Depois ela poderá ser mastigada bem e cuspida ao fogo. Após cuspi-la ao fogo, o adolescente fala "fogo que te comeu". Esse ritual é realizado para que ele/ela não tenha tontura ou para não desenvolver doenças espirituais. Esses rituais são importantes para a valorização e fortalecimento da cultura Guarani e Kaiowá, mas atualmente é um ritual raramente realizado, principalmente, por influência das igrejas evangélicas presentes dentro do território.

Tempos atrás, não havia nenhuma igreja na aldeia. Eram praticados rituais de espiritualidade pela comunidade, incluindo rezas, danças e o tradicional ritual denominado de Guachiré. Antes do início das noites culturais, o cacique sentava-se no meio da roda e contava histórias. Mas ocorreram mudanças nas tradições em todas as aldeias e nos rituais, alterando os costumes e as práticas tradicionais. Para reafirmar a importância das cosmologias e espiritualidade indígena, em 2020, lideranças da aldeia realizaram reunião com as famílias para a construção de uma casa de reza para a comunidade (Figura 12.3), que foi construída em mutirão, mas com o apoio de poucas pessoas, por motivo de muitos seguirem as igrejas evangélicas.

Figura 12.3 – Casa de reza construída de sapê

Fonte: Cleonicio Ximenes (2022)

Com a ocupação do território por igrejas evangélicas, muitas práticas culturais foram sendo esquecidas, pois muitos pastores proíbem seguir os mandamentos da igreja e, ao mesmo tempo, cultuar os rituais tradicionais. Grande parte dos indígenas que vivem na TI Jaquari é evangélica, estando presentes na aldeia os ministérios protestantes Deus é Amor, Só o Senhor é Deus, Missão para Cristo, e Último Tempo. No entanto, embora a maioria das famílias indígenas frequente uma dessas igrejas, há uma busca por conhecimentos tradicionais sobre a utilização das ervas medicinais e sobre o uso da língua e o vocabulário tradicional, pois esses hábitos continuam sendo praticados entre os anciãos e permanecem como referência aos indígenas mais jovens.

A espiritualidade é um elemento central na cultura indígena. Cada grupo étnico tem suas próprias crenças e práticas religiosas, que, muitas vezes, estão profundamente conectadas com a natureza e o cosmo. Os rituais sagrados são realizados para fortalecer os laços com os antepassados, honrar os espíritos da natureza e manter o equilíbrio entre os seres humanos e o mundo natural. Com relação à educação escolar indígena na TI Jaguari, o início do funcionamento da Extensão Escolar foi em 27 de agosto de 2008, a partir da construção de duas salas de aula. Inicialmente atendia somente até o quinto ano, e a modalidade de ensino era multisseriada, pois havia poucas salas e pouco recurso de material didático, e a extensão estava vinculada à Escola da Aldeia Amambai.

Desde 2012, a Extensão – Sala Extensiva Jaguari foi vinculada à Escola Municipal Indígena Mbo'erenda Tupaí Ñandeva, localizada na Aldeia Limão Verde, e ainda havia somente duas salas, mas o ensino escolar tem recebido maior atenção por parte da Secretaria Municipal de Educação Amambai. Em 2019, 140 alunos frequentaram a extensão escolar por meio de salas de aula multisseriadas, sendo ofertado o ensino fundamental (anos iniciais) no período vespertino; e ensino fundamental (anos finais; 6.º + 7.º ano e 8.º + 9.º ano) no período matutino (Figura 12.4). Esses 140 alunos são atendidos por oito professores, sendo cinco professores indígenas e três professores não indígenas. As principais dificuldades apontadas pelos professores estão no acesso à internet para elaborar os planejamentos no sistema e na falta de sala de aulas, que resulta no ensino multisseriado.

Figura 12.4 – Sala Extensiva Jaguari, Escola Municipal Indígena Mbo'erenda Tupaí Ñandeva

Fonte: Cleonicio Ximenes (2022)

Em julho de 2021, iniciou-se a ampliação, por meio da construção de duas salas de aula (Figura 12.5), de uma cozinha e de dois banheiros, o que certamente favorece o atendimento educacional mais amplo à comunidade da aldeia Jaguari. É importante destacar que na escola há uma horta para desenvolver atividades pedagógicas e produzir hortaliças e temperos que são utilizados no preparo da merenda.

Figura 12.5 – Novas salas de aula e horta

Fonte: Cleonicio Ximenes (2022)

Com as novas salas de aulas, todos na aldeia, principalmente professores e alunos, esperam que haja uma melhoria na educação, tendo em vista que poderá haver uma turma por sala, com maior quantitativo de professores e alunos, reduzindo o déficit de aprendizagem existente. No tocante à Saúde, na comunidade da aldeia Jaguari, há um postinho de saúde (Figura 12.6). O atendimento no postinho é realizado uma vez por semana pela equipe da Secretaria de Saúde Indígena, que é constituída de um médico, uma enfermeira e uma agente de saúde. O médico e a enfermeira vêm da cidade para fazer consulta só uma vez por semana (às quintas-feiras), e, caso alguém da comunidade adoeça, tem que esperar por esse período para ser atendido. Enquanto isso, a pessoa adoecida vai tomando remédios de ervas medicinais para aliviar os sintomas das doenças ou, em último caso, tem que ser encaminhada direto para o hospital. A comunidade passa muita dificuldade enquanto está doente, pois não há técnico de enfermagem para auxiliar no atendimento aos pacientes; e, quando há emergências, sempre demoram para socorrer.

Figura 12.6 – Posto de saúde da Terra Indígena Jaguari

Fonte: Cleonicio Ximenes (2022)

Quando a pessoa depende de remédio do posto, tem que esperar uma semana, pois primeiro ela vai consultar o médico, que indicará o remédio. Em alguns casos, a pessoa conversa com a agente de saúde para pegar remédio quando tem sintomas leves, como dor de cabeça, febre etc. O agente de saúde que trabalha na comunidade, às vezes, consegue auxiliar as pessoas doentes com os únicos medicamentos que tem no postinho: dipirona, paracetamol e xarope. Quando a médica prescreve o remédio para o paciente depois de fazer consulta, geralmente não há o remédio no posto, então surge outro problema: a falta de dinheiro para comprar o remédio. Na falta de opção, tem-se que continuar a utilizar as plantas medicinais e o benzimento.

Sobre as doenças mais comuns presentes na comunidade indígena da aldeia Jaguari, de acordo com a enfermeira, são a gripe e a desnutrição, que são as causas mais comuns de procura de atendimento médico no posto de saúde. No caso específico da Covid-19, houve contaminação de cinco indígenas na aldeia com exames confirmados, e outros casos suspeitos acabaram fazendo uso de remédio tradicional e não fizeram exames. Até setembro de 2021, 95% dos indígenas da Aldeia Jaguari haviam sido vacinados contra o coronavírus.

Mudanças nos Modos e Práticas de Produção e Consumo de Alimentos

No passado, a comunidade alimentava-se, sobretudo, de alimentos retirados da natureza, sendo carne de animais, peixe e frutas do cerrado. Os homens da aldeia tinham a responsabilidade de sair para caçar com suas famílias. Na produção para o próprio consumo, contavam com: mandioca, batata, amendoim, abóbora, milho, mamão, manga, laranja, poncã, banana, melancia e hortaliças.

Atualmente, ocorreram mudanças nos hábitos da comunidade, e a alimentação atual tem origem, em muitos casos, na compra em mercados da cidade e de pequenos comércios na aldeia. As pessoas não sobrevivem mais apenas de alimentos retirados da natureza, como a caça e a pesca, porque não possuem mais a mata preservada, onde viviam os animais, e os rios estão poluídos pelos agrotóxicos, reduzindo a quantidade de peixes. Nessa condição socioterritorial, atualmente, a comunidade sobrevive, quase que integralmente, do benefício do Bolsa Família, do governo federal, e de doação de cestas básicas. Mas, em algumas famílias, os homens trabalham no plantio e colheita de mandioca nas fazendas da região.

Reduziu-se drasticamente a produção de alimentos dentro da aldeia. Apenas oito pessoas, que são as mais velhas, ainda plantam nos moldes da agricultura tradicional. Poucas famílias trabalham no cultivo da roça, porque dependem de equipamentos, insumos e ferramentas para trabalhar. No entanto, faltam incentivos da Funai. A ajuda com máquinas chega à aldeia uma vez por ano, quando é enviado um trator para preparação da terra para o plantio. Embora o cultivo da Kokué (roça tradicional dos Guarani e Kaiowá) siga ainda uma prática tradicional, o território da aldeia Jaguari está rodeado de áreas de fazendas com extensas monoculturas, havendo uso de agrotóxicos que chegam à Aldeia e causam vários problemas para a comunidade.

A produção de alimentos pelos indígenas Guarani e Kaiowá, por meio do trabalho familiar na Aldeia Jaguari, assim como em outras comunidades indígenas, é caracterizada por práticas agrícolas tradicionais e sustentáveis. Na Aldeia Jaguari, as famílias indígenas geralmente possuem roças onde cultivam uma variedade de alimentos, como mandioca, milho, feijão, abóbora, batata-doce e outros vegetais. Essas roças são trabalhadas de forma colaborativa, com a participação de todos os membros da família. O processo de produção de alimentos começa com a preparação do solo. Tradicionalmente, os indígenas utilizam técnicas como o "coivara", que consiste em limpar uma área de vegetação e queimar os resíduos para enriquecer o solo com nutrientes. Em seguida, as sementes são plantadas e as plantas são cuidadas durante todo o ciclo de crescimento.

Os indígenas utilizam conhecimentos ancestrais para manejar a terra de forma sustentável, evitando o uso excessivo de agrotóxicos e adotando práticas de conservação do solo e da biodiversidade. Além disso, eles fazem uso de técnicas de agrofloresta, combinando o cultivo de árvores frutíferas e plantas alimentícias, o que contribui para a diversificação dos alimentos produzidos e para a preservação do ecossistema local.

A colheita dos alimentos é um momento de celebração e união familiar. Após a colheita, os alimentos são utilizados para a alimentação das famílias e podem ser comercializados ou trocados com outras comunidades indígenas. Os resultados apontam para uma mudança na forma de produção e consumo da alimentação na aldeia em decorrência das pressões de territorialidades externas advindas do capitalismo globalizado na forma do agronegócio, que alteraram o meio ambiente, reduzindo a caça e a pesca, prejudicando a produção e coleta de alimentos de forma tradicional — sendo necessária a busca por renda em outros lugares para captar recursos para a compra de alimentos externos ao território indígena.

É importante ressaltar que a produção de alimentos pelos indígenas Guarani e Kaiowá enfrenta diversos desafios, como a falta de acesso à terra e a pressão de atividades econômicas predatórias em seus territórios. No entanto, essas comunidades têm resistido e preservado suas práticas tradicionais de agricultura, que representam não apenas uma fonte de subsistência, mas também uma expressão cultural e uma forma de conexão com a terra e com suas tradições ancestrais.

Considerações Finais

Descrever, compreender, analisar, enfim, pesquisar sobre o Território Indígena Jaguari possibilita um olhar e um diálogo sobre a valorização dos povos originários e a sua pertinência para o estudo da diversidade de territorialidades no campo, águas e florestas do Brasil. Sendo a organização espacial marcada por fatores políticos, econômicos, sociais e culturais, esse diálogo com as práticas indígenas dos Guarani e Kaiowá permite-nos visualizar o papel preponderante que a cultura construída por esses grupos sociais tem na produção/organização de seus territórios.

Apesar da rica diversidade socioterritorial dos povos indígenas brasileiros, com destaque as etnias Guarani e Kaiowá, eles têm enfrentado diversos desafios, como a perda de territórios, a violência, a discriminação, a falta de acesso a serviços básicos (educação, saúde, lazer etc.), a exclusão social e a insegurança alimentar. No entanto, apesar dos desafios, muitas comunidades indígenas resistem na preservação de suas tradições culturais, na luta pelos seus direitos territoriais, na valorização de sua identidade territorial como povos originários do Brasil e na conquista de políticas públicas.

Como resultado da pesquisa, consideramos que, com o passar do tempo, houve mudanças significativas de hábitos e costumes alimentares entre os Guarani e Kaiowá. A alimentação baseada na coleta extrativista e na agricultura tradicional foi sendo trocada por alimentos industrializados, cuja origem é externa à aldeia. Esse fato se deve ao avanço das territorialidades hegemônicas do capital na forma do agronegócio sobre os territórios indígenas, que são impactados pelo desmatamento e uso de agrotóxicos, que eliminam a biodiversidade e poluem a água da aldeia Jaguari, alterando o modo de vida e de organização territorial dos indígenas, sobretudo relacionados à necessidade básica humana de sobrevivência, a alimentação. Mas é necessário caracterizar que os impactos se dão também na sua reprodução simbólico-cultural, reduzindo a manifestação da religiosidade tradicional e de seus rituais, que estão sendo substituídos pelos ritos do protestantismo neopentecostal.

Consideramos que os objetivos de realizar uma breve caracterização multidimensional do Território Indígena da Aldeia Jaguari e das mudanças sofridas em seu modo de vida, principalmente relativo às práticas alimentares, foram brevemente elucidados neste texto. Porém, outros estudos mais aprofundados devem ocorrer para que esse povo possa continuar resistindo e reproduzindo seu modo de vida em seu território tradicional de acordo com suas cosmovisões, vontades e necessidades. Para isso, é necessário que o Estado assuma sua responsabilidade mediante os séculos de processos de exclusão/dominação/expulsão/subalternização a que foram submetidos os povos indígenas no Brasil.

Considerando que há poucos dados registrados sobre a aldeia indígena Jaguari, entendemos a necessidade de descrever sobre a formação e a multidimensionalidade desse território: a cultura, a saúde, a educação e os hábitos alimentares tradicionais desse grupo socioterritorial; bem como os reflexos e influências de mudanças de seu modo de vida cotidiano. Recomendamos que outros estudos sejam realizados para ampliar as informações e valorizar a cultura indígena e o modo de vida Guarani/Kaiowá no território Jaguari.

Referências

BELLINGER, C.; ANDRADE, M. M. L. *Alimentação nas escolas indígenas*: desafios para incorporar práticas e saberes. São Paulo: Comissão Pró-Índio de São Paulo, 2016.

BRANDÃO, C. R. *Pesquisa participante*. São Paulo: Brasiliense, 1981.

CAMACHO, R. S. A questão territorial no currículo da formação de educadores do campo em Mato Grosso do Sul: o estudo de caso da Leduc e o PPGET. *Pegada*: A Revista da Geografia do Trabalho, [*S. l.*], v. 22, n. 3, p. 3-25, 2022.

CAMACHO, R. S. Apresentação - Dossiê Territórios/territorialidades das populações do campo, das águas e das florestas: avanços e desafios na constituição de práxis contra-hegemônicas. *Revista Interdisciplinar em Educação e Territorialidade*, [*S. l.*], v. 1, p. 7-15, 2020.

CAMACHO, R. S. Educação do campo e territórios/territorialidades camponeses: terra, família e trabalho *In*: MOLINA, M. *et al.* (org.). *Formação de formadores*: reflexões sobre as experiências da licenciatura em Educação do Campo no Brasil. Belo Horizonte: Autêntica, 2019a. p. 169-188.

CAMACHO, R. S. O território como categoria da educação do campo: no campo da construção/destruição e disputas/conflitos de territórios/territorialidades. *Revista Nera*, [*S. l.*], v. 22, n. 48, p. 38-57, 2019b.

CANESQUI, A. M.; GARCIA, R. W. D. *Antropologia e nutrição*: um diálogo possível. Rio de Janeiro: Editora Fiocruz, 2005.

CUNHA, M. C.; MAGALHÃES, S.; ADAMS, C. *Povos tradicionais e biodiversidade no Brasil*: contribuições dos povos indígenas, quilombolas e comunidades tradicionais para a biodiversidade, políticas e ameaças. São Paulo: SBPC, 2021.

FERNANDES, B. M. Entrando nos territórios do território. *In*: PAULINO E. T.; FABRINI, J. E. (org.). *Campesinato e territórios em disputa*. São Paulo: Expressão Popular, 2008.

FERNANDES, B. M. Sobre a tipologia de territórios. *In*: SAQUET, A. M.; SPOSITO, E. S. (org.). *Territórios e territorialidades*: teorias, processos e conflitos. São Paulo: Expressão Popular, 2009. p. 197-215.

FERNANDES, J. *Índio*: esse desconhecido. Cuiabá: UFMT, 1993.

GIL, A. C. *Como elaborar projetos de pesquisa*. 4. ed. São Paulo: Atlas, 2002.

INSTITUTO SOCIOAMBIENTAL (ISA). Terra Indígena Jaguari. *In*: TERRAS INDÍGENAS NO BRASIL. [*S. l.*: *s. n.*], 2022. Disponível em: https://terrasindigenas.org.br/pt-br/terras-indigenas/3813#. Acesso em: 20 dez. 2022.

JANUÁRIO, E. *et al. Roça indígena*. Barra do Bugres: Unemat, 2009.

ROCHA, A. K. S. *et al*. Prevalência da síndrome metabólica em indígenas com mais de 40 anos no Rio Grande do Sul. *Revista Panamericana de Salud Pública*, [*S. l.*], v. 29, n. 1, 2011.

SANTOS, V. R.; COIMBRA JR., E. A. Avaliação do estado nutricional em um contexto de mudanças sócio-econômicas: o grupo indígena Surui do estado de Rondônia, Brasil. *Caderno de Saúde Pública*, [*S. l.*], v. 7, n. 4, 1991.

SAQUET, A. M.; SPOSITO, E. S. (org.). *Territórios e territorialidades*: teorias, processos e conflitos. São Paulo: Expressão Popular, 2009.

CAPÍTULO 13

A IMPORTÂNCIA DA FESTA DO MILHO BRANCO PARA OS KAIOWÁ DE TAKUAPIRY

Gildo Martins

Rosa Sebastiana Colman

Introdução

A partir do ano de 1995, com a morte de capitão Tonico Recarde, muita coisa mudou em Takuapiry. Principalmente porque tanto a família do senhor Atanásio e a do senhor Getúlio saíram dessa reserva, dispersando-se por outras aldeias. Segundo eles alegam, saíram porque o Tonico, que os trouxe do Paraguai para o tekohá Takuapiry, morreu e, com a morte dele, não tinha muito sentido continuarem ali. Antes da colonização, não havia fronteira, por isso os Paĩ Tavyterã Kaiowá sempre se moveram no grande território da nação Guarani, que engloba vários países: Brasil, Argentina, Paraguai e Bolívia.

Meu nome (do primeiro autor)[34] é Gildo Martins, Kaiowá Paĩ Tavyterã, filho de Adriano Martins e Andreza Gomes. Nasci e fui criado na Reserva Takuapiry, município de Coronel Sapucaia, na Rodovia 289 — que vai de Amambai a Coronel Sapucaia, no estado de Mato Grosso do Sul. Vim de uma família extensa, da qual meu avô Fernando Martins, já falecido, era uma das lideranças. Ele participou ativamente da demarcação do tekohá Takuapiry.

O nome da Reserva Takuapiry significa "rio de bambu". Takuapi é um tipo de bambu, cuja incidência é grande na região. De lá sai uma mina, nascente de um rio, que é chamada com a palavra "ry", que entendemos

---

[34] A segunda autora contribuiu à concepção e à condução da pesquisa original na qualidade de orientadora, bem como às análises e à redação deste capítulo; mas o texto foi mantido na primeira pessoa do singular, para acomodar a perspectiva autobiográfica do primeiro autor, que embasa o estudo apresentado.

também como "líquido de bambu". Os Kaiowá Paĩ Tavyterã chamavam de tekohá Takuapiry, mas o funcionário do SPI (o antigo Serviço de Proteção ao Índio), como não conseguia escrever, registrou o nome da reserva como se fosse em português — Taquaperi —, sem usar K e Y, como deve ser em Guarani. É interessante destacar que essa planta — takuapi — é também utilizada no ritual de jerosy puku (canto comprido), na festa do Avati Kyry (batismo do milho branco).

Minha vida escolar inicia-se com 8 anos de idade, na região do Cerro, com o professor Negrinho Grausto, Kaiowá, yvyra'ija do mbo'echakáry José Brandão. Ele sabia ler e escrever, mas eu não queria estudar com ele; então me transferiram para a escola do posto da Funai (então Fundação Nacional do Índio, hoje dos Povos Indígenas), na Sala Alberto Luciano, nome do primeiro chefe de posto, na época do SPI. Lá conheci a professora Marta Azevedo, atualmente professora de Antropologia na Universidade Estadual de Campinas (Unicamp), que, na época, trabalhava com alfabetização na língua guarani. Com 8 anos de idade, aprendi a ler e a escrever em guarani, com a Marta, por isso sou imensamente grato a ela. Marta Azevedo, na época, era esposa do antropólogo Rubens Almeida (falecido). Com 10 anos de idade, consegui me matricular na Missão Evangélica Caiuá, situada ao lado da aldeia, com o professor Eugênio Martins, que atualmente reside na cidade de Caarapó. Com muita dificuldade, consegui terminar a quarta série.

Em 1986, terminei a antiga 4ª série, na Missão Caiuá, na sala Olinda Camilo. Como não tinha os anos finais do Ensino Fundamental na aldeia, a Missão, com sede em Dourados, estava chamando os melhores alunos de todas as aldeias da região do cone sul do estado, e aqueles alunos que frequentavam o culto na igreja. Então, como eu era considerado um aluno muito esforçado, na primeira vez fui chamado pelo missionário Eugênio Martins para fazer Instituto Bíblico em Dourados, mas não aceitei. Lembro que, no outro dia, Eugênio me procurou e perguntou se eu gostaria de continuar estudando. Eu disse que sim, que isso era a vontade do meu avô Fernando. Como eu cresci com minha avó Julia Alves Martins, ela não queria que eu fosse; mas, mesmo contra a vontade dela, decidi ir. Falei, então, com meu pai, Adriano, que a convenceu. A partir daí, passei a vivenciar outra etapa: a vida na Missão e a dedicação aos estudos.

Em Dourados, principalmente na Missão Caiuá, eu era totalmente estranho, porque todos falavam apenas português, e eu não sabia falar esta língua corretamente. Por isso, sofri muito preconceito na sala de aula, aquilo que hoje é considerado *bullying*. No começo de 1987, passei a morar no acampamento da Missão Caiuá. Éramos 32 meninos, de várias etnias e várias aldeias. Nas férias, no mês de julho, muitos voltavam para suas aldeias de origem, enquanto alguns não voltavam mais, talvez por estarem longe das suas famílias, ou porque as refeições não eram tão boas. O reverendo Benedito Troquez era o responsável por nós. Ele ganhava ossos e pães na padaria, pois o acampamento era sustentado com doações; quando queríamos comer refeições diferentes, tínhamos que trabalhar no fim de semana. Era um tempo difícil; alguns meninos conseguiram terminar a oitava série (assim chamada antes da reforma educacional pela LDB), mas muitos desistiram.

As regras na Missão eram bem rígidas: de manhã, aula normal; e, de tarde, eu trabalhava ajudando na limpeza do alojamento, ou na horta, na plantação de mandioca e milho, ou cuidando dos porcos, escalado pelo responsável do acampamento. À noite todos eram obrigados a frequentar o culto, o estudo bíblico e a reunião de oração ou cantar, pois o objetivo da Missão era catequizar os meninos. No sábado, eu tinha que trabalhar para alguns funcionários da Missão para ganhar alguns trocados para comprar um par de tênis ou uma calça. Já na faculdade, quando estava escrevendo como a gente vivia na Missão, lembrei-me do filme *A Missão*, a que assistimos na aula do professor André Luis Freitas da Silva (Faind/UFGD), e percebi que pouca coisa havia mudado na mentalidade e nas práticas das missões religiosas, desde a época colonial. Devido a esse tipo de exigência, quase desisti de estudar, mas, incentivado pelo Reverendo Benedito Troquez, consegui terminar o ensino fundamental, já com 18 anos de idade.

Morei durante 11 anos na Missão Caiuá. Durante esse tempo, aprendi muita coisa boa, pois ela tem pontos positivos e pontos negativos. De positivo, foi que a Missão deu oportunidade, na época, para jovens Guarani e Kaiowá estudarem, apesar de o papel da Missão ser preparar-nos para voltar à nossa aldeia e começar a catequizar ou evangelizar nossa comunidade. Eu, particularmente, aprendi a conviver com a sociedade não indígena. O ponto negativo na Missão Caiuá era que as pessoas perdiam ou escondiam sua real identidade, sua cultura e sua religiosidade, que estão na alma do Kaiowá e do Guarani.

Muitos meninos voltaram para suas aldeias de origem e se juntaram com as lideranças da sua comunidade, para que a educação escolar indígena fosse estabelecida em cada município — mas como educação diferenciada, específica, bilíngue e intercultural, garantida na Constituição de 1988. A

EEI vem sendo regulamentada por meio da legislação subsequente, como a Lei de Diretrizes e Bases da Educação Nacional, de 1996, a Resolução 3/99 do Conselho Nacional de Educação, e a revisão do Estatuto do Índio, atualmente em tramitação no Congresso Nacional, entre outras leis, até os dias de hoje.

Em 1991 voltei para minha comunidade, com o objetivo de conseguir emprego. Como não consegui, só fiquei ajudando, voluntariamente, o chefe de posto da Funai, fazendo registro de nascimento, casamento, identidade e óbito, durante seis meses, pois não conseguia trabalho com remuneração. Naquela época, a única renda das famílias eram os contratos nas usinas de cana. Então, como eu não tinha opção, naquele mesmo ano fui cortar cana na Usina de Álcool MR, no município de Maracaju; e, depois, na Destilaria Brasilândia S.A. (Debrasa), município de Brasilândia. No primeiro contrato, fui como cortador de cana, durante dois meses; no segundo, já fui como auxiliar de cabeçante (agenciador), e, na terceira vez, já fui como cabeçante.

Eram tempos difíceis para as comunidades da região do cone sul do estado; o único meio de sustentar as famílias era o corte de cana-de-açúcar. Mesmo que o trabalho fosse difícil, muitos menores de idade abandonavam seus estudos para trabalhar na usina de álcool, com aval das lideranças e do chefe de posto funcionário da Funai, até porque a empresa não exigia documentação, só a certidão de nascimento, chamada Registro Administrativo de Nascimento de Indígena (Rani). O trabalho na cana era mesmo o único meio de sobreviver e sustentar as famílias. Era um trabalho muito cansativo, requeria das pessoas muito esforço físico e alimentação forte. Durante minha passagem na usina, presenciei muita coisa fora do contexto da realidade dos Kaiowá e Guarani. Era um trabalho braçal extremamente forçado, análogo à escravidão, porque os trabalhadores começavam às 5 h da manhã e não havia descanso no horário de almoço. Muitos passavam mal, principalmente os "novatos", como falavam: com câimbra e vômito, por causa do calor excessivo e da desidratação no corpo. E, quando um trabalhador passava mal, não tinha transporte adequado para levar o paciente. O único transporte era conhecido como caminhão "pau-de-arara", coberto de lona.

Durante algumas horas de conversa para minha pesquisa, na roda de tereré, Gerson Castelão, de 48 anos, que foi cabeçante na Debrasa, no município de Brasilândia, entre os anos de 1991 e 1999, contou que, na época dele, trabalhava-se com 50 a 60 pessoas. Era muito difícil, pois, além de trabalhar em regime de semiescravidão, havia muita briga, homicídio ou tentativa de homicídio, briga com facão, afogamento e até suicídio. Trabalhavam lá várias etnias como Terena, Kaiowá, Guarani, Guarani Mbya e Kaigang, além de não indígenas, como maranhenses, baianos e mineiros. Chamavam estas pessoas de boias-frias. Todos os fins de semana havia muitos conflitos, relatou Gerson Castelão. Além das péssimas condições de tratamento aos trabalhadores, os alojamentos eram barracões grandes, onde ficavam 40 a 50 pessoas juntas, umas coladas às outras; os beliches eram feitos de concreto; alguns tinham colchão, outros não. Não havia banheiro suficiente para 300 a 400 pessoas, então os trabalhadores faziam suas necessidades fisiológicas no meio dos canaviais, e os banhos eram todos no rio, mesmo no frio, até porque os alojamentos eram construídos próximo ao rio com esse objetivo.

Mas, em meados de 1994, houve um grande movimento por parte dos governos e de órgãos não governamentais para que esse tipo de trabalho análogo à escravidão fosse extinto. Foram feitas várias reuniões entre lideranças indígenas, Ministério do Trabalho Federal e as empresas contratantes, para que houvesse uma pactuação entre os trabalhadores e as empresas, com o Ministério do Trabalho e a Fundação Nacional do Índio. A partir de 1995, o governo federal brasileiro assumiu a existência do trabalho escravo contemporâneo no Brasil, perante o país e a Organização Internacional do Trabalho. Assim, o Brasil tornou-se uma das primeiras nações do mundo a reconhecer oficialmente a ocorrência do problema em seu território.

Entre 1998 e 1999, os trabalhadores indígenas já passaram a trabalhar com carteira assinada na usina de álcool e açúcar. Entre 2000 e 2002, o trabalho braçal dos indígenas foi diminuindo, e as *máquinas agrícolas foram tomando conta da usina*" (informação verbal), disse Gerson Castelão, que trabalhou na usina durante muito tempo. Atualmente, Gerson Castelão trabalha na escola como inspetor de alunos, e é concursado.

A Minha Volta para a Missão Caiuá, após a Passagem nas Usinas

Trabalhei durante um ano nas usinas, mas, no fim de 1991, voltei para minha casa; pensei muito e cheguei à conclusão de que não era aquilo que eu queria para minha vida. Com 20 anos de idade, retornei para a Missão Caiuá de Dourados, com o intuito de achar emprego. Comecei a trabalhar como atendente de enfermagem no hospital da Missão. E, com 21 anos, comecei a estudar no ensino médio profissionalizante, área técnica em contabilidade, na escola particular Osvaldo Cruz, atualmente extinta, localizada no centro da cidade de Dourados. Estudei lá durante três anos. Como indígena, ganhei meia bolsa de estudo da escola, e meia da Missão. Trabalhava de dia, no hospital da Missão, como atendente de enfermagem, e ganhava meio salário mínimo; à noite eu estudava. Finalmente, em 1993, concluí meu curso profissionalizante.

Terminado o ensino médio, no começo de 1994, minha então chefa, Ester Camilo, filha do missionário Saulo Camilo, do hospital onde eu trabalhava, perguntou-me se eu queria fazer o curso técnico de enfermagem. Então, no mês seguinte, eu já estava matriculado na escola de enfermagem Vital Brasil, ligada ao Hospital Evangélico de Dourados, onde passei dois anos estudando. Nunca vou esquecer que, durante esse tempo, passei muita dificuldade para terminar o curso. A aula era integral. Em primeiro lugar, eu dependia do transporte da Missão; e, segundo, eu tinha que levar café da manhã e almoço. Alguns dias eu conseguia levar, mas na maioria das vezes não conseguia, então eu tinha que esperar a boa vontade de algum colega para dividirmos a marmita.

Na Missão, onde convivi com outros meninos, como Valentim Pires, Cajetano Vera e Silvio Ortiz, conheci Cassiano Ribeiro, da Reserva de Amambai, que era mais que um amigo: era irmão. Ele já tinha terminado o curso técnico de enfermagem e estava trabalhando no hospital. Casou-se com Máxima Vera. Frequentávamos muito a casa deles e, algumas vezes, dona Máxima fornecia a marmita para eu levar ao curso. Graças à família Ribeiro Vera, minha vida foi mais amena. Cassiano acabou falecendo em 2022, de Covid-19; ele estava à frente dos cuidados com os pacientes contaminados, no Hospital da Missão Evangélica Caiuá.

Após o término desse curso, trabalhei durante três anos, novamente no hospital da Missão Caiuá de Dourados, no período noturno. Era no setor de tuberculose, considerado de alto risco, onde os profissionais corriam risco de ser contaminados durante seu trabalho. Nesse período adquiri muita experiência, principalmente com os mais velhos. Os pacientes vinham de várias aldeias e de várias etnias também. As mulheres e os homens ficavam em alas diferentes, e eu conversava muito com os pacientes que estavam só aguardando completar seu tratamento. Um deles era seu Ermínio (Kadiwéu), da aldeia Bananal, na época com 70 anos de idade, com quem tive intensa troca de experiências; toda noite ele contava a história do povo dele, como viviam, como era sua cultura e sua dança. Mas ele falava mais ainda da Guerra do Paraguai, e de como foi a participação deles nessa guerra.

Na década de 1970 e 1980, muitos Kaiowá Paĩ Tavyterã morreram de tuberculose. A mba'asy po'i (tuberculose), segundo relato do agente de saúde mais velho da minha aldeia, Mauro Lopes, que mora na região de Taquara, no interior da reserva, era fatal para os Kaiowá, porque as pessoas com essa doença iam morrendo aos poucos. Na visão do Kaiowá, a mba'asy po'i era um feitiço feito por alguém, por alguma desavença, e os Kaiowá achavam que não haveria remédio para essa doença. Por volta de 1985, descobriram que a maba'asy po'i tinha cura, graças ao trabalho dos missionários instalados nas oito reservas indígenas criadas pelo SPI. Os mais velhos eram os mais afetados pela tuberculose, por terem imunidade mais fraca. O tempo que os pacientes ficavam fazendo tratamento variava de quatro a seis meses. Bem no início, quando comecei a trabalhar, o número de óbitos era assustador, principalmente entre idosos, porque o remédio era muito forte e o organismo deles não aguentava; mas isso acontecia quando o paciente chegava com a doença já bem avançada, e, geralmente, esse paciente ia a óbito. Mas percebi que, aos poucos, as mortes foram diminuindo.

Meu Retorno para Takuapiry: uma nova etapa

Em 1997, a pedido da minha avó, Julia Alves Martins, resolvi voltar para minha comunidade, onde me casei e tive duas filhas. No ano seguinte, prestei concurso para técnico de enfermagem no município de Coronel Sapucaia, onde trabalhei até o fim de março de 1999. No começo de 1999, recebi convite do administrador da Funai de Amambai para trabalhar como chefe de posto da reserva onde eu moro. Mas, para atuar nessa função, eu tive que abrir mão do meu concurso de enfermagem. Entrei como chefe de posto, para trabalhar na minha comunidade e na aldeia Guasuty, no município de Aral Moreira, também em Mato Grosso do Sul, com cargo de Direção e Assessoramento Superior (DAS) até 2004.

Sempre participei das Aty Guasu — Grande Assembleia dos Kaiowá e Guarani —, dos encontros dos professores e encontros dos rezadores, no cone sul do estado. Também dei minha contribuição na retomada dos tekohá Cerro Marangatu (Antonio João), Kokue'i e Jatayvary (Ponta Porã), Arroio Kora (Paranhos), Sombrerito (Sete Quedas) e Yvy Katu (Japorã).

Em 2005 fui indicado pelas lideranças da Aty Guasu para ser administrador da Funai em Amambai, na Administração Regional de Amambai (ADR AMB), e meu nome foi aceito pelo então presidente da Funai de Brasília, Márcio Lacerda. Foi quando tive oportunidade de acompanhar, realmente, a luta dos Guarani e Kaiowá pela demarcação dos seus tekohá. Nesses dois anos em que fiquei como gestor, percebi a falta de políticas públicas voltadas para os Guarani e Kaiowá; além disso, ficou clara para mim a falta de implementação e consideração com a Constituição federal de 1988, nos seus Arts. 231 e 232, por parte das diversas instituições públicas e seus representantes governamentais. Fiquei nesse cargo até o fim de 2007, quando, com a troca da presidência da Funai, fui exonerado.

Em 2008, fora da Funai, fiquei praticamente desempregado. Tive, então, a oportunidade de visitar mais meu avô Gervásio Martins, Kaiowá Paĩ Tavyterã, hoje também já falecido. Ele me contava, na hora de chimarrão e tereré, a história das famílias extensas, a história da criação da reserva e da festividade do Avati Kyry. Isso me marcou muito e trouxe diversas curiosidades, bem como a reflexão sobre o espaço que esta cerimônia tinha na comunidade. Meu avô faleceu com 102 anos de idade. Em 2008, como estava desempregado e como era ano político, fiquei como orientador das lideranças e da minha comunidade, e pediram-me para que me lançasse como candidato a vereador. Aceitei o desafio e consegui o segundo lugar mais votado em Coronel Sapucaia, elegendo-me com 387 votos. Exerci o cargo de vereador de 2009 a 2012. Durante a minha vereança, em 2011, consegui entrar na Faculdade Intercultural Indígena, da Universidade Federal da Grande Dourados, na área de Ciência Humanas, e formei-me em 2017.

Depois da vereança, como tenho currículo na área de saúde, voltei a trabalhar no hospital municipal de Coronel Sapucaia como técnico de enfermagem, de 2013 a 2014. Em 2015 fui convidado por Enoque Batista, diretor da Escola Ñande Reko Arandu, a lecionar. Em 2016 participei do processo seletivo simplificado, e fui contemplado para dar aula na área de História. Trabalhei nessa escola até 2019, nas séries finais do ensino fundamental, do sexto ao nono ano.

Durante o curso de Licenciatura Intercultural Indígena Teko Arandu, pesquisei sobre yta ou tyvyty, o significado dos cemitérios, num estudo cuja orientadora foi Lauriene Seraguza. Todos os conhecimentos e toda a simbologia dessa temática contribuíram muito na minha caminhada como pesquisador. Na minha trajetória, sempre busquei formação, para, com isso, ajudar minha comunidade no possível, principalmente a se organizar e lutar por melhores condições sociais. No mês de outubro de 2019, surgiu a inscrição para várias áreas de pós-graduação na UFGD, inclusive na Antropologia e na História. Optei por Antropologia, porque sempre tive curiosidade de entender o ava reko, o teko marangatu e o teko marane'ỹ, que minha avó contava; mas eu não ligava muito, não dava importância. Só após minha passagem pela Faind comecei a refletir sobre minha identidade, valorizar minha cultura e tradição. Até então eu não dava importância, porque cresci na igreja da Missão Evangélica, e meu mundo era outro. Lendo o texto de Davi Kopenawa, percebi que a minha história é parecida com a dele.

> Davi Kopenawa viu-se confrontado desde a infância, no decorrer de uma existência muitas vezes épica, com os sucessivos protagonistas do avanço da fronteira regional (agentes do Serviço de Proteção aos Índios [SPI], militares da Comissão Brasileira Demarcadora de Limites [CBDL], missionários evangélicos, trabalhadores de estradas, garimpeiros e fazendeiros). (KOPENAWA; ALBERT, 2015, p. 43).

Entrei no curso de mestrado com a expectativa de que abriria novos caminhos de conhecimentos acadêmicos e, com isso, poderia compreender melhor o contexto social da minha comunidade e me compreender melhor como Guarani-Kaiowá, além de refletir sobre as nossas concepções, a nossa cosmologia, e as transformações constantes que ocorrem na vida do ser humano, voltado para a realidade da comunidade Takuapiry, onde vivo. Tinha como pretensão realizar, aprofundar e organizar, de forma escrita, a história contada por meu avô Gervasio Martins, que marcou muito a minha vida. Lembro muito bem que ele falou para mim que não queria que acabasse a festividade que ocorre na cerimônia do batismo do milho — Avati Kyry — na Reserva Takuapiry, porque, segundo ele, a festa não estava mais acontecendo havia 25 anos, tendo a última ocorrido em 1992. Ele falou "*ñande vy'aha, ñande rekohá*" (informação verbal), o que ficou como referência para todos os tekohá e reservas, pois ele queria que alguém ficasse no lugar dele, para continuar o trabalho que vinha realizando havia anos.

As Famílias Extensas da Reserva Takuapiry

Durante a realização da minha pesquisa, tive oportunidade de dialogar com várias pessoas de diferentes idades; mas, quando se fala de famílias extensas da Reserva Takuapiry, no meu ponto de vista, o assunto é muito complexo. O que mais me chamou atenção no diálogo com minha avó Júlia Alves, antes de ela falecer, é que ela falava muito do Nhamõi Lequim Recarte; e eu não prestava atenção nem perguntava quem era o Nhamõi Lequim.

Mas, quando fui fazer a pesquisa sobre as famílias extensas, descobri que Nhamõi Lequim era uma figura importante, conforme a narrativa da dona Pliscilina Recarte, de 87 anos de idade. A família de Lequim foi a primeira que se instalou na região de Mangai (interior de Takuapiry), após a demarcação de 1925. Ela disse que a família Recarte já vivia nessa região e acompanhou a picada, como é conhecida a divisa da reserva, a demarcação física.

De acordo com a narrativa da dona Pliscilina, após a demarcação, já entre 1928 e 1930, chegou um grupo grande de indígenas Paĩ Tavyterã, oriundos do Paraguai, com os sobrenomes de Lopes e Torales. A família Lopes instalou-se em várias localidades da reserva, e a família Torales concentrou-se na região de Cerro Peron. Outras famílias também já viviam na beira do Rio Y Hovy (Rio Verde) e do Rio Amambai: a família de Rogério Gomes, irmão do meu avô Biriba Gomes, e ele fazia jerosy puku. Segundo a Priscilina, a família Gomes gostava de fazer Avati Kyry (batismo de milho branco) e Mitã Karaí (batismo de crianças), todos os anos. Ela disse que não sabe por que a família Gomes, depois de alguns anos, trocou de sobrenome para Batista. Priscilina relatou que essas famílias mais antigas, como Recarte e Gomes, foram dispersadas por outras aldeias, devido ao conflito que existia de uma família com outra, principalmente com as famílias oriundas do Paraguai. Como já mencionei, quando se fala das famílias extensas, é muito complexo, porque, com todas as pessoas com quem dialoguei, falam muito de mohãi (feitiço). Durante a minha pesquisa, eu evitei me aprofundar na questão da feitiçaria, até porque minha linha de pesquisa é outra; mas é interessante observar que o problema existia naquela época, e que hoje se fala muito dele ainda, e causa muitos problemas na atualidade, entre os Kaiowá e Guarani. Nesta pesquisa, observei nitidamente que uma família acusa outra de ser mohã jára (feiticeiro).

Aqui registro a fala da dona Priscilina Recarte sobre mohã ou mohã jára (feitiço). Segundo ela, a esposa do seu Getúlio Lopes, com quem realizei meu trabalho de pesquisa, disse:

> *Quando eu era pequena, presenciei a pessoa queimada viva pelo capitão Gil Recarte. Quando aparecia doente, suspeito de feitiço, chamava seus policiais e mandava fazer fogo no meio do mato fechado para queimá-lo vivo. Gil era temido dentro da comunidade, até que um dia faleceu e ninguém conseguiu evitar sua morte.* (informação verbal).

Nhamõi Rir (Gil) era um líder conhecido como "sargento": era um braço direito do capitão Leonardo Torales, e indicado pelo então chefe de posto, Alberto Luciano, na época do Serviço de Proteção ao Índio. Nhamõi Rir ou Gil, como lembram ainda as pessoas da geração da minha mãe, era uma figura importante na época, por ser uma pessoa impiedosa, cruel e violenta; sempre andava com seus policiais, e agiam entre a região de Taquara e Takuapiry. Após sua morte, todos os seus familiares foram embora para outras aldeias, por medo de retaliação. Hoje, a maior parte da família Recarte concentra-se nas aldeias Guasuty e Kurusu Amba.

Após alguns anos, surgiu uma quarta família extensa, Velasques, que hoje praticamente domina a reserva, em termos de lideranças, professores e na área de saúde. Segundo a narrativa da minha mãe, Andreza Gomes, e minha tia Tercia Gomes, a família Velasques, por parte da minha avó Cantalicia Velasques, foi expulsa do tekohá Guapo'y (aldeia Amambai), por desconfiarem das filhas do seu Honório Velasques, as quais teriam feito mohãi (feitiço). A família Velasques era extensa na aldeia Amambai. Minha mãe contou: "*Eu tinha 11 a 12 anos de idade, cresci com meu tio Leonardo Velasques, na aldeia Amambai, mas um dos meus tios já morava na aldeia Takuapiry, chamava-se Neco Velasques, e um dia fomos todos morar lá*" (informação verbal). Os filhos de seu Honório começaram a formar grandes famílias em todas as regiões da Reserva Takuapiry.

Essa divisão da família Velasques também trouxe um grande avanço da evangelização dentro da comunidade, com uma grande parte da família seguindo para a Missão Evangélica Caiuá, enquanto outras pessoas se tornaram mborahéi jára (dono do canto e reza), embora a família Velasques dominasse a maior parte da aldeia. Até os anos 1980 e 1990, quem ainda tinha poder era a família Recarte. O capitão Tonico Recarte, por exemplo, passou o posto para o filho mais velho, Felipe Recarte; mas, após a morte deste, tornou-se capitão novamente, por alguns anos ainda. Em meados de 1990, quando era capitão, Felipe Recarte chegou a perder seu mandato, acusado de vender cavalos e gado doados pela Funai, que pertenciam à comunidade.

Já no ano de 1998, houve uma grande eleição de capitania, quando disputaram as famílias Lescano e Lopes, com as participações do Dr. Charles Pessoa, procurador do MPF, e do então administrador da Funai de Amambai, Sr. José Nilton Bueno. Nessa ocasião, a família Lescano foi vitoriosa, com o aval das famílias Velasques e Gomes. A partir daí, houve muito conflito, acusações e ameaças. Em 2002, com a família Lescano no poder, o capitão Daniel Lescano candidatou-se a vereador e conseguiu se eleger. Como ele queria exercer os cargos de vereador e de capitão ao mesmo tempo, uma parte da família Velasques não aceitou, e pediu nova eleição, unindo-se às famílias Recarte e Lopes e uma parte da família Velasques. Como estratégia, bloquearam a Rodovia 289 (entre Amambai e Coronel Sapucaia), para chamar atenção ao caso, pedindo intervenção do MPF e da Funai, na tentativa de tirar a família Lescano do poder; mas não alcançaram seus objetivos.

A partir daí, mais uma vez, as famílias derrotadas, que não queriam viver a mando do seu opositor, organizaram-se para a retomada do tekohá Kurusu Amba, encabeçadas por Elizeu Lopes, Ortiz Lopes e Marino Savalla Recarte. Nessa retomada, foram mortos dona Jurite Lopes e Ortiz Lopes, fato conhecido nacional e internacionalmente. Nesse período de turbulência, aconteceu um homicídio, que piorou a situação de conflito na reserva: um atendente de enfermagem foi assassinado. Ele era funcionário antigo da Funai, muito conhecido pela comunidade, seu Alcindo Martins, sogro do principal opositor da família Lescano. O autor do homicídio tinha sobrenome Lescano, e, mais uma vez, as famílias Lopes e Recarte acusaram a família Lescano de ser a mandante do crime. Então, o vereador e capitão perdeu, afinal, seu mandato, e foi preso por alguns anos.

Mesmo assim, deixou o cargo de capitão para seu vice, que era da família Velasques, e cujo mandato durou alguns anos. Com o período eleitoral do município, as famílias tradicionais perderam a eleição, e, nesse período, apareceu a família Rodrigues. Como o prefeito foi eleito com apoio da família Rodrigues, ele queria colocar um capitão de sua confiança, então pediram nova eleição na comunidade. Com a interferência política, acabou sendo eleito um novo capitão, da família Rodrigues, mais uma vez com apoio das famílias Lopes e Recarte. Entretanto, as famílias extensas Velasques, Gomes e Lescano não aceitaram ser mandadas pela família Rodrigues, que eles chamam de Paraguai ygua (oriundos do Paraguai). Esse grupo achou outra forma de continuar como líder ou capitão: organizou-se para assumir a liderança na região onde residia, que é Manga'i. As famílias Lescano e Gomes ficaram com a região de Takuapiry e Taquara, e as famílias Velasques e Rodrigues dividiram-se entre as regiões de Manga'i e Cerro Perõ. Assim vem se mantendo a organização atual da aldeia Takuapiry.

Considerando esse contexto de organização, o poder público vê com outro olhar a comunidade e suas lideranças. A desvantagem é que os governantes não sabem a quem atender primeiro. No meu ponto de vista, mesmo com essa forma de se organizar, continua a disputa pela liderança geral, e quem perde com essa falta de diálogo entre as parentelas e famílias é a comunidade toda. Segundo minha tia Tercia, a família Velasques não tinha interesse na capitania, nem de ter o poder. Por ser de maioria evangélica e mborahéi jára, este é considerado um grupo pacificador de conflitos, e, até hoje, é considerada uma família marangatu.

Dialogando com meu pai, Adriano Martins, ele disse que a ideia de juntar os indígenas numa reserva, se *"por uma parte deu certo, outra parte deu errado"*, porque ninguém pode apagar da memória dos nossos tataravós a localização onde seus parentes foram enterrados. Eles sabem o lugar certo. Disse ele: *"Nós, família Martins, viemos do Cerro Perõ, mas antes o nosso tataravô Horácio Martins só vivia em xanga [trabalho sazonal], de fazenda em fazenda. Temos que pensar como recuperar o nhande rekohague"* (informação verbal), o lugar onde vivíamos.

Na narrativa da minha tia Tercia Gomes, seis famílias são a raiz da Reserva Takuapiry. Era assim dividido: seu Vitó Velasques e minha avó Cantalicia instalaram-se na região de Cerro Perõ e formaram uma grande família; o seu Neco Velasques instalou-se na região de Taquara; o Leonardo Velasques (pai da professora Úrsula Velasques, que já foi diretora e atualmente é coordenadora da escola) e a dona Joanita Velasques (mãe do professor Enoque Batista) instalaram-se na região de Manga'i, formando a maioria da família Velasques; e a Machu Nolaria Velasques (avó do professor Claudemiro Lescano) instalou-se na região de Takuapiry, e também formou uma grande família nesta região.

Ainda segundo o depoimento da dona Priscilina Recarte (cuja família também ficou na região de Manga'i), no período de 1940, mais ou menos, entrou a família Cano, hoje conhecida como Lescano, que viviam na região de Aral Moreira. Ela diz que havia muito conflito entre as famílias Recarte e Cano. A família Lescano, segundo Priscilina, era muito violenta, atropelava a casa do seu opositor, matava com faca, mandava tomar veneno à força. Várias pessoas da família Lescano tradicional morreram assassinadas. Talvez por isso a família Recarte tenha sido dispersada por outras aldeias, como a minha entrevistada Priscilina, que já morou em Guasuty e atualmente mora em Kurusu Amba.

Assim, percebo que há quatro famílias extensas formadoras da população da Reserva Takuapiry: a família Velasques, que se casou com os Lopes e os Gomes, formando a família Recarte. Percebo, ainda, que estão surgindo novas parentelas. Eu diria que são famílias contemporâneas, que os mais velhos chamam de joparakue: misturadas com filhos de não indígenas, que estão cada vez mais se fortalecendo dentro da comunidade Kaiowá Paĩ Tavyterã. Este é um fato muito preocupante, e precisamos ter um olhar atento sobre essa nova realidade, diferente de tudo o que já vivemos. Como conclusão, posso dizer que apenas algumas famílias extensas se mantêm mais ligadas às práticas tradicionais, à espiritualidade, como, por exemplo, os Lopes e os Gomes. Isso poderia explicar um pouco do abandono da prática do Avati Kyry.

O Avati Kyry Reko

Volto a dizer que os mais velhos ainda comentam muito sobre jerosy puku, enquanto os jovens nem sequer ouviram falar da festa do Avati Kyry; e, no tekohá Takuapiry, todos os anos ela era realizada, até meados de 1992. Nesta pesquisa, cheguei à conclusão de que, com a extinção do SPI (em 1967), durante a ditadura militar, a comunidade começou a se organizar com o ñanderu mba'echakáry e o cacique (capitão). Até então, tinha que pedir autorização para o chefe de posto, funcionário do SPI, para a realização da festividade do Avati Kyry. Depois, o cacique passou a ter mais liberdade de expor seu ava reko — modo de ser Kaiowá. A partir daí, a comunidade voltou a fazer roça tradicional, à maneira do roçado — derrubada do mato nativo para o plantio de avati morotĩ (milho branco), produto principal da festa do Avati Kyry.

Seu Eduardo Martins, com quem dialoguei inúmeras vezes, na hora do tereré ou do chimarrão, disse: "*A comunidade era mais solidária, organizada e feliz*" (informação verbal), uns ajudavam os outros para realizar a roça, cujo trabalho era chamado de pucherõ ou pytyvõ (troca de trabalho). A comunidade vivia basicamente de produtos da roça, como mandioca, feijão kumanda, arroz, batata-doce, cana, banana e chicha (bebida fermentada feita de milho branco ou milho verde).

Em 1976, com a chegada do Projeto Kaiowá Nhandeva (PKN), especificamente na Reserva Takuapiry, dialogando com meu pai, fiz algumas indagações sobre o projeto. Ele disse que, na época, a equipe do PKN pediu ao capitão Tonico Recarte e seu vice (que era meu pai, Adriano Martins) autorização para fazer reunião (aty) com a comunidade, para consultar se todos estariam de acordo para fazer kokue guasu (roça grande), em grupo, pois o projeto tinha dinheiro para apoiá-los. Se as famílias quisessem, formariam grupos de dez pessoas. Esses grupos quase sempre eram formados por parentes. Durante o trabalho, o projeto PKN daria mercadoria, chamada "provista" (alimentação e ferramentas), para que o trabalhador indígena não fosse para a changa (trabalho sazonal, nas fazendas da região).

Foram criados muitos grupos dentro da comunidade, com as famílias extensas, mas que depois foram acabando, no decorrer dos anos. Um dos grupos de produtores que duraram mais tempo foi o do meu avô, informou meu pai. Meu pai tem hoje mais de 70 anos de idade; ficou como capitão durante 20 anos, e foi um dos fundadores da Aty Guasu, com o PKN. A partir daí, mudou a forma de fazer kokue: hoje já se faz no modelo karaí. Vejo que há, ainda, na reserva, disputa por pedaços de terra para fazer a roça, em que cada um se considera o dono da terra, gerando conflitos entre as famílias extensas.

Em 1990, com a entrada das destilarias de álcool e a produção de açúcar, muitos chefes de famílias se afastaram das roças, e os meninos e jovens abandonaram a escola para trabalhar no corte de cana-de-açúcar, deixando suas famílias por alguns meses, muitas vezes sem nada que comer na reserva. Os meninos de 15 a 16 anos de idade deixavam a sala de aula com o intuito de ajudar seus pais, e muitos saíam com o aval da liderança (capitão) e do chefe de posto da Funai, pois ambos tinham interesse de receber a taxa de contrato, que variava de 15% a 20% do valor total de adiantamento. O agenciador (cabeçante) era da confiança do capitão e do vice. O cabeçante ganhava 20% do ganho de cada cortador de cana; ele e seu auxiliar, escolhido por aquele, tinham privilégios nos mercados e nas lojas de roupas, mantendo um esquema com o dono do mercado ou da loja: o agenciador obrigava o trabalhador a abrir conta e gastar um valor ilimitado, porque ganhava em cima do valor gasto pelo cortador de cana; deste valor, a metade voltava para o capitão, com a finalidade de se manter como cabeçante.

Os cabeçantes das Reservas Takuapiry, Amambai, Caarapó, Jaguapiru, Sassoro, Pirajuí, Porto Lindo e Limão Verde ganharam muito dinheiro à custa do cortador de cana. Digo isso com propriedade, porque trabalhei como cortador de cana e como cabeçante, e tive oportunidade de dialogar com todos os cabeçantes das reservas citadas anteriormente. Isto gerou muita disputa e conflito interno, principalmente pela liderança nas reservas; e, quando havia conflito, queriam que a Funai e o MPF indicassem o capitão e resolvessem seus problemas; mas a Constituição federal de 1988 fala que a comunidade se organiza conforme seus costumes e tradição.

Avati Kyry: a festa do milho branco

Nesta seção, começo falando especificamente sobre o Avati Kyry (festa do milho branco), também chamado pelos Kaiowá de Avati Karaí (batismo do milho branco). É preciso seguir todo o regulamento do ritual do milho branco. Para os Kaiowá Paĩ Tavyterã, existem três tipos de avati (milho): avati jegua (milho pintado), avati sa'yju (milho amarelo) e avati morotĩ, que é chamado de Paĩ Jakaira Rete, que representa o corpo e o espírito do Kaiowá. O avati jegua serve mais para fazer chicha, bebida alcoólica fermentada. O avati sa'yju serve para fazer chipa (bolo) e chipa guasu (bolo grande), que geralmente é preparado na panela, ou chipa ita, um bolo com formato de pedra.

Para os Kaiowá Paĩ Tavyterã, o milho tem inúmeros significados, que agregam todos os espíritos de guardiões de todas as plantas; por isso seu ñembo'e é cantado em forma de reza, e fala muito do corpo do ser humano (jakaira rete), do espírito (ayvu) e do ijeguaka (cocar). Por meio dos cantos jerosy, ñengára, guahu, ñembo'e e kotyhu, os Kaiowá Paĩ Tavyterã conseguem proteger as plantas, seus tekohá, os animais, além de se protegerem dos espíritos maus. É também a forma de se comunicar com Jakaira Itymbýry e receber a benção da divindade por meio de jehovasa.

Melià, Grünberg e Grünberg (2008, p. 158) assim se referem à festa do milho: "Fiesta anual de la chicha, el *avati kyry* — el maíz tierno —, es seguramente la celebración en la que más marcadamente se da la interrelación entre organización socio-económica y religión". Naquele tempo, essa celebração tinha, realmente, a função de marcar e reforçar a organização do povo Kaiowá Paĩ Tavyterã. Hoje, com as diversas interferências, muitos jovens nem a conhecem. Da mesma forma, o pesquisador Izaque João, em seus estudos e reflexões sobre o Jakaira, considera:

> Outra divindade, denominada como *jakaira*, segundo a narração do xamã, com sua sabedoria, criou o milho branco e os demais produtos agrícolas. No local onde o *jakaira* escolheu para realizar a sua atividade agrícola, não foi necessário o uso de força física, pois o trabalho foi efetuado na base de reza. (JOÃO, 2011 p. 29).

Segundo este autor, o milho saboró ou avati morotĩ

> [...] é uma planta retirada de uma das partes da vestimenta usada na cintura do *Jakaira*, o *ku'akuaha,* do qual uma pequena parte se transformou, de maneira mágica, na semente do milho branco que, através da reza, germinou. (JOÃO, 2011, p. 29).

Neste sentido, com relação à complexidade do avati morotĩ, o autor explica:

> Isso significa que, para o Kaiowá, o milho saboró, desde o princípio de sua criação, precisa seguir as mesmas etapas de trabalho, desde seu cultivo até a colheita, instituídas pelo *jakaira, através* da força da reza: deve-se cantar para plantar, para ser protegido das pragas e, por último, na colheita, quando ainda está verde (*avati kyry*), para que possa ser consumido sem riscos para a saúde. Depois da colheita, o milho ainda precisa passar pelo *jehovasa*, para depois ser distribuído. Essas regras precisam ser efetuadas com o objetivo de purificar o milho, para que se torne um alimento especial, extremamente importante para todas as divindades. A *xíxa, ou jakairary,* bebida feita de milho saboró, apropriada para todas as divindades, inclusive para o *xiru,* é denominada *rekory* (caldo do seu próprio corpo). (JOÃO, 2011, p. 29).

O autor denomina essa festa de Jerosy Puku. Segundo minha pesquisa, os Kaiowá consideram-na como Avaty Kyry. Mas, de acordo com Isaque João (2011, p. 59):

> *Jakaira* é o dono da festa e ele mesmo começou a cantar, quando não existia nada na terra, e colocou uma série de regras, que deram início ao *jerosy.* Por isso os Kaiowá, quando se referem ao milho saboró, o chamam pelo nome de respeito *Jakaira* ou pelo nome de *Avati Jakaira.*

De acordo com Vietta (2007, p. 79):

> O *avatí morotí* ou milho branco, alimento preferido dos *ñandejara* (nossos deuses; donos do nosso ser; responsáveis por criar e cuidar do nosso ser) é dado aos Kaiowa e aos Ñandeva por Jakaira (dono do ser do milho), e por isso exige uma série de cuidados rituais. A princípio, qualquer produto de uma roça kaiowa e ñandeva [precisa] de cuidados deste tipo, para

garantir a presença dos *jara* associados às plantas, afastar as pragas, além de regular o regime de chuvas. Mas, a ligação com *Jakaira* transforma o *avatí* em um produto especial, exigindo cantos e outros procedimentos rituais durante a preparação do solo e a cada etapa do seu desenvolvimento. Os cantos alegram *Jakaira*, que vem dançar para que as suas plantas brotem e cresçam sadias. Porém, para que o *avatí* continue a produzir boas sementes também é preciso que os homens dancem e cantem.

No pensamento do Kaiowá Paĩ Tavyterã, quando um ñamõi (mais velho) da família extensa, ou líder da comunidade, pensa em realizar Avati Kyry (festa de milho branco), que muitos Kaiowá chamam também de avati karaí (batismo de milho branco), primeiramente, é preciso consultar um mba'echakáry (rezador), que tenha experiência com jerosy puku (canto longo), e consultar se as famílias que vão participar estão de acordo. A partir daí, entre as famílias envolvidas diretamente, são escolhidos dez homens e dez mulheres para coordenar o Avati Kyry, que varia de duração, de 20 a 25 dias. Geralmente, o mês escolhido é fevereiro, por ter menos dias. Estou usando o verbo no presente do indicativo, considerando que a descrição do processo tradicional de preparação da festa é o mesmo, ainda que, atualmente, quase não seja mais praticado.

Após a reunião entre as famílias que vão organizar o Jerosy Puku, o mba'echakáry (rezador) indica o lugar onde serão plantadas todas as plantas que vão ser batizadas e receber jehovasa (benção), como avati morotĩ (milho branco), mandioca, feijão-cateto (kumanda), batata-doce (jety), abóbora (kurapepẽ), moranga, cana e banana. O espaço escolhido pelo mba'echakáry deve ser mato nativo (ka'aguy tee). Para realizar a derrubada do mato nativo, é preciso que o mba'echakáry (rezador) peça permissão para o Ka'aguy Jára (guardião do mato nativo), em forma de reza (ñembo'e), para que nada aconteça de mal para as pessoas que vão fazer a derrubada. Para os Kaiowá Paĩ Tavyterã, todos os seres têm seus guardiões (jára), como Y Jára ou Ka'aguy Jára; o guardião das plantas em geral é o Jakaira; e o guardião da montanha é o Serro Jára; e cada mba'echakáry tem a sua reza-canto para interagir com os jára. Por isso, o povo Kaiowá Paĩ Tavyterã tem muito respeito pela natureza, com seu tekohá e com os animais.

Para o início da derrubada da mata, as famílias envolvidas convidam homens para ajudar voluntariamente, por alguns dias de serviço, ajudando como podem; e as mulheres escolhem uma casa para preparação de alimentos, enquanto os homens fazem a preparação da roça para o plantio. Os Kaiowá chamam de ka'aguy jekopi (derrubada de mata nativa), e outros chamam o roçado de jekopi. O início da roçada da mata nativa para a realização do jerosy puku geralmente ocorre no início do mês de junho. No mês de julho, começam a fazer a limpeza ao redor da roçada, que os Kaiowá chamam de asero, para que o fogo não avance para o outro lado da roçada. O Kaiowá Paĩ Tavyterã tem todos esses cuidados com a roça onde é plantado o avati moroti (milho branco). A segunda parte do trabalho é o bandeiramento do restante da madeira, que se chama koivara. Na terceira fase, o mba'exakáry (rezador) e seu yvyra'ija (auxiliar escolhido pelo mba'exakáry) realizam yvy karaí (batismo do espaço de terra), com reza (nhembo'e) e canto (nhengara). A forma de fazer o batismo é andar em forma de cruz — xiru — no meio do local onde serão plantados os produtos que vão receber jehovasa (benção), principalmente o milho branco (avati moroti), o milho-cateto (avati sayju) e o avati kuarapyte (milho pintado). Faço questão de registrar, neste espaço, que o avati tupi é considerado pelos Kaiowá Paĩ Tavyterã como karaí remitỹ (planta do branco), que não pode se misturar com o jakaira, para não dar azar durante o ritual.

O Início do Plantio

No mês de agosto começa o plantio. Para plantar, usa-se um pedaço de vara de 1,5 m, chamada de yvyrakua. O milho leva seis meses para ficar no ponto de milho verde. Nesse período, a comissão de organizadores escolhida pelo Mba'exakáry (rezador) ou Nhanderu (pai de todos os Kaiowá Tavyterã) mobiliza-se para convidar as pessoas que querem participar e ajudar voluntariamente para realizar o jerosy puku, que geralmente deve acontecer no mês de fevereiro do ano seguinte, na festa do Avati Kyry. No período de agosto a fevereiro, é escalado um yvyra'ija para zelar pela roça de produtos que vão ser batizados no ano em curso. Essa roça não pode receber qualquer tipo de visita, somente com a autorização ou convidado do Mba'echakáry.

Na visão da comunidade Kaiowá Paĩ Tavyterã, essa roça preparada pelos homens não pode receber a visita das mulheres, principalmente porque, na cultura Kaiowá, a mulher menstrua sempre no período de Lua Nova (jasy ra'y) e, nesse período, junta muito mosquito (nhetĩ), que poderia levar essa praga para a plantação de milho. O auxiliar do mba'exakary (yvyra'ija), que é o responsável por cuidar das plantações, ao observar que está juntando lagarta (yso) e mosquito (nhetĩ), já tem que chamar o Mba'exakáry para rezar (nhembo'e) yso tihã, a reza para espantar as pragas. No meio da comunidade Kaiowá Tavyterã, o papel do mba'exakáry, tradicionalmente, é muito importante: além de se comunicar com os invisíveis, com os jára (guardiões) de todas as coisas e seres, ele também sabe a reza para espantar as pragas.

No meu relatório de campo, com seu Getúlio Lopes, ressaltei a diferença entre o significado das palavras "Mba'e Rexakary" e "Nhanderu": a palavra "nhanderu" surgiu com a entrada do karaí (não indígena) dentro das reservas, na época do SPI, porque muitos carai iam à casa de reza (óga pysy) do rezador ou nhanderu, para realizar consulta, receber jehovasa (benção) e saber previsões — na linguagem do Paraguai, fala-se "enhevenséta", para tirar o espírito negativo do corpo e da alma.

Já a palavra "Mba'erexakáry", para os Kaiowá Paĩ Tavyterã, é muito mais forte e tem mais significado, até porque é formada pelas palavras "Mba'erexa" — que enxerga as coisas do mundo (cosmo) — e "Kary" — quando a pessoa se comunica, por meio de rituais e usando seu nhembo'e (reza, canto) e nhengára, com os seres invisíveis, os jára (guardiões). Ele também é considerado o protetor de todos os males de seus territórios e é o conselheiro da sua comunidade, uma pessoa que sabe (nhembo'e) rezar e cantar para intimidar seus inimigos, quando a sua comunidade é ameaçada. Então, a palavra "Mba'erexakáry" é mais usada nas famílias tradicionais. De agosto até fevereiro, as famílias que vão participar do Avatykyry organizam-se para construir a casa de reza — óga pysy. Em alguns tekohá onde já tem casa de reza, não precisa de construção. Mas, no caso da Reserva Takuapiry, segundo seu Ari Irineu, ela precisou ser construída.

O Processo de Construção da Óga Pysy

Por tudo o que o seu Ari Irineu — morador da Reserva Takuapiry, na região de Manga'i — significou para nossa comunidade, sua participação nesta pesquisa é uma forma de homenageá-lo. Ele era de uma família extensa e muito querido por toda a comunidade, além de ser considerado um grande líder religioso e formador de opinião. Ele foi um dos últimos participantes do jerosy puku e líder de kokue guasu, na época do Projeto Kaiowá Nhandeva, além de participante ativo da Aty Guasu. Em 2020, dedicou seu tempo integral a construir uma casa de reza (óga pysy), que a comunidade não via havia 30 anos.

Segundo ele, a última tinha sido construída em 1992, na região entre Taquara e Cerro, no interior de Takuapiry. Depois desta, nunca mais se falou de óga pysy. O último trabalho da sua vida foi como intermediador da retomada tekohá Jopara. Às vezes ele polemizava com as relações da política interna e externa, pois não concordava com a forma de a comunidade se organizar para enfrentar os karaí (brancos). No dia 17 de agosto de 2022, fiquei sabendo do falecimento do seu Ari, vítima de infarto. Fiquei muito comovido com a morte desse companheiro de luta, e triste por não poder estar com os familiares porque estava longe do tekohá Takuapiry, trabalhando. Ele deixou um grande legado para as novas gerações refletirem sobre a luta dos Kaiowá.

No mês de maio de 2022, quando eu e o professor Eldo Ramires estávamos fazendo a nossa pesquisa de campo, tivemos oportunidade de visitá-lo. Ele nos recepcionou com muita alegria e disse que estava sonhando que íamos chegar à sua casa de reza (óga pysy). Lá fomos convidados a entrar na óga pysy, mas, antes de entrarmos, seria preciso passar por um ritual, receber jehovasa do Mba'e rexakáry Julião, que explicou que precisa tirar o espírito negativo para não levar para dentro da óga pysy, pois lá é um lugar sagrado. Ele nos ofereceu um apyka (pedaço de tronco de madeira, em formato de um banquinho) para nos sentarmos, e chícha (bebida feita de milho verde), no hy'a (copo feito de porunga). Na ocasião tivemos sorte de reencontrar o Mba'exakary Julião, que mora no mesmo tekohá. Por alguns anos, este rezador foi morar no tekohá Sete Cerros, e o seu Ari disse que tinha convidado seu Julião, naquela sexta-feira, para fazer Mitã Karaí (batismo de criança recém-nascida). Infelizmente, não tive oportunidade de participar do Mitã Karaí.

Dialogando com seu Ari sobre a casa de reza (óga pysy), ele nos disse que, no início, passou por muita dificuldade e muitas críticas por parte dos irmãos das igrejas, e também por ameaças de morte da parte dos jovens chamados de "malucos", que festejam com a música do karaí (branco), como funk, forró e katchaka, músicas muito apreciadas na região de fronteira. Sentado sobre o apyka, ele se emocionou várias vezes ao contar a história da construção da óga pysy (casa de reza). Isso me marcou muito naquela visita. Seu Ari relatou que, em primeiro lugar, teve muita dificuldade de fazer a comunidade entender a importância da construção de casa de reza, entender para que e para quem se destina, até porque, para a sua vizinhança, aquela casa era novidade; em segundo lugar, foi difícil o apoio financeiro, logístico e da própria liderança local.

Relatando a história sobre a construção da óga pysy, contou que, bem no início, foi pedir autorização ao capitão. Pela primeira vez falando sobre a casa de reza, seu Ari disse-nos que até tinha achado engraçado quando o capitão falou para ele construir ao lado da igreja, e ele concordou e disse que tentaria construir ali. Mas, naquela noite, seu Ari teve um sonho, sobre o qual falou: "*Nhane Ramõi Papa me disse que não ia dar certo, eu deveria escolher a igreja ou a casa de reza (óga pysy)*". Ao encerrar sua fala, ele disse: "*Hoje está aí, ao lado da minha casa, no meio da minha família*" (informação verbal).

Pela narrativa do seu Ari e do Julião, a construção de casa de reza não é simples: é preciso seguir todo o processo que requer o Jakaira Ytymbýry: em primeiro lugar, as pessoas envolvidas para construir a óga pysy precisam estar em harmonia umas com as outras (teko jojápe). Em segundo lugar, é preciso que seja consultado o mba'e rexakáry, acompanhado pelo rezador e seu yvyra'ija, para que o espírito mau seja espantado. Então, o yvyra'ija precisa fazer nhembo'e para retirar todo o material necessário do mato para a construção da casa. Além disso, é preciso convidar as parentelas que residem em outros lugares (os nhembo'e jára), para darem sua contribuição no jerosy puku.

No mato (ka'aguy), o yvyra'ija faz a reza chamada mbopiro'y (esfriar o espaço) e faz pedidos para os guardiões do mato. Lembrando que, para os Kaiowá Paĩ Tavyterã, todos têm seus jára — que são consultados para que não aconteça nenhum mal para as pessoas que vão cortar madeira, cipó, taquara e demais materiais para a construção de casa de reza (óga pysy). Seu Ari disse, ainda, que é mais difícil achar, no Takuapiry, o sapé para fazer cobertura, e o mbeguepi, um tipo de cipó para amarrar a estrutura da casa de reza.

Ao encerrar a sua fala, disse que, graças ao Nhane Ramõi Papa Guasu (o Criador), conseguiu realizar seu sonho de terminar de construir a nhande ro'y gusu, na língua kaiowá, ou óga pysy (casa de reza). Depois, a esposa do seu Ari, dona Nilza Lopes, ofereceu-nos chicha, bebida feita de milho verde. A seguir, fomos convidados para receber a benção do senhor Julião Lopes, mba'exakáry da aldeia Sete Cerros, e, para isso, pediram para nos sentarmos em cima do apyka. Ari Irineu conseguiu resgatar a identidade e a história dos Kaiowá do tekohá Takuapiry, onde eu e minha família residimos. O desejo do seu Ari era realizar, em 2023, a festa do avati kyry; para isso, conseguiu terminar a construção da sua casa de reza. Nessa época, ele estava muito feliz.

Também dialogamos com o senhor Julião Lopes, dentro da casa de reza, em volta da fogueira, pois estava chovendo muito naquele dia. O seu Julião veio a convite do seu Ari, para realizar o ritual de mitã karaí (batismo de criança). Conversamos também sobre Avati Kyry e jerosy puku. Disse da sua preocupação com o enfraquecimento do ava reko (modo de ser Kaiowá). Segundo ele, no Paraguai está sendo realizado Avati Kyry todos os anos, mas, no tekohá Takuapiry é difícil achar alguém que fale sobre jerosy puku, pois ninguém mais sabe o significado desta cerimônia.

O senhor Eduardo Martins, de 64 anos de idade, também participou da última Avati Kyry realizada em Takuapiry. Ele era uns dos organizadores do evento. Também lhe perguntei como era o processo do Avati Kyry (batismo do milho), e ele descreveu, em detalhes, toda a preparação e a festa propriamente dita. Ele explicou que há várias pessoas envolvidas no processo. O primeiro passo é fazer yvy rovasa, ou seja, batizar a terra, no local onde vai ser plantado o milho-cateto (avati sayju), o milho branco (avati morotĩ), o milho pintado (avati kuarapyte), a rama de mandioca, e a batata-doce, amendoim, cana e kumanda (feijão). A pessoa que faz yvy rovasa, ou yvy jehovasa, geralmente é o yvyra'ija, que já sai visitando as famílias da comunidade para convidar aqueles que querem participar. Os que aceitam querem que suas plantas recebam a benção de batismo, e preparam-se para trazer um pouco de milho, um pouco de rama de mandioca, um pouco de cada planta que vai ser batizada.

Na segunda parte, juntam-se todos num lugar, e é definida a data para realização do avati karaí, ou, como o Kaiowá Paĩ Tavyterã chama, itymbyrya rovasa (batismo do milho). Mas o milho deve ter sido plantado com antecedência. Já no mês de agosto anterior à festa, planta-se milho branco e milho amarelo, pois leva seis meses para dar milho verde. Nesta roça específica, onde foi plantado o milho, já teve a benção da terra — yvy rovasa. Ali não é permitida a entrada de mulher, principalmente recém-menstruada, porque, na cosmologia do Kaiowá, nesse período, a mulher tem que se resguardar, diferentemente dos homens; se as plantas recebem a visita da mulher nesse período, junta muito mosquito e, para o jerosy, os produtos já não servem mais, pois muitos ficam murchos.

Nesse intervalo de seis meses, ali onde existe óga pysy, já se limpa o pátio e se coloca o yvyra'i (espécie de "altar", feito de varas de madeira paralelas, ligadas por cordões, pintadas de urucum e enfeitadas com adornos de algodão). Ali são colocados os mbaraka (chocalho de porunga), jeguaka (enfeite de cabeça), jeasaha (enfeite da parte superior do corpo), takuapu e takuatĩ (bambu para marcar o ritmo batendo no chão). Só então começa a preparação do Avati Kyry e do Jerosy Puku (reza comprida), que geralmente acontece no período em que começa a dar milho verde, e quando outras plantas estão boas para a colheita.

Na terceira fase, cerca de 30 dias antes da festa, mais uma vez as famílias que vão participar definem a data exata para começar o jeroky, na última quinzena do mês; e geralmente dura um mês. Na primeira semana da festa, acontece a comida dos homens, ou seja, a festa dos homens. Nessa primeira semana, os organizadores geralmente convidam os parentes de outras aldeias, e as comunidades que queiram participar. Estas pessoas que vão participar nas duas semanas já chegam como visitantes ao local onde acontecerá o Avati Kyry. Na chegada, 300 m antes de chegar ao local, o grupo de convidados toca o mimby (flautinha ou apito), para que um dos yvyra'ija venha encontrar os visitantes e acompanhá-los, com a reza ou canto, até o local, passando pelos yvyra'i, que estão enfileirados no pátio.

Segundo o seu Eduardo, cada pessoa que ajuda na realização do Avati Kyry tem seu papel: os yvyra'ija acompanham os visitantes na chegada, com reza; o ñe'□nga járy é a pessoa que canta o jeroky durante a semana; o ñembo'e járy é a pessoa que reza para as plantas; o ñanderu faz a reza e a benção aos visitantes; e o itymbya ruvicha é o que reza no fim de cada semana, com o canto comprido — jerosy puku. A cerimônia começa sempre na sexta-feira, ao anoitecer, e vai até amanhecer no sábado. Na madrugada de sexta-feira, as mulheres já começam a assar mandioca, milho e batata-doce, a esquentar chipa tumbykua (pamonha), chipa guasu, kumanda e banana, e preparam kanguijy e chicha, bebida fermentada feita de milho branco e adoçada com caldo de cana. Os homens começam a assar peixes, tatus e outros animais que conseguem juntar, tudo para estar pronto ao clarear o dia.

Ao clarear o dia, colocam-se todos em fileira, apresentando todos os alimentos produzidos pelas plantas que foram batizadas. Daí começa o tembi'u jehovasa, a benção dos alimentos feita pelo ñembo'e járy, que experimenta um pedacinho de cada alimento como se fosse a santa ceia, quando o pastor ou padre divide os pães para cada membro. Terminado o jehovasa, o anfitrião da festa convida todas as pessoas presentes a experimentar e comer com suas famílias, parentes e visitantes. Para encerrar a cerimônia, ao amanhecer, todos se juntam para fazer o jehovasa final: primeiro o fazem voltados para onde nasce o sol, e depois viram para o lado onde o sol se guarda, que os Kaiowá chamam de ka'arupy.

À tarde, no sábado, continua o jeroky, até determinado horário; depois já começa o guachire kuimba'e ka'u, a festa dos homens. Primeiramente, sempre os homens mais velhos começam o canto guahu, no interior da óga pysy. Naquele momento somente podem cantar o guahu; os outros cantos, como guachire, eles não podem cantar. As crianças e mulheres não podem participar enquanto estiverem dentro do óga pysy, mas, assim que saírem da casa, quaisquer pessoas, mulheres, crianças e jovens, já podem participar da festa até o amanhecer. Assim termina a primeira semana de Avati Kyry, que se chama kuimba'e ka'u, a festa dos homens.

Na semana seguinte, que se chama kuñangue ka'u, acontece a festa das mulheres. Na segunda-feira começa tudo de novo: as mulheres vão buscar milho, mandioca, batata-doce, cana e kumanda (feijão) nas roças, onde as famílias os plantaram especialmente para essa finalidade. Os homens começam a juntar lenha. Na festa das mulheres, continua o mesmo processo dos homens. Segundo minha tia Tacilia Martins, de 64 de idade, muda o procedimento de recepção dos visitantes: bem no local da chegada, ficam as meninas de 12 e 13 anos de idade, para fazer pintura com urucum no rosto dos convidados; e as mulheres ficam mais na organização, para receber os visitantes de outras aldeias.

Quando chega a sexta-feira da penúltima semana do Avati Kyry, as mulheres revezam-se para fazer chicha e ficar na organização, para que tudo saia bem, como manda o itymbya ruvicha (grande rezador). Na última vez que houve essa cerimônia em Takuapiry, tivemos a presença do grande rezador senhor Atanásio Teixeira (já falecido), e de Getúlio Lopes, hoje morador da aldeia Kurusu Amba. Na última sexta-feira do jerosy puky, no kunãngue ka'u, as primeiras que levantam o canto são as mulheres. Após 20 minutos de reza, mais ou menos, passa-se para os homens. Segundo Tacilia Martins, esta parte já é no amanhecer do sábado. No período da tarde, continua o jeroky até determinado horário, e depois já começa o guachire gua'u kuñangue ka'u. Mais uma vez, começa no interior da casa de reza, com as mulheres mais velhas. As crianças e mulheres jovens não podem participar enquanto estiverem dentro da casa de reza; mas, após sair da óga pysy, qualquer pessoa já pode participar da festa, e já pode cantar qualquer kotyhu, até amanhecer o dia, conforme a descrição de minha tia Tacilia.

Na tarde de domingo, o itymbya ruvicha (grande rezador) fica para fazer ñemboro'y (apaziguar ou esfriar o local), ou seja, abençoar o local onde aconteceu o Avati Kyry, o batismo das plantas. É obrigatório fazer ñemboro'y; caso contrário, principalmente os jovens podem se suicidar naquele local, pois, segundo minha entrevistada, os jovens têm a mentalidade mais fraca e, ao se lembrarem da festa, podem fazer alguma coisa ruim em sua própria vida. Tacilia terminou dizendo que, no tempo mais antigo, as pessoas eram mais solidárias umas com as outras, tinham mais vy'a (alegria) teko joja (união), e hoje as crianças não sabem mais o que é avati moroti, kumanda, muito menos como é realizado o processo do Avaty Kyry. Tacilia alerta que alguém precisa resgatar e fortalecer a nossa vy'aha e a tradição da comunidade de Takuapiry.

A Origem do Universo na Narrativa Kaiowá Paĩ Tavyterã

Todos os rituais dos Kaiowá, principalmente o Avati Kyry, assim como a construção da óga pysy, têm seus fundamentos na origem do universo e dos primeiros seres sobre a Terra. Tudo está relacionado ao espírito das divindades gêmeas, do princípio do mundo, Sol e Lua: a Lua (Ava Ryvy, ou Jasy) é o irmão mais novo, e o Sol (Ava Ryke'y, ou Kuarahy) é o irmão mais velho. O Nhane Ramõi Papa Guasu (nosso grande pai maior, Deus) é o criador da Terra (Yvy), do céu (Ára) e do mar/água (Y). Ele fez jeaso javo para criar todos os seres que habitam esses espaços, como animais, plantas e seres humanos. Durante a nossa conversa com o seu Ari sobre o universo (jeaso javo), ele disse que Nhane Ramõi Papa usou uma reza (nhembo'e) exclusiva sobre a Terra, rezando e cantando. Essa reza fala mais especialmente do Xiru (cruz), que todos os mba'e rexakary (rezadores) carregam durante o ritual do batismo do Avati Kyry.

O que me chamou atenção foi quando ele falou que o xiru serve tanto para abençoar como para amaldiçoar. Quando Nhane Ramõi Papa ergueu o xiru, o mundo foi formado. O significado do xiru, para os rezadores Kaiowá Paĩ Tavyterã, é para abençoar os quatro cantos do mundo.

Nhane Ramõi Papa deu nome para o mundo — Jasuka Renda — e para todos os seres; *"por isso cada animal, planta e ser humano tem que ter nome"* (informação verbal), disse seu Getúlio; e hoje todos os seres e não seres têm seu nome, e o xiru é responsável por todos. Para os Kaiowá Paĩ Tavyterã, o xiru não poder ser tratado de qualquer forma: sempre tem que estar no ambiente adequado, e sempre ser tratado com nhembo'e, para esfriar o espírito (hete mbopiro'y), ou curar. Somente o rezador tem essa ligação com a reza para fazer o xiru se tranquilizar.

Segundo Batista Araújo, se a planta não for abençoada ou batizada, ela pode causar, nas pessoas, dor de barriga ou vômito, além de não crescer mais como deveria. A falta do batismo também diminui o tamanho da espiga do milho: isso acontece porque Jakaira e Itymbýry, responsáveis por todas as plantas, não abençoam mais. Por isso, não há mais aquela união na comunidade, que existia antigamente, e há muita doença: os alimentos que consumimos são industrializados, não vêm mais da nossa roça, explicou Batista Araújo, então as famílias extensas não têm mais aquela união, coletividade, reciprocidade. Era a festa do Avati Kyry que fazia a comunidade se aproximar uns dos outros, conversar, contar piada, tomar chícha juntos; a comunidade valorizava e ouvia mais os rezadores, os mais velhos da aldeia, tinha mais teko vy'a, teko porã (felicidade). Mas hoje em dia acabou, completou ele. Schaden já observava essas transformações nas famílias:

> O ritmo da desorganização social está em função do esfacelamento da primitiva família-grande. E em muitos grupos da atualidade a família-grande já não pode subsistir pelo simples fato de ser precária a existência da própria família elementar. (SCHADEN, 1974, p. 71).

Nos seus estudos, Claudemiro Pereira Lescano assim destaca:

> De acordo com Nolária Velasques (2006), antes de estabelecer as reservas, as famílias extensas moravam distantes umas das outras e cuidavam da sua própria organização, como: sustentação alimentar, manutenção cultural, espaço de roças coletivas e enormes casas de rezas (*ogajekutu*). A prática cultural era feita permanentemente nas casas de rezas, por meio de cantos, rezas e danças: *jeroky, guahu, kotyhu, Kunumi Pepy* (ritual de passagem de menino) e *jerosy puku* (longa dança feita para o batismo do milho), numa cerimônia que chega até 30 dias. As famílias extensas se encontravam nas cerimônias de casamentos, festas e batismos. As informações, as notícias, os convites, as mensagens ficavam na responsabilidade do *Ojovia*, pessoa escolhida para fazer isso. Depois do furo do lábio realizado na festa do *Kunumi Pepy*, um jovem é escolhido para prestar serviço à comunidade, com a função de levar e trazer informações, através dos *tape po'i*, trilhas que ligam as famílias extensas, em meio da longa mata fechada. (LESCANO, 2016, p. 27).

Considerações Finais

A pesquisa proporcionou-me entender melhor a realidade do mundo Kaiowá Paĩ Tavyterã, e entender melhor sobre as famílias extensas, além de refletir sobre a importância da cosmologia dos Kaiowá. Com base em muitos diálogos, pude desvendar valores culturais ainda presentes entre os Kaiowá Paĩ Tavyterã, e dei-me conta de que há muitos conhecimentos ainda a descobrir sobre o Kaiowá reko — modo de ser Kaiowá. Lamentavelmente, em poucos anos, esses saberes e práticas foram deixando de ser vivenciados e ficaram apenas nas boas lembranças dos mais velhos, como o Avati Kyry (batismo do milho branco) e o Mitã Karaí (batismo de criança). Mas o trabalho de pesquisa trouxe-me uma perspectiva positiva e a esperança de que, um dia, o conhecimento tradicional se torne um instrumento de orientações para as novas gerações.

Atualmente, a geração do meu avô Fernando Martins já está desaparecendo: os Ñamõi (os mais velhos) e as Jari (mulheres mais velhas e sábias) são poucos que restam. Caminham tímidos, reprimidos, confusos, não sabem se seguem sustentando a sua religiosidade, a sua crença e o ava reko — jeito de ser Kaiowá Paĩ Tavyterã. Alguns tekoharuvichá são levados à força pelos familiares a frequentar as igrejas, geralmente pentecostais. Durante uma visita à casa de um senhor conhecido da minha família, tivemos um longo diálogo, falamos sobre política partidária, sobre a organização da comunidade e sobre o Avati Kyry — batismo do milho branco —, apesar de sua família ser frequentadora da igreja. Mas, na segunda visita que lhe fiz, para minha surpresa, esse senhor foi orientado pelos seus familiares a vender seus conhecimentos para mim. Depois disso, nunca mais o visitei. Atualmente, ele se mudou para a retomada tekohá Jopara, com seus familiares. Essas situações muitas vezes dificultam para nós pesquisadores indígenas registrarmos o conhecimento tradicional, como o canto-reza, para reconstruirmos e fortalecermos a identidade Kaiowá Paĩ Tavyterã. Como eu faço parte dessa comunidade, não tive muita dificuldade para realizar minha pesquisa de campo; tive a oportunidade de dialogar com várias pessoas, com os mais velhos e também com pessoas da minha idade, e todos se mostraram preocupados com o futuro das gerações novas.

Esta pesquisa me fez enxergar que, entre os Kaiowá Paĩ Tavyterã, os mais velhos calam-se diante do mundo contemporâneo, transformado por novas tecnologias. Alguns escondem seus alimentos tradicionais, rituais, canto, reza, com medo de que algum dia sejam chamados de mohãi jára (feiticeiro), e têm vergonha de falar sobre ñande reko porã — "nosso jeito de ser Kaiowá e de viver bem" —, com tudo aquilo que aprenderam na sua juventude com seus pais e avós. Com as interferências das igrejas, os tekoharuvichá, ou Mba'e Rechakáry (rezadores tradicionais), vêm sofrendo pressão e ameaças para deixar o modo de ser tradicional Kaiowá Paĩ Tavyterã. Talvez por isso, os mais velhos, da geração do meu pai, ficam isolados e não sabem o que seguir: se mantêm a sua tradição ou se seguem o sistema do karaí (branco). Às vezes, para resolver seus problemas, entram no consumo de bebida alcoólica e acabam morrendo no meio do caminho.

Também observo que não está sendo mais utilizada a língua do Kaiowá, nosso ñe'ẽ tee, a língua pura. Durante esta pesquisa, observei que o comportamento das novas gerações está mudando cada vez mais. É preciso reinventar algo para que os jovens não enfraqueçam a sua identidade de ser bons Kaiowá. Penso que é preciso que a escola indígena tome uma posição nesse sentido, para montar estratégias e inserir no currículo escolar a educação indígena, o ava reko, pelo menos para o conhecimento, valorização e respeito por quem manteve viva a nossa identidade. Durante a minha pesquisa, observei também que os saberes indígenas estão inseridos como disciplina nas escolas indígenas, mas somente na teoria: na prática, nada é feito. É necessário que os professores que passaram por formação diferenciada e intercultural valorizem mais o conhecimento tradicional e motivem o tekoharuvichá (rezador) a participar ativamente de novo. Só assim poderemos reconstituir ao menos uma parte do Ava Reko, o modo de ser Kaiowá Paĩ Tavyterã.

O senhor Eduardo Martins, recentemente falecido, e sua esposa, Tereza Martins, com quem crescemos juntos, sempre me diziam que o *"Kaiowá Paĩ Tavyterã deve ser sempre humilde, educado, hospitaleiro e manter uma relação de reciprocidade entre os Kaiowá Paĩ Tavyterã, porque a alma vem do Jakaira reko"* (informação verbal). Ele sempre me contava a história de Pa'i Kuara (o Sol) e de Jasy (a Lua), seu irmão mais novo. Como isso não fazia parte da linha da minha pesquisa, eu só o ouvia, contando a história. Mas, ao longo da minha pesquisa, percebi que Jakaira (guardião das plantas), Pa'i Kuara e Jasy fazem um conjunto de jára (guardiões). Para os Kaiowá, esses jára são inseparáveis do Nhane ramói ngusu (Deus criador do universo). Portanto a reza, o canto e a dança são formas de mediação, de se comunicar com a divindade (Jára).

Aqui faço questão de registrar minha visita no início do ano 2022, quando comecei meu trabalho de campo, ao saudoso Atanásio Teixeira, conhecido tekoaruvixa, com quem sempre tive relacionamento de amizade, e sempre fui bem recebido na casa dele. Até porque minha tia Antonina Martins, também já falecida, sempre me dizia que o senhor Atanásio era meu paino (padrinho), que me batizou quando eu tinha 8 anos de idade; e eu tinha grande consideração por ele. Ele nos deixou o legado da importância de valorizar o nhande reko (nosso jeito de ser e de viver) como Kaiowá Paĩ Tavyterã.

Todas as vezes em que estive na casa dele, sempre tivemos diálogo sobre a espiritualidade do Kaiowá Paĩ Tavyterã, o ritual do jerosy puku (reza longa) e o nhengára (canto). Ele gostava de recordar como era a vida no passado, no período de sua juventude. Segundo sua experiência vivenciada em outro tempo, ele dizia que os Kaiowá tinham mais união e eram mais solidários uns com os outros.

Da última vez em que eu estive com seu Atanásio, no fim do mês de janeiro de 2023, ele estava preocupado com a imposição das igrejas sobre os jovens. Ele disse que *"mitãnguéra ndoikuaái mba'eve vyteri, iporã ha ivaíva"* [as crianças não sabem ainda o que é certo ou errado], e que *"um dia vamos ser cobrados pelo Nhane ramõi guasu* (grande deus)*, e o Pa'i Kuara vai se revoltar contra a humanidade, e vai ter kuarahy jeho [o sol vai entrar em eclipse], aí a humanidade [yvypóry] não saberá o que fazer"* (informação verbal).

Sobre alimentação, seu Atanásio disse que cada vez mais está se enfraquecendo a nossa alimentação tradicional: não se usa mais xíxa ou kaguĩ (bebida fermentada do milho), como é chamada entre os Kaiowá, que também a nomeiam de tembeta rykuere (bebida feita de batata, mandioca, milho e caldo de cana). Atualmente, os jovens já não conhecem mais os alimentos feitos de milho branco (avati morotĩ), que, para os Kaiowá Paĩ Tavyterã, são alimentos sagrados, indispensáveis principalmente para o desenvolvimento das crianças e o fortalecimento da memória dos adultos. Hoje, a alimentação das novas gerações já se compõe de macarrão, arroz e produtos enlatados, com muitas massas industrializadas; talvez por isso, os Kaiowá mais velhos sofrem de obesidade, hipertensão e diabetes.

Em conclusão deste estudo, valendo-me do diálogo, ouvi atentamente o tekoaruvixa Atanásio Teixeira e o karaí Getúlio Lopes, compreendendo que a festa do Avati Kyry e o jerosy puku (canto longo), entre os Kaiowá Paĩ Tavyterã, devem continuar vivos, resistindo no viver coletivamente. Isso me faz querer dar continuidade à pesquisa, reproduzir a plantação e valorizar o Jakaira rete itymbýry ruvixa (milho branco), além de fortalecer o significado da construção da óga pysy (casa de reza). Enfim, quero dizer que a realização deste trabalho, como resultado de muito diálogo com os tekoharuvixá e mba'erexakáry, foi extremamente importante como nova experiência na minha vida, quando pude compreender o processo do ritual do Avati Kyry e do Jerosy Puku, trazendo-me alívio e alegria espiritualmente. Aguyje!

Referências

BENITES, E. *Oguata Pyahu (uma nova caminhada) no processo de desconstrução e construção da educação escolar indígena da Reserva Indígena Te'yikue*. Dissertação (Mestrado em Educação) – Universidade Católica Dom Bosco, Campo Grande, 2014.

BENITES, T. *Rojeroky hina ha roike jevy tekohape (rezando e lutando)*: o movimento histórico dos Aty Guasu dos Ava Kaiowa e dos Ava Guarani pela recuperação de seus tekoha. Tese (Doutorado em Antropologia Social) – Museu Nacional, Universidade Federal do Rio de Janeiro, Rio de Janeiro, 2014.

BRAND, A. J. *O confinamento e seu impacto sobre os Paì-Kaiowá*. Dissertação (Mestrado em História) – Pontifícia Universidade Católica do Rio Grande do Sul, Porto Alegre, 1993.

BRAND, A. J. *O impacto da perda da terra sobre a tradição Kaiowá/Guarani*: os difíceis caminhos da palavra. Porto Alegre: Pontifícia Universidade Católica do Rio Grande do Sul, 1997.

CARNEIRO DA CUNHA, M. Questões suscitadas pelo conhecimento tradicional. *Revista de Antropologia*, [*S. l.*], v. 55, n. 1, dez. 2012.

CARNEIRO DA CUNHA, M.; CESARINO, P. (org.). *Políticas culturais e povos indígenas*. São Paulo: Editora Unesp; Cultura Acadêmica, 2014.

COELHO DE SOUZA, M. Conhecimento indígena e seus conhecedores: uma ciência duas vezes concreta. *In*: CARNEIRO DA CUNHA, M.; CESARINO, P. (org.). *Políticas culturais e povos indígenas*. São Paulo: Editora Unesp; Cultura Acadêmica, 2014.

JOÃO, I. *Jakaira Reko Nheypyrũ Marangatu Mborahéi*: origem e fundamentos do canto ritual Jerosy Puku entre os Kaiowá de Panambi, Panambizinho e Sucuri'y, Mato Grosso do Sul. Dissertação (Mestrado em História) – Universidade Federal da Grande Dourados, Dourados, 2011.

KOPENAWA, D.; ALBERT, B. *A queda do céu*: palavras de um xamã Yanomami. São Paulo: Companhia das Letras, 2015.

LESCANO, C. P. *Tavyterã Reko Rokyta*: os pilares da educação Guarani Kaiowá nos processos próprios de ensino e aprendizagem. Dissertação (Mestrado em Educação) – Universidade Católica Dom Bosco, Campo Grande, 2016.

MARTINS, G. *Avati Kyry e Jerosy Puku*: festa e batismo do milho branco entre Kaiowá/Paĩ Tavyterã da Reserva Takuapiry, município de Coronel Sapucaia, MS. Dissertação (Mestrado em Antropologia) – Universidade Federal da Grande Dourados, Dourados, 2023.

MELIÀ, B.; GRÜNBERG, G.; GRÜNBERG, F. *Etnografía guaraní del Paraguay contemporáneo*: los Pãi-Tavyterã. Asunción: Suplemento Antropológico, 2008.

MURA, F. *À procura do "bom viver"*: território, tradição de conhecimento e ecologia doméstica entre os Kaiowa. Tese (Doutorado em Antropologia Social) – Museu Nacional, Universidade Federal do Rio de Janeiro, Rio de Janeiro, 2006.

PEREIRA, L. M. *Imagem Kaiowá do sistema social e seu entorno*. Tese (Doutorado em Antropologia Social) – Universidade de São Paulo, São Paulo, 2004.

PEREIRA, L. M. *Os Kaiowá em Mato Grosso do Sul*: módulos organizacionais e humanização do espaço habitado. Dourados: Ed. UFGD, 2016.

SCHADEN, E. *Aspectos fundamentais da cultura Guarani*. 30. ed. São Paulo: EPU/ Edusp, 1974.

VIETTA, K. *Histórias sobre terras e xamãs kaiowa*. Tese (Doutorado em Antropologia Social) – Universidade de São Paulo, São Paulo, 2007.

CAPÍTULO 14

A PESQUISA ACADÊMICA SOBRE TURISMO INDÍGENA EM MATO GROSSO DO SUL: DESAFIOS E POSSIBILIDADES

Dionatan Miranda da Silva

Edvaldo Cesar Moretti

Introdução

O turismo enquanto prática social e com a crescente valorização econômica no mundo contemporâneo é objeto de análises em diferentes escalas e perspectivas pelo conhecimento científico. As perspectivas de análise que priorizamos é a de conflito e de cooperação, as quais entendemos que possibilitam compreender sua importância como produtora e consumidora de geografias, são apreendidas ao olhar esse fenômeno como social, multifacetado, contraditório e dinâmico, abrangendo dimensões sociais, ambientais, políticas, econômicas e culturais em sua constituição de prática humana moderna. Portanto, o turismo é uma atividade indutora de diferentes e diversas construções objetivas e subjetivas que conformam o mundo, participando da reprodução de um modo de vida baseado no consumo e na produção mercantil de paisagens e culturas.

Ao nos debruçarmos sobre o fenômeno turístico e utilizarmos as lentes da ciência geográfica para produzirmos conhecimento sobre o tempo presente, percebemos os limites teóricos e o distanciamento acadêmico sobre um tema que provoca impactos na sociedade, tanto nas pessoas turistas quanto nas pessoas "receptoras" de turistas, produzindo lugares prenhes de conflitos e de cooperações. Os limites das leituras científicas sobre o turismo estão associados à produção do conhecimento dominante nas ciências, centrado na perspectiva de um mundo técnico-científico e mercantil voltado para a produção de resultados científico-operatórios. A leitura dominante do fenômeno é vinculada à perspectiva hegemônica da produção científica. Em texto publicado em 2005, Lander, utilizando os ensinamentos de Escobar, afirma com propriedade:

> A ciência e a tecnologia são concebidas não apenas como base do progresso material, mas como a origem da direção e do sentido do desenvolvimento. Nas ciências sociais do momento predomina uma grande confiança na possibilidade de um conhecimento certo, objetivo, com base empírica, sem contaminação pelos preconceitos ou pelos erros. Por isso, apenas determinadas formas de conhecimento foram consideradas apropriadas para os planos de desenvolvimento: o conhecimento dos especialistas, treinados na tradição ocidental. O conhecimento dos "outros", o conhecimento "tradicional" dos pobres, dos camponeses, não apenas era considerado não pertinente, mas também como um dos obstáculos à tarefa transformadora do desenvolvimento. (LANDER, 2005, p. 42).

Ao centrar seu olhar sobre o fenômeno através das lentes das metodologias e dos princípios da busca do modelo de desenvolvimento liberal dominante, a leitura científica sobre o turismo muitas vezes se restringe ao diagnóstico de aspectos negativos e positivos na perspectiva liberal e à formulação de modelos de planejamento que permitam o controle racional do lugar turístico como forma de participar da competitividade entre os lugares voltada para a medida do chamado fluxo turístico. Nesse contexto do saber, assumimos o desafio de pensar sobre o turismo em áreas indígenas, muitas vezes apontado como uma possibilidade de produção de riqueza para povos e lugares considerados empobrecidos. Como refletir e produzir conhecimento valendo-se da análise do fenômeno turismo como uma prática social, e desvendar a sua concretude e promover a libertação? Essa é a questão motivadora na produção de pesquisas sobre o turismo em áreas indígenas.

Existem registros demonstrando que, a partir da década de 70 do século XX, pessoas não indígenas têm buscado realizar visitas e atividades em comunidades indígenas como turistas (FARIA, 2012). Esse fluxo turístico pode ser motivado por desejos variados e diversos, como conhecer a cultura, vivenciar o território, conhecer os símbolos e a cosmologia das comunidades com base em uma relação de troca que pode significar avanços no processo de conhecimento sobre a vida dos povos indígenas inseridos no processo turístico (MATOS; SOUSA, 2023; SANTOS; SOUSA, 2022). Mas também pode ser motivado pela curiosidade sobre o que se considera exótico, com pouca possibilidade de reflexão sobre os processos culturais, sociais de produção do lugar.

Para Faria (2012), é possível identificar aspectos desejáveis e indesejáveis com a efetivação da atividade turística em áreas indígenas: os indesejáveis ocorrem quando a identidade étnica e territorial é ignorada, ou seja, o lugar perde sua essência, sua personalidade; e os desejáveis são aqueles nos quais a identidade do território e a cultura são imprescindíveis para a promoção do intercâmbio de conhecimentos entre indígenas e não indígenas na prática do turismo, o que pode possibilitar uma valorização da cultura indígena, auxiliar no processo de resistência da comunidade, bem como gerar renda à comunidade receptora.

Com a busca crescente pela visitação em comunidades indígenas, e com a complexidade existente nessas áreas, há mais de 20 anos têm sido realizadas pesquisas no Brasil que buscam discutir a cultura, as tradições e os impactos que a atividade turística provoca nas comunidades indígenas. Considerando essas motivações, o objetivo deste texto é realizar levantamento de estudos sobre a temática turismo em comunidades indígenas, nas bases de dados de periódicos, bem como nas bases de dados de teses e dissertações, e refletir sobre as publicações específicas sobre turismo nas comunidades indígenas de Mato Grosso do Sul.

Preliminarmente, encontramos dois trabalhos que fizeram tais levantamentos no período de 1999 a 2019, o de Matos e Sousa (2022), que trabalharam com pesquisas em cursos de pós-graduação stricto sensu; e de Santos e Sousa (2023), que trabalharam com periódicos de artigos científicos. As metodologias realizadas nos dois trabalhos, por serem muito próximas, possibilitaram a análise conjunta dos dois trabalhos e que realizássemos a atualização dos dados incluindo o período de 2020 a 2022, utilizando as mesmas metodologias das referidas autoras (Quadro 14.1).

Quadro 14.1 – Procedimentos metodológicos

SANTOS E SOUSA (2023)	MATOS E SOUSA (2022)
1. Identificar os procedimentos metodológicos que foram utilizados nas pesquisas; 2. Identificar na base de dados a quantidade de teses e dissertações desenvolvidas na perspectiva das palavras-chave selecionadas; 3. Realizar o levantamento da evolução temporal da produção científica no campo de estudo; 4. Identificar a procedência geográfica das instituições nas quais o pesquisador desenvolveu o trabalho de pós-graduação stricto sensu.	1. Identificar os procedimentos metodológicos utilizados nos estudos levantados; 2. Levantar na base de dados a quantidade de artigos desenvolvidos na perspectiva das palavras-chave selecionadas; 3. Levantar o ano em que os artigos foram publicados; 4. Procedência geográfica da publicação.

Turismo em Territórios Indígenas

Antes de adentrarmos especificamente os resultados que obtivemos, é importante informar que nossa leitura tem como pressuposto a tradição do conhecimento geográfico. Portanto, nossa leitura do turismo e, especificamente, do turismo praticado em áreas indígenas ou com povos indígenas tem olhar sobre as possibilidades de lermos as geografias produzidas nessa relação entre a atividade turística e os povos indígenas. A ciência geográfica, com seus processos e procedimentos metodológicos produzidos no contexto do conhecimento ocidental, instrumentaliza o pesquisador na compreensão do mundo. Nas palavras de Douglas Santos,

> [...] trata-se de um tipo de conhecimento e, portanto, de um conjunto de respostas que a sociedade constrói para compreender alguns dos aspectos de sua relação consigo e com o mundo. Que tipo de relação? Na Geografia estamos frente ao discurso que construímos para *saber onde estamos*. Reconhecer o significado de estar em um lugar e, portanto, de alguma maneira a ele pertencer, é a possibilidade que temos de organizar nossas vidas, identificando que ações podem e devem ser realizadas para que possamos continuar sobrevivendo (tanto como indivíduos quanto como sociedade) [...]. (SANTOS, 2007, p. 17, ênfase do autor).

Nesse sentido, quando definimos o turismo em áreas indígenas como tema, estamos optando por compreender como esse fenômeno do mundo moderno tem relação com as possibilidades de produção de vida dos povos indígenas. O turismo em área indígena pode ser uma forma da prática da atividade, assim como foi pensado para o Turismo de Base Comunitária (TBC), em que se buscam alternativas ao turismo centrado na produção de lugares racionalizados conforme as lógicas de mercado e/ou na captura das paisagens ou de culturas apenas como somatória de lugares visitados, indiferente ao conhecimento e ao reconhecimento do outro (FARIA, 2012; MALDONADO, 2009; SILVESTRE; DE FÁTIMA FONTANA, 2023; ZAOUAL, 2009).

Portanto, consideramos fundamental a valorização do lugar enquanto lócus do olhar do pesquisador: essa proposição inverte a lógica da produção e reprodução do capital, ou seja, centralizador e concentrador de riquezas. Deixemos claro: a confrontação não está com o processo de globalização, mas sim no que a globalização significa para os povos, especificamente, no nosso caso, para os povos indígenas. Nesse sentido, concordamos com as palavras de Escobar:

> [...] muitas formas do local se oferecem para o consumo global, desde o parentesco até os ofícios e o ecoturismo. O ponto aqui é distinguir aquelas formas de globalização do local que se convertem em forças políticas efetivas em defesa do lugar e das identidades baseadas no lugar, assim como aquelas formas de localização do global que os locais podem utilizar para seu benefício. (ESCOBAR, 2005, p. 152).

E qual leitura a ciência realiza dessa relação entre a atividade turística e os povos indígenas? Identificamos que as primeiras pesquisas do fenômeno turístico em comunidades indígenas aparecem na década de 70 do século XX e são produzidas por antropólogos. Depois, na década de 90 do mesmo século, encontramos estudos que incorporam outros olhares disciplinares, por exemplo, estudos de geógrafos, ambientalistas, entre outros, incorporando, nas análises sobre turismo e povos indígenas, temas como o da relação das comunidades com a natureza.

No Brasil as pesquisas com essa temática eram limitadas, no entanto, a partir de 1999, houve um crescimento, e o trabalho com os Pataxós é tido como um precursor dessas análises, seguido pelo trabalho Faria (2012), entre outros. A atividade turística em comunidades indígenas recebe várias nomenclaturas segundo a análise das pesquisas publicadas, tais como eco-turismo indígena, turismo étnico, etnoturismo, turismo indígena, turismo cultural, turismo étnico indígena etc., de acordo com o objetivo do turista ou do que a comunidade oferece como produto.

"Ecoturismo indígena" foi definido por Faria (2012) como o ecoturismo realizado dentro do território indígena e seus limites, de acordo com as bases do ecoturismo, onde se respeitam os valores sociais, ambientais e culturais dos povos envolvidos, vistos que estes que são os responsáveis pelo planejamento e gestão da atividade, e que a comunidade seja a principal beneficiada.

"Etnoturismo", por sua vez, é um termo mais abrangente, pois ele pode ser utilizado para diversas culturas, entre as quais a indígena, mas não somente por esta. E é, de acordo com Faria (2012), uma vertente do turismo cultural que utiliza a identidade e a cultura de um determinado grupo étnico como atrativo. Já etnoturismo é baseado nas atividades e nos benefícios de que os turistas usufruem, independentemente da maneira como são construídas essas atividades.

O turismo étnico também é visto como um tipo de turismo cultural, e, de acordo com o governo brasileiro, é o turismo que envolve a vivência de experiências autênticas e o contato direto com os modos de vida e a identidade de grupos étnicos. Essa definição demonstra que esse conceito abrange outras etnias também; por esse motivo, tem sido visto os autores utilizarem a terminologia "turismo étnico indígena" em trabalhos mais recentes.

Vários autores compreendem o turismo étnico e o etnoturismo como sinônimos. Também consideram que essas duas vertentes do turismo em comunidades indígenas são dadas pelas relações interétnicas entre uma etnia/grupo dominante e outra marginalizada, em que os envolvidos com o turismo étnico geralmente são povos que apresentam certa debilidade, seja pela exploração, seja pela falta de recursos financeiros, e estes se veem na condição de ter que recriar sua etnicidade, bem como requerer seu território, que perfaz o contexto do turismo étnico.

Turismo indígena é o meio pelo qual as comunidades indígenas compartilham sua cultura, seus usos e costumes, e isso permite que haja uma revalorização e preservação de seus elementos culturais, bem como o reconhecimento da sua identidade na interação com o meio ambiente de maneira sustentável, ao mesmo passo que possibilita o desenvolvimento da comunidade de maneira integral sustentável, responsável e solidária. Para

Faria (2012), o turismo indígena pode ser realizado dentro ou fora dos limites do território indígena, desde que seja baseado na identidade cultural dos povos indígenas e que a atividade seja gerida pela própria comunidade. A ênfase na construção participativa da comunidade pode oferecer serviços de alimentação, hospedagem, guias especializados e práticas cosmológicas, que fazem parte da identidade cultural da comunidade indígena receptora.

Para alcançar os objetivos propostos, a metodologia deste trabalho foi construída de maneira exploratória, a fim de encontrar subsídios para o melhor entendimento da temática e compreender como se dão as pesquisas com esse assunto no estado de Mato Grosso do Sul, visto que é o terceiro estado com maior população indígena do Brasil, segundo o censo de 2022 (IBGE, 2023). Inicialmente foi realizada uma pesquisa utilizando palavras-chave, como "ecoturismo indígena", "etnoturismo", "turismo étnico" e "turismo indígena". A busca foi realizada nas bases de dados Scientific Electronic Library Online (SciELO), Periódicos Capes, Biblioteca Digital Brasileira de Teses e Dissertações (BDTD), Catálogo de Teses e Dissertações da Capes (CTD) e Google Acadêmico. Conforme destacamos no início do texto, foram encontrados dois trabalhos que fizeram o levantamento de pesquisas acadêmicas nessas bases de dados, com exceção do Google Acadêmico, entre os anos de 1999 e 2019. Utilizamos dos dados levantados nesses trabalhos, e complementamo-los com os anos de 2020 a 2022, bem como analisamos especificamente a produção acadêmica do turismo com comunidades indígenas no estado de Mato Grosso do Sul devido ao potencial existente.

A partir da obtenção desses dados, realizamos a leitura dos textos levantados; posteriormente, classificamo-los de acordo com a base de dados em planilhas; e, por fim, elaboramos a descrição que respondesse aos objetivos propostos e a análise e síntese dos resultados.

Turismo, Indígenas e a Pesquisa Acadêmica

O objetivo aqui é discutir o turismo em comunidades indígenas e fazer um levantamento das pesquisas acadêmicas realizadas com essa temática entre os anos de 1999 e 2022, bem como discutir como está o andamento das pesquisas no estado de Mato Grosso do Sul. Informação básica para essa proposta de análise é a quantidade de artigos publicados no Brasil sobre a relação entre turismo e comunidades indígenas — apresentamos o resultado desse levantamento na Figura 14.1.

Figura 14.1 – Quantidade de trabalhos coletados entre 1999 e 2022

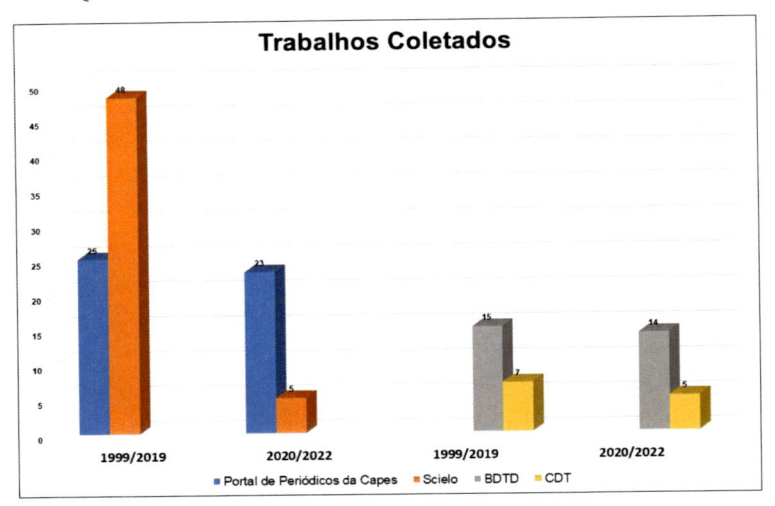

Fonte: compilado pelos autores

Ocorre um aumento na publicação de trabalhos acadêmicos entre os anos de 2020 e 2022 (três anos), quando comparado ao período (20 anos) dos trabalhos de Matos e Sousa (2023), que coletaram 22 trabalhos entre teses e dissertações, enquanto coletamos 19 trabalhos. Santos e Sousa (2022) coletaram 73 artigos, enquanto nós coletamos 23, pois os 5 que aparecem no SciELO são repetidos no Periódicos Capes; mas, mesmo assim, foram quatro vezes mais publicações, se comparada à quantidade e à proporção de tempo dos períodos.

Consideramos ainda para o nosso estudo o levantamento das metodologias indicadas pelos autores dos artigos para realização das pesquisas. É possível aferir a diversidade de metodologias utilizadas na produção científica e especificamente sobre o tema tratado. Apresentamos na Tabela 14.1 os procedimentos metodológicos relatados e identificados nos artigos.

Tabela 14.1 – Procedimentos metodológicos adotados nas pesquisas

PROCEDIMENTOS METODOLÓGICOS	SANTOS E SOUSA (2022)	MATOS E SOUSA (2023)	2020/2022	2020/2022	TOTAL
Pesquisa bibliográfica	30	14	17	14	75
Trabalho de campo/pesquisa de campo	38	4	15	12	69
Entrevistas	24	9	14	7	54
Trabalho etnográfico	9	5	7	8	29
Trabalho documental	1		7	4	12
Observação participante		1	6	5	12
Abordagem qualitativa	0	0	8	4	12
In loco		9	1	1	11
Pesquisa participante		4	0	3	7
Observação		4	3		7
Inventário fotográfico		1	2	2	5
Análise de conteúdo		1	1	3	5
Questionário	0	0	3	2	5
Estudo de caso		1	1	1	3
Estatística descritiva		1		2	3
Análise fatorial		1	1	1	3
Abordagem dialética/enfoque exploratório/ Bibliometria/ pesquisa ação/ observação sistemática	0	0	1	1	2
Desenho narrativo/estudo quantitativo/meios de vida sustentáveis/análise interpretativa de Geertz/abordagem territorial/registro cartográfico/ fenomenológica/laboratório	0	0	1		1

Fonte: compilado pelos autores

A pesquisa bibliográfica é o procedimento que mais aparece, no entanto ainda não está presente no total de trabalhos coletados (Tabela

14.2). Outro destaque é a atividade de campo como metodologia. Esse procedimento metodológico de pesquisa aparece de diferentes maneiras nos relatos, trabalho de campo; pesquisa de campo; in loco, mas todos esses termos se referem a ida à área de estudo. Outros procedimentos aparecem uma ou duas vezes, e isso tem relação com o tipo de pesquisa que está sendo elaborada, bem como com a que se deseja responder. Um dos objetivos da pesquisa era também compreender quais as terminologias utilizadas nas pesquisas, e isso foi alcançado por meio das palavras-chave e da leitura dos trabalhos; no entanto, conforme a tabela a seguir, pode-se notar que a maioria dos trabalhos não apresenta as palavras-chave: isto demonstra as divergências de conceitos existentes, pois muitos trabalhos trazem outros conceitos para o turismo indígena, como, por exemplo, o conceito de turismo de base comunitária, turismo cultural etc.

Tabela 14.2 – Palavras-chave encontradas nas pesquisas

PALAVRAS-CHAVE	SANTOS E SOUSA (2022)	MATOS E SOUSA (2023)	PORTAL DE PERIÓDICOS DA CAPES/ SCIELO (2020/2022)	BDTD/CDT (2020/2022)	TOTAL
Nenhuma das palavras-chave	37		5	11	53
Turismo étnico	18	10	3	3	34
Turismo indígena	14	4	8	1	27
Etnoturismo	4	5	6	1	16
Ecoturismo indígena		3	1		4
Artigo sem palavras-chave	1			1	2
Turismo étnico indígena			1	1	2
Turismo xamânico			1	1	2
Turismo étnico indígena gastronômico				1	1
Turismo Mapuche			1		1

Fonte: compilado pelos autores

Além da utilização do TBC, outros trazem o termo "turismo cultural" com o acréscimo da palavra "indígena", e, como vemos na tabela, os autores levam em consideração a questão do produto que é divulgado ao turista, por exemplo, o "turismo xamânico", o objetivo de o visitante conhecer o xamanismo, participar das rezas, das curas, que também poderia ser conceituado com turismo de bem-estar ou turismo de saúde.

Outro termo que aparece é o "turismo étnico indígena gastronômico", ou "turismo Mapuche", que aparentemente tem a ver com a segmentação de mercado, pois, com a mercantilização global, é necessário encontrar o diferencial do produto, da experiência a ser realizada. Nota-se, na Figura 14.2, que no ano de 1999 não consta nenhum trabalho publicado, porquanto, nos bancos de dados pesquisados, não aparece a pesquisa de Grünewald com os Pataxós em Porto Seguro, que é tido como referência para as pesquisas com a temática indígena no Brasil (MATOS; SOUSA, 2023).

Figura 14.2 – Quantidade anual de publicações

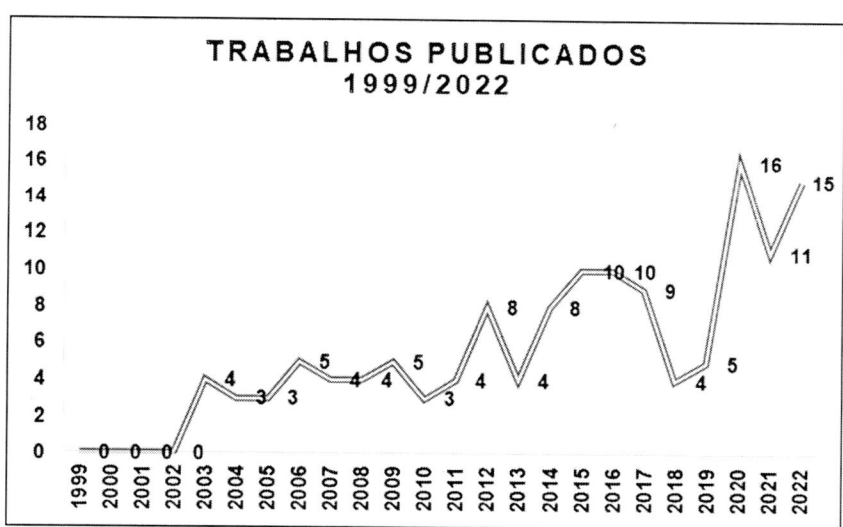

Fonte: compilado pelos autores

De acordo com o gráfico, pode-se notar que houve certa regularidade de publicações entre 2004 e 2011, dobrando em 2012 em relação aos anos anteriores, caindo pela metade em 2013, com certa regularidade entre os anos de 2014 e 2017, queda em 2018 e 2019, e aumento em 2020 e 2022. É importante frisar que no ano de 2015 foi publicada a Instrução Normativa 3, de 11 de junho de 2015, que estabelece as normas e diretrizes para a visitação turística em terras indígenas, com a qual se normatizam os interesses das comunidades indígenas em relação à visitação em sua terra, bem como se descentraliza essa questão, dando autonomia para os indígenas; entretanto, burocratiza também a visitação. Esse marco, contudo, não foi necessariamente um fator que alavancou as publicações (MATOS; SOUSA, 2023).

Tabela 14.3 – Revistas que publicaram os trabalhos

PORTAL PERIÓDICOS CAPES E SCIELO				
Revista	1999/2019	2020/2022	Total	Tema
Revista Turismo em Análise	1	1	2	Turismo
Revista Brasileira de Pesquisa em Turismo	2	1	3	Turismo
Caderno Virtual de Turismo	1	1	2	Turismo
Turismo & Sociedade	1	1	2	Turismo
Pasos: Revista de Turismo y Patrimonio Cultural	3		3	Turismo
Cuadernos de Turismo	1	1	2	Turismo
Revista Investigagiones Turísticas	1		1	Turismo
Apllied Tourism	1		1	Turismo
Estudios y Perspectivas en Turismo	4		4	Turismo
Mikarimin: Revista Científica Multidisciplinaria/Ecuador		1	1	Multidisciplinar
Interações: Revista Internacional de Desenvolvimento Local		1	1	Multidisciplinar
Homa Publica: Revista Internacional de Derechos Humanos y Empresas		1	1	Multidisciplinar
Horizontes Pedagógicos		1	1	Multidisciplinar
Cultur: Revista de Cultura e Turismo		1	1	Turismo
The Journal of Latin American and Caribbean Anthropology		1	1	Antropologia
Turismo: Visão e Ação		1	1	Turismo
Rosa dos Ventos: Turismo e Hospitalidade		1	1	Turismo
Edur: Educação em Revista		1	1	Multidisciplinar
Anuario de Estudios Centroamericanos – Costa Rica		1	1	Multidisciplinar
Dimensiones Turísticas		1	1	Turismo
Chungara: Revista de Antropología Chilena		1	1	Antropologia
Turismo y Patrimonio		2	2	Turismo
Geo Uerj		1	1	Geografia
Anthropologica		1	1	Antropologia
Caos: Revista Eletrônica de Ciências Sociais		1	1	Ciências sociais
Revista Brasileira de Ecoturismo		1	1	Turismo
Cuhso: Cultura, Hombre y Sociedad		1	1	Ciências sociais Multidisciplinar

Fonte: compilado pelos autores

Foi feito o levantamento das revistas (Tabela 14.3) que aceitaram as publicações dos trabalhos; por mais que muitas trabalhem com a temática do turismo especificamente, esse resultado corrobora o que foi afirmado em pesquisas antropológicas que inicialmente trabalhavam com esse tema, e posteriormente a temática adentrou estudos de desenvolvimento econômico, que abriu um leque de possibilidades, em que o turismo indígena passou a ser estudado por várias áreas do conhecimento, inclusive a geografia.

Outro resultado obtido com a pesquisa foi a procedência das universidades nas quais os pesquisadores atuavam, e a resposta pode ser visualizada na Figura 14.3

Figura 14.3 – Localização das respectivas universidades dos pesquisadores

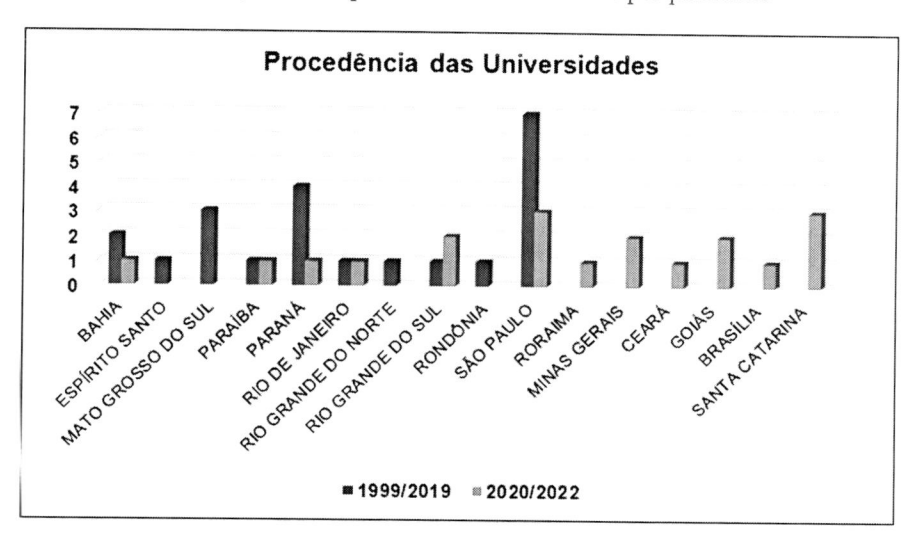

Fonte: compilado pelos autores

As regiões Sul e Sudeste têm mais universidades com publicações na temática, visto que nas regiões Norte e Centro-Oeste há as maiores populações indígenas do país e as instituições não estão voltando o olhar para as comunidades indígenas, refletindo sobre a visitação e as práticas turísticas.

Com relação ao outro objetivo proposto, de investigar quais publicações foram feitas com base em Mato Grosso do Sul referente à temática do turismo em terras indígenas, temos algumas ponderações. Matos e Sousa (2023) apontam três publicações realizadas em universidades em Mato Grosso do Sul, a dissertação de Munier Abrão Lacerda, intitulada "Perspectivas de desenvolvimento local entre os Terenas na Aldeia Urbana Marçal de Souza, em Campo Grande — MS: opção pelo etnoturismo"; a dissertação de autoria de Djanires Lageano Neto de Jesus, intitulada "A transformação da Reserva Indígena de Dourados — MS em território turístico: valorização socioeconômica e cultural do ano de 2004", que no ano de 2012 publica sua tese fazendo um comparativo entre os Maori da Nova Zelândia e os Kadwéus de Mato Grosso do Sul, com relação ao território a ser utilizado para o turismo como atrativo. Entre os anos de 2020 e 2022, não foram encontradas teses e dissertações que retratassem o turismo indígena.

Já entre 2020 e 2022, encontramos o trabalho intitulado "Beyond the Bioceanic Route indigenous crafts and the potential of ethno-tourism in the Southwest of Mato Grosso do Sul" de Alves, Violin, e Benites (2022), que tem como objetivo compreender a relação entre o artesanato indígena e o potencial etnoturístico no sudoeste de Mato Grosso do Sul; Lemes e Belarmino (2022), com a publicação "Contribuições do etnoturismo para o desenvolvimento sustentável e suas potencialidades para Amambai-MS", que tem como objetivo apresentar os conceitos relacionados ao etnoturismo e a sua contribuição para o desenvolvimento sustentável das populações e o potencial de aplicação nas aldeias Amambai, Limão Verde e Jaguari, localizadas no município de Amambai, no estado de Mato Grosso do Sul; e a publicação de Santos e Sousa (2022), em que fizeram o levantamento de pesquisas com turismo em terras indígenas entre 1999 e 2019. Todos esses artigos apareceram nos Periódicos da Capes.

Conforme o que foi supracitado, Mato Grosso do Sul teve a publicação de duas dissertações, uma tese e três artigos referentes ao turismo em terras indígenas entre os anos de 1999 e 2022 (23 anos), nos bancos de dados pesquisados. O MS tem uma população indígena de 116.346 habitantes, conforme dados do censo de 2022 (IBGE, 2023). São representados por oito etnias, sendo elas Guarani, Kaiowá, Terena, Kadwéu, Kinikinaw, Atikun, Ofaié e Guató, estando presentes em 29 municípios, conforme a Figura 14.4.

Figura 14.4 – Povos indígenas de Mato Grosso do Sul

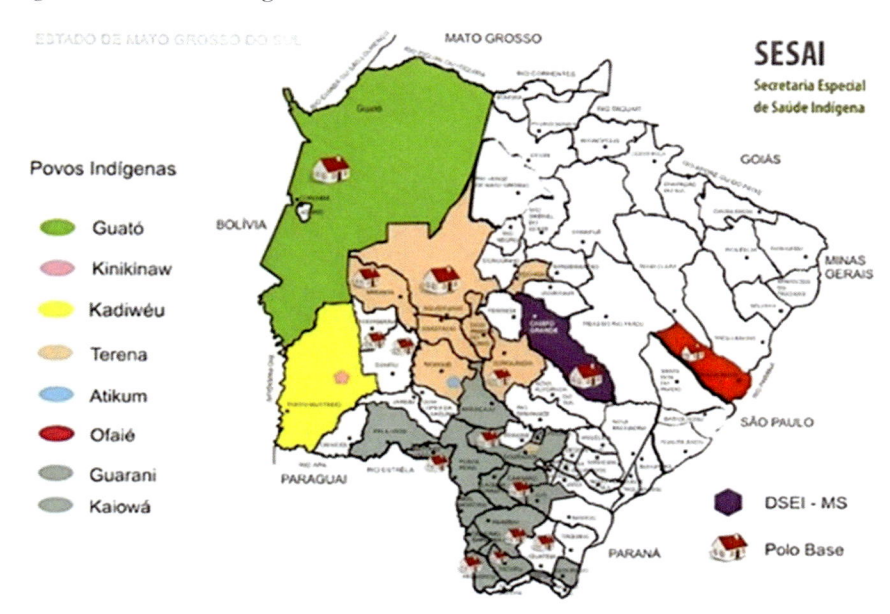

Fonte: Sesai/MS

Nos bancos de dados pesquisados, identificamos poucas publicações sobre a temática em Mato Grosso do Sul, e isso demonstra a falta pesquisas com o tema "turismo e comunidades indígenas" no estado, mesmo o estado tendo a terceira maior população indígena do Brasil (IBGE, 2023). Interessante lembrar que em 2012 Banducci Júnior e Urquiza (2012), publicaram o artigo "Povos indígenas e o turismo em Mato Grosso do Sul: descaso e improviso", e apontavam já naquele artigo a urgência em debater os parâmetros necessários à implantação do turismo em terras indígenas.

Com relação à atuação do poder público, cabe destacar que o Governo do Estado de Mato Grosso do Sul, por meio da Fundação de Turismo, iniciou em 2022 um trabalho denominado "Pontes para o turismo de base comunitária", no qual busca viabilizar junto às comunidades uma maneira de geração de renda e desenvolvimento econômico. Participaram desse projeto quatro comunidades, sendo duas ribeirinhas, a Comunidade Paraguai Mirim (Corumbá) e a Comunidade APA Baía Negra (Ladário); uma quilombola, de Furnas de Boa Sorte (Corumbá); e uma Comunidade Indígena Terena (Miranda). Os levantamentos e informações referentes ao Turismo Indígena em Mato Grosso do Sul demonstram que ainda existem poucos estudos publicados sobre a relação entre turismo e povos indígenas. Ousamos apontar que esse baixo número de estudos significa o desinteresse da ciência por "coisas" relacionadas diretamente às possibilidades aos povos indígenas e, mesmo, por uma leitura crítica sobre como o fenômeno turístico é estruturado e praticado em Mato Grosso do Sul.

Por fim, e de forma relevante, é necessário refletirmos sobre o caráter dos estudos científicos pensados para lugares produzidos pelos povos indígenas, no sentido apontado por Escobar, de tratarmos a relação do turismo e povos indígenas na perspectiva da esperança de emancipação dos povos.

> [...] uma reafirmação do lugar, o não-capitalismo, e a cultura local opostos ao domínio do espaço, o capital e a modernidade, os quais são centrais no discurso da globalização, deve resultar em teorias que tornem viáveis as possibilidades para reconhecer e reconstruir o mundo a partir de uma perspectiva de práticas baseadas-no-lugar. (ESCOBAR, 2005, p. 135).

Tendo em vista o levantamento realizado das publicações relacionadas ao turismo e aos povos indígenas, é fundamental apontarmos a necessidade de qualificar nosso olhar científico crítico sobre as relações sociais e as possibilidades de produção de leituras solidárias com as necessidades das pessoas e da valorização do saber envolvido na produção dos lugares.

Referências

ALVES, G. L.; VIOLIN, F. L.; BENITES, M. Beyond the Bioceanic Route: indigenous crafts and the potential of ethno-tourism in the Southwest of Mato Grosso do Sul. *Interações,* Campo Grande, v. 22, p. 1.335-1.352, 2022.

BANDUCCI JÚNIOR, A.; URQUIZA, A. H. Povos indígenas e o turismo em Mato Grosso do Sul: descaso e improviso. *Cadernos do Leme,* [S. l.], v. 4, n. 2, 2012.

CÂMARA, G.; MONTEIRO, A. M. V.; MEDEIROS, J. S. *Representações computacionais do espaço*: fundamentos epistemológicos da ciência da geoinformação. [S. l.: s. n.], 2003. Disponível em http://www.periodicos.rc.biblioteca.unesp.br/index.php/ageteo/article/view/1090. Acesso em: 10 set. 2023.

ESCOBAR, A. O lugar da natureza e a natureza do lugar: globalização ou pós desenvolvimento. *In*: LANDER, E. (org.). *A colonialidade do saber, eurocentrismo e ciências sociais*: perspectivas latino-americanas. Buenos Aires: Clacso, 2005.

FARIA, I. F. *Ecoturismo indígena*: território, sustentabilidade e multiculturalismo. São Paulo: Annablume, 2012.

INSTITUTO BRASILEIRO DE GEOGRAFIA E ESTATÍSTICA (IBGE). *Censo 2022*. Rio de Janeiro: IBGE, 2023. Disponível em: https://censo2022.ibge. gov.br. Acesso em: 28 ago. 2023.

LANDER. E. Ciências sociais: saberes coloniais e eurocêntricos. *In*: LANDER, E. (org.). *A colonialidade do saber, eurocentrismo e ciências sociais*: perspectivas latino-a-mericanas. Buenos Aires: CLACSO, 2005.

LEMES, P. J.; BELARMINO, O. M. Contribuições do etnoturismo para o desenvolvimento sustentável e suas potencialidades para Amambai-MS. *Cultur*: Revista de Cultura e Turismo, [*S. l.*], v. 16, n. 2, 2022.

MALDONADO, C. O turismo rural comunitário na américa latina gênesis, características e políticas. *In*: BARTHOLO, R.; SANSOLO D. G.; BURSZTYN, I. (org.). *Turismo de base comunitária*: diversidade de olhares e experiências brasileiras. Rio de Janeiro: Letra e Imagem, 2009. p. 25-44.

MATOS, I. C. P. F.; SOUSA, R. E. M. Turismo em comunidades indígenas: levantamento de pesquisas em nível de pós-graduação stricto sensu (1999-2019). *In*: FÓRUM INTERNACIONAL DE TURISMO DO IGUASSU, 17. *Anais...* Foz do Iguaçu: [*s. n.*], 2022.

PROENÇA, A. R. G. B.; PANOSSO NETTO, A. Turismo em territórios indígenas: desenvolvimento e impacto sociocultural na Comunidade Indígena Nova Esperança "Pisasú Sarusawa" (Rio Cuieiras-Amazonas). *Revista Brasileira de Pesquisa em Turismo*, [*S. l.*], v. 16, p. e-2.408, 2022.

SANTOS, D. *O que é geografia?* [*S. l.: s. n.*], 2007. Texto apostilado.

SANTOS, K. M. S.; SOUSA, R. E. M. Turismo em comunidades indígenas: levantamento de pesquisas realizadas nesse campo de estudos entre os anos de 1999 a 2019. *Turismo e Sociedade*, [*S. l.*], v. 15, n. 2, 2023.

SILVESTRE, R.P.; DE FÁTIMA FONTANA, R. Turismo indígena no Brasil: uma revisão bibliográfica de pesquisas publicadas no período de 1999-2021. *Pasos*: Revista de Turismo y Patrimonio Cultural, [*S. l.*], v. 21, n. 3, p. 487-501, 2023.

SOUZA, M. L. O território: sobre espaço e poder, autonomia e desenvolvimento. *In*: CASTRO, I. E.; COSTA GOMES, P. C.; CORRÊA, R. L. (org.). *Geografia*: conceitos e temas. 2. ed. São Paulo: Bertrand Brasil, 2000. p. 77-116.

ZAOUAL, H. Do turismo de massa ao turismo situado, quais as transições? *In*: BARTHOLO, R.; SANSOLO, D. G.; BURSZTYN, I. (org.). *Turismo de base comunitária*: diversidade de olhares e experiências brasileiras. Rio de Janeiro: Letra e Imagem, 2009. p. 55-75.

CAPÍTULO 15

TERRAS INDÍGENAS E UNIDADES DE CONSERVAÇÃO: INTERFACES E SINERGIAS NA FAIXA DE FRONTEIRA DE MATO GROSSO DO SUL/BRASIL E PARAGUAI

Patricia Silva Ferreira

Charlei Aparecido da Silva

Introdução

As unidades de conservação, áreas protegidas legalmente instituídas pelo poder público[35], com objetivos e limites definidos e sob regimes especiais de administração, para proteção de áreas de importância biológica, ecológica, ambiental e cultural ou de beleza cênica (BRASIL, 2000), constituíram a base inicial na condução das políticas conservacionistas no Brasil, uma vez que objetivavam garantir sua sobrevivência mediante a manutenção do acesso à terra, como no caso dos seringueiros, quilombolas, indígenas e ribeirinhos (BECKER, 2004). A função ambiental atribuída às áreas protegidas[36] é de suma importância para manutenção do ecossistema (LOVEJOY, 2006), pois está relacionada a regularização da vazão, retenção de sedimentos, conservação do solo (BORGES *et al.*, 2011; METZGER, 2001), recarga do lençol freático (TUNDISI; TUNDISI, 2010), biodiversidade (LAURANCE; BIERREGAARD, 1998), ecoturismo etc.

---

[35] No Brasil, quatro diferentes tipologias de áreas protegidas atuam como impeditivos legais no país: as unidades de conservação; as terras indígenas; as Reservas Legais (RLs); e as Áreas de Preservação Permanente (APPs). Entre estas, as UCs representam a categoria precedente de área protegida, tendo variações na efetividade de conservação em função de suas características, em especial o grau de restrição, esfera governamental a que pertencem, tamanho das unidades e tempo decorrido desde seu estabelecimento.

[36] A legislação brasileira não traz um conceito único para área protegida, mas observa-se que o termo mais atual congrega as diferentes tipologias e suas características intrínsecas, portanto, nesse contexto, adota-se a definição de área protegida elaborada pela International Union for Conservation of Nature (IUCN, 1984) como uma área terrestre e/ou marinha especialmente dedicada à proteção e manutenção da diversidade biológica e dos recursos naturais e culturais associados, manejados através de instrumentos legais ou outros instrumentos efetivos.

Durante muito tempo, as terras indígenas não foram consideradas como área protegida, no sentido semântico do termo. O seu reconhecimento só culminou a partir da política de demarcação dessas áreas, sendo mais efetivo com a criação da Funai e a decorrente instituição do Estatuto do Índio, em 1973, ainda que, desde o início do século XX, fosse uma ideia latente com o Serviço de Proteção aos Índios. Dessa forma, as políticas públicas que visam garantir e assegurar os direitos indígenas são deveras recentes.

O reconhecimento das TIs como territórios representativos na proteção e conservação ambiental também vem sendo demonstrado por um conjunto amplo e crescente na literatura científica, vide Bonanomi *et al.* (2019) e FUNDAÇÃO NACIONAL DO ÍNDIO (2015), e também no mais recente relatório do Intergovernmental Panel on Climate Change (IPCC, 2019). A crescente importância das TI na conservação da biodiversidade resultou até mesmo na formulação de um marco legal para promover a gestão ambiental dos territórios indígenas, a Política Nacional de Gestão Territorial e Ambiental de Terras Indígenas (PNGATI) (BRASIL, 2012). De fato, entende-se que a criação de áreas legalmente protegidas, como as UCs, as TIs, as APPs e RLs, estão orientadas a garantir a preservação da biodiversidade local como um conjunto de instrumentos que visam aplacar o desmatamento e a pressão das atividades agrícola e pecuária sobre as áreas de florestas e vegetação nativa.

Portanto, apesar das significativas mudanças para preservação e conservação dos biomas e ecossistemas, a proteção ambiental ainda não desempenha um papel de prioridade na sociedade, como ressalta o documento elaborado pelo Programa Água Brasil (BRASIL, 2014), ao expor que, no contexto das políticas ambientais brasileiras, o que se observa é um conjunto de medidas isoladas de preservação ambiental, que na maior parte dos casos são tomadas sob pressão de grupos de interesse ou das circunstâncias, demonstrando que conjuntos coerentes de medidas são a exceção, não a regra.

Nesse âmbito, o objetivo deste trabalho é analisar a consolidação das estratégias e dos instrumentos legais de conservação e preservação no Brasil e no Paraguai, consagradas, essencialmente, pelas áreas protegidas. Para tanto, foram estabelecidos os principais debates e contrapontos em uma narrativa sequencial de uma série de fatos e circunstâncias que culminaram no estabelecimento das políticas públicas ambientais ligadas às áreas especialmente protegidas.

As Áreas Protegidas como Instrumentos para Preservação Ambiental na Fronteira

No Paraguai, a aprovação da Lei 352, de Áreas Silvestres Protegidas (ASPs), em 1994, que regulamentou o Plano Estratégico do Sistema Nacional de Áreas Silvestres Protegidas (Sinasip), elaborado em 1993, permitiu que as ASPs se mantivessem dentro de uma unidade conceitual de sistema e a incorporação de várias áreas importantes para a conservação. A consolidação dessa lei fortaleceu o panorama ambiental e repercutiu na aprovação de uma série de normas legais para a proteção e conservação das áreas silvestres protegidas[37]. Em um primeiro momento, o Sinasip esteve vinculado ao *Ministerio de Agricultura y Ganadería* (MAG). Mas foi somente a partir dos anos 2000, com a criação do *Sistema Nacional Ambiental* (Sisnam), integrado pela *Secretaría del Ambiente* (Seam) e pelo *Conselho Nacional del Ambiente* (Conam), que as bases para a elaboração de uma política ambiental foram consolidadas. Pode-se citar esse segundo período como divisor de águas na implementação das normativas ambientais no país (PARAGUAY, 2007).

Sem dúvida, uma das grandes conquistas para direcionar os esforços e insumos na elaboração das políticas protecionistas foi a criação da Seam, do Sisnam e do Conam, instituídos pela Lei 1.561/2000, pelo que ainda é criada e reconhecida a Política Ambiental Nacional e o Plano Ambiental Nacional (PAN). Em resumo, pode-se destacar que, a partir dos anos 2000, foram geradas sinergias relacionadas à importância da proteção de áreas silvestres, às populações locais e tradicionais indígenas e ao desenvolvimento sustentável. Outro aspecto importante é que o Paraguai é signatário de diversos tratados e convênios internacionais para proteção e conservação dos recursos naturais e culturais, o que contribui, significativamente, para a gestão das áreas protegidas, que atualmente contam com grande apoio e financiamento de organizações internacionais. Segundo o Informe Nacional sobre as Áreas Protegidas no Paraguai (PARAGUAY, 2007), as dificuldades em relação à regularização fundiária nas áreas protegidas de domínio público, a falta de planos de manejo e de recursos humanos são problemas ainda muito presentes, enfrentados desde o início pelo Sinasip.

Dessa forma, o papel das iniciativas privadas de conservação é de suma importância para apoiar as áreas protegidas públicas, cuja criação já

---

[37] Áreas silvestres protegidas são toda porção do território nacional compreendido dentro dos limites bem definidos, de características naturais ou seminaturais, que é submetida a gestão de seus recursos a fim de alcançar objetivos que garantam a conservação, defesa e melhoria do ambiente e dos recursos naturais envolvidos (PARAGUAY, 1994).

era prevista na Lei 352/1994, que inclui o Subsistema de Áreas Silvestres Protegidas sob domínio privado. As maiores porções do território de área protegida advêm desse modelo, como a Reserva Natural del Bosque Mbaracayú: sua criação, em 1991, é considerada um marco importante na história da conservação dos recursos naturais no Paraguai, resultado de um convênio internacional entre o governo paraguaio, o Sistema das Nações Unidas, The Nature Conservancy e a Fundação Moisés Bertoni (um importante programa de conservação privada no Paraguai), com a finalidade de estabelecer e preservar a reserva perpetuamente (PARAGUAY, 2007). Posteriormente, no ano 2000, a Unesco reconheceu a Reserva Mbaracayú e sua zona de influência como reserva da biosfera, ampliando assim o compromisso de um manejo sustentável em cerca de 280 mil hectares. Por meio desses convênios estratégicos com ONGs e a cooperação internacional, as instâncias de diálogo e redes fortaleceram-se e possibilitaram suprir algumas debilidades do setor público.

Em algumas áreas silvestres protegidas, há a presença de povos tradicionais e comunidades indígenas, formalmente reconhecidas pelo Estado, uma vez que já habitavam a área ou os arredores antes da demarcação da ASP, tal como o que ocorre nas Reservas Extrativistas (Resex) do Brasil. Nessa modalidade, é realizado o manejo comunitário das ASP, contudo essa situação deve ser considerada conforme o projeto e o planejamento, já que é necessário conceder o direito de uso dos recursos naturais — todavia a gestão fica a cargo do Estado (PARAGUAY, 2007). Fica claro que o mecanismo de cogestão tem como objetivo integrar esforços públicos e privados no fortalecimento do Sinasip, e suprir as lacunas existentes, o que tem se mostrado eficiente na captação de recursos financeiros e contratação de pessoal. Todavia o documento da Seam (PARAGUAY, 2007) chama atenção para a necessidade de haver uma coordenação mais alinhada entre a autoridade de execução, as iniciativas ambientais descentralizadas e as propostas do setor privado, a fim de evitar conflitos que ameacem os objetivos de conservação e preservação dos recursos naturais e, sobretudo, os direitos das comunidades locais.

A Resolução 200/2001 (PARAGUAY, 2001) é a responsável por atribuir e regulamentar as categorias das áreas silvestres protegidas, a qual recentemente sofreu uma modificação pela Resolução 562/2017 (PARA-GUAY, 2017), em que foram incorporadas a essa lista três categorias de manejo especial: corredores biológicos ou de biodiversidade; territórios indígenas de conservação; e reservas ícticas (Quadro 15.1).

Quadro 15.1 – Áreas silvestres protegidas agrupadas segundo categorias

CATEGORIA		NOME	DESCRIÇÃO	DOMÍNIO/ ADMINISTRAÇÃO
I	Proteção restrita	Reserva científica	Áreas naturais com ecossistemas que contêm características geomorfológicas relevantes ou representativas, bem como espécies da fauna e da flora, e que, sob proteção abrangente e rigorosa, destinam-se à pesquisa científica e ao monitoramento ambiental.	Público
II		Parque nacional (Parna)	Áreas naturais com ecossistemas que contêm características geomorfológicas em destaque, assim como espécies representativas de uma região natural e que, sob proteção, se destinam a pesquisa científica, educação ambiental e turismo de natureza.	
III		Monumento natural	Áreas que contêm características físicas naturais ou culturais únicas e de excepcional valor cultural e que, sob proteção, são destinadas a pesquisa científica e recreação, quando as condições permitirem.	
IV	Uso flexível	Refúgio de vida silvestre	Áreas preferencialmente naturais destinadas à conservação de espécies e ecossistemas por meio do manejo ativo.	Público direto e indireto
V		Paisagem protegida	Áreas naturais destinadas à proteção de paisagens terrestres e aquáticos e à recreação.	
VI		Reserva de recursos gerenciados	Áreas que permitem a manutenção da diversidade biológica com o uso sustentável de ecossistemas e seus componentes.	
		Reserva da biosfera	Áreas que permitam o uso flexível e a coexistência harmoniosa de diferentes tipos de uso e conservação, incluindo outras categorias de manejo.	Público

CATEGORIA		NOME	DESCRIÇÃO	DOMÍNIO/ ADMINISTRAÇÃO
Especial	Uso especial	Reserva ecológica	Áreas naturais que atendem às características de uma reserva científica ou parque nacional, mas, por várias razões, como tamanho, posse da terra, forma e grau de alteração, não se qualificam para serem incluídas nas categorias mencionadas.	Público direto e indireto
		Reserva natural	Áreas naturais situadas em propriedades privadas que contêm amostras de ecossistemas considerados importantes para a conservação da biodiversidade e, ao mesmo tempo, são utilizadas para a realização de atividades produtivas de maneira sustentável.	Privado
		Corredores biológicos ou de biodiversidade*	Porções do território nacional que contenham ecossistemas naturais, seminaturais ou modificados, com o objetivo de restaurar e/ou manter o fluxo e a conectividade de elementos dos sistemas a fim de assegurar os processos ecológicos e os serviços ambientais que promovem.	Sujeito a regulamentação
		Territórios indígenas de conservação*	Ecossistemas naturais e/ou modificados que contenham valores de biodiversidade, benefícios ecológicos e valores culturais voluntariamente conservados pelos povos indígenas e comunidades locais, sejam eles sedentários, sejam móveis, e por meio de leis consuetudinárias ou outros meios eficazes de proteção.	
		Reservas ícticas*	Áreas destinadas a proteger paisagens e biodiversidade aquática e ictiofauna de maneira que as gerações presentes e futuras tenham a oportunidade de proteger e valorizar os serviços ecossistêmicos das reservas ícticas, assegurando os processos ecológicos e biológicos.	

Fonte: Paraguay (2001; 2017); *Incluídas como categorias de manejo pela Resolução 562/2017

A inclusão dessas três novas categorias representa um importante avanço das políticas públicas ambientais no Paraguai. A modificação e ampliação da Resolução 200/2001, segundo a Seam, visa contribuir para o enriquecimento e aumento dos mecanismos de conservação, bem como do patrimônio ambiental existente e converge no cumprimento dos compromissos internacionais aprovados e ratificados pelo Estado, como a Convenção sobre Diversidade Biológica. Dessa forma, a Seam abre espaço para incluir os territórios indígenas no manejo de áreas protegidas do Sinasip, promovendo o interesse das comunidades indígenas na conservação e preservação da biodiversidade, fortalecendo as ações de desenvolvimento sustentável e demonstrando a importância das populações locais em potencializar os serviços ambientais das ASPs.

No Brasil, um impasse em relação às áreas protegidas é a grande disparidade na distribuição das UCs e dos TIs nos biomas. Enquanto a Amazônia abrange 83% da área total das áreas protegidas no país, os demais biomas possuem apenas 17% desse total (Figura 15.1).

Figura 15.1 – Panorama da distribuição das áreas protegidas (UCs e TIs) por bioma

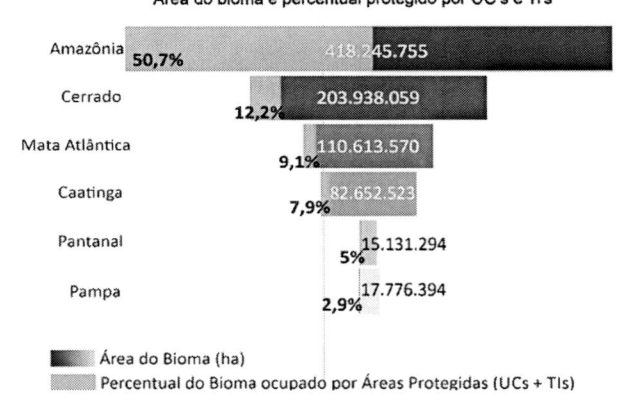

Fonte: Embrapa

Nesse sentido, o cenário denota a importância da manutenção das áreas protegidas a fim de assegurar as funções e serviços ecossistêmicos[38] a elas associados. Um estudo publicado na revista *Nature*, em 1997, listou quais são os serviços e funções ecossistêmicas prestados pelos recursos naturais (capital natural) na manutenção das atividades humanas, concluindo que o valor global estimado para esses serviços era de cerca de US$ 33 trilhões por ano (cotado para 1995) (COSTANZA *et al.*, 1997), um valor substancialmente maior do que o Produto Mundial Bruto (PMB) da época. Outro estudo mais recente para a Amazônia conclui que o valor dos serviços ecossistêmicos podem chegar a US$ 737 por hectare/ano (STRAND *et al.*, 2018).

---

[38] Para Costanza *et al.* (2017), os processos e funções do ecossistema descrevem as relações biofísica que existem, independentemente de os humanos se beneficiarem ou não. Em contraste, os serviços ecossistêmicos são aqueles processo e funções que beneficiam as pessoas, de forma consciente ou inconsciente, direta ou indiretamente. Portanto, são complementares, não sinônimos.

Atualmente, as áreas silvestres protegidas no Paraguai abrangem uma área de mais 6 milhões de hectares, sob diferentes esferas de governança — os subsistemas público, privado e autárquico, que juntos compreendem 2.793.000 hectares do território nacional, somadas aos 3.407.00 hectares de três grandes áreas que são reconhecidas pela Unesco como reserva da biosfera, cujo total representa 15,2% do país; ver mais em Tabela 15.1.

Tabela 15.1 – Superfície de áreas protegidas em território paraguaio

CATEGORIAS SINASIP	N.º	ÁREA (HA)	PART. RELATIVA/ GRUPO (%)
Monumento natural	5	130.340	2,15
Parque nacional	17	2.079.181	34,27
Refúgio de vida silvestre	1	30.000	0,49
Reserva ecológica	3	3.385	0,06
Reserva biológica	2	31.275	0,52
Paisagem protegida	1	44	0,001
Reserva de recursos gerenciados	1	24.000	0,40
Refúgio biológico	4	14.271	0,24
Reserva natural privada	13	236.246	3,89
Reservas da biosfera	3	3.517.465	58
Total	50	6.066.207	

Fonte: Paraguay (2007)

Faz-se necessário destacar que algumas informações importantes relativas às ASPs de todo território nacional se encontram desatualizadas em órgãos oficiais, até mesmo em publicações científicas. Contudo, apesar de as informações disponíveis não contarem com uma atualização recente, o levantamento desses dados é de suma importância no contexto da pesquisa para avaliar a efetividade das ações de políticas de conservação e preservação dos recursos naturais.

No estudo realizado pela Associação Guyra Paraguay, verificou-se a representatividade do Sinasip e os "vazios" de atuação do sistema, demonstrando que o Paraguai possui 101 ecossistemas, dos quais 55 se encontram em algum nível de proteção, todavia 14 ecossistemas têm proteção incipiente, com menos de 5% de sua área total inserida no Sinasip; 8 apresentam níveis de proteção entre 5% e 10%; e 24 têm 10% de sua área protegida pelo sistema; ver Figura 15.2.

Figura 15.2 – Número de ecossistemas identificados para cada bioma do Paraguai

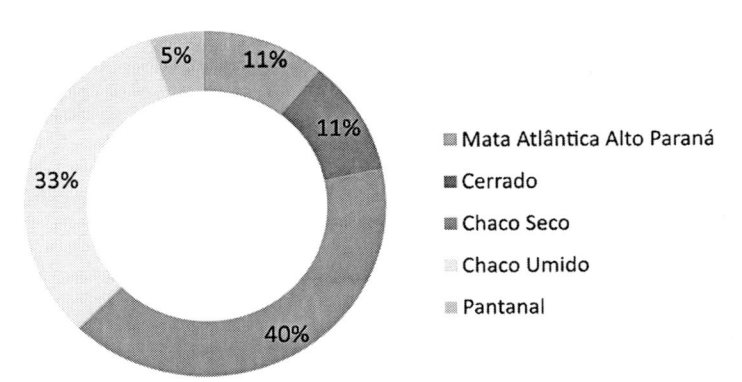

Fonte: Paraguay (2007)

O Sinasip reconhece as lacunas existentes e assinala que a criação e gestão de áreas protegidas esbarram em barreiras de várias direções. Por um lado, aqueles que percebem as áreas protegidas como inimigas do desenvolvimento; e, por outro lado, que as veem como ameaça contra os direitos das populações rurais mais pobres, que dependem da extração dos recursos naturais para viver (Paraguay, 2007).

Portanto, os esforços nacionais, públicos e privados para garantir a representatividade do sistema no país têm sido divididos por ecorregiões para que sejam complementares (Tabela 15.2).

Tabela 15.2 – Áreas silvestres protegidas pertencentes a cada bioma no Paraguai

ECORREGIÕES			ÁREA SILVESTRE PROTEGIDA	
Nível I	Nível II	Área (ha)	Área (ha)	Part. Relativa/ Ecorregião
Mata Atlântica do Alto Paraná	Alto Paraná	3.351.000	129.500	3,8
	Amambay	920.700	20.850	2,2
	Selva Central	3.840.000	380.200	9,9
Chaco Úmido	Aquidabán	1.070.000	330.200	30,8
	Chaco Úmido	5.192.760	311.500	6
	Litoral Central	2.631.000	38.850	1,4
	Ñeembucu	3.570.000	186.750	5,2
Chaco Seco	Chaco Seco	12.721.160	2.648.000	20,8
	Médanos	757.680	603.350	79,6
Cerrado		1.227.920	1.227.920	100
Pantanal		4.202.310	302.500	7,2

Fonte: Paraguay (2014)

Nesse contexto, destaca-se o apoio de agências de cooperação internacional que apostam no fortalecimento das ASPs privadas. Assim como projetos gerenciados pela Associação Guyra Paraguay, um deles, em parceria com a BirdLife International, consiste na identificação de sítios importantes para a conservação de aves, conhecidas como IBA (*Important Bird Area*). Deveras, isso não implica considerar a efetiva proteção dessas áreas, devido à falta de implementação do Sinasip e a sérias dificuldades enfrentadas por muitas áreas protegidas. Mas, de fato, várias experiências positivas resultaram do trabalho recente de conservação nas IBAs, como a conscientização, o monitoramento remoto rural, por meio da utilização de Sistemas de Informação Geográfica (SIG) conjuntamente com o desenvolvimento das políticas nacionais de desenvolvimento sustentável (CARTES, 2008).

Resultados e Discussão

Análise do Panorama das Áreas Protegidas na Faixa de Fronteira

Ao considerar a mesma faixa de 150 km com base na linha internacional no território paraguaio, identificam-se 20 ASPs, que somam mais de 2 milhões de hectares, o que corresponde a 35% das ASPs no Paraguai (Tabela 15.3).

Tabela 15.3 – Superfície ocupada e número de áreas protegidas na faixa de fronteira do Paraguai

CATEGORIA	N.º	ÁREA (HA)
Parque nacional	5	245.400
Reserva ecológica	1	3.323
Paisagem protegida	1	44
Reserva das entidades binacionais	4	30.501
Reserva natural	6	138.288
Reserva da biosfera*	3	2.104.197
Total	20	2.521.753

Fonte: Paraguay (2007). *Só a área que corresponde à faixa de fronteira de 150 km.

Na Tabela 15.4, estão listadas as áreas protegidas do Paraguai segundo o Sinasip, apresentadas conforme a categoria a que pertencem, sua área de abrangência e se estão inseridas na faixa de fronteira. Em relação às comunidades indígenas, os dados do *III Censo Nacional de Población y Vivenda para Pueblos Indígenas* (2012) indica que a população é de 117.150 pessoas, representando 2% do total de habitantes no país. São 19 povos, pertencentes a cinco grupos linguísticos e distribuídos em 13 dos 17 departamentos: Central, Guairá, Caaguazú, Caazapá, Itapúa, Alto Paraná, Canindeyú, San Pedro, Amambay, Boquerón, Presidente Hayes, Alto Paraguay e Asunción (PARAGUAY, 2014).

De acordo com o informe do Relatório Especial sobre Povos Indígenas da ONU (2015), a taxa de pobreza da população indígena no país é de 75%; e 60% de pobreza extrema. Portanto, as comunidades indígenas são altamente dependentes dos recursos naturais; 81% das atividades econômicas desses povos estão concentradas no setor primário (agricultura, caça e pesca). Muitas das populações tradicionais enfrentam dificuldades para sua sobrevivência por conta da degradação de seus territórios e, no caso das terras indígenas, que guardam expressivas áreas conservadas, sofrem constantemente pressões do entorno. A manutenção dos serviços ambientais, já prestados pela natureza, depende diretamente da conservação e/ou preservação ambiental, relacionadas com boas práticas que reduzam os impactos inerentes das ações humanas somadas ao desperdício ou à degradação de recursos naturais.

Tabela 15.4 – Áreas protegidas no Paraguai segundo a classificação do Sinasip

CATEGORIA	NOME ÁREA PROTEGIDA	ÁREA (HA)	FAIXA DE FRONTEIRA
Monumento científico	Moises Bertoni	233	Não
Monumento natural	Laguna Meãndez	214	Não
	Cerro Chovoreca	98.858	Não
	Cerro Koi	23	Não
	Cerro Chorori	6	Não
	Laguna Sisi	767	Não
	Macizo Acahay	2.557	Não
	Cerro Cabrera - Timane	121.698	Não
	Santa Helena	35	Não
	Caverna Kamba Hopo	17	Não
	Tres Cerros Santa Caverna	140	Não
	Cerro Morado Caverna Ycua Pai	77	Não
	Isla Susu	4.380	Não
Parque nacional	Lago Ypoa	119.648	Não
	Cerro Cora	5.735	Sim
	Tinfuque	175.353	Não
	Teniente Agripino Enciso	39.669	Não
	Caazapa	13.326	Não
	Ybyci	5.122	Não
	Serrania San Luis	10.750	Sim
	Paso Bravo	94.134	Sim
	Bella Vista	7.437	Sim
	Ñacunday	2.329	Não
	San Rafael	66.873	Não
	Saltos del Guairá	620	Não
	Defensores del Chaco	724.235	Não
	Medanos del Chaco	608.235	Não
	Rio Negro	127.344	Sim

CATEGORIA	NOME ÁREA PROTEGIDA	ÁREA (HA)	FAIXA DE FRONTEIRA
Reserva natural	Vila Josefina	182	Não
	Canãda del Carmen	3.984	Não
	Arcadia	4.761	Não
	Punie Oasoi	3.663	Não
	Yaguarete Porã	27.797	Não
	Bosque Mbaracayú	65.436	Sim
	Bosque Yvyraty	265	Não
	Arroyo Blanco	5.965	Sim
	Morumbi	30.866	Sim
	Estancia Salazar	12.285	Não
	Ka'í Rague	1.778	Sim
	Palmar Quemado	9.720	Não
	Toro Mocho	17.778	Não
	Cerrados del Tagatiya	5.309	Sim
	Tagatiya mi	28.914	Sim
	Estrella	1.017	Não
	Guaycan I II III	1.455	Não
	Piroy	13	Não
	Laguna Blanca	814	Não
	Tabucai	563	Não
	Yguasú	1.465	Não
	Tapiracuai	3.109	Não
	Natural Ypeti	13.552	Não
	Tapyta	4.798	Não
Refúgio de vida silvestre	Yabebyry	31.540	Não
Reserva científica	Ybera	1.756	Não
Reserva ecológica	Capibary	3.323	Sim
	Banco San Miguel y Bahia de Asunción	744	Não
Reserva da biosfera	Cerrado del Rio Apa	238.920	Sim
	Gran Chaco	4.601.452	Sim
	Mbaracayú	292.823	Sim
Paisagem protegida	Cerro dos de Oro	44	Sim
	Ycua Bolaños	9	Não
	Salto del Monday	395	Não
Reserva das entidades binacionais	Reserva Natural Pikyry	1.712	Não
	Reserva Biológica Itabo	13.906	Sim
	Refúgio Biológico Tati Yupi	1.708	Sim
	Refúgio Biológico Mbacarayú	1.491	Sim
	Reserva Biológica Limo'y	13.396	Sim
	Reserva Natural Carapý	3.683	Sim
	Reserva Biológica Isla Ycyreta	8.584	Não
	Refúgio de Vida Silvestre Yvytu Rokai	3.944	Não
	Reserva Natural Arroyo Aguapey	9.485	Não

CATEGORIA	NOME ÁREA PROTEGIDA	ÁREA (HA)	FAIXA DE FRONTEIRA
Outras categorias	Jukyty Guasú	4	Não
	Reserva Nacional Kuri'y	2.012	Não
	Reserva Natural Municipal Huasipango	78	Não
	Zona Nacional de Reserva Cerro Lambare	27	Não
	Reserva para Parque Nacional Carrizales del Paraná	9.134	Não
	Reserva para Parque Nacional Isla Carrizl	4.390	Não
Reserva de recursos gerenciados	Humedales del Bajo Chaco	8.327	Não
	Aya Guazu	290	Não
	Edelira	1.087	Não
	Lago Ypacarai	33.798	Não
	Ybytyruzu	26.861	Não
Reserva natural	Itakyty	189	Não
	Maharishi	77	Não
	Guyrati	3.806	Não
	Riacho Florida II	1.079	Não
	Arrecife	7.815	Não
	Bosque Arary	52	Não
	Cuenca del Arroyo Tacury Chopy Sayju	792	Não
	Ñu Guazu	49.831	Não
	Lote I	4.967	Não
	La Morena	1.279	Não
	El Ceibo	5.821	Não
Ramsar Site	Estero Milagro	26.644	Não
	Laguna Teniente Rojas Silva	12.684	Não
	Laguna Chaco Lodge	1.569	Não

Fonte: Paraguay (2007)

Mato Grosso do Sul é um estado de "múltiplos *ethos* culturais" (VIEIRA, 2010, p. 12), marcado por ser uma região de fronteiras. Na atualidade, é o segundo maior estado brasileiro em população indígena, segundo o IBGE (2012): do total de 2,4 milhões da população de Mato Grosso do Sul, 61.737 pessoas são indígenas, presentes em 29 municípios.

No território sul-mato-grossense, apenas cerca de 300 mil hectares estão sob o resguardo de UCs de Proteção Integral (PI), o que corresponde a 0,86% do território, distribuído em 25 unidades, no qual 92.886 ha pertencem à esfera federal; 187.876 ha, à esfera estadual; e 30.561 ha, à esfera municipal. Já as UCs de Uso Sustentável (US) abrangem 15,3% do território estadual, e 4,874 milhões de hectares pertencem à categoria menos restritiva de APA, no qual 85% estão sob a gestão municipal (Tabela 15.5 e Figura 15.3).

Tabela 15.5 – Superfície ocupada e número de unidades de conservação em Mato Grosso do Sul

	CATEGORIAS DE UCs	N.º	ÁREA (HA)	PART. RELATIVA/ GRUPO (%)	PART. RELATIVA/ MS (%)
Proteção integral	Parques nacionais	3	92.886	30,3	0,26
	Parques e monumentos naturais estaduais	7	187.876	59,7	0,51
	Parques e monumentos naturais municipais	15	30.561	9,9	0,09
Total PI		25	306.324	100	**0,86**
Uso sustentável	Reserva Particular do Patrimônio Natural (RPPN) federal	12	81.234	56,8	0,23
	RPPN estadual	38	61.610	43,1	0,17
	APA federal	1	713.370	14,4	2
	APAs estaduais	2	25.548	0,53	0,07
	APAs municipais	37	4.135.639	84,8	11,5
Total US		90	5.017.402	100	**15,3**
TOTAL UCs		**115**	**5.354.285**	-	**16,1**

Fonte: Imasul (2019)

Figura 15.3 – Percentual da superfície ocupada por grupos de UCs e por esfera governamental de gestão em Mato Grosso do Sul

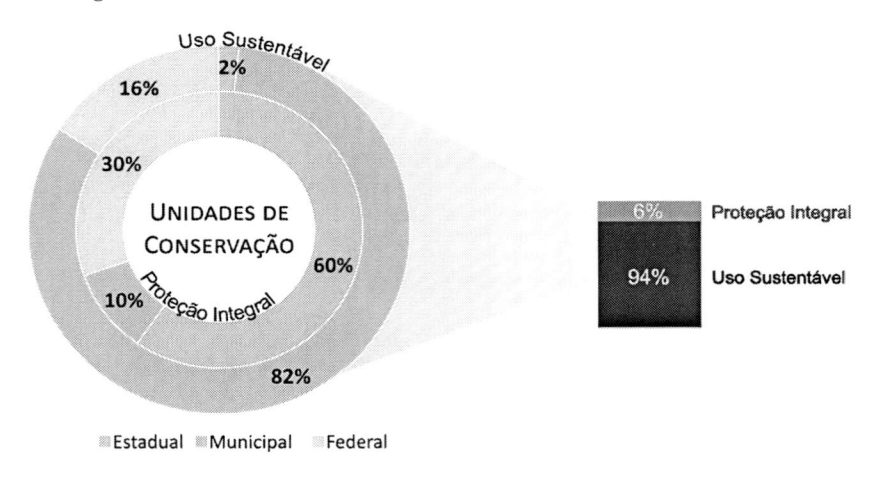

Fonte: Imasul (2019)

As UCs da faixa de fronteira no território sul-mato-grossense abrangem 2,3 milhões de hectares, o que corresponde a 44% do total: aquelas pertencentes ao grupo de Proteção integral somam 180 mil hectares; e no grupo de Uso sustentável são 2,1 milhões de hectares, representando 59% e 43% das UCs fronteiriças, respectivamente (Tabela 15.6). Na Tabela 15.7, é possível verificar a lista das UCs de estado de Mato Grosso do Sul, distribuídas segundo a categoria a que pertencem, sua área de abrangência e se estão inseridas na faixa de fronteira.

Tabela 15.6 – Superfície ocupada e número de unidades de conservação na faixa de fronteira de Mato Grosso do Sul

CATEGORIAS DE UC		N.º	ÁREA (HA)	PART. RELATIVA/ GRUPO (%)	PART. RELATIVA DAS UCS DE MS (%)
Proteção integral	Parques	10	179.912	7,6	60,4
	Monumentos naturais	2	291	0,01	1,6
Uso sustentável	RPPNs	15	14.464	0,6	23,5
	APAs	20	2.181.187	91,8	44,7
Total		47	2.375.854	100	47,4

Fonte: Imasul (2019)

Tabela 15.7 – Áreas protegidas em Mato Grosso do Sul segundo o Sistema Nacional de Unidades de Conservação (SNUC)

UNIDADES FEDERAIS	UC	ÁREA (HA)	FAIXA DE FRONTEIRA
	Parque Nacional das Emas	3.824	Não
Parque nacional	Parque Nacional da Serra da Bodoquena	76.480	Sim
	Parque Nacional de Ilha Grande	12.581	Sim
Área de proteção ambiental	APA Ilhas e Várzeas do Rio Paraná	584.998	Sim
	Fazendinha	9.619	Sim
	Morro da Peroba	607	Sim
	Paculândia	8.232	Sim
	Penha	13.100	Sim
	Acurizal	13.200	Sim
RPPN	Buraco das Araras	29	Sim
	Dona Aracy/Caiman	5.672	Sim
	Olhos Verdes (Faz. Margarida)	2.020	Sim
	Arara Azul	2.000	Sim
	Reserva Natural Eng. Eliezer Batista	12.747	Sim
UNIDADES ESTADUAIS	UC	ÁREA (HA)	FAIXA DE FRONTEIRA
	Prosa	135	Não
	Das Matas do Segredo	188	Não
Parque estadual	Das Nascentes do Rio Taquari	30.618	Não
	Das Várzeas do Rio Ivinhema	73.345	Sim
	Pantanal do Rio Negro	78.302	Sim
APA estadual	Estrada Parque Piraputanga	10.108	Sim
	Rio Cênico Rotas Monçoeiras	15.440	Não
Monumento Natural Estadual (Mona)	Gruta do Lago Azul	274	Sim
	Rio Formoso	18	Sim
	Fazenda Poleiro Grande	16.530	Sim
RPPN	UFMS	62	Não
	RPPN Gavião Penacho	77	Não
	RPPN Xodó Vô Ruy	487	Sim

	RPPN Laranjal (Cabeceira do Mimoso)	475	Não
RPPN	RPPN São Pedro da Barra	88	Sim
	RPPN Rumo ao Oeste	990	Sim
	RPPN Ponte de Pedra	266	Não

UNIDADES MUNICIPAIS	UC	ÁREA (HA)	FAIXA DE FRONTEIRA
	APA da Bacia Rio Iguatemi	140.978	Sim
	APA Rio Amambai	56.884	Sim
	APA Jupiá	186	Não
	APA da Sub-Bacia do Rio Pardo	101.562	Não
	APA da Sub-Bacia do Rio Cachoeirão	57.090	Não
	APA dos Mananciais Superficiais das Nascentes do Apa	150.281	Sim
	APA do Ceroula	66.954	Não
	APA dos Mananciais do Córrego Lageado	3.550	Não
	APA Nascente do Rio Amambai	10.070	Sim
	APA dos Mananciais do Córrego Guariroba	35.533	Não
APA municipal	APA da Bacia do Rio Sucuriú	303.929	Não
	APA da Sub-Bacia do Rio Ivinhema	25.649	
	APA das Nascentes do Rio Sucuriú	410.283	Não
	APA Córrego do Sítio	3.105	Não
	APA das Nascentes do Rio APA	19.617	Sim
	APA da Sub-Bacia do Rio Apa	197.202	Sim
	APA das Bacias do Rio Aporé e Rio Sucuriú	298.703	Não
	APA do Rio Perdido	36.145	Sim
	APA da Sub-Bacia do Rio Aporé	138.151	Não
	APA das Microbacias dos Rios Dourados e Brilhante	46.458	Sim
	APA do Rio Aquidauana	45.055	Não
	APA do Rio Sucuriu-Paraíso	308.958	Não

UNIDADES ESTADUAIS	UC	ÁREA (HA)	FAIXA DE FRONTEIRA
	Vale do Bugio	97	Não
	Cabeceira do Prata	307	Sim
Reserva Particular do Patrimônio Natural (RPPN)	Reserva Sabiá	73	Não
	Cabeceira da Lagoa	435	Não
	Cachoeira do São Bento	3.068	Não
	Cara da Onça	11	Sim
	Cisalpina	3.858	Não

	Duas Pedras	154	Não
	Estância Ambiental Quinta do Sol	9	Não
	Estância Mimosa	274	Sim
	Fazenda da Lagoa	150	Não
	Fazenda Santo Antônio	3.907	Sim
	Fundão	252	
	Neivo Pires I	2.699	Sim
	Neivo Pires II	393	Sim
	Pata da Onça	8.141	Sim
Reserva Particular do Patrimônio Natural (RPPN)	Pioneira do Rio Piquiri	198	Sim
	Rancho do Tucano	30	Sim
	Reserva do Saci	178	Sim
	Santa Angélica	2.108	Não
	Fazenda São Pedro	3.717	Sim
	Trilhas do Sol	78	Não
	Fazenda Rio Negro	7.647	Sim
	Vale do Anhanduí	988	Não
	Fazenda São Geraldo	642	Sim
	Fazenda Santa Cecília - II	8.729	Sim
	Fazenda Nhumirim	862	Sim
	Vale do Sol II	504	Não
Área de Proteção Ambiental Municipal (APA)	APA da Microbacia do Rio Dourados	30.277	Sim
	APA do Rio Anhanduí	68.376	Não
	APA Sete Quedas do Rio Verde	19.019	Não
	APA do Córrego Ceroula e Piraputanga	44.012	Não
	APA Salto Pirapó	96.127	Sim
	APA do Rio Verde	194.503	Não
	APA Baia Negra	6.120	Sim
Parque Natural Municipal (PNM)	PNM de Sete Quedas	19	Sim
	PNM Lagoa Comprida	74	Sim
	PNM do Pombo	3.334	Não
	PNM Templo dos Pilares	100	Não
	PNM de Anastácio	3	Sim
	PNM Piraputangas	1.298	Sim
	PNM da Lage	6	Não
	PNM Salto do Sucuriú	39	Não
	PNM das Capivaras	64	Não

Parque Natural Municipal (PNM)	PNM do Córrego Cumandaí	8	Sim
	PNM Cachoeira do Apa	58	Sim
	PNM de Naviraí	16.240	Sim
	PNM do Paragem	16	Sim
Monumento Natural Municipal	MN Serra do Figueirão	5.047	Não
	MN Serra do Pantanal	5.071	Não
	MN Serra do Bom Jardim	4.736	Não
	MN Serra do Bom Sucesso	2.665	Não
Estação Ecológica	Veredas de Taquarussu	3.065	Sim

Fonte: Imasul (2019)

No que concerne às terras indígenas em Mato Grosso do Sul, atualmente há 47 TIs, que ocupam 2,51% do território, o que equivale a 895.229 hectares; 34 TIs estão localizadas em faixa de fronteira (Tabela 15.9) e correspondem a 88% da área total de TIs (Tabela 15.8 e Figura 15.4).

Tabela 15.8 – Percentual da área ocupada por categorias de terras indígenas

SITUAÇÃO DA TI	N.º	ÁREA (HA)	PART. RELATIVA/ GRUPO (%)
Regularizada	29	601.943	67,2
Homologada	5	28.164	3,1
Declarada	9	135.999	15,2
Delimitada	4	129.123	14,5
Total	**47**	**895.229**	**100**

Fonte: FUNDAÇÃO NACIONAL DO ÍNDIO (2015)

Figura 15.4 – Situação das terras indígenas no âmbito da Funai

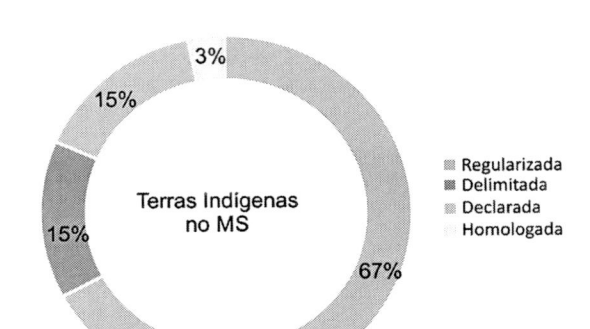

Fonte: FUNDAÇÃO NACIONAL DO ÍNDIO (2015)

O processo de demarcação de terras indígenas e a sobrevivência desses povos nas áreas altamente especializadas é um vetor de constantes conflitos fundiários, sobretudo nessa faixa de fronteira, que é marcada por processos de colonização, ocupação e expropriação de indígenas. Sublinha-se que 15 das 47 terras indígenas tradicionalmente ocupadas e já regularizadas, homologadas ou declaradas nesse território não se encontram na posse plena das comunidades indígenas (Figura 15.5).

Tabela 15.9 – Superfície das terras indígenas em Mato Grosso do Sul classificadas segundo situação na Funai

TERRA INDÍGENA	MUNICÍPIO	ÁREA (HA)	SITUAÇÃO	FAIXA DE FRONTEIRA
Amambaí	Amambai	2.429	Regularizada	Sim
Aldeia Limão Verde	Amambai	689	Regularizada	Sim
Arroio-Korá	Paranhos	7.175	Homologada	Sim
Buriti	Dois Irmãos do Buriti/ Sidrolândia	17.200	Declarada	Não
Buriti	Dois Irmãos do Buriti/ Sidrolândia	2.090	Regularizada	Não
Buritizinho	Sidrolândia	9,7	Regularizada	Não
Caarapó	Caarapó	3.594	Regularizada	Sim
Cachoeirinha	Miranda	2.658	Regularizada	Não

TERRA INDÍGENA	MUNICÍPIO	ÁREA (HA)	SITUAÇÃO	FAIXA DE FRONTEIRA
Cachoeirinha	Miranda	36.288	Declarada	Não
Cerrito	Eldorado	1.950	Regularizada	Sim
Dourados	Dourados / Itaporã	3.474	Regularizada	Sim
Dourados-Amabaipeguá I	Naviraí/Amambai/Dourados	55.600	Delimitada	Sim
Guaimbé	Laguna Caarapã	716	Regularizada	Sim
Guasuti	Aral Moreira	958	Regularizada	Sim
Guató	Corumbá	10.984	Regularizada	Sim
Guyraroká	Caarapó	11.440	Declarada	Sim
Iguatemipegua I	Iguatemi	41.571	Delimitada	Sim
Ivy-Katu				
Jaguapiré	Tacuru	2.342	Regularizada	Sim
Jaguari	Amambai	404	Regularizada	Sim
Jarará	Juti	479	Homologada	Sim
Jatayvari	Ponta Porã	8.800	Declarada	Sim
Kadiwéu	Porto Murtinho/Corumbá	538.535	Regularizada	Sim
Lalima	Miranda	3.000	Regularizada	Não
Limão Verde	Aquidauana	5.377	Regularizada	Não
Ñande Ru Marangatu	Antônio João	9.317	Homologada	Sim
Nioaque	Nioaque	3.029	Regularizada	Sim
Nossa Senhora de Fátima	Miranda	89	Regularizada	Não
Ofayé-Xavante	Brasilândia	1.937	Declarada	Não
Ofayé-Xavante	Brasilândia	484	Regularizada	Não
Panambi – Lagoa Rica	Itaporã/Douradina	12.196	Delimitada	Sim
Panambizinho	Dourados	1.272	Regularizada	Sim
Pilad Rebuá	Miranda	208	Regularizada	Não
Pirajuí	Paranhos	2.118	Regularizada	Sim
Pirakuá	Bela Vista/Ponta Porã	2.384	Regularizada	Sim
Porto Lindo	Japorã	1.648	Regularizada	Sim
Potreto Guaçu	Paranhos	4.025	Declarada	Sim
Rancho Jacaré	Laguna Caarapã	777	Regularizada	Sim
Sassoró	Tacuru	1.922	Regularizada	Sim
Sete Cerros	Paranhos	8.584	Homologada	Sim
Sombrerito	Sete Quedas	12.637	Declarada	Sim
Sucuriy	Maracajú	537	Regularizada	Sim

TERRA INDÍGENA	MUNICÍPIO	ÁREA (HA)	SITUAÇÃO	FAIXA DE FRONTEIRA
Takuaraty/Yvykuarusu	Paranhos	2.609	Homologada	Sim
Taquaperi	Coronel Sapucaia	1.804	Regularizada	Sim
Taquara	Juti	9.772	Declarada	Sim
Taunay/Ipegue	Aquidauana	33.900	Declarada	Não
Taunay/Ipegue	Aquidauana	6.461	Regularizada	Não
Ypoi/Triunfo	Paranhos	19.756	Delimitada	Sim

Fonte: Funai (2015)

Figura 15.5 – Áreas protegidas na faixa de fronteira Brasil/Mato Grosso do Sul e Paraguai

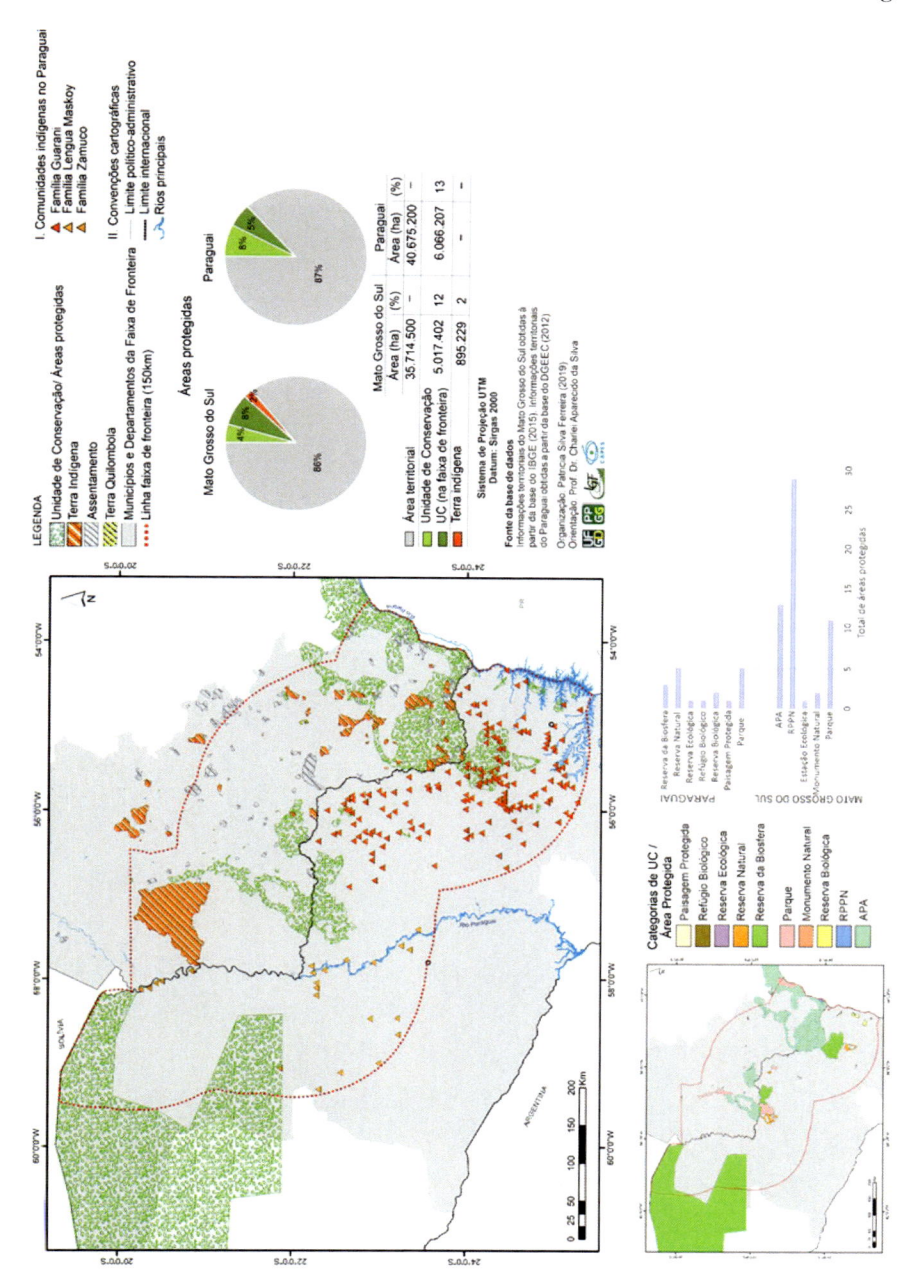

Fonte: produzido pelos autores

Nessa perspectiva, ao identificar quais UCs, TIs e ASPs garantem maior nível de proteção da vegetação natural, pretende-se oportunizar a criação de políticas públicas que integrem as populações tradicionais — haja vista o potencial de conservação por seu modo de vida culturalmente diferenciado —, as unidades de conservação, possibilitando às áreas protegidas alcançarem os objetivos a que se propõem. Quando considerado esse potencial dos dois lados da fronteira, as possibilidades de conservação são ampliadas conforme a integração de políticas transfronteiriças.

Considerações Finais

As questões ambientais transcendem as fronteiras políticas e fogem do escopo de cada soberania nacional, reforçando a dimensão compartilhada dos problemas e responsabilidades socioambientais. Portanto, é primordial buscar a integração das áreas legalmente protegidas como elementos integradores da paisagem e que podem funcionar como corredores e/ou trampolins ecológicos. O pagamento por serviços ambientais e/ou o ICMS[39] ecológico podem talvez contribuir na condução dessas medidas, desde que implementados de forma efetiva e com critérios mais rígidos. De toda forma, como recomenda Forman (1983), a implementação de corredores ecológicos é vista como a estratégia mais assertiva para manter a conectividade e a conservação das áreas protegidas.

Referências

BECKER, B. K. *Amazônia*: geopolítica na virada do III milênio. Rio de Janeiro: Garamond, 2004.

BONANOMI, J. *et al.* Protecting forests at the expense of native grasslands: land-use policy encourages open-habitat loss in the Brazilian cerrado biome. *Perspectives in Ecology and Conservation*, [S. l.], v. 17, n. 1, p. 26-31, Jan. 2019.

BORGES, L. A. C. *et al.* Áreas de preservação permanente na legislação ambiental brasileira. *Ciência Rural*, [S. l.], v. 41, p. 1.202-1.210, 2011.

BRASIL. *Decreto nº 7.747, de 5 de junho de 2012*. Institui a Política Nacional de Gestão Territorial e Ambiental de Terras Indígenas – PNGATI, e dá outras providências.

---

[39] Imposto sobre Circulação de Mercadorias e Serviços.

Brasília: Presidência da República, 2012. Disponível em: http://www.planalto.gov.br/ccivil_03/_ato2011-2014/2012/decreto/d7747.htm. Acesso em: 5 ago. 2023.

BRASIL. *Lei nº 9.985, de 18 de julho de 2000*. Regulamenta o art. 225, § 1o, incisos I, II, III e VII da Constituição Federal, institui o Sistema Nacional de Unidades de Conservação da Natureza e dá outras providências. Brasília: Presidência da República, 2000. Disponível em: http://www.planalto.gov.br/ccivil_03/leis/l9985.htm. Acesso em: 5 ago. 2023.

BRASIL. *Programa Água Brasil*. Políticas públicas para o setor financeiro que promovam a conservação do capital natural no setor agropecuário: Brasil, da Rio92 à Rio+20 com uma visão prospectiva da Rio+50. [*S. l.*]: Banco do Brasil; Agência Nacional de Águas; WWF, 2014.

CARTES, J. L. (org.). *Áreas importantes para la conservación de las aves en Paraguay*. Asunción: Guyra Paraguay, 2008.

COSTANZA, R. *et al.* The value of the world's ecosystem services and natural capital. *Nature*, [*S. l.*], v. 387, n. 6.630, p. 253-260, May 1997.

FORMAN, R. T. T. Corridors in a landscape: their ecological structure and function. *Ekológia (CSSR)*, [*S. l.*], v. 2, n. 4, p. 375-387, 1983.

FUNDAÇÃO NACIONAL DO ÍNDIO (FUNAI). *Serviços ambientais*: o papel das terras indígenas: Programa de Capacitação em Proteção Territorial. Brasília: Funai; GIZ, 2015.

INSTITUTO BRASILEIRO DE GEOGRAFIA E ESTATÍSTICA (IBGE). *Censo brasileiro de 2010*. Rio de Janeiro: IBGE, 2012.

INTERGOVERNMENTAL PANEL ON CLIMATE CHANGE (IPCC). *Climate change and land*: an IPCC special report on climate change, desertification, land degradation, sustainable land management, food security, and greenhouse gas fluxes in terrestrial ecosystems. [*S. l.: s. n.*], 2019.

INSTITUTO DE MEIO AMBIENTE DE MATO GROSSO DO SUL (IMASUL). *Unidades de Conservação*. [*S. l.: s. n.*], 2019. Disponível em: https://www.imasul.ms.gov.br/gestao-de-unidades-de-conservacao/unidades-de-conservacao-estaduais/parque-estadual-das-varzeas-do-rio-ivinhema. Acesso em: 5 ago. 2023.

INTERNATIONAL UNION FOR CONSERVATION OF NATURE (IUCN). *Guidelines protected area management categories*. Gland: UICN, 1994.

LAURANCE, W. F.; BIERREGAARD, R. O. J. Tropical forest remnants: ecology, management and conservation of fragmented communities. *Environmental Conservation*, [*S. l.*], v. 25, n. 2, p. 175-185, 1998.

LOVEJOY, T. E. Protected areas: a prism for a changing world. *Trends in Ecology and Evolution*, [*S. l.*], v. 2, n. 3, p. 329-333, 2006.

METZGER, J. P. Effects of deforestation pattern and private nature reserves on the forest conservation in settlement areas of the Brazilian Amazon. *Biota Neotropica*, [*S. l.*], v. 1, n. 1/2, p. 1-14, 2001.

PARAGUAY. Instituto Nacional de Estadística de Paraguay. Dirección General de Estadística, Encuestas y Censos. *Anuario estadístico del Paraguay*. Asunción: INE/DGEEC, 2014.

PARAGUAY. *Ley n. 352, 21 de junio de 1994*. De áreas silvestres protegidas. Asunción: Nacional del Paraguay, 1994. Disponível em: http://www.mades.gov.py/wp-content/uploads/2018/07/ley_352.pdf. Acesso em: 18 out. 2020.

PARAGUAY. *Resolución nº 200, de 24 de agosto de 2001*. Por la cual se asignan y regulamentan las categorías de manejo; la zonificación y los usos y actividades. Asunción: [*s. n.*], 2001.

PARAGUAY. *Resolución nº 562, de 23 de outubro de 2017*. Por la cual se modifica y amplía la Resolución nº 200/01 de fecha 24 de agosto de 2001, "Por la cual se asignan y regulamentan las categorias de manejo; la zonificación y los usos y actividades". Asunción: [*s. n.*], 2017.

PARAGUAY. Secretaría del Ambiente. *Plan de ordenamiento ambiental del territorio*: departamentos de Boquerón y Alto Paraguay. Asunción: I Gráfica, 2007.

STRAND, J. *et al.* Spatially explicit valuation of the Brazilian Amazon Forest's Ecosystem Services. *Nature Sustainability*, [*S. l.*], v. 1, n. 11, p. 657-664, Nov. 2018.

TUNDISI, J. G.; TUNDISI, T. M. Impactos potenciais das alterações do Código Florestal nos recursos hídricos. *Biota Neotropica*, [*S. l.*], v. 10, n. 4, p. 67-76, 2010.

VIEIRA, C. M. N. A sociodiversidade indígena no Brasil. *In*: URQUIZA, A. H. A. *et al. Conhecendo os povos indígenas no Brasil contemporâneo*. Campo Grande: Editora UFMS, 2010.

CAPÍTULO 16

OS TERENA NO ESTRADÃO: MARCADORES DA TERRITORIALIDADE E TEMPORALIDADE NA LIDA COM O GADO

Sandra Ventura Domingo

Levi Marques Pereira

Considerações Iniciais

O presente trabalho tem por objetivo apresentar e discutir alguns aspectos da cultura Terena por meio de marcadores temporais e territoriais, buscando evidenciar o modo como tais marcadores são acionados por peões Terena na lida com o gado. Trata-se de conhecimentos que ainda não foram descritos nos livros, mas que estão presentes no cotidiano desse povo, expressando uma forma de significar e se relacionar com o mundo e, em especial, com os elementos do ambiente característico do Pantanal, onde fica o território de ocupação tradicional Terena, e da Serra de Maracaju, por onde passaram a circular com mais intensidade, conduzindo rebanhos de gado para os criadores.

O trabalho de campo foi realizado pela primeira autora em conversas realizadas com interlocutores Terena que trabalharam como peões Terena, mas são da aldeia Ipegue. Inclui memórias e registros das conversas com seu pai, já falecido, que também foi peão, tendo crescido ouvindo suas histórias. A pesquisa, caracterizada como qualitativa, foi desenvolvida por meio de uma análise crítica de caráter exploratório, descritivo e reflexivo. O material coletado é rico em descrições que permitem conhecer melhor a percepção dos Terena e do modo como seus conhecimentos ancestrais são acionados na atividade de peão, tema desenvolvido em detalhes na dissertação de mestrado da autora, orientada pelo segundo autor (DOMINGO, 2022). Trata-se, portanto, de um estudo de caso que visa retratar em contexto alguns elementos da complexa realidade histórica vivenciada por esse povo, marcada no último século por uma intensa relação com a sociedade nacional, como resultado do avanço das frentes de ocupação econômica sobre seu território tradicional.

O texto dialoga com pesquisadores que trabalharam com as características da paisagem pantaneira e estudos sobre a história e cultura Terena, tais como: Amado (2019), Baltazar (2010), Cardoso de Oliveira (1976), Hrušková (1984), Pereira (2009), Vargas (2009), entre outros. A discussão que se segue tem por objetivo falar sobre os marcadores temporais e territoriais que se manifestam nas práticas culturais. Mas devemos lembrar que é comum, nas línguas e culturas indígenas, não se estabelecer uma separação entre tempo e espaço, de modo que o mais comum é se dispor de uma palavra que expresse conjuntamente essas duas categorias. Nesse sentido, como procuraremos demonstrar adiante, entre os Terena, as marcas da territorialidade ou da espacialidade apresentam importantes conexões com a noção de temporalidade, marcadas pelos períodos de chuva, seca, calor, frio, florada de determinadas espécies, comportamento dos animais etc.

Territorialidade e Temporalidade Terena

A percepção do ambiente e suas transformações é mediada por categorias que se expressam em características espaçotemporais, tais como morros, rios, lagos, elementos do clima etc. Dessa forma, essas categorias estão presentes no cotidiano do povo Terena, referenciando as atividades de acordo com o ciclo anual e com o ritmo da vida social. Apresentam, assim, uma imagem do mundo físico e social, marcando um modo próprio de existir. De acordo com Raffestin:

> O ambiente constitui a matéria-prima sobre a qual o homem trabalha, socialmente, para produzir o território que resulta, eventualmente, mais tarde, por intermédio da observação, "em uma paisagem". Esta não é uma construção material, mas a representação ideal da construção. Isso significa que o território não resultará, obrigatoriamente, em paisagem, sem a intermediação da imaginação condicionada por um mediador peculiar. Existe uma observação utilitária que nem sempre se torna contemplativa. (RAFFESTIN, 2008, p. 17).

Com base nesses referenciais, desenvolvemos o argumento de que os Terena elaboraram uma refinada percepção das características e possibilidades presentes no ambiente do Pantanal e da Serra de Maracaju. Essa percepção se conecta também com suas demandas e necessidades sociais, que dialogam com o modo pelo qual concebem suas instituições como seus módulos organizacionais da família e do "tronco"[40], incluindo suas formas produtivas, calendário festivo e ritual. Tais conhecimentos e práticas permitiram a existência dos Terena por séculos, produzindo com eficiência as condições requeridas para manterem suas aldeias. Com o avanço das frentes de expansão econômica sobre seu território de ocupação tradicional, tiveram de se recolher em pequenas áreas, demarcadas como reservas, mas os engajamentos nas frentes de expansão, como a criação de gado, possibilitaram a mobilidade para além dos espaços das reservas.

Nessa contingência histórica, tiveram de se submeter ao trabalho assalariado nas fazendas de gado que se estabeleceram sobre seu antigo território, passando a atuar na implantação das fazendas, realizando roçadas, plantio de pasto, construção de cerca, e também o trabalho como peão nas comitivas de transporte de gado para o alto da serra, como denominam o planalto da Serra de Maracaju.

Essas comitivas percorriam centenas de quilômetros, fosse na bacia pantaneira, fosse sobre a Serra de Maracaju. Para esses deslocamentos, era fundamental conhecer o território e saber como os elementos do clima se manifestam nas diversas estações do ano. Os Terena, como população historicamente radicada nesse ambiente, com profundo conhecimento sobre ele, foram fundamentais para o sucesso do estabelecimento das fazendas, em especial para viabilizar esses deslocamentos de gado, impostos pelo ciclo das cheias, quando era mister buscar pastagens seguras nas partes elevadas dos territórios. Essa criação produzia carne para ser consumida em centros urbanos distantes, impondo a necessidade de retirada do gado para outros estados. Dessa forma, o engajamento dos Terena na atividade ganadeira foi fundamental para o sucesso da atividade, em especial até as últimas décadas do século XX, quando ainda se dispunha de poucas estradas na região.

A importância dos Terena na implantação das primeiras fazendas de gado foi atestada por Cândido Mariano Rondon, criador do Serviço de Proteção aos Índios, que visitou a região quando da construção da rede de telégrafo, ainda nas primeiras décadas do século XX. Rondon foi o responsável pela demarcação das primeiras reservas para o recolhimento dos Terena, dentro da política assimilacionista praticada naquele momento pelo órgão indigenista oficial. Seu relato foi reproduzido por Roberto Cardoso de Oliveira, segundo registrou:

---

[40] Tronco é a categoria Terena para designar o nucleamento de famílias formado em torno de uma pessoa ou casal de expressão, com a atribuição de orientar os parentes (PEREIRA, 2009).

[...] a linha naquele trecho passou pelos campos de quatro Fazendas que possuem cerca de 6.000 cabeças de gado. Em torno destas, outras se agrupam com um número triplo de criação, sendo a mais importante a do Cutape, de propriedade do Cel. Estevão Alves Corrêa, com cerca de 10.000 reses. *Os camaradas[41] dessas fazendas são, na sua maior parte, índios Terêna... E por serem bons agricultores e exímios vaqueiros "são muito procurados pelos fazendeiros* [...] (OLIVEIRA, 1976, p. 61, grifo nosso).

As duas atividades, agricultura e criação de gado, exigiam conhecimentos sobre o território e ambiente. Por disporem desses conhecimentos, os Terena eram, segundo as palavras de Rondon, considerados "bons agricultores e exímios vaqueiros". Para entender como chegaram ao domínio desses conhecimentos, é necessário recorrer a tempos antigos, anteriores à penetração das frentes de expansão econômica na região. Esse domínio é resultado de séculos de convivência com o território e com suas características ambientais. O mais comum nos relatos históricos e etnológicos é apresentar os Terena como bons articuladores políticos, e exímios agricultores (*e.g.*, BITTENCOURT; LADEIRA, 2000; CARDOSO DE OLIVEIRA, 1976). Entretanto, sua competência como peão foi até o momento pouco estudada, e pretendemos aqui contribuir para suprir essa lacuna.

Os Terena são personagens ativos na história da conquista e definição das fronteiras do Estado brasileiro, em especial na sua participação na Guerra da Tríplice Aliança (1864-1870) ao lado do exército brasileiro. Nesse conflito bélico, combateram ao lado dos não indígenas brasileiros (purutuia), mas, ao fim, uma vez assegurada essa porção do território como brasileiro, perderam suas terras de ocupação tradicional para o governo brasileiro, que as considerou como terras públicas, disponibilizando-as para venda a particulares (EREMITES; PEREIRA, 2007). Expropriados de suas terras, reinventaram-se como peões, trabalhando nas fazendas de gado sem se desprender de sua história, de sua tradição de conhecimento, nem de seu território. Os peões que vivem na aldeia Terena de Ipegue consideram-se os únicos peões que ainda se encontram vivos para contar suas histórias de vivência como peões de comitivas. Viajaram durante as décadas de 70 e 80 em comitivas tocando gado pelas estradas pantaneiras e pela Serra de Maracaju. Contam sobre suas experiências e o cotidiano da vida de um peão, os costumes, hábitos, crenças,

---

[41] "Camaradas" era a denominação utilizada pelos proprietários para designarem os trabalhadores em sua fazenda. Como os camaradas, via de regra, acabavam presos por dívidas aos patrões, eram comumente denominados de "camaradas de conta", não podendo romper o vínculo com o patrão enquanto persistissem essas dívidas.

convicções, e a importância da integração homem/natureza, respeito pelos animais, pelos companheiros de viagem e na importância de se respeitar a hierarquia e os mais "velhos" sábios. Há também a necessidade de respeito pelos seres não humanos que vivem nos diversos espaços, e que podem tanto auxiliar os viajantes como causar-lhes danos.

Ainda nos dias de hoje, um bom número de trabalhadores da etnia Terena encontra-se empregado nas fazendas de criação de gado que ficam ao entorno da Terra Indígena Distrito de Taunay/Ipegue/MS. Nessa condição, colocam em prática no cotidiano uma série de conhecimentos Terena. Com o progresso, as antigas viagens feitas por homens conduzindo o gado no estradão estão praticamente extintas, e raramente se vê uma comitiva; ainda assim, é válido documentar o feito de bravos homens Terena que foram decisivos para a ocupação econômica do Pantanal, embora invisibilizados na história. Mesmo submetidos a uma condição de intensa colonialidade, como camaradas de conta, o trabalho dos Terena nas fazendas estava impregnado de toda uma cultura exuberante e cheia de histórias, lendas e mistérios, que continua viva e pulsante.

Saquet entende que espaço, tempo e território estão relacionados:

> O espaço está no tempo e o tempo está no espaço. Tal relação é considerada, nos estudos geográficos, de diferentes maneiras: ora destacam-se os processos históricos, ora os relacionais, no entanto, trata-se, sempre, de traços do tempo histórico e do coexistente através das relações sociais. Isso significa que, às vezes, evidenciam-se, por exemplo, as fases ou períodos e, noutras situações, as relações sociais, sejam elas culturais, econômicas ou políticas espacializadas, regionalizadas ou territorializadas. (SAQUET, 2008, p. 74).

Tais manifestações estão bastantes presentes e caracterizadas no dia a dia Terena, por meio da pesca, da coleta, da caça, no cultivo da agrofloresta e, claro, na forma como o Terena se desloca pelo espaço, territorializando-o, deixando ali suas marcas territoriais, e reconhecendo ou imprimindo no território suas marcas culturais. A primeira autora recupera em suas lembranças as conversas com seu falecido pai, "Pancho", bem como traz passagens de suas conversas com seu "Nilo", outro peão Terena. Nessas passagens, evidenciam-se o entrecruzamento do tempo e espaço como produções da cultura. Isto nos aproxima da perspectiva de Saquet segundo a qual não dá para se dissociar cultura, espaço-tempo e território.

Masimo Quaini, um dos principais expoentes internacionais da renovação da geografia nos anos 1960-1980, entende o território como produto social constituído histórica, econômica, política e culturalmente. O território resulta das relações espaçotemporais. Em sua argumentação, os conceitos de tempo histórico, sincronia, espaço e território são centrais (SAQUET, 2008, p. 75). A memória e as práticas de relação com o espaço configuram marcadores espaçotemporais que um povo vai deixando ao longo de sua existência, vivenciada em um determinado ambiente à medida que vai ocupando esse espaço e produzindo a sua territorialidade. Marcas como trilhas no mato, lugares de pesca, locais de armadilhas para caçar animais, ceva de peixes no rio, roçado para se plantar, locais de antigas moradias, de acampamentos sazonais, e ainda espaços onde ocorrem importante eventos no passado, como festas, rituais, falecimentos etc. Saquet define assim essa relação espaçotemporal/território:

> O território é produto de ações históricas que se concretizam em momentos distintos e sobrepostos, gerando diferentes paisagens. O espaço corresponde ao ambiente natural e ao ambiente organizado socialmente, com destaque para as formas/edificações e para as formas da natureza. Há unidade entre natureza e sociedade. (SAQUET, 2008, p. 82).

No caso Terena, a ocupação de um espaço por séculos levou a sua produção enquanto território do grupo étnico segundo a observação das características físicas do meio, da fauna, da flora, da geografia do espaço, hidrografia e da produção de uma significação para todas essas características e eventos, vinculada sempre a uma cosmologia própria, ou seja, Terena. Nesse sentido, o grupo étnico produz-se e reproduz-se no tempo e no espaço e, simultaneamente nesse movimento, produz seu território de ocupação tradicional. O território é, assim, produzido como um local de produção de cultura manifestada nas suas várias formas (organização social, saberes e técnicas etc.). Sendo assim:

> Os territórios constituem o mundo material percebido e se tornam a "matéria-prima" oferecida à imaginação, para ser "trabalhada" e produzir imagens ou representações que podem ser manifestadas através de diversos tipos de linguagem: a língua natural para uma representação literária, a linguagem gráfica para o desenho e pintura, a linguagem plástica para a escultura, a linguagem sonora para uma representação musical, as diversas linguagens, simbólicas, lógico-formais e/ou matemáticas. (RAFFESTIN, 2008, p. 33).

Mas o território Terena é, antes de tudo, o espaço modelado pela cultura, pela ação antrópica, que produz uma paisagem que expressa a cultura desse grupo étnico, seja no tipo de construção e disposição das casas, seja dos caminhos, das roças etc. É nesse contexto que se insere o estudo sobre a cultura produzida com base nas marcas territoriais, nos saberes do homem pantaneiro, vaqueiro ou peão, proveniente do Terena aqui residente antes da colonização do estado de Mato Grosso do Sul, e que, mesmo circulando entre os purutuias, aprendendo a falar sua língua e a executar boa parte de suas práticas culturais, não rompe seu pertencimento étnico.

O território Terena é habitado por seres de outras ordens não humanas, fundamentais na produção da territorialidade. Entre esses seres, encontramos os natiacha, seres espirituais muito poderosos, que atuam como guardiões de plantas e animais, como mediadores e controladores do acesso aos recursos presentes no ambiente e com os auspícios com os quais os Terena contam para suprir suas necessidades (PEREIRA, 2009).

A presença dos Terena no Pantanal é muito antiga. Foi atestada pelos primeiros exploradores que se aventuraram no interior do continente americano nos primeiros séculos da conquista. Naquele período, não se utilizava ainda a denominação Terena para identificar o grupo étnico. Predominavam outras denominações:

> *Guaná-Txané*, também citado como Guaná, Chané ou Chané-Guaná, é uma categoria genérica, utilizada por cronistas e viajantes antigos, para designar vários grupos étnicos que habitavam a região do Chaco e do Pantanal, pertencentes ao tronco linguístico Aruák, hoje englobados pela designação de *Terena*. (EREMITES DE OLIVEIRA; PEREIRA, 2007, p. 215).

Dessa forma, os Terena já habitavam a região do Pantanal paraguaio, denominado de Chaco, quando os europeus chegaram aqui. Num primeiro momento, os antigos Terena estavam em sua maioria no Pantanal situado na margem direita do Rio Paraguai. Com o assédio crescente dos espanhóis e de grupos indígenas denominados de Guaicurus, a partir do século XVIII, deslocaram-se no sentido da região que ocupam hoje, onde já se radicavam algumas aldeias. Esse deslocamento teria se dado em função dos conflitos com espanhóis e outros povos indígenas. Pesquisadores registram que grupos Guaicuru dominaram o uso do cavalo e conquistaram territórios ocupados pelos Terena, forçando esse deslocamento das aldeias que estavam situadas na margem direita do Rio Paraguai (BITTENCOURT; LADEIRA 2000). Embora os indígenas tenham resistido bravamente à invasão de espanhóis e posteriormente de portugueses e bandeirantes, o resultado desse contato foi o quase extermínio dos primeiros habitantes. Essa depopulação fragilizou a capacidade de resistência dos Terena, que pouco puderam fazer para se opor às frentes de expansão econômica que adentraram o território após o conflito bélico contra o Paraguai (BITTENCOURT; LADEIRA 2000).

A depopulação e a expropriação territorial fragilizou as comunidades Terena, antes marcadas por autonomia e abundância. Schmidel, um europeu que por aqui passou, deixou registrado o seguinte comentário:

> Neste caminho achamos roças cultivadas com milho, raízes e outros frutos [...]. Quando eles colhem um roçado, outro já está amadurecendo e quando este está maduro, já se plantou num terceiro, para que em todo o ano se tivesse alimento novo nas roças e nas casas. (*apud* BITTENCOURT; LADEIRA 2000, p. 38).

A descrição refere-se ao roçado[42] cultivado pelos Guaná no século XVIII, quando cultivam várias espécies de milho nativo, batata-doce, abóbora, mandioca e outras espécies, e plantavam para sua própria subsistência, sendo o excedente trocado com os Guaicuru por objetos metálicos. Posteriormente passaram a negociar com os viajantes ou os novos habitantes da região (BITTENCOURT; LADEIRA 2000).

Os Terena que habitam hoje várias regiões do MS e interior do estado de São Paulo remetem sua ancestralidade aos antigos Guaná, da família Aruák. Nas últimas décadas, os Kinikinau, antes identificados como Terena, passaram a reivindicar o reconhecimento étnico, e em 2023 a Funai criou um grupo técnico para realizar a identificação da terra de ocupação tradicional dos Kinikinau. Os antigos Guaná sempre foram conhecidos por serem hábeis negociadores e apresentarem o poder da fala, da articulação política, em função da habilidade em construir alianças, seja com os Guaicuru, seja com os não indígenas que circulavam pelo território. Roberto Cardoso de Oliveira registra que teriam grande capacidade de "assimilar" facilmente outras culturas, e adotar outros costumes (CARDOSO DE OLIVEIRA, 1976). A negociação e a diplomacia sempre deram o tom dos registros

---

[42] "adj. e s.m. Terreno que se roçou para ser cultivado. Clareira no mato. Bras. (NE) Roça de mandioca. Bras. (CE) Terreno plantado de culturas próprias do inverno". Disponível em: http://www.dicio.com.br/rocado. Acesso em: 4 fev. 2016.

sobre os Terena. Entretanto, a partir da década de 1980, no período pós--Constituição, os Terena retomaram várias terras das quais haviam sido expropriados, gerando intensos conflitos com os fazendeiros, rompendo uma atitude considerada pacífica. Esse movimento foi discutido na tese de doutorado do Terena Luiz Eloy, "Vukapanavo – o despertar do povo Terena para os seus direitos: movimento indígena e confronto político" (AMADO, 2019). Nesse despertar os Terena mobilizam referenciais espaçotemporais para reaver a posse de seus antigos territórios.

Os Terena e a Presença do Gado e do Cavalo no Pantanal

A pecuária foi introduzida no Pantanal do MS por diferentes grupos humanos em diversos momentos. Fontes históricas afirmam que os Guaicuru, a partir dos primeiros contatos com os espanhóis, se tornaram criadores de cavalos e também de gado na região, atual Mato Grosso do Sul (GRESSLER; SOUZA; VASCONCELOS, 2008). Também na região denominada de Campos de Vacaria, que incide hoje aproximadamente sobre os municípios de Nova Alvorada, Maracaju e Rio Brilhante, a presença do gado remete a séculos. Os imensos campos limpos entre os atuais municípios de Campo Grande, Maracaju, Rio Brilhante e Ponta Porã, delimitados por cerrado e mata alta, atraíram os gaúchos criadores de gado para o sudoeste do estado, expandindo a pecuária de corte. Significativas levas migratórias vieram do Rio Grande do Sul na virada do século XIX para o século XX somaram-se aos mineiros que vieram no mesmo período. Aproveitavam a segurança na região após o conflito bélico com o Paraguai, e o nascimento dos primeiros núcleos urbanos. Muitos ex-combatentes dessa guerra também permaneceram na região, aproveitando a facilidade de acesso à terra. Muitas dessas primeiras propriedades se estabeleceram sobre espaços de antigas aldeias Terena, onde já se dispunha de terras cultivadas, pastagens e alguma infraestrutura (PEREIRA, 2009).

A expansão da pecuária no Pantanal ocorreu a partir de sua introdução nas áreas de povoamento mais antigo. Os pecuaristas então desceram o curso do Rio Paraguai e subiram seus afluentes, ocupando novos territórios e expandindo-se pelo atual Pantanal sul-mato-grossense. Segundo Hrušková (1984, p. 16 apud PROENÇA, 1997 p. 63): "O vaqueiro se originou do índio: do guató, do guaná, do xamacoco e guaicuru, os primitivos donos da terra". Por sua vez, os casamentos mistos entre os brancos e negros que chegavam e os indígenas que já viviam no Pantanal originaram o homem pantaneiro de

Mato Grosso do Sul. Mas as relações não eram apenas matrimoniais; nessa convivência os indígenas contribuíram com seus conhecimentos milenares sobre o sistema pantanal, conhecimentos esses essenciais para o sucesso do empreendimento ganadeiro. Com o avanço do gado, aos poucos os espaços de autonomia indígena foram se esgotando e, mesmo nas reservas para onde foram recolhidas a maior parte das aldeias, tornava-se cada vez mais difícil desenvolver sua agricultura, pois as fazendas começaram a se multiplicar na região de Mato Grosso do Sul, os Terena viram-se cada vez mais cercados pelas fazendas de gado. "Os rebanhos das fazendas estavam sempre destruindo as plantações do Terena. A vida nas aldeias ficou muito difícil, e boa parte dos Terena foi obrigada a se empregar como trabalhador nas fazendas" (BITTENCOURT; LADEIRA, 2000, p. 77). Como dominavam o ambiente e a lida com o gado, os fazendeiros empregavam-nos nas fazendas para trabalhar como homens errantes, viajando pelas estradas boiadeiras de Mato Grosso do Sul em comitivas, transportando gado do Pantanal para leste do estado ou mesmo para a região do interior do estado de São Paulo. Contar com peões Terena nas comitivas era uma garantia de dispor de pessoas com grande conhecimento sobre os recursos presentes no ambiente e dos inúmeros riscos que aí existiam. Acredita-se que o primeiro contato em relação ao uso e manejo de bois e cavalos por parte dos Terena data da chegada dos espanhóis ao Chaco paraguaio.

O cavalo e o boi foram introduzidos no Pantanal pelos aventureiros espanhóis no século XVI, quando de suas incursões pela região. Sabe-se que o gado bovino, de origem europeia, com o passar do tempo, foi adaptando-se ao ambiente pantaneiro, tendo sofrido uma degeneração, transformando-se no chamado tucura ou boi pantaneiro. Mais tarde houve inúmeras incursões de rebanhos bovinos, sobretudo o zebuíno (de origem indiana), que hoje vem se constituir na raça nelore, prevalecente no rebanho pantaneiro da atualidade (VARGAS, 2009, p. 54). Do mesmo modo, os primeiros cavalos foram se adaptando à planície alagável, produzindo com o tempo o cavalo pantaneiro, que existe até os dias de hoje. Os Terena participaram efetivamente, e desde o primeiro momento, dessa adaptação do gado e do cavalo ao ambiente pantaneiro.

Marcadores Espaçotemporais Presentes na Cultura do Estradão

Para Saquet (2008), o território é constituído conforme a produção social e a presença de determinadas características do espaço. A territorialidade, por sua vez, também é o produto do processo de produção da vida social em determinado espaço, onde se territorializa e constrói a paisagem humanizada. Nesse sentido, a primeira autora lembra que seu pai, Pancho, dizia que, quando o peão Terena, saía para uma viagem levando boi para o leste ou sul da planície pantaneira, iria *"pegar o estradão para subir a Serra"* (informação verbal). Refere-se ao Planalto ou Chapada de Maracaju, denominada regionalmente de serra por conta de sua borda circundada por muitos morros e escarpas. Essa borda promove a separação entre as águas que correm para a bacia do Rio Paraguai (e formam o pantanal) e a bacia do Rio Paraná, rios que correm sobre o planalto denominado, como dissemos, de Serra de Maracaju. No deslocamento necessário à condução do gado, os Terena expandiram sua mobilidade para além do território de ocupação tradicional. Produziam, assim, a territorialização de novos espaços, ampliando seus conhecimentos sobre os lugares por onde passavam, e que então se tornaram, de certa forma, parte de seu território. Dessa forma:

> O território é produto social e condição. A territorialidade também significa condição e resultado da territorialização. O território é o conteúdo das formas e relações materiais e imateriais, do movimento, e significa apropriação e dominação, também material e imaterial, em manchas e redes. (SAQUET, 2008, p. 90).

A primeira autora relata que, em sua última viagem com o pai subindo a serra, partindo da Aldeia Ipegue, município de Aquidauna até o município de Naviraí/MS, seu Pancho foi mostrando e explicando cada ponto da estrada onde permanece até hoje o traçado da antiga estrada Boiadeira[43] e onde ficavam os locais de "pousos"[44]. Ele conhecia milimetricamente cada pedacinho de chão, cada paisagem, cada lugar. Isso é uma evidência de territorialização por parte do peão Terena dos caminhos, estradas, os quais percorreram ao longo de anos ou mesmo décadas. A primeira autora conviveu a maior parte de sua vida com seu pai, que, depois de se aposentar das comitivas, passou a viver o tempo todo com a família, com muita disposição para relatar e relembrar suas memórias. Seu pai, Pancho, elegeu-a depositária dos conhecimentos Terena, alegando não dispor de filho homem, que teria precedência no aprendizado desses conhecimentos.

---

[43] Estrada de chão por onde o gado era conduzido, e cujo traçado foi em parte mantido com a implantação das rodovias asfaltadas.

[44] Nome dado pelos peões ao lugar em que se recolhe o gado ao longo da viagem à beira da estrada, para pernoitar.

Assim, a primeira autora reuniu um acervo expressivo de relatos e memórias do "estradão" e dos conhecimentos mobilizados pelo peão Terena. Hoje mantém ela mesma sua criação de gado, realizando o manejo das criações de gado, porcos e galinhas.

Como registrado anteriormente, os interlocutores da pesquisa foram peões indígenas remanescentes da atividade boiadeira da década de 70. Esses peões viveram entre a aldeia na reserva e as fazendas onde seus pais, e depois eles próprios, prestaram serviços para os fazendeiros. Empregaram-se nas fazendas da região por necessidade financeira, onde aprenderam e desenvolveram a rotina do trabalho do peão, alternando-a entre a lida na fazenda, o trabalho nas comitivas de transporte de gado e o trabalho na aldeia, junto aos outros parentes. Eles contam que fizeram várias viagens em comitivas para transportar gado e essas viagens eram orientadas pelos marcadores espaçotemporais. Respeitavam a periodização do calendário na natureza, período das chuvas e das secas, verão e inverno, fases da Lua etc. E os traçados levavam em conta conhecimentos e experiências acumuladas sobre o relevo, as paisagens e os recursos de que os homens e os animais poderiam dispor.

Entre os costumes do pantaneiro, estão o "quebra-torto"[45] ou "véio"[46] após o chimarrão. Essa alimentação se faz necessária porque, no Pantanal, as distâncias a serem percorridas no manejo com o gado são longas, além de o trabalho ser pesado, gastando-se muita energia. É preciso começar o dia com uma refeição reforçada, pois o peão geralmente chega muito tarde para o almoço; quando não, no fim da tarde. Sobre isso, seu Pancho contava que:

> [...] nas fazendas pantaneiras, a gente toma mate de madrugada, depois "quebra o torto" e sai para pegar a tropa. Quando amanhece, o peão já está lá no fundo da fazenda, para reunir a vacada para trazer para a sede, onde há mangueiros e troncos para desmamar os bezerros e apartar em macho e fêmea. A gente chegava lá pelas 2 horas da tarde com a vacada no mangueiro onde o trabalho era feito. Depois de apartar a desmama, fêmeas e machos são levados para invernadas diferentes. As fêmeas formadas por novilhas voltam para as invernadas de recria, onde permanecem até os 2 anos, 2 anos e meio; depois deste período, são colocadas nas invernadas de cria, pois já estão prontas

---

[45] Consiste no desjejum logo nas primeiras horas da manhã, em que é servido o arroz carreteiro nas fazendas ou nos acampamentos das comitivas. Trata-se de um almoço reforçado no desjejum, preparando para atividades de trabalho duro por horas seguidas.

[46] Essa alimentação logo nas primeiras horas do dia é usada no estradão ou nas viagens de comitiva e consiste em ingerir as sobras da janta requentadas.

para enxertar e reiniciar o ciclo. Os machos vão para as invernadas de recria, onde permanecem até dois anos, onde atingem a fase de garrote. Durante estas fases de cria e recria, o gado é vacinado, as desmamadas são marcadas e apartadas, os que já têm mais de 24 meses são vendidos para a engorda. O trabalho com o gado é constante, pois tem que verificar se estão comendo sal direito, bebendo água boa, se não estão bichados etc. O trabalho nos cuidados com o animal é constante. (informação verbal)[47].

O trabalho com o gado é caracterizado de acordo com o tipo de criação existente numa determinada fazenda. No Pantanal, geralmente as fazendas se ocupavam da cria[48], recria[49], sendo a fase de engorda normalmente realizada fora do Pantanal[50]. A engorda do boi pantaneiro costumeiramente era feita no interior de São Paulo, e hoje também na parte sul e sudoeste do estado de Mato Grosso do Sul. Para isto, os bois com mais de um 1 de idade são deslocados do Pantanal até as pastagens no planalto, ou seja, eles têm de subir a serra, seja em comitivas, seja conduzidos por caminhões boiadeiros.

Ainda segundo seu Pancho:

> *[…] havia muito gado tucura na região, e que o tucura é o boi cruzado, animal resultante da cruza do nelore com uma raça leiteira. Minas Gerais era o estado onde predominava a criação de gado leiteiro, e por isso os compradores vinham para o Pantanal comprar o boi nelore, que é animal exclusivo para o abate, animal de corte. No Pantanal não tinha muito na época boi cruzado, o tucura. Então tinha mais aí tinha aqueles bois nelore, que exigiam mais um cuidado assim, porque, por exemplo, tinha boi "retardado", que eles falavam, boi que tinha aí 5, 6 anos de idade, até 8 anos, boi de 10 anos, que era boi "veiaco". Lá no gado lá na fazenda acontecia de pegar e jogar na boiada; quando acontecia deles pegar, então esse tinha um cuidado especial, para a gente não perder ele, não extraviar ele, porque, se ele já era baguá (boi que vive isolado) lá na fazenda e se na estrada a gente perdia, então ficava bem mais difícil. Então esses são os tipos de boi que exigia mais cuidado da parte gente, então todo mundo já sabia, esse boi, ele é problemático, ele é "veiaco", ele é arisco, então ele exigia um cuidado de todos os companheiro, sempre a gente chegava à tarde e já via se ele tava na boiada para entrar no mangueiro junto. (informação verbal).*

---

[47] Paulo Cézar "Pancho", peão Terena, 2016.

[48] A "cria" consiste no termo designado para nomear os bezerros das vacas com até 12 meses, também chamados de desmama.

[49] Termo designado para nomear os bezerros acima de 12 meses até 24 meses.

[50] Fase em que o boi já tem mais de 24 meses e está pronto para ser engordado para o abate.

O boi nelore é mais valorizado devido à sua massa muscular, que é maior do que a do boi tucura. Os frigoríficos chegam a pagar até 54% do peso total. O boi tucura é uma mistura de raças, em que predomina a leiteira, é menos valorizado, e os frigoríficos pagam por ele o preço de vaca nelore, ou seja, até 50% do peso total, dependendo da quantidade de arrobas. Em contrapartida, esse boi, o tucura, é de custo mais barato para ser criado, é também mais rústico. As diferenças entre esses animais não se limitam ao preço de mercado, mas estendem-se aos hábitos, pois o tucura é um boi mais manso, enquanto o nelore é muito mais bravo, arredio e ligeiro[51] (informação verbal)[52].

Além de conhecer muito bem o gado e a região, os peões têm hábitos e rotinas diferentes e conforme sua função na fazenda. Há peões que trabalham fixos em fazendas, e outros que viajavam no estradão. Segundo seu Pancho, que foi peão tanto de estradão quanto de fazenda, há muitas diferenças. Os peões que trabalham apenas na fazenda não usam como desjejum o "véio", somente o "torto"; já os peões do estradão podem fazer o desjejum com o "véio", que são as sobras da janta, uma vez que saem muito cedo dos pousos para seguirem viagem, não dando tempo de cozinhar de madrugada para prosseguir viagem. Propositalmente, o cozinheiro na comitiva já faz a janta com sobra, para no outro dia esquentar o que não foi consumido e fazer o desjejum.

O peão de estradão é aquele que viaja em comitivas conduzindo boi de um lugar para o outro; geralmente levava boi do Pantanal, que é uma região mais apropriada para cria e recria, para a região sul e sudeste do estado, mais propícia à etapa de engorda do boi, devido a melhores condições de pastagens, livres das enchentes, além de ficar mais próximo ao mercado consumidor. De acordo com seu Pancho, a comitiva é formada por no mínimo oito peões, mais o condutor, que é o patrão (o fazendeiro ou por encarregado), e ainda o cozinheiro, com todo seu apetrecho de cozinha e acampamento, como mostra o desenho adiante. A tropa da comitiva é formada somente por burros. Por se tratar de animais mais rústicos que cavalos, resistem melhor às condições adversas da viagem. O cavalo não aguenta muito tempo na estrada, além de se cansar com muita facilidade; seu pelo não resiste ao suor do próprio corpo e ao atrito com a tralha de montaria, ficando muito machucado.

---

[51] Dados obtidos de maneira informal com base no conhecimento empírico relatado por seu Paulo Cézar "Pancho", em 2016.

[52] *Idem.*

Uma função de grande importância numa comitiva é a do cozinheiro. Segundo os peões Terena, ele viaja meio dia à frente da comitiva para preparar o almoço e posteriormente, na parte da tarde, a janta e o pouso. O cozinheiro tem suas regras, que obedecem aos costumes rigorosos seguindo uma tradição boiadeira. O peão Terena Sr. Nilo Domingos "Guavira" conta que a comitiva verdadeira tem cozinha, que também pode ser chamada de trempe. Ainda segundo seu Nilo Domingos "Guavira"[53]:

> O patrão[54] fazia a compra, a gente carneava a vaca, né? E a gente manteava. A mercadoria era arroz, naquele tempo era banha, né? Não existia óleo, era lata de banha, dependendo da viagem, era até uns 60 kg de arroz, até chegar num lugar para comprar outro, né? A gente tinha café da manhã também, a comitiva usa café da manhã e à tarde também; antes da janta, os peão têm que tomar café, e a gente chegava, por exemplo, meio cedo, a gente ia lá, comprava um frango, rapadura, um queijo para a turma, aí no outro dia o patrão ia lá, pagava para nosso pouso, e já pagava também o que a gente tinha pegado para a turma, assim que era. Antigamente a cozinha era muito organizada, era quatro cargueiros, hoje a gente vê aí boiadeiro com carrocinha, ficou mais fácil, né? Mas na época era difícil. (informação verbal)[55].

Os mantimentos comprados pelo patrão e as tralhas da cozinha eram carregados nos burros, que eram escolhidos da seguinte forma:

> Os burros mais mansos para carregar a "traia" da cozinha, porque ia as latas, a "traia" faz barulho, né? Os burros mais enjoados carregavam a carne, porque não faz barulho, a gente carregava arroz, açúcar, banha, então geralmente nos burros mansos a gente coloca a "traia" da cozinha, leva a trempe, as panelas, a banha para não derramar, né? Os burros também já sabiam os pontos, né? Chegava lá pelas 10 horas da manhã, 11 horas, não adiantava a gente querer ir mais para frente, que os burro empacavam, eles não iam mesmo, geralmente os burros conheciam os pontos. Ah! Eles não passavam, não, de jeito nenhum, chegou! Conheciam o caminho mais do que a gente, às vezes a gente viajava por um lugar que a gente nunca passou, aí os burros levavam a gente! É, os burros que a gente colocava era os burros que os peão não dava conta mais, burro pulador, fazia de tudo para derrubar o peão, mordia, é, mordia! Passava debaixo da árvore para derrubar o peão mesmo, o dia inteiro, saía e já montava no burro "maniado"

---

53   Guavira e Pancho são apelidos pelos quais gostam de ser chamados.

54   O patrão era o condutor, ele viajava com a comitiva, segundo Paulo Cézar "Pancho" em 2016 (informação verbal).

55   Domingos "Guavira", 2016.

já. Na época era assim, antes de apear já amarrava o burro para não escapar, era bem difícil mesmo, agora hoje em dia não tem mais esse tipo, era muito difícil, e nem peão também quase não existe mais, que sabe conduzir boi, só tem aquele peão que sabe arrear "malemá", é, não sabe, não conhece a luta que a gente fez, né? (informação verbal)[56].

Os animais também eram selecionados para uma função específica, pois, de acordo com a característica instintiva de cada animal, eles sabiam se poderiam desenvolver esta ou aquela função dentro na comitiva. O animal que carrega a tralha da cozinha geralmente não aceita ser montado, por se tratar de animais mais ariscos e, segundo ele, pouco confiáveis. Ainda segundo Domingos, os peões Terena teriam uma sensibilidade especial para entender quais as vocações dos animais e em qual função estes se dariam melhor. O trabalho com o gado e montar os animais não era simples, quanto mais na estrada, longe de casa e dos recursos de que se dispunha na fazenda. Este trabalho exige muita prática e precisão dos peões; por isso mesmo, toda a viagem obedecia a uma logística prévia e à capacidade dos peões de encontrar recursos no ambiente que permitissem resolver os problemas que muitas vezes escapavam ao planejamento. Até as últimas décadas do século XX, o gado no Pantanal era transportado somente pelas comitivas, que eram compostas por peões que compunham uma hierarquia, desempenhando funções complementares. De acordo com Gressler, Souza e Vasconcelos, seria da seguinte forma:

> Na estrutura da comitiva, cada homem ocupa uma posição estratégica: o ponteiro, montado na égua ou mula chamada madrinheira, é o peão que toca o berrante e conduz o rebanho; os fiadores respondem pela primeira metade do cortejo, nos dois lados; já o meeiro atua no coração da boiada. O último homem, responsável pela retaguarda, é o culatreiro, considerado, pela hierarquia dos boiadeiros, o posto mais baixo. Também faz parte importante da comitiva o cozinheiro, que geralmente vai meio-dia na frente, preparando a comida e o pouso. (GRESSLER; SOUZA; VASCONCELOS, 2008, p. 112).

Segundo os interlocutores, a estrutura da comitiva mostrada por Gressler, Souza e Vasconcelos (2008) está em consonância com a organização das comitivas das quais fizeram parte. Enfatizam a organização hierárquica na qual se inseria cada peão e sua posição estratégica, garantindo o fluxo da boiada. Destacam que o culatreiro é a primeira função de um peão aprendiz,

---

[56] Domingos "Guavira", 2016.

uma função de menor prestígio. O peão berolo[57] ficava com o condutor, que o orientava e ensinava o trabalho. Aos poucos, quando progredia no aprendizado, o culatreiro poderia ascender a outras posições na comitiva, o que era motivo de alegria e realização pessoal. Todavia, os interlocutores discordam de Gressler, Souza e Vasconcelos (2008) sobre o ponteiro ir montado na madrinheira. Segundo enfatizaram, o ponteiro é o peão mais prático, por isso está posicionado hierarquicamente na frente da boiada, mas jamais montado na madrinheira. Segundo seu Paulo Cézar "Pancho", se um peão ouvisse dizer isto, soar-lhe-ia aos ouvidos como uma ofensa, pois montar na madrinheira[58] seria como um bobo da corte, pois ela usa um chocalho, que é para chamar atenção da tropa e evitar sua dispersão.

Madrinheira ou polaqueiro é o animal usado como guia dos peões, pois, com o chocalho no pescoço, o peão identifica de longe, pelo barulho, onde a tropa se encontra de madrugada, quando ainda é escuro, ao sair para prender a tropa para prosseguir a viagem. Outra função também é que os outros ficam encantados com o barulho e sempre seguem o polaqueiro (informação verbal)[59].

Seu Pancho ainda revelou que uma comitiva é formada apenas por "muares", e não por "equinos". Nesse caso, pode-se concluir que a madrinheira é sempre um burro, e não uma égua ou um cavalo. Quando questionado sobre por que apenas "muares", ele explicou que são animais mais fortes e resistentes em viagens de longas distâncias.

> *Olha, geralmente os burros que a gente colocava na carga era os burros mais enjoados, que não queriam amansar no arreio, eram os burros que davam muito trabalho para o peão, aí a gente colocava eles na carga. Então não havia, por exemplo, se ele, é [...] se ele era da carga, ele era só da carga, não era de arreio não, era difícil algum que era de arreio e carga ao mesmo tempo, ele tinha o serviço dele. É igual eu estava falando, os burros de carga geralmente era os burros pulador, dava muito trabalho para o peão, e muitas vezes, dependendo da situação, a gente é obrigado a ficar sozinho, então esses burros eram uns burros que não eram de confiança, então colocava eles na carga. Era assim, um serviço assim, que exigia mais do animal, mas eles já eram assim, uns burros malvados que também, eles iam para carga e não se trocava eles, eram eles mesmos que faziam esse serviço. (informação verbal).*

---

[57] Peão inexperiente, que ocupava geralmente a posição de culatreiro.

[58] A madrinheira também pode ser chamada de polaqueiro.

[59] Paulo Cézar "Pancho", 2016.

Os animais de carga ou cargueiros, como são chamados ainda hoje pelos peões, eram aqueles animais que não davam monta, por serem muito bravos. Por esse motivo, o trabalho com o gado na estrada exigia toda uma preparação e conhecimento por parte dos peões, pois eles percebiam, só de observar o arreamento do animal, quando era pulador, mordedor, coiceiro, quando "negava" montaria ou empacava. Como eles mesmos dizem, o peão tinha que ser malicioso para saber a malícia do animal e da boiada. A comitiva era, assim, um sistema que dispunha desigualmente peões e animais, segundo suas competências, disposições e habilidades (ver Desenho 16.1).

Desenho 16.1 – Estrutura, organização espacial e função dos peões nas comitivas

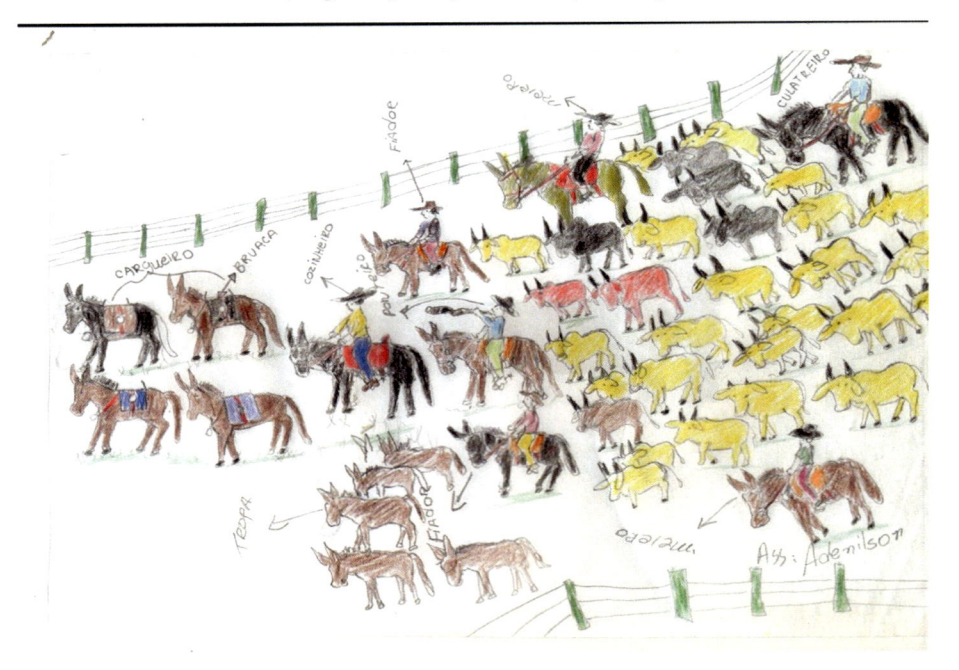

Fonte: Adenílson Ribeiro Lulu "Gabura" (2016)

Além de haver uma classificação quanto ao tipo de peão e animais tanto da tropa quanto da boiada, classificavam o tamanho da comitiva, como se vê na fala de seu Pancho:

Olha, geralmente, as comitiva de viagem era aquelas comitivas que iam nas fazendas e pegava boi aí, acima de mil boi. Essa era uma comitiva

> *de boiadeiros! E acontecia, é [...] um palavreado nosso, que esses caras que viajava de garupa fazia matula, fazia farofa, esses aí para nós não era uma comitiva, né? Nós chamava eles de mangaveiro [risos]. Eu não sei, é um palavreado de peão, e peão tem tantas coisas que eles... então, "Você encontrou uma comitiva aí?" "Não! Eu encontrei uns mangaveiro". A gente já sabia, porque no nosso entender não era uma comitiva, formada aí oito, dez peão, era aí três, quatro. Então era, já sabia que era aí 40, 50, 30, até 100 cabeças.* (informação verbal).

Seu Nilo Domingos "Guavira" afirma que a verdadeira comitiva conduzia mais de mil bois em 45 dias e que havia toda uma organização, desde os utensílios usados na cozinha de uma comitiva, a "tralha" do peão, características dos animais que conduzem a boiada, quantidade de gado a ser conduzida, e a prática e agilidade dos peões de boiadeiro, o que não ocorre, segundo eles, com os mangaveiros.

> *Mangaveiro existia muito, né? Agora nós a organização já era diferente! Nós, eu assim, nunca viajei de mangaveiro! [risos] Eu viajava mais assim com os patrão de 40, 60 [dias]. Eu, teve época que eu viajei cinco meses direto, sem parar! Desci para o Pantanal, voltei, né? Até nós chegar na fazenda, levei uns [...] mais de cinco meses, então eu era peão mesmo! Não era mangaveiro.* (informação verbal)[60].

Durante as viagens de comitivas, os peões encontravam paisagens exuberantes no Pantanal, avistavam baías de água doce e salgada, animais como cervo-do-pantanal, onça-pintada, onça-parda. Tudo no Pantanal tem uma razão de ser para o Terena peão: quando o jacaré ou o bugio canta de determinado jeito, é uma indicação de chuva. A primeira autora relembra que seu pai lhe ensinou que a primeira chuva de agosto sempre vem com muito vento. A Lua Cheia bem avermelhada é sinal de seca. As nuvens coalhadas no céu, sinal de frio. A presença de insetos na luz da fogueira significa que haverá muitos pernilongos, o vento norte que vai para sul volta trazendo chuva. Os peões vivem tão intensamente a natureza em seu cotidiano que a interpretam com destreza, decifrando os elementos do clima e os sinais do tempo manifestados pelos comportamentos animais.

A intimidade do homem pantaneiro com a natureza é destacada por Vargas (2009, p. 53) para ressaltar a qualidade do pantaneiro como sendo um "ambientalista nato", em total conformidade com a fala do seu Pancho ao descrever como as rotas das grandes viagens eram traçadas:

---

[60] Domingos "Guavira", 2016.

Tem muito jeito da gente se comunicar com a natureza, através de nuvem, calor, insetos. Quando passava aí dois, três meses sem chover, a gente via diferença na tropa, nos animais, eles começavam a esbramuçar, ficar alegre. O vento, tudo isso aí, envolvia muito, a gente prestava muita atenção né. O vento norte para nós por exemplo, a gente sabia, tava sem chuva aí a vinte, trinta dias, daí dava um vento norte, aí tocava aí dois, três dias do norte e aí quando voltava, já voltava com chuva o vento! A gente observava por exemplo a Saracura, olha, a Saracura cantando aí, gritando, vai ventar vento norte, mas depois do vento norte vem a chuva! É assim que a gente se orientava, via as nuvens, aqueles rabo de galo no céu, a gente sabia né. É círculo na lua, círculo assim mais perto, círculo mais longe né. A posição da lua, se ela tá pensa, ou se ela tá direita né, então tem tudo isso aí, e a gente se orientava por isso. E os insetos né, o próprio pernilongo, os bichinhos de luz, a noite que eles avançava mais no nosso lampião a gente já sabia. "OH! Esse tempo vai dar chuva, não vai demorar, tem muito bichinho de luz". Então era assim que a gente se orientava e já ia se preparando, aí dali uns três, quatro dias, chuva! (informação verbal)[61].

Na fala do senhor Pancho (era assim que ele gostava de ser chamado), fica evidente a produção de cultura por meio das marcas territoriais e espaciais, que também chamo de marcadores do espaço e do tempo, uma forma Terena de territorializar o espaço, o ambiente. Como diz seu Pancho, eles se comunicavam com a natureza. Talvez por este motivo, a grande maioria dos peões de estradão era composta por índios Terena. Pela destreza de lidar com o gado e por conhecerem profundamente o Pantanal, eram os mais indicados, na visão dos fazendeiros, para desbravá-lo em longas e arriscadas viagens. Assim como as longas viagens das comitivas, abolidas em função do progresso, os velhos e sábios peões de estradão estão escassos.

Os peões Terena da aldeia Ipegue, interlocutores desta pesquisa, um deles já falecido (Pancho), consideram-se os únicos remanescentes nessa atividade da década de 1950. Naquele período o gado era exclusivamente conduzido por comitivas, atividade que foi diminuindo na segunda metade do século XX. Trata-se de homens com grande domínio da cultura pantaneira, fortemente marcada por elementos da cultura Terena. Eles carregam em suas lembranças fatos, acontecimentos e certezas de uma época, para eles não muito remota, gloriosa. Ao ouvi-los contar suas histórias e recordar algumas passagens com tanto entusiasmo e emoção, o interlocutor é contagiado pela profunda emoção que expressam. É como se comentassem

---

[61] Paulo Cézar "Pancho", 2016.

um filme que retratasse suas lembranças sobre a antiga estrada boiadeira, repleta de uma branquidão interminável dos rebanhos de gado nelore, em longas marchas, nas quais os condutores eram personagens principais.

Considerações Finais

Os Terena estão territorializados no Pantanal antes de este se tornar parte do estado de Mato Grosso do Sul. Quando chegaram os primeiros colonizadores, já encontraram os Terena, com conhecimento e domínio secular sobre o relevo, o clima, a fauna e flora desse ambiente único. Assim, este capítulo se desenvolveu em torno da ideia de que o conhecimento dos Terena foi fundamental para o estabelecimento e sobrevivência dos primeiros colonizadores. Foi também igualmente imprescindível para a incorporação econômica da região com a atividade de criação extensiva de gado. Incorporados a essas frentes na condição de peões, foram largamente utilizados em todas as atividades requeridas para implantação e funcionamento das fazendas[62] e em especial nos trabalhos nas comitivas de deslocamento do gado.

A trajetória dos Terena é inseparável da história da região pantaneira. Contribuíram com sua incorporação econômica, ora como homens destemidos e guerreiros, ora como povos amistosos que faziam alianças; e, como peões trabalhadores nas fazendas de gado, colocaram seus conhecimentos seculares a serviço da expansão dessa frente econômica. Foram e são personagens ativos na história e cultura de Mato Grosso do Sul. No passado, deram imprescindível contribuição no manejo com o gado, tanto nas fazendas como nas viagens em comitiva; hoje estão engajados em muitas outras formas de relação, sempre agregando seu conhecimento tradicional. Mas ser Terena tem suas peculiaridades, pois, no desenvolvimento das atividades cotidianas, transmitem-se conhecimentos e manifesta-se a cultura por meio de hábitos que se remetem aos marcadores temporais e territoriais.

Esta pesquisa se propôs mostrar uma faceta da cultura Terena, muito pouco conhecida pelos pesquisadores, trazendo o tema da apropriação do espaço por meio de marcadores espaçotemporais, produzindo marcas

---

[62] Vale destacar que o trabalho das mulheres Terena nas roças e, especialmente, nas sedes das fazendas foi fundamental para a viabilidade desses empreendimentos. Cozinhavam, lavavam roupa, faziam a limpeza, e várias outras atividades. Vale lembrar que naquele período todas as atividades eram manuais, não havia água encanada ou energia elétrica, a água tinha de ser transportada manualmente, e o uso do pilão para socar arroz, café, milho etc. consumia muito trabalho feminino, como destacam Ximenes e Pereira (2016, p. 45).

territoriais mediante a apropriação do território, ou seja, a produção da territorialidade com base na lida com o gado. Os caminhos percorridos pelo peão pantaneiro Terena trazem a marca de sua cultura. Normalmente, ao se falar do Terena, a primeira ideia que ocorre é a de um povo urbano que se adaptou a viver e a conviver nas cidades; ou, quando vive em suas aldeias nas reservas, vem logo a imagem de um povo agricultor, ceramista. Mas ele também foi e é peão. Evidencia-se a agilidade e a habilidade do peão Terena ao manejar o gado, sendo essa habilidade construída com base nos conhecimentos herdados de seus antepassados. Assim, os proprietários que requereram e adquiriram grandes fazendas no Pantanal souberam identificar no peão Terena a mão de obra mais apropriada. Tratava-se de homens que conheciam muito bem a região e que reuniam as condições para se aventurar nas grandes viagens e travessias com o gado.

O conhecimento e sintonia com a natureza fez do peão Terena elemento fundamental para implantar e consolidar a atividade ganadeira nessa porção do território brasileiro. Paradoxalmente, o sucesso de seu trabalho fez avançar essa atividade, que se estendeu sobre a totalidade de seus territórios de ocupação tradicional. A modernização e tecnificação da atividade pecuária reduziu os postos de trabalho, os Terena tornaram-se, em grande medida, indispensáveis ao funcionamento das fazendas. Mas a cultura do peão somou-se aos conhecimentos Terena.

Cuidar de gado e conduzir boiadas foi prática apropriada pelos Terena para o acionamento de conhecimentos tradicionais. Além da intimidade com os animais de montaria e com os animais conduzidos, era necessário conhecer a geografia do ambiente pantaneiro, seu relevo, paisagens, dinâmica climática, flora e fauna. Nessa relação com o gado e os animais de monta, os Terena aprenderam a lidar com esses animais introduzidos, mas continuaram acessando e utilizando os conhecimentos tradicionais. As comitivas eram atividades perigosas e desafiantes. Por esse motivo, antes de sair para uma viagem no "estradão", como dizia seu "Pancho", sabia-se quando e como se começava, mas nunca quando e como terminaria, isto porque seria necessário territorializar o ambiente pelo qual se deslocavam. Para além de trabalho árduo, nesse deslocamento pulsava o conhecimento e a sabedoria Terena.

Referências

AMADO, L. H. E. *Vukapanavo – o despertar do povo Terena para os seus direitos*: movimento indígena e confronto político. Tese (Doutorado em Antropologia Social) – Museu Nacional, Universidade Federal do Rio de Janeiro, Rio de Janeiro, 2019.

BALTAZAR, P. *O processo decisório dos Terena*. Dissertação (Mestrado em Ciências Sociais) – Pontifícia Universidade Católica de São Paulo, São Paulo, 2010.

BITTENCOURT, C. M.; LADEIRA, M. E. *A história do povo Terena*. Brasília: MEC, 2000.

CARDOSO DE OLIVEIRA, R. *Do índio ao bugre*: o processo de assimilação dos Terena. Rio de Janeiro: F. Alves, 1976.

CORREA, L. A. *História, imprensa e política*: a divisão do estado do Mato Grosso nas páginas da Folha de S. Paulo. Monografia (Graduação em História) – Fundação Universidade Federal de Mato Grosso do Sul, Aquidauana, 2013.

COUTO, A. M. *Arte pantaneira*: formas de expressão dos saberes ambientais do Pantanal. Brasília: [s. n.], 2008.

DOMINGO, S. V. *Levantamento e registro do comportamento socioambiental Terena por meio de marcadores espaço-temporais*: aproximação ao conhecimento dos troncos velhos. Dissertação (Mestrado em Educação e Territorialidade) – Universidade Federal da Grande Dourados, Dourados, 2022.

EREMITES DE OLIVEIRA, J.; PEREIRA, L. M. "Duas no pé e uma na bunda": da participação Terena na guerra entre o Paraguai e a Tríplice Aliança à luta pela ampliação dos limites da Terra Indígena Buriti. *Revista Eletrônica de História em Reflexão*, [*S. l.*], v. 1, n. 2, 2007.

GRESSLER, L. A.; SOUZA, Z. P.; VASCONCELOS, L. M. *História do Mato Grosso do Sul*. São Paulo: FTD, 2008.

HRUŠKOVÁ, L. *Os símbolos contemporâneos da cultura pantaneira do Mato Grosso do Sul*. [*S. l.: s. n.*], 1984.

PEREIRA, L. M. *Os Terena de Buriti*: formas organizacionais, territorialização e representação da identidade étnica. Dourados: Ed. UFGD, 2009.

PROENÇA, A. C: *Pantanal*: gente, tradição e história, Campo Grande, Ed. UFMS, 1997.

RAFFESTIN, C. A produção das estruturas territoriais e sua representação. *In*: SAQUET, M. A.; SPOSITO, E. S. (org.). *Territórios e territorialidades*: teorias, processos e conflitos. São Paulo: Expressão Popular, 2008, p. 17-36.

SAQUET, M. A. Por uma abordagem territorial. *In*: SAQUET, M. A.; SPOSITO, E. S. (org.). *Territórios e territorialidades*: teorias, processos e conflitos. São Paulo: Expressão Popular, 2008, p. 73-94.

SILVA, J. V. A divisão do estado de Mato Grosso: uma visão histórica - 1892. *In*: URQUIZA, A. H. A. (org.). *Culturas e histórias dos povos indígenas em Mato Grosso do Sul*. Campo Grande: Ed. UFMS, 2013.

VARGAS, I. A. *Porteiras assombradas do Paraíso*: embates da sustentabilidade no Pantanal. [*S. l.*]: Ed. UFMS, 2009.

XIMENES, L. G.; PEREIRA, L. M. O território Terena: da expropriação e formação das reservas ao movimento das Retomadas. *In*: Remoções forçadas de grupos indígenas no Brasil republicano. Londrina: Mediações, 2016. p. 24-50.

SOBRE OS AUTORES

Equipe Organizadora

Antônio Augusto Rossotto Ioris
Professor de Geografia e diretor do Programa de Pós-Graduação em Desenvolvimento e Ambiente (Cardiff University, País de Gales, Reino Unido).
E-mail: IorisA@cardiff.ac.uk
Orcid: 0000-0003-0156-2737

Lauriene Seraguza
Indigenista, antropóloga e professora na Faculdade Intercultural Indígena e no Programa de Pós-Graduação em Antropologia da Universidade Federal da Grande Dourados.
E-mail: seraguzza@gmail.com
Orcid: 0000-0001-9825-6626

Elaine da Silva Ladeia
Professora e coordenadora da área de habilitação em Ciências da Natureza no curso de Licenciatura Intercultural Teko Arandu (Faculdade Intercultural Indígena/UFGD).
E-mail: elaineladeia@ufgd.edu.br
Orcid: 0000-0002-7304-8553

Autoras e Autores

Anastácio Peralta – Indígena Guarani Kaiowá, Professor, Graduado em Licenciatura Intercultural Indígena Teko Arandu da UFGD – Área de Ciências Humanas, Doutorando em Geografia/PPGG/FCH/UFGD.

Bruna Marques Duarte – Professora, Graduada em Pedagogia e Física, Mestre pelo PPIFOR - Unespar - Campus Paranavaí. Doutoranda do programa de Pós Graduação em Educação para a Ciência e Matemática (PCM) da Universidade Estadual de Maringá- PR.
Orcid: 0000-0003-0146-7502

Cátia Paranhos Martins – Professora da graduação e da pós-graduação em psicologia e do programa de residência multiprofissional em saúde da UFGD.
Orcid: 0000-0003-4905-5865

Charlei Aparecido da Silva – Professor no curso de Graduação e Pós--graduação em Geografia/FCH/UFGD, Coordenador do Laboratório de Geografia Física / NEEF/UFGD.
Orcid: 0000-0002-5598-7848

Cleonicio Ximenes – Indígena Guarani Kaiowá, estudante do Curso Normal Médio Intercultural Indígena Ára Verá.

Daniel Valério Martins – Professor do mestrado de Antropologia de Ibero-América da Universidade de Salamanca, Colaborador no Programa de Pós-Graduação em Educação e Territorialidade – PPGET/FAIND/UFGD.
Orcid: 0000-0003-0777-9750

Davi Benites – Indígena Guarani Ñandeva, Professor na aldeia Pirajuí, Graduado em Licenciatura Intercultural Indígena Teko Arandu / Ciências Humanas/FAIND/UFGD.

Dionatan Miranda da Silva – Graduado em Turismo e Biologia, Mestre em Geografia pela Universidade Federal de Mato Grosso do Sul, atualmente trabalha na Secretaria de Turismo de Miranda, Doutorando em Geografia (PPGG/FCH/UFGD).
Orcid: 0000-0002-0728-6609

Edvaldo Cesar Moretti – Professor Titular na UFGD e no PPGG/FCH/UFGD, Membro da Cátedra Diversidade Cultural, Gênero e Fronteiras da UNESCO/UFGD. Coordenador do Grupo de Pesquisa Território e Ambiente.
Orcid: 0000-0002-8065-8392

Fabiana Casagranda – Graduada em Nutrição pela UFGD, mestranda no Programa de Pós-graduação em Alimentos Nutrição e Saúde da UFGD, na linha de pesquisa sobre Saúde Indígena, docente voluntária no curso de Nutrição da UFGD.

Flaviano Franco – Indígena Guarani Kaiowá, Professor, Graduado em Licenciatura Intercultural Indígena Teko Arandu / Linguagem/FAIND/UFGD, Mestrando do Programa de Pós-graduação em Educação e Territorialidade (PPGET/FAIND/UFGD).

Felipe Mattos Johnson – Graduado em Ciências Sociais pela UNESP, Mestre em Antropologia (PPGant/UFGD), Doutorando em Antropologia na Universidade de Lisboa.
Orcid: 0000-0002-4180-9485

Geni Roque Sobrinho Candado – Mestre em Educação (PPGEDUC/UFGD), professora do curso Normal Médio Intercultural Indígena Ára Verá.

Geniniana Barbosa Almeida Pedro – Estudante do Curso Normal Médio Intercultural Indígena Àra Vera, e do curso de Ciência da Natureza na LEDUC pela Faculdade Intercultural Indígena (FAIND) da Universidade Federal da Grande Dourados (UFGD).

Gildo Martins – Indígena Guarani Kaiowá, Professor, Graduado em Licenciatura Intercultural Indígena Teko Arandu – Linguagem (FAIND/UFGD).

Indianara Ramires Machado – Indígena Guarani Kaiowá, graduada no Curso de Enfermagem pela UEMS. Mestranda na Faculdade de Medicina da Universidade de São Paulo; vice-presidente da Associação Ação dos Jovens Indígena em Dourados.

Jazanea Benites – Indígena Guarani Kaiowá, estudante do Curso Normal Médio Intercultural Indígena Àra Vera. Moradora da Aldeia Te'yikue em Caarapó/MS.

Joice Mara de Freitas – Mestranda em Educação e Territorialidade pela Faculdade Intercultural Indígena (FAIND) da Universidade Federal da Grande Dourados (UFGD).

Lauanda Liz Ribeiro Ramires – Estudante de Psicologia (FCH/UFGD), Bolsista de Iniciação Científica/CNPq/UFGD.

Levi Marques Pereira – Professor de Antropologia, área de Ciências Humanas, Faculdade Intercultural Indígena, da Universidade Federal da Grande Dourados.
Orcid: 0000-0002-8513-2613

Lucas Luis de Faria – Integrante do Grupo de Pesquisa Território, Discurso e Identidade (TDI/UFGD) e Grupo de Estudos e Pesquisas sobre Poder, Cultura e Práticas Coletivas (Gepcol/UFPE). Doutorando do Programa de Pós-graduação em Psicologia, UFMG.

Maria Adriana Torqueti Rodrigues – Bióloga, professora do Curso Normal Médio Intercultural Indígena Ara Vera, Mestranda no programa de pós-graduação em Educação e Territorialidade (PPGET/FAIND/UFGD).

Patricia Silva Ferreira – Graduada em Gestão ambiental, Mestre e Doutora em Geografia (PPGG/UFGD), professora, pós doutoranda em Geografia (PPGG/FCH/UFGD).
Orcid: 0000-0001-8333-218X

Racquel Valério Martins – Professora Visitante na Faculdade Intercultural Indígena (FAIND) da Universidade Federal da Grande Dourados (UFGD). Doutora em Educação pela USAL - Universidad de Salamanca.
Orcid: 0000-0001-6865-7592

Renato Souza da Cruz – Graduado em Biologia, Professor na aldeia Indígena Ocoy/PR, Mestrando em Ensino de Ciências e Matemática /UEM.
Orcid: 0009-0004-2861-1249

Rhuan Guilherme Tardo Ribeiro – Docente da área de matemática da Licenciatura Intercultural Indígena – Teko Arandu (FAIND/UFGD) e do programa de pós graduação em, Educação e Territorialidade (PPGET/FAIND/UFGD).
Orcid: 0000-0002-8514-6345

Rodrigo Simão Camacho – Professor no Curso de Licenciatura em Educação do Campo, no Programa Pós-Graduação Interdisciplinar em Educação e Territorialidade (PPGET) na Faculdade Intercultural Indígena (FAIND/UFGD).
Orcid: 0000-0002-3826-6248

Rosa Sebastiana Colman – Professora na área de ciências humanas no curso de licenciatura intercultural indígena teko arandu e docente no programa de pós graduação em antropologia (PPGANT/FCH/UFGD).

Rosani Moreira Leitão – Docente do Programa de Pós-Graduação Interdisciplinar em Direitos Humanos (UFG). Docente Colaboradora do curso de Licenciatura em Educação Intercultural de Formação de Professores Indígenas (UFG).
Orcid: 0000-0003-1585-1118

Ruan Rocha Mesquita – Graduando em Sistemas e Mídias Digitais pela Universidade Federal do Ceará – UFC.

Sandra Ventura Domingo – Graduada em Ciências da Natureza pela Universidade Federal do Mato Grosso do Sul e Especialista em Educação, História e Cultura Indígena pela UniFIL.

Simone Aparecida Fonseca Alves – Professora, Graduada em Letras-Português (UFG).

Vania de Fatima Tluszcz Lippert – Professora de matemática, Mestre em Ensino de Ciências e Matemática, Docente do Programa de Pós Graduação da Universidade Estadual do Oeste do Paraná - UNIOESTE.
Orcid: 0000-0003-3986-7640

Verônica Gronau Luz – Docente no Curso de Nutrição da Faculdade de Ciências da Saúde - FCS e no Programa de Residência Multiprofissional com ênfase em Saúde Indígena do HU-UFGD.
Orcid: 0000-0001-7340-1727

William James Vendramini – Doutorando do Programa de Pós Graduação em Geografia UFMS-CPTL, atualmente professor da escola do Campo Dom Francisco de Aquino Correa, no município de Poconé/MT.
Orcid: 0000-0002-7738-2276